한국 고대사의 기본 사료

주보돈 지음

한국 고대사의 기본 사료

지은이 주보돈

펴낸이 최병식

펴낸날 2018년 6월 1일

펴낸곳 주류성출판사

서울특별시 서초구 강남대로 435 (서초동 1305-5)

TEL | 02-3481-1024 (대표전화) • FAX | 02-3482-0656

www.juluesung.co.kr | juluesung@daum.net

값 30,000원

잘못된 책은 교환해 드립니다.

ISBN 978-89-6246-350-7 93910

한국 고대사의 기본 사료

주보돈 지음

주류성

차 례

책머리에

한국고대사 연구자는 언제나 사료의 빈곤함에 허덕인다. 이를 원천적으로 해소하는 방안의 하나로서 늘 새로운 문자자료의 출현을 학수고대한다. 그와 같은 간절한 열망에 마치 부응하기라도 하듯 이따금씩 새 자료가 출현하기도 한다.

문자가 쓰여 있는 자료의 재질은 종이, 나무, 돌, 쇠붙이 등등 매우 다양하다. 같은 문자자료라도 사용된 재질에 따라 각기 다른 이름으로 구별해서 부른다. 단단한 돌이나 쇠붙이에 그림이나 글씨가 새겨진 일체는 흔히 금석문이라고 통칭하는 한편 나무에 쓰인 것만은 특별히 따로 떼어내어 목간이라는 이름을 붙여서 그와 구별한다. 그것은 양자가 단순히 무르고 단단하다는 재질만이 아니라 기록된 내용에서도 뚜렷한 차이를 보이기 때문이다. 금석문은 대체로 영속성을 바라는 내용이 중심이라면 목간은 한시적 성격의 내용이 주류를 이루게 마련이다. 그런 의미에서 금석문에는 간혹 약간의 분식(粉飾)·포장된 내용도 스며들어가게 되는 반면 목간은 가공을 거의 거치지 않은 생생한 날것 그대로의 모습을 보이는 특징적 면모를 갖고 있다. 그렇더라도 양자가 기왕에 알려진 사서(史書)의 미비점을 크게 보완해 주는 기능을 함에는 마찬가지이다.

이처럼 금석문과 목간은 성질상 일정한 차이를 보이지만 한국고대사를 복원하는 데 절대적으로 긴요한 2대 신(新)출토 문자자료임은 분명하다. 기왕에는 금석문이 큰 비중을 차지하였으나 근자에는 목간이 두드러지게 증가하는 추세를 보임은 특징적 양상이다. 아마도 고고학 발굴 수준의 현저한 향상, 그리고 평소 연구자들이 가져온 관심의 정도가 반영된 결과로부터 비롯한 것이 아닐까 싶다.

저자는 연구자로서 처음 발걸음을 내디딜 때부터 금석문 등 당대 자료가 큰 비중을 차지하는 분야에 주로 관심을 기울여왔다. 금석문 자료를 깊이 다루어 가면 갈수록 역사 복원에서 그것이 차지하는 중요성과 함께 한계까지도 절절히 인지하게 되었다. 새로이 출현한 당대의 자료라 하더라도 본격적으로 활용하기에 앞서 먼저 본질적 성격이나 함축된 의미를 제대로 간파해내는 것이 순서라는 데에 생각이 미쳤다. 그래서 언제나 새로이 출토되는 자료는 물론 이미 오래전 알려진 것을 대상으로 해서도 나름의 기본적인 분석 작업을 시도해 왔다. 그리하여 1980년대에서 1990년대에 걸쳐서 다룬 성과를 하나로 묶어서 2002년『금석문과 신라사』란 이름의 책자를 출간한 바 있다.

본서는 이후 연장선상에서 진행한 후속 작업을 대충 정리해 본 것이다. 새로 출토된 문자자료들을 주된 대상으로 삼으면서도 이미 이전에 널리 알려진 것이라도 빠트리고 지나쳐버린 내용을 다루어봄으로써 몇몇 문제를 제기해 보려고 하였다. 이미 발간한 저서에서는 주로 신라사 관련 자료에 한정하였다면 이번에는 외연을 조금 더 넓혀 고구려와 백제의 것까지도 논의의 대상으로 삼았다. 특정 분야만을 집중해서 다루어온 연구자들이 자칫 제한된 시각과 입장에서 놓쳤을 법한 틈새를 비집고 들어가서 되짚어 접근해보았다. 이는 상대적으로 자료가 많다고 할 신라의 자료들을 꾸준히 다루어본 데서 얻어낸 경험의 소산이라고 할 수 있겠다.

한국고대사 분야의 연구 종사자라면 누구라도 기존의 사서가 단순히 양적으로 빈약한 수준을 뛰어넘는 명백한 한계를 갖고 있음을 절감할 터이다. 이를 부분적이나마 극복하고 남겨진 한국고대사의 공백을 일부나마 메워주는 기능을 하는 것이 당대에 만들어진 사료이다. 그러나 이들도 그 자체가 모두 일어난 사실 꼭 그대로를 보여준다는 보장이 있는 것은 아니다. 사료가 만들어질 애초부터 편향된 시각과 입장이 스며들 여지가 뒤따를 수밖에 없기 때문이다. 게다가 현재 연구자의 제한된 시각만으로 거기에 담긴 정보를 충분히 간취해낼 수 있는 것도 아니다. 한국고대사의 복원을 위해 출토 문자자료를 본격적으로 활용하기에 앞서 모쪼록 내용과 의미를 한층 철저히 파헤치는 작업이 선행되어야 마땅한 일이다. 그것이 사료비판을 본령으로 삼는 역사학의 기본적 자세이기도 하다. 본서는 그런 의도 아래 추구해온 일련의 성과를 담으려 한 것이다.

이제 하나의 과업을 일단락짓고자 하면서 도리어 최종의 마무리가 아니라 어쩌면 새로운 과제를 풀어야 할 또 다른 시작이라는 느낌도 든다. 하지만 저자의 당면 입장은 솔직히 '날은 이미 저물고 아직 가야할 길은 멀기만[日暮途

遠]' 한 것 같아 앞날을 기약하기가 곤란해 안타깝기만 하다. 힘이 많이 드는 마지막 교정 작업을 마다않고 애써준 최준식군과 강석영군, 이민주양에게 감사의 마음을 전한다.

2018. 4.1 중초서사에서

저자

| 제1편 |

고구려와 백제의 금석문

1장 광개토왕비(廣開土王碑)와 장수왕(長壽王)

2장 백제 칠지도(七支刀)의 의미

3장 미륵사지(彌勒寺址) 서탑(西塔) 출토 사리봉안기(舍利奉安記)와 백제 왕비

4장 백제사 관련 신출토(新出土) 자료의 음미

1장

광개토왕비廣開土王碑와 장수왕長壽王

광개토왕비

호우명 그릇

1. 문제의 제기

돌이켜보면 한국고대사의 특정 분야 가운데 연구자들 사이에서 오래도록 가장 깊은 관심을 끌어온 대상으로서 광개토왕비문을 손꼽아도 좋을 듯 싶다. 고구려 관련 문헌 사료가 그리 풍부하지 못한 실정에 견주어 거기에는 비교적 많은 분량의 정보가 함축되어 있는 까닭이다. 그동안 고구려사 연구가 광개토왕대에 집중되다시피 한 것도 바로 그 때문이었다. 연구가 매우 많이 이루어진 만큼이나 거꾸로 적지 않은 부분이 논란의 대상으로 부각됨으로써 풀리지 않은 채 지금껏 수수께끼로 남겨진 것 또한 상당하다. 아무리 집어넣고 싶은 내용이 풍부하더라도 공간의 제약으로 말미암아 작성 당초부터 어쩔 수 없이 극히 한정된 사항만을 압축적으로 표현할 수밖에 없는 비문의 특성으로부터 기인한 점이 작지 않았을 것 같다.

그런데 2012년 여름 어쩌면 장차 광개토왕비 가운데 가장 풀기 어려웠던 몇몇 숙제들을 말끔히 해결해줄지도 모를 새로운 비가 발견됨으로써 크게 관심을 끌었다. 뒷날 집안고구려비(集安高句麗碑, 이하 집안비로 약칭함)로 명명된 이 비는 알려지자마자 마치 광개토왕비와 관련한 논쟁을 일거에 불식시켜줄 듯이 잔뜩 기대되었다. 언뜻 보아도 느낄 수 있는 것처럼 광개토왕비의 축소판이라 단정해도 무방할 정도로 두 비문의 구조나 내용이 매우 유사한 면모를 보였기 때문이다.

그러나 집안비는 마모가 매우 심한 편이며, 특히 핵심적인 부분에서는 유독 판독하기 곤란한 곳이 많아 애초의 기대치에는 턱없이 미치지 못하였다. 그동안 진행된 연구 성과를[1] 일별하면 오히려 논란을 더욱 가중시킨 측면도 없지 않다. 집안비의 입비(立碑) 시점이 광개토왕비를 기준으로 삼았을 때 앞뒤 어느

1 집안비를 둘러싼 동향에 대해서는 강진원, 「신발견 〈集安高句麗碑〉의 판독과 연구 현황」 『木簡과 文字』11, 2013 참조.

쪽이냐를 비롯해 양자가 어떤 상관성이 있는지 등등 가장 기본적인 문제조차 확연히 규명되지 못한 실정이다. 아직 원래의 상태에서 한 걸음도 더 나아가지 못했다고 진단해도 지나치지 않을 듯 싶다. 현재 집안비를 보유한 중국 측이 비문을 직접 조사하는 길을 원천적으로 차단하고 있는 점도 연구의 진전을 힘들게 만드는 요인의 하나로 손꼽을 수 있다. 장차 어떤 특단의 조치가 마련되지 않는다면 더 이상 사료로서의 활용은 한계를 드러낼 수 밖에 없다는 느낌이다. 사실 집안비의 출현은 평소 광개토왕비문에 깊은 관심을 두어온 연구자들로 하여금 그 자체를 새롭게 점검해 볼 수 있게 하는 주요 계기가 되었다는 점에서 차라리 더 큰 의의가 찾아진다.

그러나 광개토왕비와 관련해서는 워낙 많은 연구 성과가 나와 있는 까닭에 신진 연구자들이 나름의 참신한 견해를 내어놓기란 쉽지 않다. 반면, 선행 연구자들은 거의 대부분 자신이 내세웠던 기존 견해를 굳게 지키려는 데에만 급급해 한 치도 더 앞으로 나아가지 못한 채 계속 주변 언저리에서만 맴도는 것이 현황이 아닌가 싶다.

사실 새로운 자료가 출현한다면 그로부터 어떤 정보를 읽어내기에 앞서 기왕의 입장을 반성적(反省的, 혹은 修正的) 차원에서 냉정하게 되돌아봄이 갖추어야 할 기본 자세와 순서이다. 그럼에도 그와 같은 입장에서 접근한 사례는 과문한 탓인지 거의 접하지 못하였다. 대부분 자설(自說)을 보강하는 입장에서만 신출(新出) 자료를 다룸이 일반적 경향으로 굳어져 있다. 이것이 알게 모르게 집안비의 연구를 가로막는 또 다른 요인으로 작용한 셈이었다. 필자가 이미 지적한 바와 같이 그와 비슷한 사례는 백제사와 신라사 분야에서도 찾아진다.[2] 그런 양상이 한국고대사 분야 전반에 걸쳐 마냥 되풀이되는 듯한 느낌이 들어 무척 아쉬움이 남는 대목이다.

2 朱甫暾, 「백제사 관련 신출토 자료의 음미」 『한국 고대사 연구의 방법과 시각』(노태돈교수 정년기념논총), 사계절, 2014 ; 「浦項 中城里新羅碑에 대한 研究 展望」 『한국고대사연구』59, 2010.

그런 정황 속에서 각별히 주목해볼 돋보이는 성과가 찾아진다. 광개토왕비문의 문단 구조를 새롭게 이해해 보려 한 시도이다.[3] 44행으로 이루어진 광개토왕비문의 전체를 크게 3단락으로 나누어보는 기왕의 통설과는 달리 새롭게 2단락으로 나누어 보았다는 점에서 그러하다. 그 근거로서는 문단을 명사(銘辭, 즉 其辭) 부분에서 의도적으로 줄을 바꾸어 띄어 쓴 점, 그 뒤의 전부가 마치 한 묶음인 듯이 나타내기 위해 맨 마지막에 종결사 '지(之)'를 의도적으로 사용해서 마무리하고 있는 점 등이 제시되고 있다. 비문의 내용과 해석의 옳고 그름은 여하하든 문단을 그처럼 구분하려는 시도 자체는 비문에 즉한 방법이어서 일단 올바른 접근으로 여겨진다. 지금껏 얼핏 비문의 내용만으로 문단을 구분하려는 타성에 젖은 나머지 무조건 3단락으로 구성되었다고 단정함이 일반적 경향이었다. 처음부터 비문 작성자가 가진 원래의 의도는 전혀 배려하지 않았다는 점에서 연구상의 근본적 한계를 지닌 접근이었다. 그런 의미에서 광개토왕비문을 크게 2단락으로 구분한 새로운 견해는 방법상의 참신성에서 크게 주목해 볼 만한 대상이라 하겠다. 어쩌면 새로운 집안비 출현 사건을 계기로 해서 나온 커다란 성과의 하나로 손꼽아도 무방하지 않을까 싶다.

광개토왕비문 내에서는 찬자(撰者)나 서자(書者) 등과 관련한 어떤 편린(片鱗)도 찾아지지 않는다. 그렇지만 그들도 비문을 작성할 때에는 내부적으로 이미 결정된 어떤 사항에 대해 자신의 생각을 문단 작성에 의도적으로 드러내려 하였을 법하다. 공간이 남아 있음에도 줄 바꾸기를 시도한 점, 비문의 마지막을 끝맺음하면서 그대로 두어도 무방하였지만 굳이 종결사인 '지(之)'를 일부러 넣어서 마무리하려 한 점 등은 그와 같은 찬자의 어떤 의도성을 엿보게 하는 대목이다. 비문 찬자의 당시 생각을 간파해 내었다는 점에서 2단락설은 일단 긍

3 余昊奎, 「廣開土王陵碑의 문장구성과 서사구조」 『嶺南學』25, 2014. 물론 띄어쓰기의 중요성에 대한 지적은 이보다 앞서 행해진 적이 있다(이성시, 「광개토대왕비의 건립목적에 관한 시론」 『한국고대사연구』50, 2008). 여호규는 이를 이어받아 여러 각도에서 구체적으로 입증한 셈이었다.

정적으로 평가해도 좋을 듯하다. 비문을 2단락, 혹은 3단락으로 보느냐에 따라 비문 전체에 대한 이해도 저절로 달라지게 마련이다. 이처럼 비문의 전체 맥락을 새롭게 점검해 볼 수 있는 길을 텄다는 측면에서 2단락설은 충분히 음미해 볼 견해라 하겠다.

이상과 같이 비문 전체의 맥락을 제대로 파악하기 위해서는 다른 무엇보다도 원(原)작성자의 입장을 먼저 염두에 두어야 함이 일차적인 관건이며, 가장 기본적인 접근 방법이다. 그럼에도 기왕에 그러하지를 못하였던 점은 이제라도 깊이 숙고해 보아야 할 대상이다. 광개토왕비문의 구조를 막연한 선입견에 입각해 3단락이라고 당연시해 버림으로써 적지 않은 정보를 놓쳤거나 곡해하였을 가능성이 없지 않았을 터이기 때문이다. 그와 관련해 실제로 비문을 꼼꼼하게 들여다보고 치밀하게 분석하지 않았거나 다양한 각도에서 검토하지 못함으로써 그냥 스쳐버린 대목이 적지 않았음도 문제점으로 지적할 수 있다. 그와 관련해서는 다음의 몇몇 의심스런 사례를 들 수 있을 것 같다.

첫째, 광개토왕비가 건립된 시점의 문제이다. 그동안 비의 건립 시점을 무조건 414년이라 단정하고서 이를 거의 의심 없이 받아들여 왔다. 그러나 관련 문장을 전후맥락이 닿게 엄밀히 음미하면 그렇지 않다는 사실이 곧바로 드러난다. 이 점은 너무도 안이하게 지나쳐 버리고 만 잘못이라 지적할 수 있다. 만일 그러하다면 광개토왕비 건립의 계기뿐만 아니라 415년에 만들어져 신라 왕도였던 경주 호우총(壺衦塚)에서 출토된 호우의 명문에 대해서도 새로운 이해가 가능할지도 모른다.

둘째, 광개토왕비문에서 백제를 굳이 백잔(百殘)이라 부른 사실에 대한 의문이다. 백잔은 널리 알려져 있듯이 광개토왕의 할아버지 고국원왕(故國原王, 331~371)이 백제 근초고왕(近肖古王, 346~371)에 의해 피살된 뒤 그를 최대의 주적(主敵)으로 여긴 고구려가 복수하려는 감정을 강하게 이입(移入)시킨 멸칭(蔑稱)으로서 낮추어 인식한 국명으로 이해함이 일반적이다. 그런데 비문에는 정작 396년 광개토왕이 5만의 병력을 동원, 친정(親征)해 한강(漢江, 아리수)을 건너 왕도인 한성(漢城)을 함락시켰을 때 항복해온 아신왕(阿莘王, 392~405)의 요구를 받아들임으로써 두 나라 사이에는 화의가 봄눈 녹듯 너무도 쉽게 성립되었다. 광개토왕 이전부터 백제를 백잔이라 불러 줄곧 강한 적개심을 보여 왔다면 그처럼 쉬운 화의의 성립은 실상과는 그리 잘 어울리지가 않아 이해하기 곤란한 대목이다. 장수왕(長壽王, 414~492)이 475년 한성을 공략해 개로왕(蓋鹵王, 455~475)을 사로잡아 목을 벤 일대사건과 오히려 잘 들어맞는 표현이다. 이 점은 어쩌면 광개토왕비문을 새롭게 풀어갈 실마리가 될지도 모른다.

셋째, 기왕에 비문의 내용이 장수왕의 입장에서 쓰였다는 사실을 충분히 고려하지 못한 점이다. 비문을 작성한 주체는 어디까지나 광개토왕이 아니라 장수왕이었다. 광개토왕은 비문의 서술 대상으로서 객체적 존재일 따름이었다. 따라서 광개토왕비문에는 당연하게도 장수왕의 입장이나 정책 방향이 강하게 스며들어 갔으므로 이를 기준으로 해서 읽어내어야만 올바른 정보를 얻어낼 수 있다. 그럼에도 오로지 광개토왕의 입장만 염두에 둔 접근은 앞서 비문의 구조에 대해 작성자의 입장을 전혀 고려하지 않았음을 지적한 사실과 맥락을 같이 한다. 물론 기왕에 장수왕의 입장을 염두에 넣은 견해가 전혀 없지는 않았으며,[4] 심지어는 그런 점을 고려해 장수왕비(長壽王碑)라고 부르자는 논자도[5] 있다. 그렇지만 광개토왕의 입장에서 접근하는 자세가 널리 일반화됨으로써 그동안 장수왕의 입장은 별로 두드러지지 못하였음이 실상이었다. 장수왕대와 관련한 금석문 자료가 적지 않음에도 이에 대한 연구가 상대적으로 미흡한 사실은 그를 뚜렷이 입증해 준다.

돌이켜보면 광개토왕비문에 대해서는 엄청나다고 표현해도 지나치지 않을 정도로 많은 관심을 쏟아왔음에도 불구하고 이처럼 아직껏 검토를 기다리는 빈 구석이 적지 않게 남아 있다. 이는 쉽사리 선입견에 빠져버린 나머지 비문

4 金賢淑, 「廣開土王碑를 통해본 高句麗守墓人의 社會的 性格」 『한국사연구』65, 1989.

5 金台植, 「廣開土王碑, 父王의 運柩 앞에서 靑年王이 보낸 경고」 『한국고대사탐구』10, 2012.

의 세밀한 부분에 이르기까지 꼼꼼하게 따져보지 못한 방법론에서 빚어진 결과라 여겨진다. 아래에서는 앞서 제시한 몇몇 문제를 다루면서 그런 측면을 구체적으로 확인해 보고자 한다.

2. 입비의 시점

1) 기존 이해의 문제

광개토왕비의 입비 시점을 흔히 414년 9월 29일이라 간주하고 있음은 다 아는 바와 같다. 비가 발견된 이후 지금껏 막연한 선입견에 따라 당연한 사실로서 받아들여져 그에 대해 의문을 제기한 사례는 단 한 건도 찾아지지 않는다. 이는 너무나도 이상하게 여겨지는 대목이다. 관련 기사에 대해 약간만이라도 관심을 갖고 들여다보았다면 거기에 문제가 있음이 단번에 드러났을 터이기 때문이다. 이를 점검해보기 위해 일단 비문으로부터 관련 기사를 적출하여 제시하면 다음과 같다.

A) ㉠ 昊天不弔 卅有九宴駕棄國 以甲寅年九月廿九日乙酉遷就山陵
　 ㉡ 於是立碑 銘記勳績 以示後世焉(제1면 5행과 6행)

이 기사는 광개토왕이 사망한 뒤 일정한 시간이 경과하고서 비를 세우는 배경과 과정을 매우 간략하게 기술한 장면이다. 비문 전체를 크게 두 개의 단락으로 나누었을 때 첫째 단락의 마지막에 해당하는 부분이다. 바로 앞까지는 고구려의 건국 신화 및 시조인 추모(鄒牟)로부터 2대 유리왕(瑠璃王, 儒留王)을 거쳐 3대 대주류왕(大朱留王, 大武神王)에 이르기까지의 대강을 비롯해 광개토왕의 즉위 및 당대의 외정(外征)과 내치(內治) 전반이 종합적으로 기술되어 있다. 바로 그에 뒤이어진 위의 기사는 광개토왕의 죽음과 이후의 처리 사항 일체를 지극히 압축적으로 묘사한 부분이다.

위의 기사는 일단 내용 및 문장 구조상 크게 ㉠과 ㉡의 두 부분으로 나누어 이해함이 적절하다. ㉠은 18세에 즉위한 광개토왕이 39세에 사망하였는데 갑인년(甲寅年), 즉 414년 9월 29일에 이르러서 (그 시신을) 산릉(山陵)으로 옮긴 사실을 기록한 부분이다. '이(以)'란 단어를 사용해 앞과 뒤 사실이 서로 인과관계에 있음을 나타내는 수법이다. ㉡의 경우도 그에 대비하면 역시 마찬가지의 문장 작성법에 입각해 있다.

일단 ㉠에서 광개토왕의 사망을 '연가(宴駕)'와 '기국(棄國)'이란 단어를 조합해서 사용한 점이 주목된다. '연가'는 임금의 죽음을 뜻하는 '안가(晏駕)'의 잘못이거나 혹은 비슷한 표현이겠다. '기국'은 글자 그대로 '나라를 버렸다'는 사망의 뜻이다. 일단 '안가'라고만 표현하여도 사망 사실이 충분히 전달될 터인데도 굳이 그렇게 덧붙여 나타낸 것은 바로 앞의 부분에 열거된 업적인 '(상략)서녕기업(庶寧其業) 국부민은(國富民殷) 오곡풍숙(五穀豊熟)'과 직결시키기 위한 것일 듯 싶다. 광개토왕의 사망이 국왕이란 개인 생명체의 단순한 죽음을 뛰어넘어 고구려의 국가적 차원과 연관된 문제라는 인식을 드러낸 서술법(敍述法)으로 보인다. 광개토왕의 죽음을 고구려의 국가적 차원에서 고려한 장수왕의 생각이 강하게 스며들어간 표현이라 풀이된다.

그런데 광개토왕이 죽은 연월일을 따로 명시하지 않았던 점은 비문의 성격을 이해하는 데에서 간과할 수 없는 매우 중요한 요소이다. 이는 비문에 부(父)나 조부(祖父) 등 광개토왕의 직계 조상이 보이지 않는 사실과 함께 비의 성격을 단순히 능비(陵碑)라고 규정짓기를 주저하게 만드는 결정적 사항이다. 여하튼 비문이 광개토왕의 사망 사실에 초점을 맞추고 있지 않음은 명백하다. 대신 주목되는 것은 '이(以)'로 시작하는 종속 문장에 보이는 연월일이다. 앞의 행위에 대한 결과로서 핵심적 내용이 담긴 것으로 풀이되기 때문이다. 거기에는 갑인년 9월 29일이란 연월일이 구체적으로 명시되어 있는데, 이를 일반적으로 비를 세운 날이라 판단하고 있다. 그러나 문장 구성상 이는 비를 세운 시점을 가리키는 것이 아니다. 산릉(山陵), 즉 광개토왕의 무덤을 완성해서 시신을 그쪽으로 옮긴 때임을 명시적으로 나타낸 것일 따름이다. 이로 보면 비문에서는 산릉으로 옮긴 사실을 매우 중시해 거기에 초점을 맞추었음이 분명하다.

사망 후 한동안 광개토왕 시신의 향방이 어떠하였는지를 잘 알 수는 없다. 당시의 관행에 따라 아마도 일정 기간 빈소를 따로 마련해 안치하여 두었다가 갑인년 9월 29일에 이르러서 무덤에 매장하는 절차를 밟은 사실을 확인할 수 있다. 시신을 산릉으로 옮겼다는 것은 그 직전에 무덤 조성 작업을 일단 마무리했음을 뜻한다. 이런 사정을 통해 고구려 장례 절차의 대강을 유추해낼 수가 있는 것이다. 장례 절차는 적어도 두 단계를 거쳐서 진행되었음이 분명하다. 먼저 빈전(殯殿)을 설치해 시신을 거기에 안치해 두고서 일정한 기간 제사를 지내는 단계, 그 기간에 무덤을 만들고 완성함으로써 시신을 그곳으로 옮겨 마무리하는 다음의 단계이다. 각각의 진행 과정에서 빈렴(殯斂) 의례나 장송(葬送) 의례를 치렀다고 유추해낼 수가 있다. 두 기간 사이가 얼마였던지는 비문 상에 드러나 있지가 않다.

그런데 다행스럽게도 『수서(隋書)』나 『북사(北史)』 고구려전(高句麗傳)에는 사람이 죽으면 실내에 빈소를 두었다가 3년이 지난 뒤 길일(吉日)을 선택해 장사를 치른 사실이 기록되어 있다. 이는 광개토왕의 사후 문제를 생각하는 데에도 크게 참고가 된다. 다만, 이 3년 상(喪)은 꼭 만(滿) 3년을 가리키는 것이 아닌 듯하다. 유교식의 상장례(喪葬禮)가 확립된 중국이나 무령왕릉(武寧王陵) 출토 지석(誌石)으로 명백해진 백제의 사례를 참고하면 3년 상은 대체로 27개월이었으리라 추정되고 있다. 소수림왕(小獸林王, 371~384)의 율령 반포를 계기로 이후 유교문화를 본격 수용한 고구려도 사정이 비슷하였다고 상정해도 크게 무리하지는 않을 듯 싶다. 실제로 광개토왕의 사망 시점이 412년임은 일단 그를 방증해 준다.

다만, 『삼국사기』 고구려본기에는 광개토왕의 사망 시점을 413년 10월로 기록하고 있음은 그런 추측을 빗나가게 하는 요소이어서 약간 혼란스럽다. 그러나『삼국사기』의 기년을 광개토왕비와 대조할 때 1년의 차이가 벌어짐은 이미 밝혀져 있는 바와 같다. 이에 의거해 광개토왕의 사망 연도를 조정하면 412년이 되므로 이 문제는 어느 정도 해소된다. 그래도 광개토왕의 실제 사망 시점은 그대로 412년 10월이므로 매장하기까지는 만 2년이 채 되지 않는다. 그렇다면 여전히 3년 상의 문제는 말끔하게 정돈되지 못하는 한계가 뒤따른다. 이로 미루어볼 때 당시에는 아직 27개월인 3년 상의 관행이 제대로 정착되지 못하였거나 아니면 고구려본기의 10월이란 기록에 어떤 문제점이 내재되었을 가능성 둘 중의 어느 쪽이라 보아야 한다. 현재로서는 더 이상 추적이 곤란한 실정이다.

다만 앞서 일체의 장례 절차를 마무리하고 한참 지난 뒤 작성되었음은 분명하지만 3년 상의 내용이 어디까지였을까를 고려하면 약간 달리 해석될 여지도 있다. 어쩌면『삼국사기』고구려본기에 보이는 412년(수정연대) 10월의 사망한 시점을 그대로 받아들이면서 3년 상을 27개월이라고 환산한다면 계산상 415년 1월 무렵이 될 여지가 생겨난다. 말하자면 3년 상은 시신을 이장한 뒤 능묘를 완성하고 묘전(墓前) 의례까지 모두 치른 뒤 이어서 진행된 일체의 추선(追善) 의례까지 끝낸 시기를 포함하면 그럴 가능성도 충분히 상정된다. 그럴 때 414년 9월 29일이란 신위를 모신 묘(廟)로부터 시신을 안치한 묘(墓)로 이장한 한정된 시점만을 가리키고 이후 계속 진행된 일체의 장의 행위 기간을 포함하면 3년 상을 상정할 수 있는 것이다. 거기에는 입비의 행위도 당연히 포함되는 것이겠다.

이상과 같이 보면 갑인년, 즉 414년 9월 29일은 어디까지나 광개토왕릉의 외형을 모두 완성하고 난 뒤 시신을 옮긴 날을 명시적으로 기록한 시점이다. 비문상에서는 사망한 연월일이 전혀 드러나 있지가 않는데, 그것을 의도적으로 명시하지 않았던 것이다. 비문은 사망이 아니라 산릉으로 이장한 사실 자체에 초점을 두고서 이를 매우 중시하는 입장에서 작성되었음을 뜻한다. 아마도 이후 진행된 묘전 의례는 이 시점을 기준으로 해서 이루어졌을 가능성을 시사해 준다.

그런데 ㉡에서는 산릉으로 옮긴 일을 모두 마치고 난 뒤 입비하고서 광개토왕의 훈적을 기록함으로써 후세에 드러내어 보이려 한 사실이 보인다. 이에 따르면 입비의 시점은 적어도 산릉으로 옮기고 난 뒤에 이루어진 일이었음이 확실하다. 무덤을 조성하는 사정이나 시신을 옮긴 과정 및 그 절차는 명시되지 않았지만 적어도 414년 9월 29일은 산릉을 모두 완성하고서 묘전의 장송 의례까지 전부 마친 시점을 가리킨다. 장례와 관련한 절차 일체를 모두 끝낸 뒤 비를 세울 수 있었음은 의심할 바 없으므로 그 날을 결코 입비의 날로 단정할 수는 없는 일이겠다. 엄밀히 말한다면 이 날은 어디까지나 입비가 가능한 최고의 상한 시점에 불과할 따름이다. 그러므로 입비는 그 뒤의 어느 시점에 이루어진 일이라 설정함이 순조롭겠다. 기왕에 아무 근거도 없이 막연히 시신을 옮긴 날을 입비의 시점으로 간주하는 잘못을 범하였던 것이다. 따라서 입비 시점은 달리 추구되어 마땅한 일이다.

비문 자체만을 근거로 삼아서는 입비의 시점을 더 이상 적확하게 꼬집어낼 길이 없다. 그렇다면 입비의 시점은 다른 방법을 동원해 추적해야겠다. 앞서 비문을 통해서 적어도 2단계의 장례 절차를 상정하였지만 이는 사망 후 무덤에다 시신을 안치하기까지의 과정에 국한된 일이다. 일반적으로는 빈렴, 장송 및 매장을 완료한 뒤의 묘전 의례까지의 3단계가 기본적 장송 의례로서 진행되었다.[6] 이 절차를 모두 마친 뒤 다시 여러 추선 의례가 추가되었다. 고구려의 경우에도 정식의 장송 절차 이외에도 배총(陪塚) 조영을 비롯한 제대(祭臺) 설치 및 수목(樹木) 심기, 수묘인(守墓人) 배정 등의 단계를 따로 거쳤다고 한다.[7] 비의 건립도 그런 추선 작업의 일환으로서 당연히 상정할 수 있겠지만 무덤을 치장하기 위한 작업이 진행되고 있을 때보다도 그것조차 모두 끝낸 뒤 최후의 대단

6 권오영, 「한국 고대의 喪葬儀禮」 『韓國古代史硏究』 20, 2000.

7 정호섭, 『고구려 고분의 조영과 제의』, 서경문화사, 2011.

원으로서 입비 행위가 진행된 것으로 봄이 순리일 듯 싶다. 비문 자체에 수묘가 주요 내용으로 실려 있음은 그를 뚜렷이 증명해 주는 사실이다. 무덤이 완성되지 않았음에도 수묘인과 관련된 내용이 먼저 확정되었다고 보는 것은 순리에 어긋난다.

여하튼 이로 보면 매장 이전은 물론이고 매장한 직후 및 장례를 최종적으로 마무리하기까지 여러 단계의 장의 절차를 거쳤음을 비문을 통해 추리해낼 수 있다. 그런 의미에서 수묘와 관련한 내용까지 실려 있는 입비 행위는 장의 관련 일체를 마무리한 뒤 최후의 정리 작업으로서 이루어진 일이라 단정하여도 무방하겠다. 그러므로 입비의 시점은 414년 9월 29일을 기준으로 그 이후 한참 지난 어느 시점으로 잡아야 마땅하다. 그것은 입비 과정 자체를 통해서도 입증되는 사실이다.[8]

2) 입비 시점

비문을 작성하고 비를 세우는 데에 상당한 기간이 소요되었을 것임은 두 말할 나위가 없는 일이다. 시신을 옮긴 뒤 수묘인을 확정하고 무덤 조영과 관련한 일체의 행위도 마무리한 뒤 비로소 비문 찬자나 서자(書者)의 선정 및 비문에 들어갈 내용을 비롯한 문장 작성과 관련한 사항, 비석에 사용될 재료를 구해 옮기고 새기는 행위, 그리고 입비 등 일련의 과정을 추진해 나가는 데에는 적지 않은 시간이 걸렸을 터이다. 그런데 지금까지 무덤 조성 및 입비 행위 일체를 하나로 묶어 너무도 쉽게 단정해 버리고 말았다. 그리하여 시신을 옮겨

8 비슷한 모습은 德興里壁畵古墳의 주인공인 幽州刺史 鎭의 묘지에서도 확인된다. 여기에도 진의 사망 시점의 나이만 77세라 하였을 뿐이며, 묵서 묘지에 제시된 영락 18년(408) 이하 구체적으로 제시된 연월일은 무덤을 만들고 시신을 옮긴 바로 그 시점이다. 이 점은 바로 얼마 뒤인 광개토왕비 작성을 생각하는 데 참고가 된다. 한편 백제 武寧王陵 지석에서는 사망 시점과 함께 무덤에 이장하는 시점이 명시되어 있다. 반면 무령왕의 王妃 지석의 경우에는 사망한 年月만 보일 뿐, 정작 年月日 모두를 구체적으로 명시한 것은 '改葬還大墓'라고 한 매장의 시점이다.

무덤을 완성한 날을 곧바로 입비의 시점으로 간주하였던 것이다.

그런데 입비의 시점과 관련하여 주목해 볼 대상은 1946년 경주의 호우총(壺杅塚)에서 출토된 청동제의 호우(壺杅)란 그릇이다. 그 밑바닥에는 다음과 같은 십여 자에 달하는 흥미로운 명문이 보인다.

B) 乙卯年國罡上廣開土地好太王壺杅十

이 명문은 5세기 신라와 고구려의 관계를 여실히 증명해 주는 물증(物證)으로서 크게 주목을 끌었거니와 서체가 광개토왕비와 동일한 점이 각별히 주목된다. 당시 그런 서체가 널리 유행한 데서 말미암은 것인지 혹은 서자가 동일한 데서 비롯한 것인지는 가늠하기 곤란한 일이지만 일단 양자가 비슷한 시기에 작성되었을 것임을 추정케 하는 근거의 하나이다. 첫머리에 을묘(乙卯)라는 간지를 통해서도 그 점은 증명된다.

이 을묘가 서체는 물론 당시 신라와 고구려의 관계로 미루어볼 때 415년임은 의심의 여지가 없다. 이를 1주갑 즉 60년 내려서 475년, 혹은 535년으로 보는 견해가[9] 있지만 이는 명문 자체의 내용은 물론 고구려와 신라의 관계 등 당시의 제반 사정을 염두에 두지 않은 채 단지 호우총 관련 고분의 편년이란 고고학적 해석에 입각한 데서 도출된 것일 뿐이므로 방법론상의 명백한 잘못이다. 억지로 만들어낸 호우총의 연대관에다 끼워 맞추어서 명문을 해석할 것이 아니라 명문을 기준으로 해서 호우총의 절대(絕對)연대를 설정함이 오히려 올바른 접근이기 때문이다. 물론 415년은 어디까지나 호우총 조영의 절대 연대 상한을 가리키는 데에 지나지 않을 따름이다.

그런데 호우가 만들어진 시점이 415년인 사실은 눈길을 끈다. 415년은 앞서

9 국립중앙박물관, 『호우총 은령총』(발굴 60주년 기념심포지엄 자료집), 2006 ; 김창호, 「壺杅塚에서 출토된 호우 명문과 호우총의 연대에 대하여」 『科技考古硏究』13, 2007.

본 것처럼 무덤을 완성한 바로 이듬해이기 때문이다. 그래서 지금까지 입비 연대를 무조건 414년이라 설정한 바탕 위에 그 일주년[忌日]을 기념해서 만든 것으로 이해하기도 하였다. 그러나 그를 기준으로 1주년, 1주기를 설정하는 것은 그리 만족스런 추정이 되지 못한다. 아무리 국왕이라도 이장(移葬)한 뒤 1주년 지나 그를 기리기 위해 기념품으로 제작해 널리 배포한다는 것은 달리 유례가 없어 설득력을 얻기 어렵다. 앞서 언급한 것처럼 입비 자체를 414년으로 설정한 데에 근거하여 거꾸로 추산해서 내려진 결론에 불과하다. 차라리 광개토왕비가 세워지던 바로 그 해에 동시에 제작해 배포한 것으로 봄이 어떨까 싶다. 광개토왕의 훈적을 기리고 과시하기 위해 비를 세우면서 함께 기념하는 물품으로 제작해 배포하였다고 해석함이 한결 순조롭기 때문이다. 달리 말하면 415년은 광개토왕비를 세우면서 동시에 옮기기 쉬운 기념품을 제작해 배포함으로써 그 훈적을 널리 과시하기 위한 목적에서 취해진 조치가 아니었을까 한다.

청동제 호우의 위쪽이 아닌 밑바닥에 글자를 새긴 것은 이를 놓고 관상(觀賞)하려는 용도라기보다는 멀리까지 움직임을 예상하고서 만들었음을 암시한다. 그런 뜻에서 호우는 널리 배포하기 위한 목적에서 제작한 것이었다고 할 수가 있다. 호우에는 #와 十이라는 두 개의 분명하지 않은 부호 혹은 글자가 보여 흥미를 끈 바가 있는데, 특히 十이 열 번째의 것임을 가리키는 것인지 어떤지를 가늠하기는 어렵지만 동일한 것이 다수 제작되어 유포되었을 공산이 크다. 호우가 여럿을 함께 만들 수 있는 주조(鑄造) 물품이라는 데서 특히 그러하다. 비문과 함께 제작된 사실을 고려하여 대상을 이해해볼 필요가 있다.

비문에 그려진 훈적이 대체로 국내의 용도라고 한다면 '광개토지호태왕'이란 새로운 시호를 새긴 호우는 널리 그 위무(威武)가 직접 미치고 있는 사해(四海) 즉 고구려의 천하 전체를 지칭하는 소위 '광개토지(廣開土地)'에까지 과시하려는 용도로 제작한 것이 아닐까 싶다. 따라서 그를 받은 주요한 대상은 곧 비문에서 속민(屬民)으로 설정된 지역이었을 것 같다. 비문의 속민으로 인식된 신라에서 출토된 사실은 그렇게 유추하게 하는 유력한 근거이다.

요컨대 광개토왕비와 호우는 동시에 제작된 것으로서 안팎으로 그 업적이 천하 사방에 온통 퍼져나가고 영토와 번영이 영속되기를 염원한 데에 목적을 둔 것이었다. 이를 장수왕의 입장에서 본다면 단지 광개토왕의 업적을 기리는 데에만 그치지 않고 자신이 천하 사방을 직접 굳게 지켜내겠다는 의지의 표명이기도 하였다. 앞서 광개토왕이 '기국'함으로써 실현하지 못하고 남겨진 부분을 장수왕 자신이 앞으로 철저히 실천해 나가겠다는 다짐이면서 선언이었다. 그 구체적인 내용이 바로 광개토왕의 바람이면서 동시에 장수왕 자신에게 주어진 사명이란 내용을 담고 있는 '(상략)庶寧其業 國富民殷 五穀豊熟'이었다. 그런 점에서 비의 건립이나 호우의 제작은 곧 광개토왕시대를 마감하면서 새로운 장수왕 자신의 시대가 출범함을 선언한 것이었다고 풀이된다. 광개토왕비문을 장수왕의 입장에서 읽어내어야 하는 근거의 하나도 바로 여기에 있다.

3. 장수왕의 입장과 의지

이처럼 광개토왕비는 장수왕의 강력한 의지가 담긴 비로서 그 속에는 제시된 내용을 실현해 나가겠다는 지향을 내재한 것이기도 하다. 그런 추정을 좀 더 뚜렷하게 보여주는 것이 비문의 두 단락 가운데 둘째 단락의 명사(銘辭) 부분이다.[10] 거기에는 장수왕의 강한 의지나 앞으로 추진할 정책의 방향이 담겨져 있으므로 이를 좀 더 구체적으로 들여다볼 필요가 있겠다.

C) ㉠ 國罡上廣開土境好太王存時敎言 祖王先王但敎取遠近舊民守墓洒

10 일반적으로 墓誌는 誌와 銘의 두 부분으로 구성되었는데 비중은 후자에 두어지고 있다. 형식상으로 보면 광개토왕비문도 그런 구조를 하고 있는 셈이다.

掃 吾慮舊民轉當羸劣若吾萬年之後安守墓者 但取吾躬巡所略來韓穢令備洒掃 ㉡-a 言教如此 是以教令取韓穢二百卄家 慮其不知法則 復取舊民一百十家 合新舊守墓戶國烟卅看烟三百都合三百卅家 ㉡-b 自上祖先王以來墓上不安石碑致使守墓人戶差錯 唯國罡上廣開土境好太王盡爲祖先王 墓上立碑銘其煙戶不令差錯 ㉢ 又制 守墓人自今以後不得更相轉賣 雖有富足之者亦不得擅買 其有違令 賣者刑之 買人制令守墓之(4면 5행에서 9행)

이 구절은 광개토왕비의 마지막 부분으로서 근자에 많은 논란의 대상이 되어온 이른바 수묘연호조(守墓烟戶條)이다. 광개토왕비의 성격을 수묘비라고 일컬을 정도로 큰 비중을 차지하는 내용이 담겨져 있다. 사실 비문 전체를 두 단락으로 이해하면 둘째 단락에 해당하는 뒤의 명사 부분은 다시 크게 두 개의 문단으로 나뉜다. 앞서 소개한 A)의 ㉡ '於是立碑 銘記勳績 以示後世焉'에서 드러나듯이 그 이하 전부를 하나의 단락으로 본다면 사실상 비를 세운 목적은 훈적을 드러내기 위한 것이었음이 확실하다. 훈적은 문장 구조상으로 보아 다시 두 내용으로 이루어졌음이 드러난다. 하나는 무훈(武勳)이며, 다른 하나는 그와 표리일체의 관계에 있던 수묘제로서 바로 위의 기사이다.

무훈은 광개토왕 일대를 통해 활발히 추진된 정복 활동에서 거둔 승리를 연대기적으로 정리한 내용이다. 광개토왕에게 사후 그런 시호(諡號)가 부여된 것도 무훈을 크게 의식한 것이었다. 거기에 실린 내용이 당대에 치른 전투의 전부이냐 아니면 일부분이냐를 놓고 견해 차이를 보이지만 『삼국사기』 고구려본기와 대비할 때 후연(後燕) 방면 전투가 전부 빠져 있는 점을 고려하면 전체 사실을 기술한 것은 아니라 여겨진다.[11] 오로지 전승(戰勝)한 사실만을 선택적으

11 朱甫暾, 「高句麗 南進의 性格과 그 影響-廣開土王 南征의 實相과 그 意義-」 『大丘史學』82, 2006.

로 기술하였으며 그 가운데 유독 백제 방면에 비중이 크게 쏠리고 있는 점도 각별히 유의해볼 대상이다. 이는 후술하듯이 광개토왕 사후 수묘인을 모두 자신이 확보한 한예(韓穢, 韓濊) 종족으로 충당하라는 유언을 남긴 사실과도 무관하지 않을 듯 싶다. 무훈과 수묘를 하나로 묶어서 이해할 수 있는 근거는 바로 여기에 있다. 말하자면 비문은 단순히 광개토왕의 무훈만을 강조해 내세우기 위한 것도 아니었고, 그 가운데 수묘와 연관되는 부분을 선택해 그것이 외정과 내치가 표리일체를 이루도록 하는 방향에서 정리한 것이었다. 따라서 광개토왕비는 무덤 조성을 전부 완료한 뒤 세운 훈적비이지만, 구체적 내용은 무훈과 수묘 두 부분으로 구성되었다고 함이 순조로운 이해라 하겠다.

그런데 수묘 관련 내용을 전체적으로 정리한 위의 기사에서 주목되는 사실은 거기에 장수왕의 뜻이 강하게 들어가 있는 점이다. 기실 비문이 광개토왕과 관련되지만 실상은 그의 의지와는 다르게 장수왕의 의도가 깊숙이 스며들어가 있는 것이다. 그런 점에서 보면 둘째 단락의 전반부인 무훈 기사도 마찬가지이겠다. 물론 그것을 수묘와 연관시키면 당연히 광개토왕의 뜻과 일정 부분 연결되어 있을 터이지만 적어도 겉으로는 장수왕의 의사에 따라서 결정된 내용이다. 그에 견주면 수묘인과 관련한 부분만은 약간 다른 면모를 보인다. 여기에는 광개토왕과 장수왕의 뜻이 함께 들어가서 미묘한 대조를 이루고 있기 때문이다. 그 점은 C)를 구체적으로 살피면 뚜렷이 드러난다.

사료 C)는 내용상 다시 크게 세 개의 작은 문단으로 구분된다. ㉠은 광개토왕 생존 시의 교언(教言, 遺言)을 직접화법으로 옮겨 적은 내용이다. 그러므로 당연히 광개토왕의 뜻이 그대로 담겨져 있는 셈이다. 자신이 재위할 때까지는 전통적 관습에 따라 원근의 구민(舊民)만을 수묘인으로 충당하였으나 이제 세월이 흘러 구민이 열악해져 먼 훗날까지를 기약할 수가 없게 된 마당이었으므로 차후는 새로운 신래한예(新來韓穢), 즉 전부 신민(新民)으로 바꾸어 개편하라는 내용이다. 여기에서는 수묘인이 열악[羸劣]한 상태에 빠지게 된 원인은 구체적으로 드러나지 않고 단지 그 개편의 방안만이 제시되어 있을 따름이다.

㉡은 그와는 달리 장수왕이 광개토왕의 교언을 받아들여 실행으로 옮긴 내용이다. 다만, 거기에는 광개토왕의 뜻이 반영되기는 하였지만 사실상 장수왕이 내용을 수정해서 집행하고 있음을 보인다. 이는 실제로는 새로운 수묘제의 시행이 장수왕의 의지에 의한 것이었음을 명시적으로 나타내고 있는 셈이다. 수묘제의 전반적 정비는 광개토왕의 유언을 계기로 시작한 것이기는 하나 장수왕이 장례 절차 일체를 마무리하면서 당시의 현실 상황을 고려해 나름대로 고쳐서 실행에 옮긴 것이었다.

㉢은 제(制)의 내용이다. 이 제(制)는 내용상 국왕의 단순한 일시적 지시나 명령을 뛰어넘어 그를 매개로 해서 법제화된 법령의 구체적 조문(條文)이다. 작성 시점이 광개토왕비와 차이가 나는 집안비에도 용어상 약간의 출입(出入)이 있기는 하나 거의 유사한 내용이 보임은 그를 방증해 주기에 충분하다. 이 제(制)를 발령한 주체가 장수왕인지 광개토왕인지가 분명하지 않은 모호한 모습으로[12] 처리된 사실도 그를 방증한다. 광개토왕대에 이미 그런 내용이 교령(教令)의 형태로 공포되었고 이어서 율령의 한 조문으로 정착한 것인지 아니면 장수왕이 광개토왕의 교령을 이어받아 율령 조항으로 완전하게 정리해 넣은 것인지는 불분명하다. ㉡의 연장선상에서 결론을 내린다면 오히려 후자 쪽이 적절한 듯 싶다. 광개토왕의 의지나 생각과 장수왕의 그것이 일치해 그대로 이어졌음을 보여 주기 때문이다.

이상과 같이 보면 비문의 수묘제에는 광개토왕의 생각이 당연히 들어간 것이기는 하지만 그 자체는 장수왕의 강력한 의지에 입각한 것이었다.[13] 그런 측면에서 그와 직결된 무훈도 장수왕의 선택에 따른 것이라 해야 하겠다. 광개토왕 당대에 치른 전투 가운데 특별히 한예와 관련 있는 백제와의 전투를 집중적

12 ㉢에서 '自今以後'라 하여 특정 시점이 보이지만 이는 교령을 반포한 시점일 수도 있고 비문을 작성한 현시점일 수도 있으므로 어느 왕인지 불분명하다.

13 김현숙, 앞의 논문.

으로 다룬 것도 바로 그 때문이었다. 무훈의 대상이 된 지역이 수묘인 차출 지역과 상당 부분 일치함은 그를 방증해 준다. 그러므로 한예가 아닌 대상이 일부 보인다고 해서 그를 쉽게 부정하는 것은 적절하지 못하다. 양자가 완전히 합치되지 않는 것은 오히려 다른 각도에서 새로 검토해 보아야 할 대상이지 전체를 마냥 부정할 일은 아니라 하겠다. 그런 측면에서 광개토왕비는 수묘제에 상당한 무게를 둔 성격의 비라고 추정할 수가 있다.

그런데 광개토왕이 수묘제 정비에 깊은 관심을 처음 보인 시점은 그 자신의 죽음에 직면해서가 아니라 이미 생존해 있을 당시였다. 그것은 위의 사료C) 속에 드러나 있다. 그 점과 관련해서는 특히 ㉡-b가 주목해 볼 대상이다. 앞서 언급하였듯이 광개토왕이 당대에 수묘제를 어떻게 정리하였던 것인지에 대한 내용은 그리 선명하지가 않다. 과연 광개토왕 자신은 수묘제를 어떻게 정비하려고 시도하였을까.

C)에는 수묘에 대한 전반적 내용이 압축적으로 정리되어 있다. 광개토왕에 앞서 그 조왕(祖王), 선왕(先王, 祖先王)[14]들은 원근의 구민(舊民)들을 차출해 수묘를 담당케 하였다. 그러다가 자신의 아버지 고국양왕(故國壤王)의 장례를 치른 뒤 수묘인을 차출하는 과정에서 너무나도 열악한 상태에 빠진 점을 확인하고 기존 체제로는 더 이상 장래를 보장하기 어렵겠다고 절감하였다. 그는 그렇게 된 직접적 요인이 매매(賣買)에 있다고 진단하였다.

그런데 그처럼 수묘인 매매가 일어나게 된 원인은 차착(差錯)이 생겼던 데 있다. ㉡-b에 의하면 광개토왕은 다시는 그런 잘못이 되풀이되지 않도록 조선왕(祖先王)의 능묘에다 처음으로 비를 세우고 연호들을 새기는 조치를 취하였

14 같은 비문 내에서 양자를 함께 사용하므로 동일하였음은 분명하다. 다만, 先王을 따로 구분하려는 것은 유난히 눈에 띄는 점이다. 광개토왕에게 선왕, 즉 아버지는 故國壤王이다. 고국양왕이 유독 강조되고 있는 것은 당연히 자신의 아버지이기 때문이겠으나 광개토왕의 수묘제 문제에 대한 깊은 관심은 그 왕릉을 조영할 때로부터 비롯되었을 것으로 짐작된다. 그래서 굳이 효심에서 선왕을 따로 내세우고 있는 것이다. 그런 정황은 장수왕에게도 마찬가지로 이어졌다.

다. 이로 보면 일단 광개토왕이 시행한 일이란 수묘와 관련해 기존의 구민을 대상으로 한 수묘제를 재정리함으로써 더 이상 차착이 일어나지 않도록 비를 세우도록 하고 관리한 일이었다.[15] 말하자면 일단 구민 중심으로 정리하고 차착 방지를 위해서 처음으로 입비한 조치였다.

이상과 같이 보면 집안비는 일단 광개토왕의 수묘제 정비 과정에서 세워진 것 가운데 하나로 이해하는 편이 현재로서는 가장 적절할 듯 싶다. 집안비의 8행에는 '(상략)立碑銘其烟戶頭廿人名'이라 하여 비를 세운 사실 자체와[16] 함께 20명의 호두(戶頭)를 기록한 사실까지 확인되기 때문이다. 아마도 호두의 명부는 그 뒷면에 작성되어 있었던 듯하다. 따라서 광개토왕의 수묘제 정비는 기존 구민으로 편성된 20호를 하나의 기본 단위로 편제한 연호제를 정비하고 이들이 차착을 일으키지 않도록 이름을 명기한 비를 세운 일이었다. 그에 견주면 장수왕은 후술하듯이 가히 개혁적이라고 표현해도 좋을 정도의 수묘제 체계 전반을 새롭게 재정비하였음이 주목된다.

사실 광개토왕은 재위 중에 자신이 공취한 '신래한예'로서 수묘제를 개편하기 바라는 의견을 사망하기에 앞서 장수왕에게 피력하였다. 수묘연호의 대상은 ㉠의 '取吾躬巡所略來韓穢'에서 드러나듯이 자신이 재위할 때 행한 전투에서 확보해 왕도로 데려온 한예들이었다. 광개토왕은 정복전을 치르면서 확보한 포로들을 왕도에 사민시켜 새로운 수묘제 시행을 위한 대책을 벌써부터 마련하기 시작한 것으로 짐작된다. 광개토왕은 장수왕을 태자로 책봉한 이후 평소 그를 주지시켰거나, 혹은 임종에 직면해 자신이 데려온 신래한예를 중심으로 수묘제를 정비하도록 유언으로 남겼던 것이다. 다만, 광개토왕은 구민을 아예 신래의 한예로 모두 바꾸되 기존의 관례처럼 20호를 하나의 단위로 삼도록 조치하였다. 이는 집안비는 물론 광개토왕비 자체에서도 뚜렷이 드러나는 사

15 이성시, 앞의 논문.

16 그 비가 바로 집안비임은 재론의 여지가 없다.

실이다.

그런데 장수왕은 한예를 주된 대상으로 삼도록 한 광개토왕의 지시는 일단 그대로 받아들였지만 수묘의 구성과 조직을 한결 더 보강하는 나름의 몇몇 조치를 감행하였다. 먼저 20호에 10호씩을 덧붙여 하나의 단위를 30호로 편제하였다. 이는 당연히 장수왕 자신의 판단에 입각한 것이었다. 그렇게 한 이유는 '법칙을 잘 알지 못할까 염려해서[慮不知法則]'라 하여 수묘인들이 장차 운영 규칙을 제대로 알지 못한 데서 빚어질 만약의 사태를 우려한 데서 나온 발상이었다. 광개토왕의 기본 기획안을 받아들이면서도 그로부터 한 걸음 더 나아간 보완적 시도였다. 장수왕이 새로운 수묘제를 실시하면서 크게 염두에 둔 것은 광개토왕이 염려한 '若吾萬年之後 安守墓者'였다. 장수왕은 광개토왕의 당부를 충실히 받아들여 이행하면서 영원히 지속될 수 있도록 수묘제의 철저한 조직화를 도모한 것이었다.

장수왕이 광개토왕의 요구를 기본적으로 받아들이면서도 한 걸음 더 나아간 것은 수묘를 국연(國烟)과 간연(看烟)으로 나눈 사실에서도 확인된다. 집안비에는 수묘 연호에 대한 아무런 구별이 보이지 않는다. 그런데 광개토왕비에는 수묘 연호를 크게 국연과 간연의 두 등급으로 나누었다. 아마도 이는 20호를 하나의 단위로 하였다가 구민 10호를 더하면서 착상한 장수왕의 창안(創案)으로 보인다. 수묘 연호 전체를 하나의 등급으로만 설정하지 않고 위계화를 도모한 것이었다. 이는 상호간 역할과 책임 소재를 분명히 할 뿐만 아니라 운영상의 체계화를 위한 조치로서 전적으로 장수왕의 판단에 의한 것이었다.

한편 수묘인의 출신 지역을 광개토왕비에다 구체적으로 명시한 것은 이들을 지방통치와도 연결시키기 위한 의도에서였던 것으로 풀이된다. 아마도 운영해 가는 도중에 문제가 생긴다면 그를 보완해나갈 대비책 마련도 필요하였다. 그래서 광개토왕비문에는 그들의 구체적 출신 지역을 명기(銘記)해 둠으로써 장차 일어날지도 모를 만약의 사태에 예비하였다. 이 또한 오랜 세월이 지난 뒤의 차착 사태를 겨냥한 조치였다. 결원이 생긴다면 그들 원래의 출신 지역을 대상으로 계속 동일하게 부담을 지우려는 생각이었다.

이상과 같은 측면에서 장수왕은 아버지 광개토왕의 의도를 충실히 실천하면서도 오히려 더욱 더 보강하는 입장에서 수묘제의 정비를 실시한 셈이었다. 광개토왕이 염려한 것처럼 그야말로 대대로 만년 뒤에까지를 예비한 조직화·체계화였다. 전무후무한 엄청난 규모의 비를 세워서 그를 드러내고 동시에 호우를 만들어 속민들에게까지 배포한 것은 곧 자신의 강력한 실행 의지를 나타내어 보이기 위한 의도에서였다. 그것이 곧 단순한 수묘제의 운영에 그친 것이 아니라 광개토왕이 이룩한 업적과 유지(遺志)를 이어받아 무위(武威)가 영원히 천하에 떨쳐지고 백성이 풍요롭고 국부민은(國富民殷)하며, 오곡이 언제나 풍성한 고구려 국가를 유지해 가겠다는 의지의 표명이었다. 광개토왕비를 세우는 등의 추선 의례를 집행하면서 그런 뜻을 천하 안팎으로 내세워 결의를 다짐하는 장(場)으로 활용하였다.

장수왕이 시호제를 바꾼 점도 수묘제의 대대적 개혁과 관련해 주목해볼 대상이다. 직전까지만 하더라도 고구려에서는 시호를 국왕의 장지(葬地)를 근거로 제작함이 일반적이었다.[17] 이는 시신이 묻힌 장소를 중시한 시호법이다. 장수왕은 그런 기존 시호 부여 방식을 바꾸려고 시도하였다. 그 배경을 분명하게는 알 수 없으나 비슷한 시호가 매우 많아짐으로써 '만년지후(萬年之後)'를 염두에 둔다면 혼동으로 말미암아 무덤 자체는 물론 수묘인들의 차착이 일어나 혼선이 크게 빚어질지 모른다고 우려하였을 가능성이 크다. 이미 고구려 국가의 중심 묘역인 '국강(國岡)'만 하더라도 바로 인접한 곳에 너무 많은 왕릉이 조영된 상태였다. 따라서 시호 자체도 명확하게 구별해 두지 않으면 안 되는 상황에 다다랐던 것이다. 그래서 국왕의 업적이나 특성을 고려한 새로운 형식의 시호제가 필요하였다.

17 고구려의 시호제에 대해서는 임기환, 「고구려 王號의 변천과 성격」『한국고대사연구』28, 2002 참조.

다만, 완전히 새로운 방식을 고집하지 않고 기존의 방식도 받아들이면서 보완하는 일종의 절충적, 과도기적 방식을 채택하였다. 앞서 수묘제의 시행 방식과 아울러서 그런 측면을 살피면 장수왕은 과감한 급진적 성향이라기보다는 차라리 온건 합리적이며 철저히 실천하는 치밀한 성격의 소유자라는 느낌이 짙다. 그가 추진한 기본 정책은 곧 광개토왕이 확보한 영토를 지켜 고구려를 영원히 부강한[庶寧其業 國富民殷 五穀豊熟] 나라로 만드는 일이었다. 그런 의지를 굳게 다짐하고 실현해 옮기려는 각오와 다짐을 만방에 드러내려고 생각한 것이 곧 광개토왕비의 건립과 호우의 제작 의도였다고 하겠다.

4. 장수왕의 치적(治積)과 향방(向方)

장수왕은 광개토왕이 이루어낸 업적을 착실히 이어가면서 내실을 굳게 다지는 방향에 초점을 둔 정책을 추진하였다. 당시 북중국 방면에서 복잡다단하게 전개되던 왕조 교체를 목격하면서 장수왕은 창업(創業)보다 수성(守成)의 어려움이 어떠한지를 익히 보면서 절실히 느끼던 차였다. 그래서 고구려 왕조를 단단히 수성해 영속시켜갈 수 있도록 온갖 대책 마련에 부심하였다. 그럴 목적으로 일대에 걸쳐 줄곧 내치(內治)에 신경을 크게 기울이는 한편 국제정세를 적절히 활용함으로써 외교적 역량도 유감없이 발휘해 갔다.

광개토왕비의 건립은 곧 장수왕 자신의 치세가 이제 정식으로 시작되었음을 대내외에 선포한 것이기도 하였다. 이후 장수왕은 무려 79년 동안이나 재위하였다. 이처럼 장기간의 재위는 그야말로 비문에서 선언하고 명시한 내용을 실현에 옮겨서 고구려의 지배체제를 반석 위에 올려놓기에 충분한 시간이었다. 427년 평양(平壤)으로의 성공적 천도,[18] 이후 고려(高麗)로의 국호 개정 등

18 徐永大, 「高句麗 平壤遷都의 動機」『韓國文化』2, 1981 참조.

은[19] 그런 실상을 반영해주기에 적절한 실례들이다. 475년 백제의 왕도 한성 공략과 영역의 확장, 국제동향의 정확한 파악, 특히 남조(南朝)를 적절히 활용한 강적 북위(北魏) 대상의 견제 외교 등은 장기간 재위한 장수왕의 노련한 정치적 수완과 역량을 읽어내기에 충분한 증거들이다. 이들을 근거로 삼을 때 장수왕대는 일단 고구려의 최고 전성기를 구가한 시기라 평가하여도 좋겠다.

이처럼 장기간 재위하면서 장수왕은 엄청난 업적을 일구어내었다. 그러나 이는 오히려 그 사후에 예기치 못한 문제를 불러오는 원인(遠因)으로 작용하기도 하였다. 그를 뒤이은 손자 문자명왕(文咨明王, 492~519)대는 아니지만 바로 직후에 왕실 내부에 분란이 발생하면서 지배체제가 무너지는 현상이 극명하게 보이기 시작하였기 때문이다. 장수왕 재위 당시부터 그럴 만한 조짐은 이미 싹트고 있었던 것이다. 아래에서는 거기에 초점을 맞추어 약간의 논의를 진행해 보고자 한다.

1926년 경주에서 뒷날 서봉총(瑞鳳塚)이라고 명명된 적석목곽분이 발굴되었는데, 거기에서 크게 눈여겨볼 만한 부장품 하나가 출토되었다. 십자 모양으로 서로 교차하는 손잡이가 달린 뚜껑과 본체로 이루어진 은합(銀盒)이었다. 은합의 안쪽과 바닥에는 다음과 같은 명문이 새겨져 있다.

D) ㉠ 延壽元年太歲在辛三月中太王敎造合杅三斤(바닥)
㉡ 延壽元年太歲在卯三月中太王敎造合杅三斤六兩(안쪽)

본체의 바닥과 뚜껑의 안쪽에 각기 새겨진 두 명문은 양자를 합쳐야만 비로소 하나의 완결된 문장으로 성립된다. 간지인 '신묘(辛卯)'를 '신(辛)'과 '묘(卯)'로 따로 나누어 사용한 특이한 방식을 취하였기 때문이다. 그 점을 제외하면 두

19 金鎭熙, 「高句麗國號表記의 變遷에 關한 考察」(嶺南大 敎育大學院碩士學位論文), 1989 ; 鄭求福, 「高句麗의 '高麗' 國號에 대한 一考」『湖西史學』19·20, 1992.

명문의 내용상 차이라고는 오직 무게가 다르다는 점뿐이다. 그렇게 두 명문을 합쳐야 비로소 하나의 완성된 문장이 되도록 구상한 데에는 화합(和合)을 희구한 어떤 의도가 깔린 듯하나 실상은 잘 알 수가 없다.

위의 명문에서 각별히 주목되는 대상은 연수(延壽)란 연호이다. 일단 연수의 소속이나 시점을 판별할 수 있게 하는 주된 실마리는 태왕(太王)이란 왕호이다. 태왕은 고구려는 물론 신라에서도 사용되었지만 양자는 시작 시점에서 크게 차이를 보인다. 광개토왕비문을 근거로 하면 고구려의 경우 4세기부터임이 확실시되나, 신라에서는 울산천전리서석(蔚山川前里書石) 명문에 의하면 법흥왕(法興王, 514~540)대, 특히 재위 후반기인 530년대 무렵에 이르러서의 일이다. 이때는 신라에서 서봉총과 같은 적석목곽분의 조영이 거의 끝난 시점이었으므로 은합 명문의 태왕을 그와 연결시키는 것은 적절치가 못하다. 게다가 당시 신라에서는 아직 독자적 연호가 사용되지 않았다. 그러므로 연수가 신라의 연호일 수는 결코 없는 일이겠다. 그렇다면 태왕의 사용으로 볼 때 이 연호는 고구려의 연호로 봄이 올바른 판단이다. 그릇의 모양이나 '우(杅)'란 용어도 그를 방증해 주는 사실이다. 백제에서 태왕이란 용어의 사용 시점 여하는 잘 모르겠으나 5세기 이후 연호를 사용한 적은 없었으므로 선정 대상에서 당연히 제외된다.

이처럼 태왕이란 왕호로 볼 때 은합의 연수 연호는 고구려의 것으로 볼 수밖에 없다. 고구려에서 제작된 물품이 신라 분묘에서 출토된 사실이 약간 의아스럽지만 장수왕이 광개토왕을 기리기 위해 만든 호우와 마찬가지로 5세기의 일정 기간 동안 고구려와 신라 두 나라 사이에는 긴밀한 우호관계가 결성, 유지되었으므로 그런 실상을 방증하기에 충분한 자료이다. 그러므로 연수를 고구려의 연호라 하여도 하등 이상스럽지가 않다.

연수가 고구려의 연호라면 구체적 시점이 언제이냐가 문제로 부상된다. 그를 풀어가는 실마리는 일단 '신묘(辛卯)'란 연간지(年干支)이다. 적석목곽분의 조영 기간 및 연호 사용의 시점, 그리고 신라와 고구려 두 나라의 관계를 아울러서 고려하면 흔히 지적되고 있는 것처럼 일단 391년, 451년, 511년 셋을 상정할 수 있다.[20] 이 가운데 511년은 서봉총의 조영 연대가 그만큼 뒤떨어진다는 특정한 적석목곽분 편년관(編年觀)을 근거로 해서 막연하게 제기된 것인데, 이는 방법론상으로도 부적절하거니와 실제로 그럴 가능성이 거의 없어 보인다. 6세기 초 당시 신라와 고구려는 적대 관계에 놓여 있었기 때문이다. 고구려에서 태왕의 지시로 제작된 은합과 같은 귀중품이 정상적 외교루트를 거쳐 신라로 유입되기는 너무나 곤란한 상황이었다.

단순히 두 나라의 관계만을 놓고 볼 때 391년에는 일말의 가능성이 없지는 않다.[21] 그러나 서봉총의 조영 연대를 함께 고려하면 이는 너무도 이른 시기 설정이다. 게다가 이해는 바로 광개토왕의 즉위년으로서 영락(永樂) 원년에 해당하므로 결코 연수 원년이 될 수가 없는 일이다. 따라서 신묘년으로서 연수 원년에 해당하는 시점은 달리 찾아져야 마땅하다. 그렇다면 현재로서는 고구려와 신라 두 나라의 관계나 서봉총의 조영 연대를 아울러서 고려하면 연수 원년의 신묘년은 451년으로 봄이 가장 적절하다.[22] 그럴 때 은합의 태왕은 저절로 장수왕이 되며, 연수는 그가 사용한 여러 연호 가운데 하나로 손꼽을 수 있게 된다. 실제로 연표를 근거로 삼아 신묘년이 고구려 국왕의 즉위년이 아니면서 새로운 연호 사용의 원년으로 설정해도 무리가 없는 대상은 오직 장수왕 뿐이다. 서봉총의 축조 연대는 곧 이 은합을 상한선으로 삼아야 한다는 의미가 되므로 신라 적석목곽분의 편년 설정에 주요한 기준점의 하나로 활용할 수 있는 것이다.[23]

---

20 강현숙, 『고구려 고분 연구』, 진인진, 2013, pp.144~145에서 서봉총의 편년관을 기준으로 해서 은합이 신라에로의 유입·부장의 과정을 고려해 331년으로 추정하였으나 접근 방법상 문제가 많다.

21 崔秉鉉, 『新羅古墳研究』, 일지사, 1992.

22 金昌鎬, 「古新羅 瑞鳳塚의 年代 問題(Ⅰ)」『伽倻通信』13·14, 1985 ; 이희준, 「경주 皇南大塚의 연대」『嶺南考古學』17, 1995.

23 적석목곽분의 편년을 기준으로 서봉총의 연대를 설정하려는 것은 타당한 접근방법이 아니다. 간혹 신라고고학에서는 그런 시도를 보이는데 이는 명백한 잘못이다. 다만, 은합은 입수해서

고구려에서 연호가 사용된 시점에 대해서 현재로서는 특정할 수 없지만 일단 광개토왕 때에는 영락이 있었으므로 이를 하한으로 하는 셈이다. 광개토왕이 스스로 영락대왕이라 부른 것으로 보아 전체 재위 기간에 그를 사용하였음은 거의 확실하다. 장수왕도 즉위하자마자 즉시, 혹은 얼마의 시간이 경과한 뒤(3년의 장례 기간이 끝난 뒤) 새 연호를 사용하였을 터이지만 문헌상으로는 확인되지 않는다. 지금까지 알려진 금석문 상에서는 고구려의 것으로 추정되는 연가(延嘉), 영강(永康), 경(景), 건흥(建興) 등과 같은 몇몇 연호가 보이지만[24] 모두 그 시점 설정이 그리 명확하지가 않다.

서봉총 은합의 제작 연대를 451년이라고 할 때 각별히 주목해 볼 사항은 그해가 연수 원년에 해당한 점, 그것이 문자 그대로 수명을 '늘린다', 혹은 '오래되다'는 뜻을 가진다는 점이다. 일반적으로 1세 1연호를 원칙으로 하되 상황에 따라 달라질 수가 있었으며 그럴 때 어떤 염원(念願)을 담은 연호를 선정하였다고 풀이된다.[25] 연호를 처음 창안해 사용한 한(漢) 무제(武帝)도 그런 의도 아래 여러 차례 연호를 개정하였으며, 당(唐) 고종(高宗)이나 측천무후(則天武后)대에는 1년 사이에도 몇 차례나 고쳐 재위 기간 전체에서 그 수치를 정확하게 헤아리기조차 힘들 정도로 잦았다. 신라의 진흥왕(眞興王, 540~576)대만 하더라도 재위 37년 동안 4개의 연호를 사용하였다.[26] 따라서 무려 79년간 재위한 장수왕 당대에 여러 개의 연호 사용이 있었다고 상정해도[27] 하등 이상스러울 바가 없다. 재위 기간이 유난히 길어 어떤 계기나 명분이 주어진다면 당연히 쇄신책(刷新策)으로서 연호를 종종 바꾸기도 하였을 터이다.

埋納되기까지의 기간을 고려하면 어디까지나 축조의 상한을 가리킬 따름이다.

24 정운용, 「金石文에 보이는 高句麗의 年號」 『한국사학보』5, 1998.

25 정운용, 위의 논문.

26 진흥왕 초기에는 어머니 只召부인이 섭정하였으므로 법흥왕의 建元이란 연호를 그대로 이어서 사용하였다. 진흥왕이 親政하면서 사용한 開國부터로 헤아린다면 3개가 된다.

27 濱田耕策, 「高句麗長壽王という時代」 『朝鮮學報』199·200, 2006.

그런 측면에서 일단 주목해볼 대상은 연수에 내포된 뜻이다. 그 속에는 수명과 연관되는 어떤 바람이 강하게 담긴 듯하기 때문이다. 연수가 그 자체로서 수명과 깊이 연관된 것임은 확실하다. 그와 같은 뜻을 가진 연호가 왜 하필 451년이란 시점에서 사용되었을까 하는 데에 초점을 맞추어 접근할 필요가 있다. 이 문제를 풀어갈 때 저절로 떠올리게 되는 것은 장수왕의 재위기간 및 연령이다.

장수왕은 『삼국사기』 고구려본기에 의하면 79년 동안 재위하였고 사망하였을 때의 연령은 98세였다고 한다.[28] 장수왕은 광개토왕의 장남으로서 재위 18년째에 태자로 책봉되었다.[29] 그런데 『삼국사기』의 기년을 광개토왕비문과 대비하면 즉위년이 각각 392년, 391년으로 되어 1년간의 오차가 생겨난다. 일단 이 점은 『삼국사기』 기년에 약간의 문제가 내재되어 있음을 의미하므로 눈여겨 볼 사실이다.

그런데 중국 측 기록에 따르면[30] 장수왕의 연령이 백여 세였다고 한다. 아마도 당시로서는 적어도 백세쯤이나 되는 유별난 나이였으므로 북위의 조정에까지 널리 알려져 그처럼 특기된 것으로 생각된다. 이는 98세라고 명시된 『삼국사기』의 기록에는 약간의 문제가 있음을 시사한다. 어느 쪽이 옳은 것인지는 단정하기 어려우나 이를 풀어내기 위해 약간 다른 각도에서의 접근이 필요하다.

우선 장수왕이 태자로서 책봉된 시점이다. 광개토왕비에 근거해 연대를 수정하면 이는 408년에 해당한다. 왜 하필 이 시점에서 태자로 책봉하였을까를 고려하면 우선 성년(成年)이 되었을 가능성이 크다. 둘째, 광개토왕 자신이 바로 그 나이에 즉위한 사실도 참고되었을 가능성이다. 이런 논리에 입각하면 장수왕의 출생 연대는 391년 아니면 늦어도 392년이 될 수가 있다. 만약 391년이라면 장수왕은 광개토왕 즉위년인 신묘년에 태어난 셈이 되므로 사망할 시점

28 『三國史記』18 高句麗本紀 長壽王 79年條.

29 같은 책, 장수왕 즉위년조.

30 『魏書』100, 열전 高句麗.

에는 백세가 넘는다. 392년이라도 기년을 조정한다면 492년에 사망한 장수왕은 백세가 된다.

이런 논리를 따라가면 451년에 은합이 제작된 배경과 관련해서도 두 가지 가능성이 설정된다. 첫째, 장수왕이 391년 출생하였다면 그 해는 바로 장수왕의 갑년(甲年, 回甲)이 되는 시점이다.[31] 그렇다면 은합은 그를 기리는 뜻에서 제작해 유포하였을 가능성이 크다. 이는 같은 장수왕대라도 새로운 시대의 시작을 선언하는 그런 의미이겠다. 신라를 대상으로 삼아 그를 보낸 것도 기존처럼 우호관계를 계속 이어 나가자는 뜻에서였겠다. 다른 하나는 만약 그 이듬해가 장수왕의 갑년이라면 그렇게 되기를 희구한다는 뜻을 담아서 은합을 제작·배포하였으리라고 풀이된다.

아직 확정할 만한 결정적 근거가 없으므로 장수왕의 출생 연도를 단정할 수는 없겠지만 현재로서는 차라리 연호 연수를 근거로 하면 거꾸로 391년의 신묘년이 가장 적절할 듯 싶다. 얼마 전 태왕릉에서 출토된 청동방울의 제작 연대도 신묘년이었음이 아울러 참고로 된다. 391년의 신묘년은 고구려로서는 대단히 기념비적인 해였다. 고국양왕이 사망하고 광개토왕이 즉위한 해였을 뿐만 아니라 수묘제에 대한 개편이 처음으로 논의되기도 하였다. 게다가『삼국사기』의 기년을 1년씩 조정해 보면[32] 이때 불법(佛法)을 숭신(崇信)하도록 하였고, 처음으로 국사(國社)를 세우고 종묘(宗廟)를 수리하였다.[33] 그런 일련의 과정 속에서 장수왕이 태어나기까지 하였다면 이 신묘년은 엄청나게 큰 의미를 지닌 한 해가 된다. 광개토왕비의 소위 '신묘년(辛卯年)' 기사에서처럼 백제 공략의 명분을 굳이 이 해로 잡은 것도 그런 사정과 맥락을 같이한다. 이 신묘년은 고

31 김창호, 앞의 논문(1985) 및 이희준, 앞의 논문 참조.

32 고국양왕은『삼국사기』에 따르면 392년에 사망하였지만 기년을 조정하면 391년이 된다. 그렇다면 이 해는 광개토왕의 즉위년이기도 하므로 이때의 일들은 원래 광개토왕의 치적이었으나 고국양왕대로 기록되었을 가능성이 크다.

33『三國史記』18 高句麗本紀 故國壤王 8年條.

구려인의 뇌리와 기억 속에 특별히 깊이 각인된 해였던 것이다. 설사 장수왕이 출생한 바로 그해가 아니어도 장수왕의 재위 기간에 돌아온 60년 뒤의 신묘년은 기념비적 해로 재생되었고 따라서 은합을 제작·배포하는 명분이 된 것이라 하여도 무방하겠다. 여하튼 광개토왕비를 건립하고, 호우와 은합을 제작한 장수왕은 기념품으로 어떤 일을 과시하는 특이한 행태를 보였다. 이는 그의 성격을 그대로 보여 주는 듯하여 대단히 흥미로우므로 충분히 음미해볼 만한 대상이다.[34]

장수왕은 오래도록 재위하고 천수를 누리다가 사망하였다. 이로 말미암아 그의 자식들은 아무도 왕위를 계승하지 못하였다. 그의 재위 기간에 뒤이어 즉위하게 된 문자왕은 아버지 고추대가(古鄒大加) 조다(助多)가 일찍이 사망해 대손(大孫)으로서 궁중에서 길러졌다. 충주(중원)고구려비에는 태자로서 공(共)과 같은 인물이 연로한 장수왕의 역할을 대행하고 있는 모습이 간취된다. 이들도 모두 장수왕의 재위 기간에 사망하였다. 비문에 보이는 태자가 흔히 지적되고 있는 것처럼 반드시 조다와 동일인이라고 단정할 수는 없다.[35] 그런 측면에서 장수왕대 다수의 태자가 존재하였을 가능성은 충분히 상정해봄직 한 대상이 된다. 이들은 조다와 별개의 인물일 여지도 저절로 생겨난다.[36] 만일 그렇다면 장수왕이 장기간 재위하는 동안 여러 태자가 선후하면서, 혹은 동시에 존재하였을 터이나 이들 모두가 장수왕에 앞서 사망하였으므로 왕위 승계 문제는 매우 복잡한 양상을 띠면서 전개되어 갔을 것 같다. 장수왕에게는 그밖에도 다수의 다른 자식들이 있을 수 있고 그들이 왕위계승권을 지녔을 수가 있는 일이겠다. 그들 모두가 장수왕에 앞서 사망하였는지 어떤 지는 단정할 수가 없는 일이지만 그들에게도 각기 자식들이 있었을 공산이 크다. 조다는 물론 공(共) 등

34 어쩌면 청동방울도 장수왕이 451년 신묘년을 기념해 제작하여 아버지 혹은 할아버지의 묘에 제사한 뒤 그래서 바깥에다가 埋納하였을지도 모를 일이다.

35 백제에서 비록 義慈王대의 일이기는 하지만 복수의 태자가 존재하였음은 다 아는 바와 같다.

36 그런 측면에서 충주(중원)고구려비는 전면적으로 재검토해볼 여지가 생겨난다.

도 앞서 사망하였음은 분명하나 이들에게도 자식이 있었을 가능성이 있다. 문자왕을 특별히 대손(大孫)이라 부른 것은 그들과 차별 짓기 위해서였던 때문으로 보인다.

이로 보면 장수왕이 사망한 뒤 정당한 왕위 승계권을 주장할 수 있는 사람들의 수가 엄청났을 것 같다. 그들 대부분은 이미 장성한 상태였고 따라서 거기에 그들의 외척(外戚)들까지 가세하면서 상황이 매우 복잡한 양상으로 전개되어 갔을 공산이 너무나 커졌다. 장수왕이 오랜 기간 쌓아온 공든 탑이 일시에 무너져 내릴지도 모를 형국이었다. 어린 조손(祖孫)의 왕위 승계는 언제나 위험 요소를 안고 있는 일이었다. 그보다 항렬(行列)이 앞서는 삼촌들이 존재하면 특히 그러하다. 신라에서도 하대(下代)의 실질적 개창자라 할 원성왕(元聖王, 785~799)의 세 아들이 일찍 사망함으로써 부자승계에 실패하고 손자인 소성왕(昭聖王, 799~780)이 즉위하고 이어 그가 일찍 사망하자 아우 3형제가 조카인 애장왕(哀莊王, 800~809)을 시해하면서 왕위쟁탈전이 전개되어간 사정은 장수왕의 사후 벌어질 일들을 예측하는 데에 크게 참고로 된다.

문자왕의 뒤를 이은 두 아들 안장왕(安藏王, 519~531)과 안원왕(安原王, 531~545)이 잇달아 벌어진 정쟁(政爭) 속에서 사망한 것은 그런 실상을 여실히 보여 준다. 이로써 장수왕이 쌓은 지배체제는 그야말로 '장수(長壽)'함으로써 희망과는 반대로 밑바닥으로부터 무너져 내리는 비상적인 위기 정국을 맞아가고 있었다.

5. 마무리

한국고대사의 연구자들은 관련 사료가 너무도 빈약한 까닭에 언제나 새로운 자료의 출현을 학수고대한다. 이에 부응이라도 하듯 이따금씩 새로운 자료가 출현함으로써 관련 분야의 연구를 크게 진척시키기도 한다. 그러나 그를 다루는 방법과 자세를 점검하면 반성해야 할 측면이 왕왕 발견된다.

자료 자체를 낱낱이 분석해서 철저히 음미하려 하지 않고 오로지 필요한 대상에만 집중함으로써 그냥 지나쳐 버리거나 소홀히 다루는 부분이 적지 않다는 점이다. 그렇게 해서는 정작 놓치는 정보가 적지 않을 것임은 두말할 나위가 없겠다. 한편 새로운 사료에 대해서 기존 선입견에 바탕하거나 아니면 전체적 측면보다는 자설(自說)을 보강하려는 방향으로만 살피려는 경향이 짙다는 점이다. 그렇게 접근해서는 아무리 흥미로운 새로운 자료가 많이 출현하더라도 논란만 가중될 뿐 사실을 밝혀내는 데에는 별로 큰 도움이 되지 못한다. 기왕의 설에 집착하기보다는 있는 그대로 바라보는 자세가 절대적으로 긴요하다. 그리고 치밀한 논증에 입각한 신중한 해석보다는 엉성한 논증으로 주장을 앞세우는 경우가 적지 않다는 점이다. 이는 연구의 진전을 가로막는 장애이므로 주의를 요하는 대목이다.

이상과 같은 측면은 백여 년의 연구 역사를 갖고 있는 광개토왕비에서도 찾아졌으니 짧은 연구 연륜을 가진 다른 자료에 대해서는 새삼스레 말할 나위가 없겠다. 전면적인 재점검이 필요한 시점이다. 기왕에 널리 알려져 다루어진 금석문 자료라도 면밀하게 계속 점검하고 곱씹어보는 자세가 요망하다.

(『木簡과 文字』16, 2016)

2장

백제 칠지도七支刀의 의미

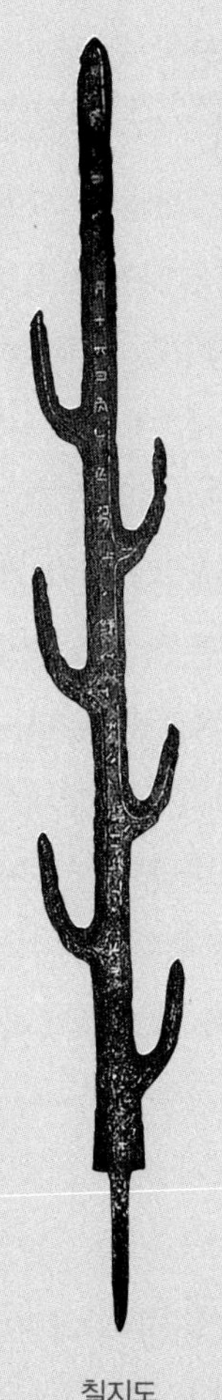

칠지도

1. 머리말

역사학은 과거의 기록을 매개로 하여 사실(진실)을 밝힘과 동시에 그들 사이의 인과관계(因果關係)를 다루는 학문이다. 남겨진 기록들을 흔히 사료(史料)라고 총칭한다. 그런데 사실 관계를 복원하는 데 가장 요긴하게 활용되는 사료는 다 알다시피 당대에 쓰인 것이다. 그렇지만 당대의 사료라고 하여 반드시 일어난 사실 그대로를 전해준다고 단정할 수는 없다. 기록으로 남겨질 당시에 이미 그를 담당한 사람의 사정과 입장이 저절로 스며들기 때문이다. 독일의 문호(文豪) 괴테의 말처럼 사람은 언제나 자기가 보고 싶어 하는 것만 가려서 보기 마련이다. 그로 말미암아 사실이 실제와는 다르게, 때로는 과장되거나 엉뚱하게 왜곡되기도 한다. 한편 제대로 남겨진 기록조차 뒷날 새롭게 재정리되는 과정에서 또 다른 입장과 인식의 영향을 받게 된다. 현전하는 사료를 모두 동등하게 다루지 않고 굳이 등급(等級)을 매겨 차등화하려는 것도 바로 그런 점 때문이다.

일차(혹은 기본적인) 사료를 근거로 삼아 기초적 사실을 추적하고 나아가 그들 사이의 인과관계를 따지는 논증(論證) 작업을 시도하면서 이제는 연구자의 시각과 입장이 다시금 깊이 끼어들게 된다. 이로 말미암아 마침내 어느 것이 진정한 진실인지, 과연 그 언저리까지 제대로 다가가기나 한 것인지를 가늠하기 힘든 혼란스런 경우도 왕왕 나타나는 것이다. 어쩌면 완전한 객관적 사실이란 오직 신(神)만이 알뿐 영원한 수수께끼로 남을 지도 모를 일이다. 이는 역사학이란 학문이 갖는 불완전성을 여실히 드러내어 주는 대목이다. 그러나 그렇다고 하더라도 역사 연구자들은 포기하거나 끈을 놓치지 않고 최선의 사료를 매개로 가능한 한 진실의 알맹이를 추출해내려고 끊임없이 노력을 기울임이 본령이다.

여기서 대상으로 삼으려는 칠지도(七支刀)와 관련한 연구 흐름을 되짚어보면 비록 당대의 사료이기는 하나 다른 형태의 역사적 불완전성과 직결되는 전형(典型)의 하나로서 들 수 있지 않을까 싶다. 그것이 처음 세간에 알려져 연구자들의 주목을 끌기 시작한 이래 지금까지 벌써 100년이 훨씬 넘는 세월이 흘렀다. 그동안 칠지도만을 본격적으로 다룬 글들이 적지 않게 나왔다.[1] 그럼에도 아직껏 그 내용에 대해서는 이렇다 할 정도의 합치된 이해를 얻지 못하고 있는 실정이다. 그것은 거기에 새겨진 글자 수가 겨우 61자(혹은 62자[2])에 지나지 않지만 그 자체 완벽하게 읽어내기 힘든데다가 그를 취급하는 논자마다 기본적 입장이나 시각이 크게 차이를 보이기 때문이다. 특히 한국 연구자와 일본 연구자 사이에는 단순히 개인적인 안목과 능력의 격차를 훨씬 뛰어넘어 국가적·민족적 입장이 깊숙이 개재된 나머지 둘 사이에 놓인 해석상의 간극(間隙)이 너무나 크다. 현재까지의 형편과 수준으로서는 장차 아무리 노력해도 그런 틈이 좁혀지기를 기대하기란 난망(難望)하기 이를 데 없는 일로 보인다. 어쩌면 기존 인식 차이의 뿌리가 워낙 깊어 전혀 새로운 자료의 출현과 같은 특별한 결정적 계기가 주어지지 않는 한 영구히 평행선을 달리리라 예상된다.

다만 현시점에서 잠시 위안으로 삼는다면 근본적 입장을 바꾸고 시각을 조금 틀어서 접근하면 비집고 들어갈 틈새가 약간이나마 찾아진다는 사실이다. 칠지도를 다룬 연구 성과를 일별하면 언제나 어느 일방이 무조건 옳은 반면 다른 어느 쪽이 언제나 그른 것만은 아님이 여실히 드러난다. 이로 보아 어느 쪽도 전적으로 옳은 것이 아니며, 모두 부분적이나마 진실을 내재하고 있겠다는 (혹은 반대로 虛構를 내재한 것이기도 하다) 느낌이 강하게 든다. 따라서 어쩌면 양

1 최근까지 그를 다룬 단행본만 대충 열거하면 다음과 같다.
宮崎市政,『謎の七支刀』, 中公新書, 1983.
村山正雄,『石上神宮七支刀銘文圖錄』, 吉川弘文館, 1996.
吉田晶,『七支刀の謎を解く』, 新日本出版社, 2001.
藤井稔,『石上神宮の七支刀と菅政友』, 吉川弘文館, 2005.
鈴木勉 등,『復元七支刀』, 雄山閣, 2006.

2 앞면 11번째 글자를 어떻게 판독하느냐에 따라 벌어지는 차이이다.

자를 허락되는 범위 안에서 적절히 절충한다면 칠지도가 보여주는 원래의 실상에 비교적 가까이 접근할 가능성도 있겠다는 생각이다.

여기서는 그런 사정을 전제(前提)로 하면서 먼저 연구의 현황을 개괄적으로 점검하기로 하겠다. 그 결과를 기반으로 해서 일단 대강의 문제점을 추출하고 나아가 나름의 대안(代案)을 제시해 보고자 한다. 마지막으로 그것이 성립한다고 할 때 칠지도가 과연 백제사상에서 어떠한 의미와 의의를 가질 지를 새롭게 부각시켜 보기로 하겠다.

2. 연구의 흐름

1873년부터 1877년까지 일본 나라현(奈良縣) 덴리시(天理市)에 자리한 이소노카미징구(石上神宮)의 대궁사(大宮司)로 근무한 간 마사토모(菅政友)란 인물이 오랜 기간 그곳의 보물창고에 수장되어 오던 '칠지도'(당시에는 그렇게 부르지 않고 육지모 六支鉾, 또는 육차모 六叉鉾라 불렸다)란 칼을 정리하다가 금상감(金象嵌)된 상태의 글자가 새겨져 있음을 처음 확인하였다. 자체 분석으로 밝혀진 바에 따르면 칠지도는 연강(軟鋼)을 두드려[鍛造] 제작한 것으로서[3] 칼의 앞뒤로 글씨가 새겨져 있었다. 초기에는 간 마사토모 혼자서 육안(肉眼)으로만 관찰한 탓에 글자를 제대로 읽어낼 수 없었다. 그래서 당시 읽어내지 못한 글자도 적지 않았으며 또한 이미 판독된 것조차 정확성이 현격히 떨어졌다. 이후 근자에 이르기까지 많은 연구자들이 오랜 세월에 걸친 각고의 노력을 경주한 끝에 마침내 최신의 첨단기기(尖端器機)까지 동원함으로써 판독 불가능한 글자의 수는 현저히 줄어들기에 이르렀다. 처음 철에 붙은 녹[銹]을 제거하는 과정에서 결락(缺落)되고 손상을 입은 몇몇 글자는 끝내 읽어내기가 힘든 상태였다. 그래서 칠지도

3 노태천, 「4세기대 백제의 초강기술」 『백제연구』28, 1998 및 鈴木勉 등, 앞의 책 참조.

판독은 아직껏 완벽한 편이 못된다. 그렇지만 현재로서는 해석상의 일정한 이견(異見)을 제외하면 적어도 내용의 전모(全貌)에 대해서는 대충이나마 가늠할 정도의 수준에는 이른 것으로 보인다. 상당한 기간에 걸쳐 연구가 진행되면서 판독이 점차 향상되고 그에 맞추어 저절로 연구 수준도 그만큼 높아졌음은 물론이다.

그럼에도 불구하고 아직 다양하게 의견만 개진되었을 뿐 일정한 방향으로 정리·수렴되지를 못하고 백가쟁명(百家爭鳴)의 양상을 보이고 있음이 실상이다. 아니 이상스럽게도 신설(新說)이 제기될 때마다 논자들 사이의 의견 차이가 더욱 더 벌어져간 측면조차 엿보인다. 칠지도에 대한 기본적인 이해에는 출발 당초에 일본제국주의(日本帝國主義)의 한반도 식민 침략과 지배라는 현실의 이데올로기가 깊숙이 작동하였다. 이후 그런 입장이 없어지지 않은 채 기본적으로 받아들이거나 아니면 혹은 은연중 그 점을 강하게 인식한 선입견 아래에 의도적인 반론을 펼친 탓에 하나의 합치된 결론을 이끌어내기 쉽지 않은 상태가 되고 말았다. 일반적 연구 경향에 비추어 칠지도에 대한 연구가 뚜렷이 다른 점은 바로 여기에 있다. 따라서 연구사상에서 인식론적 요소(이데올로기)가 어떤 형태로 작용하였는지를 파악하면 거기에 내재된 문제점도 저절로 드러나리라 예상된다. 그런 부면을 고려하면서 아래에서는 지난 100여 년간에 걸치는 연구 흐름을 대충 정리해 보려고 한다. 그것이 곧 칠지도가 보여주는 의미와 의의를 온전히 풀어가는 데에 필수적인 기초 작업일 터이기 때문이다.

통상적 관례에 따르면 기왕의 연구에 대한 정리는 여러 가지 방식으로 가능하다. 그들 가운데 여기서는 몇 시기를 나누어 단계별로 접근하는 방식을 취해 보고자 한다. 칠지도 연구에 따르는 시대적인 제약, 혹은 경향이 뚜렷하게 간취되어 특징적 사항이나 잘잘못을 알기 쉽게 추출해내는 데에는 그것이 가장 유용한 정리 방식이라 판단되기 때문이다. 다만 연구사적 정리가 이미 많이 행해져 왔으므로 대상들을 낱낱이 따져보는 것은 별로 생산적이지 못한 불필요한 작업이라고 여겨진다. 그래서 대략적 흐름을 살피는 간단한 방식을 통하여 어떤 경향성만을 추출하기로 한다. 그동안 동원된 연구 방법과 인식을 기준으로 삼아 분류하면 크게 4시기로 나누어 볼 수 있을 듯하다. 이미 비슷한 견해가 제시된 상태이므로[4] 잠시 원용(援用)해보는 셈이 되겠다.

제1기는 칠지도의 발견 이후 대략 1950년 무렵에 이르기까지이다. 시대적 한계와 제약상 연구자는 일본인들뿐이었다. 이 시기 연구를 일별하면 수준 자체가 전반적으로 매우 낮았을 뿐만 아니라 일본 제국주의 태동기(胎動期) 및 발전기(發展期)라는 특수 사정으로 말미암은 이데올로기적 편향(偏向)이 대단히 심하게 작용한 한계를 뚜렷이 지녔다. 그럼에도 당시 설정된 기본적 틀이나 인식은 지금에 이르기까지도 거의 변함없이 물밑에서 작동하고 있다는 느낌이다. 칠지도 연구가 이제껏 확연히 풀리지 못하는 문제를 안고 있는 요인의 하나도 바로 여기에 있다고 하겠다.

이 기간 동안에는 『일본서기』가 신성시된 까닭에 어떠한 비판을 가하기도 어려웠다. 따라서 기년(紀年)은 물론이고 내용도 기록 그대로를 무조건 사실로서 받아들인 상태에서 연구가 진행되었다. 그것이 결국 칠지도의 기본적 이해에도 결정적 영향을 미쳤던 것이다. 『일본서기』 신공기(神功紀) 46년조에서 52년조에 걸쳐 백제로부터 왜에 헌상되었다는 '칠지도(七枝刀)'와 관련한 일련의 기사가 실려 있는데, 새로 출현한 칠지도(七支刀)가 바로 그것이라는 것이었다. 역으로 이 칼의 실재가 곧 『일본서기』의 기록이 사실임을 증명해 준다는 논리를 폈다. 그 결과 칠지도가 왜로 건너가게 된 배경에 대해 『일본서기』가 보여주는 그대로를 스스럼없이 받아들였다. 이로 말미암아 3세기에 왜가 백제를 대상으로 군사적인 도움과 함께 장악한 영토의 일부를 할양해 준 데 대한 보답으로서 백제가 제작해 다른 진귀한 보물들과 함께 왜에 보내었다는 것이다. 이

4 神保公子, 「七支刀銘文の解釋をめぐって」『東アジア世界における日本古代史講座』, 學生社, 1981 ; 吉田晶, 앞의 책 ; 金英心, 「七支刀銘」『譯註 韓國古代金石文 1』, 韓國古代社會研究所, 1992 참조.

로써 이른바 칠지도 헌상설(獻上說)이 제창되었다. 이런 입장은 이후 오래도록 칠지도를 이해하는 데 기본적 자세로서 깊이 뿌리 내려졌다. 지금까지도 일본 연구자의 일각에서는 거기에 함몰된 나머지 완전히 벗어나지 못한 경우도 종종 찾아진다.

사실 두 칼의 명칭이 같다는 점은 각별히 주목되어야 할 대상이기는 하다. 왜냐하면 일곱 개의 서로 엇갈린 날을 가진 칼은 달리 실재하거나 혹은 기록상 유례가 전혀 없는 매우 유별난 것이기 때문이다. 표기된 글자가 단지 지(枝)와 지(支)로서 약간 차이가 날 뿐 기존 기록과 일치하는 실물이 존재한다는 것은 매우 기묘하고 희귀한 사례에 속한다. 이 점은 쉽사리 그냥 지나칠 수 없는 대목이다. 그러나 그것과 역사서 상의 기록이 어떻게 같고 다른 지는 먼저 양자를 대비하여 면밀하게 따져 보아야 할 대상일 따름이다. 그럼에도 칠지도의 내용에 대한 본격적인 검토는 거의 시도되지 않았고 대신 무조건『일본서기』의 그것이라는 점에만 초점이 맞추어 졌다. 이는 접근 방법상의 한계이자 명백한 오류이다.

이처럼 제1기의 연구자들이 노렸던 최종 목표는『일본서기』가 보여주는 내용 그대로를 모두 곧 역사적 사실이라고 인식하려 한 점이었다. 그래서 명문의 앞면 첫머리에 보이는 '泰△四年'의 泰△는 당연히 중국의 연호이며, 그것을 신공기 52년에 해당하는 252년으로부터(2주갑 내려 수정하기 이전의 원래 기년) 가장 가까운 서진(西晉) 무제(武帝)의 태시(泰始)에서 찾았고 그래서 의도적으로 그렇게 판독하였다. 태시는 265부터 274년까지 사용된 연호이므로 그 4년은 268년에 해당하므로 252년과는 약간의 연대 차이가 있지만 당시로서는 그 정도의 경우 별달리 문제로 삼지 않았다. 오직 칠지도가『일본서기』의 그것이라면 무방하지 연대 차이는 아무런 문제가 되지 않았다. 혹은 '泰△'의 △를 초(初)로 판독하여 시(始)와 초(初)가 같은 뜻이라는 해괴한 억지 해석까지 곁들이기도 하였다.

이상을 점검하면 당시가 아무리 근대적 역사연구의 초입(初入) 단계였다 할

지라도 상식을 너무나 벗어난 매우 위험한 발상에 사로잡혀 있었음이 드러난다. 새로운 금석문이 출현하면 이를 근거와 기준으로 삼아서 기존 사서에 보이는 내용의 잘잘못을 낱낱이 점검해 수정 보완함이 일반적으로 통용되는 상식이자 정도(正道)이다. 그러나 오히려 칠지도 자체 명문의 구체적 실상에 대해서는 거의 관심을 두지 않은 채 거꾸로 실재한다는 그것만으로 사서의 기록을 무조건 액면 그대로 받아들이고서 거기에 억지로 끼워 맞추려 하였다. 그들에게는 칠지도에 담겨진 내용 자체는 처음부터 별반 논의의 대상이 되지를 않았다. 오직 칠지도가 『일본서기』에 보이는 바로 그것임을 증명해 준다면 그만이었을 따름이다.

이처럼 칠지도 연구는 방법상 커다란 문제점을 안고서 닻을 올렸다. 당시 제국주의적 지배이데올로기의 제약에서 비롯된 인식임은 두말할 나위가 없다. 거기에 내재된 명백한 오류는 이어지는 제2기에 이르러서 저절로 드러났다. 그럼에도 그 잔재가 아직 완전히 불식(拂拭)되지 않았다는 데에 문제의 심각성이 있다. 『일본서기』가 보여주는 이른바 백제 헌상설(獻上說)이 바로 그러하다. 출발 당시 잘못 끼워진 첫 단추가 얼마나 오래도록 크게 영향을 미쳤던 것인지를 방증한다.

제2기는 1950년대 초부터 60년 초까지의 대략 10년간이다. 연구상의 두드러진 특징은 제1기에 견주어 판독 상에서 커다란 진전이 이루어졌다는 점이다. 칠지도 관련 자료 자체가 넓은 범위에까지 공개됨으로써 한층 정밀한 조사가 진행되고, 그 결과 판독에서 상당한 성과를 올리게 된 것이었다. 여러 사람에 의해 판독작업이 이루어진 데서 거둔 성과가 아닌가 싶다. 그런데 그와 함께 이 시기의 칠지도 연구에 결정적으로 영향을 미치게 되는 두 가지 새로운 계기가 마련된 점도 특기(特記)할 만한 사실이다.

첫째, 그 전과는 다르게 『일본서기』의 기년상 조정(調整)이 이루어졌다는 점이다. 이미 1890년대에 이미 『일본서기』의 기년 조정이 필요하다는 문제 제기가 있었지만 당시는 받아들여질 상황이 아니었다. 그 까닭으로 기년 조정론은 단지 일시적인 논란으로 그쳤을 따름이다. 그런데 1945년 이후에는 『일본서기』의 기년이 120년(2周甲)을 인하(引下)해야 실제 기년과 합치한다는 견해가 정설로 정착되기에 이르렀다. 일제의 패망으로 이른바 황국사관(皇國史觀)이 붕괴되자마자 『일본서기』에 대한 비판이 추진되어 그것이 자연스럽게 받아들여졌다. 이는 역으로 시대 상황에 기인한 지배 이데올로기가 역사 연구에 얼마나 해악적 요소로 작용하였는지를 너무도 극명하게 보여준 실례였다.

기년이 조정되면서 신공기 52년조의 칠지도 관련 기사도 자연 2주갑이나 내려져 372년으로 고쳐졌다. 이로 말미암아 泰△란 연호가 종래 태시(泰始)였다는 주장은 저절로 폐기되기에 이르고 대신 그에 가장 가까운 동진(東晋)의 태화(太和)란 연호가 새로이 부각되기 시작하였다. 이후 연구가 진행되면서 동진의 태화설이 거의 통설로 뿌리를 내려갔다. 다만 연호가 그처럼 새로이 조정되었으면서도 이상하게 그 내용이 근본적으로 달라진 점은 아무것도 없었다. 오히려 『일본서기』에 보이는 칠지도 관련 기사가 일련의 사건을 최종적으로 마무리한 작업이라고 여겨졌다. 그것은 다음에서 언급하는 두번째의 계기와도 곧바로 연결되었다.

둘째, 『일본서기』의 기년 조정에 따라 그를 기반으로 정리된 쓰에마츠 야스카즈(末松保和)의 『임나흥망사(任那興亡史)』(吉川弘文館, 1949)가 간행된 사실이다. 이 책은 이후의 영향력을 염두에 두면 그 이전 오래도록 진행된 이른바 임나일본부설(任那日本府說)의 결정판이었다. 쓰에마츠의 학설은 기년이 조정된 『일본서기』의 기사가 사실 그대로라 받아들인 데서 출발한 것이지만 그런 결정이 내려지는 데에는 광개토왕비와 함께 칠지도가 밑바탕에서 크게 영향을 미쳤음은 물론이다. 다만 칠지도의 연대와 내용에 대해서는 따로 문제로 삼지 않고 교묘하게 피해 갔다. 대신 그것이 곧 『일본서기』의 칠지도이며, 따라서 사서의 신빙성을 크게 높여준다고 인식한 점에서는 제1기와 하등 다를 바가 없는 입장이 견지되었다.

이처럼 제2기에는 칠지도의 이해와 관련하여 두 가지 점에서 다른 계기가 주어졌다. 그 결과 泰△4年이란 연대는 곧바로 동진의 폐제(廢帝) 혁(奕)의 태화(太和) 4년(369)으로 낙착되었다. 동진의 태화 4년설은 이 시기 연구에서 얻어낸 제일급의 성과로 평가되었다. 그것이 『일본서기』 신공기의 기사 그대로를 사실로 받아들이는 주요한 기반이 되었기 때문이다. 이로써 칠지도의 동진 연호설은 일본학계에서는 거의 움직일 수 없는 정설로 낙착되었다.

이상과 같이 보면 연대를 판별하는 핵심적 기준이 언제나 『일본서기』에 두어졌음은 공통적인 사실이다. 다만 아직도 칠지도의 내용에 대해서는 별달리 관심을 기울이지 않았던 점은 여전히 변함없이 일관된 어떤 원칙처럼 지켜졌다. 동진의 태화 4년(369) 백제가 제작해 4년 뒤 왜에게 헌상한 것이 바로 실재하는 칠지도이며, 기록과 그대로 일치한다는 것이었다. 요컨대 제2기는 동진의 태화설이 뿌리를 내리고 그에 따라 백제로부터의 헌상설도 자연스럽게 사실로 받아들여진 시기였다고 하겠다. 아직 칠지도 자체에 대한 깊은 이해가 결여된 것은(어쩌면 의도적인 회피가 아닌가 싶은 측면도 엿보인다) 제1기의 상태나 다름없는 수준이었다.

제3기는 1960년대 이후 1970년대 중반에 이르기까지로 설정된다. 그 이전까지 칠지도 연구가 일본 연구자들의 독무대였다면 이제는 한국(북한 포함) 연구자들도 그에 본격적으로 뛰어들기 시작하였다. 이로 말미암아 기존과는 전혀 다른 새로운 다양한 견해가 제기되는 등 연구가 활발하게 진행되었다. 그 중요한 단초는 1960년대 초 북한의 김석형(金錫亨)이 주창한 이른바 '삼한삼국(三韓三國)의 일본열도내분국설(日本列島內分國說)'에서 마련된 것이었다.

오래도록 정설로 굳어온 임나일본부설에 대한 본격적인 비판의 길을 처음 튼 김석형은 칠지도 명문의 구체적 분석을 시도하여 기왕과는 전혀 다른 새로운 획기적인 탁견(卓見)을 내어놓았다.[5] 첫째, 내용상으로 볼 때 칠지도는 헌상(獻上)된 것이 아니라 오히려 상위자가 하위자에게 하사(下賜)한 것으로 본 점이

5 金錫亨, 『초기 조일관계사 연구』, 사회과학원 출판사, 1966.

다. 백제가 왜에게 내렸다는 하사설이 정곡을 얻은 것이라면 자연히 『일본서기』에 근거한 기존의 헌상설은 물론이고 『일본서기』의 내용 자체까지 문제가 되게 된다. 둘째, 泰△는 동진의 연호가 결코 될 수 없으며 따라서 오히려 백제의 연호로 보아야 한다는 점이다. 이로써 칠지도를 『일본서기』에 보이는 그것과 곧바로 직결시키지 않고 내용 자체만의 구체적 분석을 토대로 이해하는 새로운 길이 열리게 된 것이다. 오래도록 칠지도와 관련하여 객체의 입장에 놓였던 백제가 행위의 주체자로 떠올랐다는 점에서 김석형의 문제 제기가 던진 충격파는 실로 대단하였다. 기존의 묵은 인식 틀로부터 완전히 벗어나 새로이 발상하는 주요한 전환의 계기가 된 것이었다.

이상의 과정을 거쳐 이제 한국 연구자들에게는 『일본서기』의 내용에 구애되지 않고 독자적으로 칠지도가 갖는 의미를 음미해 볼 수 있는 길이 열렸다. 그뿐만 아니라 한 걸음 더 나아가 『일본서기』 자체의 한반도 관련 기사를 전혀 다른 각도에서 분석할 수 있는 단서를 갖게 된 것은 의미가 무척 컸다. 그 결과 나온 것이 바로 한반도 관계 일부 기사의 경우 행위의 주체를 왜가 아니라 백제로 바꾸어 보려는 인식과 접근 방법이었다. 먼저 이병도(李丙燾)가 그런 인식 아래 근초고왕의 업적을 다루면서 마한 잔여세력 정복설(征服說)을 추출하였고[6] 천관우(千寬宇)가 이로부터 크게 영향을 받아 한 단계 진전시켜 이끌어낸 업적인 임나일본부의 백제군사령부설(百濟軍司令部說)을[7] 대표적 사례로 손꼽을 수 있다. 이와 같은 소위 『일본서기』의 주체교체론(主體交替論)은 그를 한국고대사 관련 사료로서 본격적으로 활용할 수 있는 단초가 되었다는 점에서 의의가 대단히 크거니와 그와 함께 칠지도 자체에 대한 연구도 크게 심화시키는 결과로 이어졌다.

한편 무엇보다도 일본의 연구자들이 받은 충격 또한 말할 수 없이 컸다는

6 李丙燾, 「近肖古王拓境考」 『韓國古代史硏究』, 朴英社, 1976.

7 千寬宇, 「復元加耶史」 상·중·하 『文學과 知性』 1977~1978 ; 『가야사연구』, 一潮閣, 1991.

점을 다른 사항으로 지적할 수 있다. 종래 칠지도의 내용을 구체적으로 다루려는 시도를 거의 수행하지도 않고 대체로 『일본서기』의 내용 자체에 집착한 나머지 판에 박힌 백제 헌상설을 고집해 온 데 대한 일종의 반성이 나왔다. 그리하여 그에 대체되는 새로운 견해가 나오기에 이른 것이다. 양국대등설(兩國對等說)이나 동진의 하사설(下賜說)과 같은 사례를 손꼽을 수 있다.

대등설은 이제 행위의 주체로 부상한 백제와 객체인 왜 두 나라가 당시 정치적으로는 상호 동등한 입장에 있었다는 주장이다. 대등설의 일부는 사실이라 인정되지만 전부를 그렇게 받아들이기 곤란한 측면이 엿보인다. 구체적 사항에 대해서는 다음 장(章)에서 다시 언급하기로 하겠다. 그에 비해 동진 하사설은 칠지도가 보여 주는 내용이 하사(下賜)가 옳다는 점은 받아들이면서 그 주체를 백제가 아니라 뒷 배경으로 동진이 작용하였다고 보는 입장이다. 이는 명문에 보이는 성음(聖音)을 성진(聖晉)으로 판독한 데서 촉발된 것으로서 『일본서기』의 내용을 그대로 고수하려는 입장의 연장에서 제기된 주장일 따름이다. 그것이 결코 성립될 수 없음은 그렇게 판독될 수 없다는 데에서 명백하거니와 설사 그렇게 판독되더라도 문맥상으로는 전혀 통하지가 않는다. 『일본서기』에 집착하려는 인식이 얼마나 뿌리깊게 작동하는지를 웅변하는 사례이다.

여하튼 사실성 여부를 떠나 과거 거의 헌상설과 동진 연호설이 일방적이다시피 하였던 경향과는 다르게 다양한 입장이 개진되는 기반이 마련되었다는 사실은 연구 상의 커다란 진전이었다. 칠지도의 내용을 토대로 한 연구, 달리 말하면 백제를 주체로 삼은 새로운 사료 이해는 그전까지는 전혀 예상치 못한 접근 방법이었다. 단순히 거기에 머물지 않고 이제 『일본서기』를 비판적으로 새롭게 읽을 수 있는 근거까지 얻었다는 점에서 하나의 획기(劃期)를 이룬다고 평가하여도 무방하겠다. 이는 곧 제1-2기까지의 연구가 방법론상에서 근본적인 문제점을 내재하고 있었음을 스스로 인정한 꼴이었다.

그럼에도 불구하고 일본학계의 동진 태화(太和) 연호설만은 거의 변화 없이 줄기차게 고수(固守)되었다. 다시금 그를 지탱하게 해 준 근거는 당시 새로이 제기되어 널리 받아들여진 길상구론(吉祥句論)이었다. 칠지도를 동진의 태화로 단정하려면 앞면의 일간지(日干支)인 병오정양(丙午正陽)이 그 해에 해당하는 날짜와 곧장 맞아떨어져야 하는 것이다. 그런데 5월, 6월, 10월, 11월 등 어느 쪽을 선택하더라도 그것이 합치되지 않는다는 데에 문제가 있다. 그를 위하여 동원된 것이 중국에서 일간지가 실제 제작일과 반드시 일치하지 않고 흔히 길상구(吉祥句)로 사용된다는 용례였다.[8] 이 점은 칠지도에도 적용 가능하므로 일견 타당성이 있다고 여겨진다. 그런데 일간지의 길상구론에만 그치지 않고 한 걸음 더 나아가 앞면의 전부가 실제와는 다른 길상구라는 논리도 제기되었다. 그런 주장의 밑바탕에는 칠지도를 백제가 보냈다는 하사설을 극력 부정하고 양국이 동등하다는 대등설(對等說)을 이끌어내려는 저의가 짙게 깔려 있었다.

사실 해가 남쪽의 정중앙에 와 있다는 뜻의 '병오정양'은 길상구일 가능성이 크다는 점에[9] 대해서는 중국 쪽 금석문의 실례에 비추어 보면 어떻든 충분히 수긍되는 측면도 엿보인다. 그리고 앞면 전체가 뒷면과 구분된 실상으로 보면 길상구일 여지도 납득된다. 그러나 그렇다고 '泰△'가 곧 동진의 연호라는 결정적인 근거는 어디에도 찾아지지 않는다. 이는 제1-2기적인 인식의 영향과 한계로부터 아직 완전히 탈피하지 못하였음을 명백히 보여 주는 사실이다. 동진 연호설은 결국『일본서기』의 내용을 완전히 포기하지 않고 그대로 묵수(墨守)하고 있음을 단적으로 보여준다.

요컨대 제3기는 칠지도 연구가 다양한 입장과 시각에서 접근하기 시작하였다는 점에서 큰 의의가 찾아진다. 기존의『일본서기』에 입각한 무조건적인 백제 헌상설이 부정됨은 물론 칠지도 명문 자체의 내용을 구체적으로 다루는 것이 가장 기본적·기초적 방법론이라는 사실을 비로소 일깨운 시기였다는 점에서 그러하다. 그처럼 방법론이 크게 진전된 결과 이제는『일본서기』자체까지

8 神步公子, 앞의 논문.

9 吉祥句論 전반에 대해서는 吉田晶, 앞의 책 참조.

재검토할 수 있는 길이 열리게 된 것이다. 그래서 이른바 주체교체론까지 나오는 성과를 거두었다고 하겠다. 한편 일본학계에서도 오래도록 고수해온 잘못된 방법론에 대한 반성적 차원에서 길상구론이 제기된 것이었다. 이 단계에 이르러서 비로소 칠지도는 자체 내용을 토대로 연구가 진행되기 시작한 것이다. 다만, 그럼에도 동진 연호설만은 그대로 지켜내려는 특징을 보였다. 물론 일본 연구자들 사이에도 대신 유송(劉宋)의 연호설을 취하는 입장도 없지는 않지만[10] 어디까지나 주류적 입장은 변함없이 동진의 연호설이었다.

제4기는 1970년대 중반 이후 현 시점까지이다. 이 기간 일본에서의 칠지도 연구도 매우 다양한 각도에서의 접근이 이루어진 특징을 보인다. 과거의 연구를 냉정하게 분석·정리하면서 새로운 길을 모색하고자 하였다. 그를 위한 연구사가 다각도로 재정리되기도 하고 범주를 넓혀 내용 분석을 매개로 고고학적,[11] 사상사적인[12] 분야까지 끌어들이는 폭넓은 연구가 진행되었다. 한편 적외선 사진 등 첨단기기를 활용하여 세밀한 판독은 물론이고 자체의 면밀한 성분분석(成分分析)까지도 시도되었다.[13] 그러면서도 『일본서기』의 기사에 바탕한 동진 연호설이 완전히 버려진 것은 아니라는 데에 초기 연구의 잔영(殘影)이 아직 깊이 드리워져 있었다고 하겠다. 초기의 잘못 설정된 방향이 끝끝내 질곡으로 작용하는 꼴이 되고 만 것으로 평가된다.

한편 한국에서의 연구는 뒤늦게 출발하였으나 역시 다방면에 걸쳐서 적지 않은 성과가 집적되어 가고 있는 상황이다. 어쩌면 근자에 현재 칠지도의 내용을 통한 연구를 주도하고 있다는 인상도 짙다. 다만 최근의 두드러진 연구 경향은 일간지(日干支)에 근거한 백제 연호설과 하사설이 주류를 이루면서 구체

10 宮崎市政, 앞의 책, 1983.

11 村上英之助,「考古學から見た 七支刀の製作年代」『考古學研究』25-3, 1978.

12 木村誠,「百濟史料としての七支刀銘文」『古代朝鮮の國家と社會』, 吉川弘文館, 2004.

13 鈴木勉 등, 앞의 책.

적으로는 5세기 초부터 6세기 초에 이르기까지 다양한 입장으로 엇갈려 있는 형편이다.[14] 새로운 문제 제기가 많이 잇따르고 있기는 하나 선뜻 수긍할 만한 결정적인 근거는 없으며 상황 논리가 대부분을 차지하고 있다. 특히 상당한 설득력이 엿보이는 일부 길상구론에 대해서도 전혀 받아들이지 않으려는 편이 대세를 이루고 있는 실정이다. 그리고 다른 쪽에서는 백제 주체교체론에 바탕한 동진 연호설을 취하는 흐름이 여전히 강하게 견지되고 있다.[15] 따라서 현재로서는 통설이라고 이를 만한 견해는 아직 없다고 단언하여도 좋을 듯하다.

3. 문제점과 새로운 접근

1) 연호(年號)의 문제

이상에서 칠지도를 놓고 진행된 연구 성과에 대해 몇몇 쟁점(爭點) 중심으로 개관하였거니와 일단 크게 대별하면 일본 연구자들과 한국 연구자들의 근본적 입장에서 차이가 남이 확연하게 느껴진다. 일본 연구자들은 어떡하든 오래도록 『일본서기』에 긴박(緊縛)된 연구 경향을 완전히 일소(一掃)하지 못한 채 그를 필요할 때마다 약간씩 수정 보완하는 쪽으로 작업을 진행시켜 왔다. 대체로 『일본서기』의 내용을 염두에 둔(현재 기본적 이해 방향은 매우 흐릿해진 상태이지만) 동진 연호설이 그대로 줄곧 주장되고 있음은 그를 증명하여 준다. 다만, 기존 백제 헌상설을 드러내어 놓고 주장하는 논자는 더 이상 없는 듯하다. 오랜 선

14 李基東, 「百濟의 勃興과 對倭國 관계의 성립」 『百濟史硏究』, 一潮閣, 1996.
연민수, 「칠지도명문의 재검토」 『고대한일관계사』, 혜안, 1998.
조경철, 「百濟 七支刀의 象徵과 蓂莢」 『韓國思想史學』31, 2008.
洪性和, 「石上神宮 七支刀에 대한 一考察」 『한일관계사연구』34, 2009.

15 李道學, 「百濟 七支刀 銘文의 再解釋」 『韓國學報』60, 1990 ; 김기섭, 『백제와 근초고왕』, 학연문화사, 2000 ; 盧重國, 『백제사회사상사』, 지식산업사, 2010.

입견에 얽매인 인식이 계속 질곡(桎梏)으로 작용하여 칠지도 연구에서 뚜렷한 한계를 보이고 있다는 느낌이다.

반면 근자에 한국 연구자들의 새로운 경향은 대체로 백제 연호설 쪽으로 의견이 상당히 모아지고 있음이 포착된다. 물론 구체적으로는 4, 5, 6세기로 각기 나뉘어져 특정한 연대 쪽으로 수렴된 상태는 아니다. 대체로 일간지(日干支)가 연대 판별의 주요 기준으로 제시되고 있기는 하지만 거기에는 백제사 혹은 한일관계사를 바라보는 연구자 자신들의 기본적 입장이 깊이 투영되어 있음은 물론이다. 이들은『일본서기』의 기년은 물론이고 관련 기사 자체의 역사성까지도 대체로 부정하려는 뚜렷한 특징을 보인다. 한편 그와는 다르게 백제 주체교체론에 입각해 동진 연호설을 받아들여 거기에 내재된 역사성을 상당 부분 인정하려는 입장도 여전히 건재한 상황이다.

이상과 같이 정리하면 한일 양국 학계는『일본서기』를 사이에 놓고 이해가 크게 엇갈리고 있는 상황이라 하겠다. 일본학계가 줄곧 그를 염두에 둔 접근을 고수한다면 한국학계에서 꾸준히 신설(新說)을 제기하되 이를 의도적으로 배제하고 접근하려는 입장이 대세(大勢)이다. 그러나 칠지도와『일본서기』와의 관련성을 애써 무시하려는 것은 정당한 접근으로 보이지 않는다. 물론 거기에 커다란 문제가 개재되어 있음은 의심할 바 없지만 현전하는 실물(實物)과 사서(史書) 기록상 일치는 결코 소홀히 보아 넘길 대상이 아니기 때문이다. 아래에서는 연구상 드러나는 몇몇 문제점을 점검해 보기로 하겠다.

먼저 일본 학계에서 줄곧 고수해온 동진의 연호 태화설(太和說)은 다음의 몇 가지 사항에서 문제점을 안고 있다. 첫째, 판독이 그리 석연치 못하다는 점이다. '泰△四年' 가운데 태(泰)의 경우는 의견이 거의 합치되고 있지만 △의 경우는 오래도록 시(始), 초(初) 등으로 논란되어온 것처럼 여러모로 다른 글자로 읽힐 여지가 크다. 따라서 이를 선뜻 태화(泰和)로 단정하는 데에는 상당한 위험 부담이 뒤따른다. 그것은 명백한 근거에 의한 것이 아니며, 어디까지나 기년을 2주갑 조정한 결과에 바탕해 다시 그처럼 추독(推讀)하였을 따름이다.

둘째, '泰△'의 태(泰)가 실제 동진 연호인 태화(太和)의 태(太)와 곧바로 일치하지 않는다는 점이다. 물론 태(泰)와 태(太)가 발음상으로는 물론이고 '크다'는 의미로 서로 통용되기도 하므로 그리 문제가 되지 않을 수도 있다. 중국의 금석문상에서 그런 실례가 적지 않게 발견되는 점으로도 방증된다. 그렇다고 할진대 새기기가 무척 까다로운 금석문을 대상으로 일부러 획이 단순한 글자를 제쳐두고 복잡한 글자를 이끌어다 사용했다는 것은 쉬이 납득되지 않는다. 최고급의 금상감(金象嵌) 기법이라면 더욱 그런 느낌을 떨치기 어렵다. 실제 칠지도의 글자를 대충이나마 관찰하면 비뚤어진 글자가 많아(그것이 결국 판독을 힘들게 하기도 하지만) 현상으로도 무척 새기기가 어려웠으리라는 느낌을 쉽게 받는다. 따라서 굳이 획이 매우 복잡한 글자인 태(泰)를 쓴 것은 그것을 뒤의 △와 합체해서 보면 태(太)로 바꾸어서는 곤란한 사정에서 말미암은 것으로 여겨진다.

셋째, 백제가 동진과 정식으로 통교하고 국교(國交)를 맺은 것은 372년이 최초의 일인데, 그보다 4년이나 앞서 이미 동진의 연호를 사용했다고 단정하는 점이다. 이는 매우 이해하기 힘든 이상스럽기 그지없는 해석이다. 물론 전반적인 흐름을 살펴보면 백제가 고구려와 줄기차게 경쟁해 승리하기 위해서 어떻든 중국의 문화를 비교적 이른 시기부터 적극적으로 받아들였음은 부정할 수 없는 사실이다. 그렇다고 백제가 정식 국교관계를 맺기도 전부터 중국의 연호를 고집했다고 단정할 근거는 어디에도 없다. 흔히 지적되어 왔듯이 경쟁 상대국인 인근의 고구려나 신라에서는 처음부터 중국 연호를 쓰지 않고 독자적인 연호를 사용하였다. 이후 출몰(出沒)이 매우 빈번한 여러 중국 왕조와 정식으로 교섭하면서도 그런 입장을 계속 고수한 것은 다 아는 바와 같다. 물론 7세기 중엽 편찬된 『한원(翰苑)』에서 백제가 독자적인 연호가 아니라 연간지(年干支)를 사용했다고 기술한 점은[16] 최근 발견된 몇몇 금석문상으로 의심할 나위 없는 사실임이 판명되고 있다. 그렇다고 그것을 굳이 4세기에 이르기까지 그대로

16 『翰苑』30 百濟條.

소급해서 적용할 필요는 없다. 백제의 독자성을 너무 무시한 지나친 확대 해석이다. 처음에는 독자적 연호를 사용하다가 어떤 계기로 중간의 어느 시점에서 이르러 갑자기 포기하였을 수도 있기 때문이다. 따라서 백제의 연호일 가능성을 전혀 열어두지 않고 애초부터 배제하면서 오직 중국 연호라고 당연시한 것은 강고한 선입견으로부터 비롯된 중대한 방법상의 잘못이라 하겠다. 앞서 언급한 제1 단계의 영향으로부터 완전히 벗어나지 못한 모습이다.

넷째, 동진의 연호를 취하고 그것을 『일본서기』와 일치시키더라도 칠지도의 제작연대는 369년인 반면, 왜에 보내어진 것은 372년이므로 3년간의 간극이 발생한다. 왜에 보낼 목적으로 애써 제작하였는데 아무런 이유도 없이 그리 짧지도 않은 3년 동안이나 묵혀 두었다가 보냈다는 해석은 도무지 납득되지 않는다. 왜 그럴 수밖에 없었던가가 상식적 수준에서 설득력 있게 구명되어야 마땅하다. 그렇지 못한다면 결국 그것은 『일본서기』에 집착한 궁색한 해석으로밖에 여겨지지 않는 것이다. 『일본서기』에 보이는 일련의 기사를 꼭 액면 그대로 받아들이지 않는 입장이라면 백제가 왜에 그것을 보낼 만한 명분이나 배경에 대한 이해는 달리 추적되어야 할 일이다.

이상과 같은 몇 가지 이유로 칠지도에 보이는 '泰△'를 동진의 태화(太和)로 단정하는 입장은 선뜻 수용하기 곤란하다. 그러므로 369년 제작설은 당연히 제척(除斥)되고 이제는 원점(原點)에서 다시 점검되어야 한다.

한편, 최근 한국 연구자들이 주장하는 백제 연호설에도 많은 문제점이 발견된다. 한 마디로 백제 연호설이라도 한결같지는 않다. 구체적으로 들여다보면 각양각색의 모습을 띠고 있다. 다만, 주된 근거를 거의 일간지(日干支)의 적용에 두고 있다는 점은 공통적으로 간취되는 사실이다. 이는 밑바탕에 『일본서기』가 보여 주는 연대와 굳이 일치시키지 않으려는 의도가 짙게 깔려 있다는 느낌이다. 거기에 내재된 문제점을 약간 구체적으로 살피기 위해 칠지도의 명문을 잠시 소개하면 다음과 같다. 다만, 아래의 판독문은 지금까지 제시되어 온 글자 가운데 가능한 한 이견이 별로 없는 것들을 중심으로 정리하였다. 약간이라도 논란이 되어 의심스러운 대상은 △나 혹은 글자를 제시한 뒤에 (?)와 같은 방식으로 표시하여 구분하였다.

ⓐ (앞면) 泰△四年△月十△日丙午正陽造百練銕(?)七支刀出(?)辟百兵宜供供侯王△△△△作

ⓑ (뒷면) 先世以來未有此刀百濟王世子(?)奇生聖音故爲倭王旨造傳示後世

위의 명문에 의하면 칠지도를 제작한 일간지는 연호 바로 다음에 보이는 '△月十△日丙午正陽'의 형태로 정리되어 있다. 그런데 '△月'의 △는 그 동안 四, 五, 六, 十, 十一, 十二 등 여러 가지로 엇갈려 한결같지가 않았다. 게다가 '十△日'의 경우도 十一, 十六 등으로서 확정적으로 판독되지는 못한 실정이다. 아직 글자가 확정적이지 않은 월일(月日)을 나타내는 두 글자를 조합하면 12개에 달하는 워낙 많은 경우의 수가 생겨나므로 특별히 그 어느 하나만을 선택해 접근하면 너무도 큰 위험성을 감수하는 셈이 된다. 그 가운데 근자에 '十一月十六日'이 가장 유력시되고 있기는 하지만 그것조차 결정적이지가 않다. 설사 그것이 딱 드러맞는 판독이라 하더라도 문제가 다시 제기된다. '병오정양(丙午正陽)'이란 표현은 중국의 금석문을 전반적으로 점검한 결과에 따르면 실제적인 일간지로서보다도 상징적이며, 의례적인 길상구로 기능한 사례가 많이 발견되기[17] 때문이다. 그러므로 굳이 그에 매달려 연대를 확정지으려는 시도는 좀처럼 객관성을 담보받기가 어렵다고 하겠다. 현재 국내 연구자들이 백제 연호로 보고 일간지를 일치시키더라도 연대를 특정(特定)하지 못하고 있는 사정은 그를 방증한다.

요컨대 일간지를 근거로 삼아 '泰△'를 백제 연호라고 단정하는 것은 여러

17 吉田晶, 앞의 책 참조.

가지 측면에서 자의성이 매우 높다. 이는 애써 『일본서기』를 회피하려는 입장에서 나온 판단으로서 거꾸로 거기에 집착하는 일본 연구자의 입장과 별로 다를 바 없다. 따라서 접근 방법은 달리 모색되어야 마땅할 듯 싶다.

그럴 때에 역발상(逆發想)이 필요하다. 그것은 오히려 『일본서기』에 보이는 칠지도 관련 기사를 적극 활용하는 방법이다. 이미 지적하였듯이 양자가 '七支刀'와 '七枝刀'라 하여 표기가 약간 다르지만 사실상 동일한 명칭을 사용하고 있다는 사실은 결코 예사로이 보아 넘겨서는 안 되는 대상이다. 이는 달리 유례가 없는 매우 희귀한 사례에 속하기 때문이다. 지금까지 활용이 문제된 것은 칠지도의 내용을 먼저 살핀 이후 그를 토대로 『일본서기』의 내용을 점검하지 않고 오히려 후자를 대전제로 해서 전자의 내용을 분석하고 해석하려 한 데에 있었다. 그런 결과 '泰△'는 무조건 중국의 연호라는 엉뚱한 결론을 내린 것이었다. 물론 그 자체 강한 의도적 선입견에 바탕을 둔 것이어서 출발부터 근본적 문제점을 안고 있기도 하였다. 한편 백제 연호설에서는 그런 입장에 대한 반발로 애써 양자가 합치된다는 사실 자체를 거의 무시하려 하였다. 그렇지만 목욕물을 버린다고 아이까지 버려서는 안 되는 것처럼 『일본서기』에 칠지도 관련 기록이 보이는 점은 결코 무시할 수 없다. 누차 언급하였듯이 금석문을 먼저 점검하고 이를 토대로 기존의 문헌사료를 재검토함이 정당한 접근 방법론이다. 따라서 과거 역순(逆順)으로 접근한 것이 문제가 될 따름이지 그렇다고 드물게 같은 칼의 이름이 보이는 『일본서기』를 적극 활용하는 것 자체까지 문제 삼을 필요는 없겠다.

칠지도를 『일본서기』와 연관지어 이해할 때 그 기년(紀年)을 부정하면 몰라도 일단 받아들인다면 그것이 왜에 전달된 시점을 기록 그대로 372년으로 정리함이 순리이다. 그럴 때 동진 연호설의 입장에서는 굳이 3년에 달하는 긴 공백 기간을 두려고 하였지만 이는 이미 언급한대로 반드시 그래야만 한다는 강한 선입견에 입각해 의도적으로 끼워 맞추려 한 연대관(年代觀)에서 나온 결과였다. 그렇게 판단할 명백한 근거가 따로 없다면 『일본서기』가 보여주는 그대로 칠지도의 제작 연대를 전달된 바로 그 해인 372년으로 봄이 무난하다. 따라서 필자는 칠지도가 일단 372년 백제에서 만들어져 바로 그 해에 왜에 전해졌다고 본다. 백제가 왜를 겨냥한 외교적 목적에서 제작한 것이라면 굳이 그럴 만한 명백하고 특별한 이유가 달리 찾아지지 않는 상황에서 3년씩이나 묵혀두었다고 볼 여지는 결코 없기 때문이다. 기왕에 『일본서기』를 기준으로 삼아 칠지도를 바라보고 나아가 백제를 주체가 아니라 오히려 객체로 보는 소위 본말(本末)이 전도(顚倒)된 접근을 한 까닭에 동진의 연호로 간주하고 제작 후 3년이 지난 뒤에 전달되었다는 전혀 터무니없는 결론을 내렸다. 그러나 칠지도는 백제가 만든 것이므로 이를 중심으로 접근해야 마땅함은 두 말할 나위가 없는 일이겠다.

그렇게 보면 '泰△四年'은 일단 372년이므로 그 원년은 저절로 369년이 되는 셈이다. 369년에 해당하는 중국의 연호는 동진의 태화 4년을 비롯하여 전진(前秦)의 건원(建元) 5년, 전연(前燕)의 건희(建熙) 10년, 전량(前凉)의 태청(太淸) 8년 등등이다. 중국의 연호 가운데에는 이 해를 원년으로 삼은 경우는 하나도 없다. 그렇다면 369년을 원년으로 하는 '泰△'는 아무래도 칼을 만든 주체인 백제의 연호로 설정함이 지극히 자연스러운 결론이다. 그럴 때 문제는 당시 백제가 과연 연호제를 시행하고 있었느냐 아닌가로 귀결된다. 이미 백제 연호의 존재 유무(有無)를 둘러싸고 논란을 거듭하여 왔으므로 결정은 그리 간단하지가 않다.

지금까지의 사료에 의하는 한 백제가 확실하게 연호를 사용하였다고 주장할 만한 명백한 증거는 없다. 충주(忠州)에서 출토된 금동불상의 광배(光背)에 새겨진 명문 가운데 '建興五年'이라 하여 건흥(建興)이란 연호가 보이는데 과거 한때 이를 백제의 것으로 보려는 견해가 있었다. 그러나 불상의 양식(樣式)상으로 미루어 현재 고구려 제작이라는 견해가 유력해진 만큼 이를 근거로 백제 연호의 존재를 주장하기는 어렵다. 사실 지금까지 알려진 6~7세기의 몇몇 금석문 자료를 일별하면 어디에도 백제가 독자적인 연호를 사용한 흔적은 찾을 수가 없다. 이를테면 백제는 무령왕릉지석(武寧王陵誌石)의 계묘년과 을사년, 왕비지석의 병오년, 백제창왕명석조사리감(百濟昌王銘石造舍利龕)의 '창왕십삼년 태세재정해(昌王十三年太歲在丁亥)', 왕흥사(王興寺) 사리장엄구(舍利莊嚴具)의 정유년, 미륵사서탑사리봉안기(彌勒寺西塔舍利奉安記)의 기해년, 사택지적비(砂宅智積碑)의 갑인년 등등은 간지가 사용된 사례이다. 이런 구체적 실례로 미루어 금석문의 제작 시점인 6~7세기 백제에서는 일단 연호를 사용하지 않았다고 단정하여도 무방하다. 특히 '창왕십삼년'을 실마리로 삼으면 이와 같은 형식이 원래 정식의 표기 방식이라 여겨진다. 따라서 달리 간지(干支)만을 기재한 형식은 그런 정식 표기를 간단하게 줄인 것으로 보인다. 그 연장선상에서 보면 『한원』에 인용된 『괄지지(括地志)』 소재의 '송(宋)의 원가력(元嘉曆)을 사용하고 기년에는 달리 연호가 없었으며 다만 6갑을 헤아려 차례로 삼았다[用宋元嘉曆 其紀年無別號 但數六甲爲次第]'란 기사는 백제가 7세기에 육갑(六甲)만을 사용한 실상을 적확하게 지적한 것이라 풀이된다.

그러나 그렇다고 그것이 백제가 건국 이후 애초부터 연호를 사용하지 않았다고 볼 결정적 근거는 되지 못한다. 역으로 4세기에 동진의 연호가 사용되었다는 뚜렷한 증거가 되는 것도 당연히 아니겠다. 앞서 언급하였듯이 6~7세기에는 중국의 연호가 사용된 듯한 흔적도 전혀 찾아지지 않음은 그를 명백히 입증해 준다. 그러므로 현재로서는 4~5세기의 사정은 잘 알지 못함이 실상이라고 해야겠다. 다만, 앞서 인용한 『한원』의 기사로 미루어 보면 송의 원가력을 수용한 사실은 백제에서 기년으로서 육갑이 사용되기 시작한 중요한 어떤 기준 시점을 시사해 주는 것이 아닐까 주목된다. 아마도 원가력이 백제에 도입, 정착됨으로써 동시에 기년의 표기 방식도 6~7세기와 같은 연간지(年干支)가 채택된 것으로 추정된다.

원가력은 남조 송의 문제(文帝) 원가 20년(443) 하승천(何承天)에 의해 편집된 것으로서, 『주서(周書)』 백제전의 관련 기사로[18] 미루어 늦어도 6세기 전반에는

18 『周書』49 異域傳 百濟條에 "又解陰陽五行 用宋元嘉曆 以建寅月爲歲首 亦解醫藥卜筮占相之

백제에 수용되었음이 확실하다. 한 걸음 더 나아가 과감히 추측한다면 원가 27년(450) 백제의 비유왕(毗有王)이 송나라에 『역림(易林)』, 식점(式占), 요로(腰弩)를 요청한 바[19] 바로 그 시점이었을 공산이 크다. 설사 그렇지 않더라도 일단 이때부터 육갑을 사용한 기년이 시작된 상한(上限)으로는 설정할 수가 있을 터이다. 물론 4~5세기 전반의 시기에 백제의 기년 표기 방식 사정에 대해서는 이것만으로는 선뜻 판단내리기 곤란하다.

그런데 당시 백제와 치열하게 경쟁하고 있던 인근의 고구려가 이미 독자적인 연호를 사용하고 있었다는 점은 그를 진단하는 데 감안해야 할 특기사항의 하나이다. 그리고 뒷날 백제보다 한층 후진이었던 신라가 법흥왕대에 이르러 율령 반포와 불교 공인 등을 통하여 지배체제를 갖추면서 곧바로 독자적인 연호를 사용하기 시작한 점도 아울러 참고가 된다. 특히 「양직공도(梁職貢圖)」에 따르면 백제는 자신을 따라 나선 신라를 여러 가야와 다름없는 소국(小國)이라 소개한 적이 있다. 그런 신라가 바로 얼마 뒤 연호 사용을 선언할 정도였다. 이러한 실정을 참고로 삼으면 분명한 실례가 아직 없다고 해서 백제가 독자적인 연호 사용의 경험이 전혀 없었다고 선뜻 단정하는 것은 너무도 순진한 판단이다. 여하튼 이런 사정을 고려하면 오직 백제만이 마냥 처음부터 독자적 연호를 사용하지 않았다고 주장할 수는 없는 일이겠다. 그런 점에서 '泰△'를 백제의 연호로 간주해도 그리 지나치지는 않다고 하겠다. 오히려 근초고왕 24년(369)의 연호 사용 배경을 좀 더 주목해 봄이 한결 긴요한 작업이 아닌가 싶다. 한편 칠지도에 백제라는 국호를 당당하게 밝히고 있는 점도 연호의 소속을 판별하는 데에 참고해야 할 요소이다.

이상과 같은 의미에서 칠지도의 '泰△'는 백제의 연호로서 그 원년은 근초

術"이라 하였다.

19 『宋書』97 夷蠻傳 百濟條에 "(元嘉)二十七年 毗上書獻方物 私假臺使馮野夫西河太守 表求易林式占腰弩 太祖並與之"라 하였는데 백제가 먼저 요청한 사실이 주목된다.

고왕 24년이라 본다.[20] 이때의 연호 사용이 백제에서 처음이었는지는 쉽게 단정할 수 없다. 그러나 연호 사용의 개시가 고구려나 신라의 사례처럼 지배체제 정비의 일환이라 할 때 일단 백제사의 전반적인 흐름으로 미루어 근초고왕대로 설정해도 무방할 듯하다. 당시 백제의 발전상을 염두에 두면 매우 어울릴 만한 시점으로 보이기 때문이다. 비록 얼마 뒤의 일이기는 하지만 근초고왕 30년(375)에 이르러 박사(博士) 고흥(高興)으로 하여금 『서기(書記)』란 역사서를 편찬하도록한 사실도[21] 당시 연호 설정의 배경을 이해하는 데 참고 되는 사항이다. 독자적 기년 표기 방법인 연호 사용이 곧 자신의 역사서를 편찬하게 만든 주요 배경이 되었을 법하다. 여하튼 구체적 배경에 대해서는 후술하겠거니와 '泰△'를 백제의 첫 연호로 간주함이 가장 적절할 것으로 보인다. 그 점에서 칠지도가 보여 주는 의미는 작지 않다고 하겠다.

2) 내용의 문제

이상과 같이 '泰△'란 연호가 근초고왕 24년 처음 사용되었다는 사실을 전제하면 칠지도의 내용을 다시 가늠해볼 필요가 생겨난다. 이미 많은 논의 과정을 거쳤지만 앞면과 뒷면은 내용상 반드시 연동되는 일련의 사실이라기보다는 일단 뚜렷이 구분되는 각각의 문단(文段)으로 설정함이 적절할 듯하다. 그것은 다음의 두 가지 이유에서이다.

첫째, 앞면은 이미 널리 지적되어온 것처럼 매우 상투적, 의례적인 길상구로서의 성격이 강하다. 그것은 '병오정양'이라는 일간지에서도 드러나지만 '백번 두드려 만들었다[造百練]'거나 '백병을 물리친다[辟百兵]'는 어구가 실제적으로 기능한 것이 아님은 명백하다. 이들은 오로지 어떤 상징성을 나타내기 위해

20 그런 입장을 처음 취한 것은 李丙燾, 「百濟七支刀考」 『韓國古代史研究』, 朴英社, 1976를 손꼽을 수 있다. 최근 朴仲煥, 「百濟 金石文 研究」, 전남대 박사학위논문, 2007도 그런 입장을 따르고 있다.

21 『三國史記』24 百濟本紀 近肖古王 30年條.

사용한 전형적 표현일 따름이다. 그런 연장선상에서 바로 뒤이어지는 칠지도를 제공받는 대상인 후왕(侯王)도 이해함이[22] 바람직한 접근일 듯 하다. 후왕도 실제적, 현실적 실상을 구체적으로 보여 준다기보다는 칠지도의 제작을 통해 백제가 의도한 어떤 희구가 깃든 형식적 표현일 뿐이다. 말하자면, 이 자체가 그대로 현재의 실상을 보여주는 것이 아니다. 따라서 앞면을 길상구로 보는 한 후왕을 무조건 현실적 사실을 드러낸 표현이라는 이해는 재고되어 마땅하다.

둘째, 앞면의 맨 마지막을 칠지도 제작자의 이름을 밝히는 것으로 끝맺음하고 있는 사실이다. 마지막 글자가 '작(作)'인 것으로 미루어 아마도 바로 앞의 보이지 않는 글자 4개 속에는 칼을 만든 사람의 이름이 들어갔을 공산이 크다. 혹여 문장 작성자의 이름이나 공방(工房)일지도 모른다.[23] 그것은 여하튼 이는 앞면과 뒷면의 성격이 본래 뚜렷이 구분됨을 드러내려는 의도적 표현 방법에서 나온 것이라 생각된다.

요컨대 앞면과 뒷면을 같은 차원에서 두고 볼 성질의 것은 아니다. 그 점은 기왕에 칠지도 명문의 내용을 분석하고 이해하는데 거의 고려하지 못한 측면이다. 어쩌면 그 이전에는 존재하지 않은 특이한 모양의 칼을 만들어 붙인 칠지도라는 이름 자체에도 그러한 사정이 상징적으로 담겨져 있지 않았을까 싶다. 그런 측면에서 혹여 앞면이 동일한 문장으로 이루어진 칼이 동시에 여럿 만들어져 배포되었을지도 모르겠다. 그렇다면 그 대상은 당연히 백제가 당시 후왕으로 여기려 한 여러 정치적 존재들이었을 터이다.[24]

앞면과는 달리 뒷면은 추상적인 표현이 아니라 현실적 내용을 담고 있다.

---

22 神保公子, 앞의 논문.

23 武寧王陵 출토의 銀釧銘에 보이는 '多利作'의 사례로 미루어 칼의 제작자일 가능성이 매우 높다고 여기지만 단정은 피한다.

24 그것이 당시 백제에 臣屬한 여러 加耶의 지배세력일 수도 있고 새로이 복속된 영산강 유역의 馬韓 잔여세력일 수도 있겠다. 어쩌면 間接支配의 대상으로 설정된 다수도 그런 대상에 포함된다.

칠지도란 칼이 옛날에는 없었다는 점[過去時制], 그래서 백제왕 혹은 왕의 세자(世子)가 의도적으로 왜왕(倭王)을 위하여 만들었다는 점[現在時點], 이를 후세에도 영원토록 전하여 후세에 보이라는 점[未來時點]은 시차를 뚜렷이 구분지은 매우 논리적 문장이다. 당시 백제가 도달한 한문 사용의 수준을 엿보이게 하는 대목이다. 내용의 초점이 일단 현재시점에 놓여 있음은 물론이다.

사실 앞면과 뒷면을 이상과 같이 이해하면 일단 후왕(侯王)에 대한 이해는 기왕과 좀 달라져야 할 것 같다. 앞면에는 일종의 관용구(慣用句)로서 막연히 칠지도를 특정화되지 않은 어떤 후왕을 위해 제작한다는 백제의 미래 희망 사항이 깃들어 있을 따름이다. 따라서 그것이 곧장 현실적인 상호관계를 그대로 반영하는 것으로 확장해서 풀이할 수는 없다. 백제가 자신들로서는 칼을 받는 대상을 후왕으로 여기겠다는 의지를 표명한 것일 따름이다. 반면, 뒷면은 백제왕 혹은 왕세자가 과거 없었던 칼을 왜왕을 위해 만들어 보내니 후세에 전하여 나타내어 보이라는 현실적인 내용이다. 여기에는 적어도 형식상으로는 주체와 객체 간의 뚜렷한 위상 차이가 거의 보이지 않는다. 다만, 칼을 만들어 주는 자체 속에 백제 스스로 상위에 있음을 인식하고 있었음이 드러난다. 그렇지만 칠지도 내용을 그대로 받아들일지 말지의 결정은 전적으로 왜왕의 판단에 달려 있는 일이었다. 왜왕의 자율성이 인정되는 부분이다. 왜왕이 만일 그를 수용하면 앞으로 후왕으로 여기겠다는 백제의 정치적 의도가 깃들어 있다. 현재까지 전해져온 것으로 보면 왜왕이 명문에 따라 칼을 받아들였음은 분명한 사실이다. 따라서 이를 계기로 사실 여하를 떠나 백제는 왜왕을 후왕으로 간주하였을 공산이 크다. 그러나 왜왕이 실제로 후왕의 지위까지를 받아들였다는 등식으로 곧장 연결되지는 않는다. 칼을 수용하기는 하였으나 그것이 왜왕=후왕이라 표명한 것은 아니기 때문이다. 다만, 백제가 일방적으로 그렇게 인식하겠다는 의지는 뚜렷하게 표명된 셈이다. 그런 의미에서 칠지도의 명문은 수사(修辭)가 동원된 외교적 문서와 같은 성질의 것이며, 따라서 사실성에서는 문제가 내재해 있는 것이다.

요컨대 칠지도의 명문을 그렇게 보면 헌상설이나 하사설 등등 그 어느 쪽도 적절하다고 할 수 없다. 이는 단지 외교적인 목적을 띤 상징적·관념적인 성격의 것일 뿐 그 자체가 현실적인 관계를 그대로 나타내는 것은 아니기 때문이다. 마치 왜 5왕의 작호에 보이는 내용은 물론 왜가 대업(大業) 3년(607) 수(隋)의 양제(煬帝)에게 보낸 국서의 표현이[25] 사실 관계 그대로라기보다는 외교적 수사로 해석되는 것과 마찬가지이다. 따라서 칠지도도 외교문서라는 측면에서 바라보아야 거기에 숨겨진 진정한 의미도 제대로 추출해낼 수 있다.

4. 근초고왕과 칠지도

1) 칠지도가 제작된 372년의 음미

이상에서 언급한 것처럼 필자는 칠지도가 372년 백제에서 제작되어 그 해에 즉시 왜로 보내어진 것이라 판단하고 있다. 백제가 왜로 보낸 목적은 명문의 내용으로 미루어 왜왕을 후왕(侯王)으로서 자신과 관계 맺으려는 의도를 표명한 데에 있었다. 당시 승승장구하던 백제는 왜왕을 후왕이라는 이름 아래 자신의 편으로 끌어들여 긴밀한 외교 관계를 유지하려 하였던 것이다. 왜가 실제로 백제가 부여한 후왕의 지위까지 수용한 것인지 어떤지는 단정적으로 말할 수는 없다. 그 향방을 뚜렷이 알려주는 기록이 보이지 않기 때문이다. 다만, 왜로 보내진 칠지도가 보물로서 오래 보전(保全)되어 후세에까지 전해진 것은 "전시후세(傳示後世)"라 한 명문의 표현을 그대로 실천에 옮긴 사실을 의미하므로 백제로서는 일단 설정한 목적을 충분히 달성한 셈이었다. 아마도 백제는 왜왕이 가진 기본적 입장이나 태도 여하(如何)와는 전혀 상관없이 요구 사항을 수용한 것이나 다름없는 것으로 풀이했을 공산이 크다. 그런 추단(推斷)의 일단을 약간

25 『隋書』81 東夷傳 倭國條에 '日出處天子致書日沒處天子無恙'라 한 내용이 보인다.

이나마 방증하여 주는 것이 광개토왕비문에 보이는 내용이다.

광개토왕비문 전반에 걸쳐 드러나듯이 4세기 말 백제와 왜 두 나라 관계가 매우 긴밀하였음이 틀림없다. 고구려의 대대적 공격으로 위기 상황을 맞은 백제가 요청하자 왜는 이에 부응해 즉각 파병하였다. 이는 당시 두 나라가 군사적 동맹관계를 맺고 있었음을 말한다. 그 시원(始原)을 추적하면 칠지도를 보낸 시점에까지 다다른다. 이 전후 시기를 살피면 백제와 왜가 관계를 맺었을 시점과 배경은 달리 보이지 않는다. 그렇다면 백제가 왜에 칠지도를 보낸 궁극적 목적이 결국 그를 매개로 군사적 동맹관계를 맺으려 한 데에 있었다고 이해할 수 있다. 이에 따라 상호 교섭을 진행하다가 20여년 뒤 고구려의 압박으로 위급 상황에 처하게 되자 백제는 왜에 구원병을 요청한 것이었다. 372년 맺은 군사적인 동맹관계의 구체적인 실행이었다.

그런데 백제가 왜 하필 372년의 시점에서 군사동맹을 맺고자 칠지도를 왜에 보내는 일이 벌어졌을까. 거기에는 당시 그럴 만한 충분한 이유가 내재되어 있었던 것 같다. 이와 관련하여 먼저 같은 해 정월과 6월 두 차례에 걸쳐 근초고왕이 동진(東晋)에 사신을 파견해 진동장군령낙랑태수(鎭東將軍領樂浪太守)라는 작호를 수여받은 사실을 주목해 볼 필요가 있다. 이는 백제가 처음 동아시아 국제무대에 얼굴을 정식으로 내밀어 동진의 작호를 받음으로써 존재를 공식 인정받은 셈이었다. 이로 보면 백제로서는 372년이 동진은 물론 왜와도 정식 통교를 맺은 대단히 기념해도 좋을 만한 해이다. 사실 백제가 동시에 동진과 왜를 대상으로 정식 외교관계를 맺은 것은[26] 별개로 진행된 것이 아님을 시사해 준다. 아마도 양자는 상관관계를 갖는 일련의 외교활동이었다고 풀이된다.

백제는 동진으로부터 작호를 받기 6개월 전 같은 해 정월 처음 사신을 파견하였다. 당시 첫 대면으로서 작호는 물론 변변한 대접을 받은 어떤 흔적도 없

26 다만 후술하듯이 두 나라는 사전 정지작업이 그 직전에 진행되었으므로 이때 처음으로 교섭하게 되었다는 의미는 아니다.

다. 백제는 이때의 접촉을 기반으로 6개월 뒤 다시 사절을 파견해 비로소 정식 국교를 맺고서 이번에는 작호를 받은 것이었다. 동진과 처음 관계를 트면서 6개월 간격으로 한 해에 두 번이나 사신을 파견한 것은 매우 이례적이다. 이에는 백제가 노린 어떤 강렬한 현실적 목적이 짙게 깔려있었음을 느끼게 한다. 그것은 '동쪽을 진압하는 장군(진동장군)'이란 뜻의 장군호 수수(授受)에서 유추되듯이 두 나라는 적어도 정치적으로는 물론이고 군사적으로 긴밀한 우호관계를 결성한 것이라 하겠다.

이상 동진과 함께 비슷한 목적에서 같은 해에 왜를 대상으로 칠지도를 보내어 이제는 거꾸로 후왕이란 작호 수여 형식을 통해 정식의 국교관계를 맺으려 하였다고 보아 하등 이상스러울 바가 없다. 물론 그보다 앞서 사전 정지작업으로서 상호 대면하는 교섭을 이미 진행하였을 공산이 크다. 그 점은 바로 『일본서기』 신공기 46년조(366)에서 칠지도가 보내어진 52년조에 이르기까지 6년 동안에 걸쳐 진행된 일련의 사실 속에 숨겨져 있는 것이 아닐까 싶다.[27] 말하자면 칠지도는 백제가 몇 차례 교섭을 진행하고 최후의 정리 결과로서 만들어진 것이었다. 물론 이들 기사를 전부 액면 그대로 받아들일 수는 없지만[28] 그 속에는 당시 사정 전반이 어느 정도 투영되어 있다고 여겨진다.

이상과 같이 보면 372년은 백제로서는 이미 교섭의 경험을 가진 한반도의 여러 국가를 뛰어넘어 바다 건너 두 나라와 관계를 맺은 그야말로 기념비적인 해라고 이를 만하다. 특히 동아시아 국제무대에 처음으로 백제란 국호를 당당하게 내세웠음은 각별히 눈여겨볼 일이다. 동진으로부터 받은 작호에서 드러나듯이 백제란 국호를 정식 사용하였거니와 또한 칠지도에 보이듯이 왜를 대

27 이는 그것을 기록 그대로 믿겠다는 의미가 아니다. 이들 각각에 대한 사료 비판은 낱낱이 이루어져야만 실제적인 과정이 드러날 수 있다.

28 칠지도가 보여 주는 내용과 『일본서기』의 내용이 정반대라는 사실은 그를 여실히 증명하여 준다. 이들 기사에 대해서는 따로 철저하게 분석해 볼 필요가 있다. 거기에는 여러 계통의 사료가 존재함은 물론 그에 따라 여러 가지 별개의 사실들이 함께 뒤섞여 혼재된 상태라 여겨진다.

상으로도 역시 그러하였다. 백제가 이제 국제무대에서 정식으로 통용되는 국호임을 천명한 것이었다. 아마 백제는 그 이전 어느 시점부터 고구려나 신라 등 주변의 정치세력과는 그런 국명으로 교섭하였을 터이나 바깥 세계와는 처음이었다.[29]

『진서(晋書)』에 의하면 3세기 말의 약 20년 가까운 기간 동안 국제무대에 마한(馬韓, 辰韓도 마차가지)이라는 연맹체의 이름을 내세워 서진(西晉)에 나아가 교섭한 사례가 여러 차례 보인다. 이때 마한이란 이름 아래 진행된 교섭을 사실상 주도한 구체적 실체가 목지국(目支國), 백제국(伯濟國), 또는 이들 둘 각각으로 보는 등 여러 견해로 엇갈려 있어[30] 확정하기는 어렵지만 여하튼 그 가운데 백제국이 들어 있었을 가능성은 크다. 그렇다면 이후 오래도록 마한 소속의 유력한 국가가 자신의 정체성을 개별적으로 드러내어 외교 활동을 펼친 것이 아니라 과거의 오랜 관행대로 연맹체인 마한이란 이름 아래 활동하였음을 뜻한다.

이상과 같은 측면에서 이제 마한이 아닌 백제라는 새로운 이름을 갖고 국제무대에서 활동하기 시작한 사실은 예사로워 보이지가 않는다. 마한은 역사 무대의 뒤안길로 급속히 사라지고 백제가 국제무대의 전면에 새로이 급부상한 것이다. 오래도록 외교관계에서 통용되던 마한 대신 백제가 등장한 사실은 단순히 명칭의 교체에만 국한된 일은 아니었다. 거기에는 그럴 만한 실제적인 배경이 깔려 있었고, 그 결과로서 백제라는 국호가 사용되었음을 시사한다. 말하자면 이제 백제가 기존 마한에 대신한다고 선언한 것이었다. 그 밑바탕에는 지

29 『晋書』109 載記 孝宗 永和 元年條(345)에 句麗와 나란히 百濟란 국명이 보인다. 그러나 『資治通鑑』97 晉紀 永和 2年條(346)에 의하면 백제가 북쪽의 鹿山에 근거지를 둔 夫餘를 공격한 실체로도 나타나 구체적인 실상은 분명하지 않다. 그것이 사실이라 하여도 어디까지나 고구려를 매개로 해서 이루어졌던 일일 가능성이 크다. 그리고 왜와도 사전 교섭하면서 백제는 자신의 존재를 미리 알렸을 것으로 판단되나 정식의 국교를 맺은 것은 372년이 처음이라는 의미이다.

30 김수태, 「3세기 중·후반 백제의 발전과 馬韓」 『馬韓史 研究』, 충남대 출판부, 1998 참조.

난 몇십 년 사이에 진행된 중차대한 정치적 변동이 깔려 있었다.

372년이 백제가 국제무대에 처음 그 이름으로 출현한 특기할 만한 해라 한다면 과연 그 배경은 어떠하였을까. 그 점과 관련하여 특별히 주목해 볼 만한 것은 바로 직전인 371년 벌어진 일대사건이다. 그것은 백제가 북방의 강적 고구려를 대상으로 두 차례에 걸치는 싸움에서 승리한 일이었다.

처음에는 고구려가 병력을 보내어 먼저 공격하였다. 백제는 이에 응전(應戰)해 패강(浿河)에 병력을 매복, 급속히 공격해 성공하였다. 이 1차전은 비교적 소규모로 치러진 전투에 지나지 않았다. 이어 같은 해 겨울에 벌어진 제2차의 전투는 규모와 내용면에서 현격하게 차이가 났다. 1차전 때와는 달리 근초고왕이 태자 근구수(近仇首)와 함께 정병(精兵) 3만을 거느리고 고구려 영역에 들어가 평양성을 선제 공격하고, 마침내 고국원왕(故國原王)을 패사시키기까지 하였다. 이는 이후 오래도록 두 나라 관계에 결정적 영향을 미치는 사건이었다.[31] 백제로서는 기대하지 않은 뜻밖의 대승인 셈이었다. 두 나라 사이에는 긴장감이 크게 고조되고 장차 장기적 전면전(全面戰)이 벌어질 조짐이 예고되고 있었다. 백제는 머지않아 고구려로부터 강력한 보복 공격이 뒤따르리라 예상하고 즉각 대책을 강구하였다. 병력이 전장으로부터 돌아오자 곧장 한산(漢山)으로 도읍을 옮긴 사실은 그를 보여준다.

이처럼 371년을 기점으로 백제와 고구려 사이에는 긴장감이 크게 감돌기 시작하였다. 백제로서는 한편으로는 내부 체제정비를 도모하고 다른 한편으로는 인접한 나라들과 긴밀한 우호관계를 적극 맺을 필요성이 있었다. 이제 막 출범해 성장일로를 걷던 백제로서는 정상적 상태라면 고구려와 단독으로 대항하기란 매우 버거웠을 터이다. 이제 예기치 않게 고구려 고국원왕을 죽이기까지 한 대형사고를 일으킨 마당이었으므로 장차 군사적 도움을 받을 원군이 절실한 상황이었다. 백제는 일시 대승을 거두고서도 방어태세를 적극 갖추지

31 『三國史記』24 百濟本紀 近肖古王 26年條.

않으면 안 되었다.

백제는 371년 고구려 대상의 두 차례 싸움에서 승리했음에도 사후를 대비해야 하였다. 어쩌면 바로 이듬해 정월 동진에다 사신을 보내어 관계를 맺은 것도 그 일환이었을 것 같다. 같은 해 6월 동진이 근초고왕에게 진동장군의 작호를 준 것은 두 나라 사이에 군사적 우호관계가 맺어졌음을 뜻한다. 한편 역시 같은 해 왜에 사신을 보낸 것도 바로 그런 맥락이다. 아마도 곧장 닥칠지도 모를 고구려의 대대적 공격에 대비해 안전망을 철저히 갖추려는 것이었다.

한편 백제는 고구려를 격파한 뒤 내심 한창 자신감에 차올라 있기도 하였다. 그런 의식이 저절로 왜에 보낸 칠지도의 내용 속에도 스며들었다. 백번을 두드려 만들었다는 고도의 기술력과 함께 어떤 병력[百兵]도 물리칠 수 있음을 내세운 데에는 그런 배경이 작용하였다. 당시 백제가 고구려를 상대로 대승한 강한 자신감과 자부심의 표현이었다. 그런 표현은 결국 왜로 하여금 백제의 군사적 우수성과 선진성(先進性)을 인식하도록 유도하지 않았을까 싶다. 이후 두 나라 사이에 맺어진 굳건한 동맹관계는 결국 그럴 만한 배경이 있었던 셈이다. 백제는 백련강철을 단련해 백병을 물리치는 칼을 만들 수 있다는 강력한 기술 선진국임을 앞세워 왜를 자신들의 배후 세력으로 끌어들이려 하였다. 백제가 왜로부터 기대한 것은 동맹을 통한 상징적 견제와 함께 필요시 군사적 원조였을 것이다. 한편 왜가 백제의 요구에 부응한 것은 결국 선진 기술에 대한 기대였다.[32]

이처럼 백제가 372년 국제무대에다 본격적으로 얼굴을 내민 것은 고구려와 싸움에서 승리한 것이 계기였지만 거기에만 머물지 않고 동시에 역공에 대한 대비책을 마련하기 위한 일환이었다. 그런 측면에서 372년은 각별히 주목해 볼 해였다. 특히 왜와는 현실적 이해관계가 딱 맞아떨어짐으로써 이후 우호관

32 『日本書紀』9 神功紀 52年條에 의하면 칠지도 외에 七子鏡 一面과 여러 重寶가 지급되었다고 한 것은 그를 보여 준다.

계를 줄곧 이어갔다. 광개토왕비문에서 백제와 화통(和通)하였다는 왜가 한반도에 병력을 파견한 것도 바로 그런 배경 아래 진행된 일이었다. 백제의 칠지도를 매개로 한 외교는 마침내 성공을 거둔 셈이었다.

2) 연호(年號) 사용의 배경과 그 의미

이상과 같이 보면 372년은 백제뿐만 아니라 동아시아 국제관계에서도 매우 뜻깊은 해라고 이를 만하다. 바로 이 해에 백제를 주축으로 한 동진-가야-왜로 이어지는 공동전선(共同戰線)이 형성되었기 때문이다. 이를 주도한 백제의 국제적 위상(位相)이 그만큼 높아졌음을 뜻한다. 이는 이전과는 확연히 달라진 근초고왕대 백제의 새로운 면모를 여실히 반영한다. 사실 백제가 두드러지게 부상하기 시작한 것은 바로 앞서 근초고왕 24년, 즉 369년의 일로 보인다. 이미 언급한 것처럼 369년 백제에서 연호를 처음 사용한 데서 일단 그런 측면이 잘 드러난다. 당시 그럴 만한 배경이 작용하고 있었으므로 잠시 이를 주목해 볼 필요가 있다.

369년 9월 고구려의 고국원왕이 보기(步騎) 2만을 거느리고 치양(雉壤)에 주둔해 그곳의 민호(民戶)를 탈취하였다. 이에 근초고왕이 태자 근구수로 하여금 급히 병력을 거느리고 치양으로 가게 하였다. 근구수는 고구려를 격파해 5천여 명을 노획하는 큰 전과를 올렸다.[33] 백제로서는 고구려와의 싸움에서 거둔 기념비적인 첫 승리였다. 사실 기록상으로 확인되는 두 나라 간 최초의 격돌이었는데 약체인 백제가 승리한 것이다. 직전까지 백제는 고구려와 직접 조우(遭遇)한 기록은 보이지 않는다. 아마도 두 나라가 아직 영역을 접속(接續)해 다툴 상황은 아니었기 때문일 듯하다.

313년과 314년 고구려가 남하하여 낙랑군과 대방군을 장악하였지만 널리 지적되고 있듯이 당시 이곳을 직접 지배한 것 같지는 않다. 이 지역이 두 나라

33 『三國史記』24 百濟本紀 近肖古王 24年條.

간 일종의 완충지대(緩衝地帶)로 기능함으로써 당분간 영역 다툼할 필요가 없었던 것이다. 이후 어느 시점에 이르러 고구려가 평양 지역을 직접 경영하면서 사정은 달라졌다. 고구려는 342년 전연(前燕) 모용황(慕容皝)의 공격을 받아 왕도 국내성이 함락당하고 환도성(丸都城)이 파괴되는[34] 등 극한의 위기 상황을 겪었다. 이 사건이 평양 방면을 직접 경영하는 계기가 되었을 듯하다. 바로 이듬해인 고국원왕 13년(343) 일시 왕도를 평양의 동황성(東黃城)으로 옮긴 사건이[35] 그를 상징한다. 이후 두 나라가 영토를 직접 접함으로써 영역 다툼은 본격적으로 벌어지기 시작하였다.

백제로서는 강적 고구려와의 첫 격돌에서 제압한 일이 정말 영원히 기억될 사건이었다. 바로 두 달 뒤인 그해 11월 근초고왕은 한수(漢水)의 남쪽에서 열병(閱兵) 행사를 크게 진행하였는데 이때 기치(旗幟)를 모두 황색(黃色)으로 정리하였다.[36] 이는 특별히 주목해 볼 만한 대상이다. 일단 대규모 열병은 곧 군사조직의 대대적인 정비를 의미한다. 고구려와의 싸움에서 거둔 승리를 기념하는 조치이기도 하려니와 다른 한편 사후 대비책을 마련하기 위한 대대적인 군사조직의 정비를 말하는 것으로 보인다. 아울러 모든 기치를 황색으로 하였다는 점도 주목된다. 모든 군사 조직이 국왕을 정점으로 한 일원적 체계로 정비되었음을 뜻하기 때문이다. 특히 황색은 5방색(方色)의 중앙을 나타내며 곧 황제(皇帝)를 상징하는 색깔이다. 이는 백제가 나름의 천하의식을 갖게 되었음을 표방한 일환으로 보인다.[37] 만약 그렇다면 이는 곧 근초고왕이 연호를 처음 사용한 사실과도 절묘하게 어울리는 조치라 하겠다. 연호 사용과 황색 기치의 채택 등 두 조치의 선후관계를 잘 알 수는 없지만 동시에 병행된 일이라 해도 하

34 『三國史記』18 高句麗本紀 故國原王 12年條.

35 『三國史記』18 高句麗本紀 故國原王 13年條.

36 『三國史記』24 百濟本紀 近肖古王 24年條.

37 황색 기치의 사용이 갖는 의미에 대해서는 여러 견해가 제기되어 있다. 木村誠, 앞의 논문 참조.

등 이상할 바가 없다.

요컨대 이상과 같이 정리하고 보면 369년은 한창 발전 중이던 백제 근초고왕대가 마치 절정에 이른 분위기의 모습이었다. 그런 추세가 바로 371년으로 이어졌던 것이다. 앞서 언급한 것처럼 이때 평양성으로까지 진출해 고국원왕을 패사시킨 것은 그런 체제 정비에 따른 자신감의 발로였다. 369년이 근초고왕이 추진해오던 영역 확장과 대대적인 체제 정비의 본격적인 시작이라면, 백제라는 이름으로 국제무대에 등장한 372년은 최종적 마무리였던 셈이다.

369년 연호와 함께 황색 기치를 사용한 사실은 나름의 천하의식을 가진 독립국임을 대내외에 선포한 것이나 다름없었다. 백제는 이미 그 이전에 마한 세력을 대부분 제압한 상태로서 독자세력을 이루기는 하였지만 아직 옛 마한의 구성 세력이라는 인식을 완전히 탈피하지 못한 상태였다. 그래서 대외관계에서 여전히 백제보다는 마한이라는 국호가 선호되고 있었다. 그것은 실제적인 사정이 아직 한계를 지닌 데서 말미암은 것이기도 하였다. 말하자면 아직 마한 대신 백제를 사용하기에는 어떤 제약과 한계가 작용하던 상황이었다. 이제 369년 독자적인 연호를 사용함으로써 그런 인식을 완전히 벗어나 백제라는 국호로 당당하게 국제무대에 나섰던 것이다. 이를 가능하게 배경은 이때 마한 잔여 세력을 완전히 정복하고 나아가 가야 지역까지 진출한 데에 있었다.

백제의 낙동강(洛東江) 유역 진출과 함께 진행된 영산강(榮山江) 유역의 마한 잔여 세력 복속에 대해서는 논란이 많다. 그런데 『일본서기』의 한반도 관계 기사를 백제 주체로 바꿀 수 있다는 견해에[38] 따르면 그것은 369년 동시에 일어난 일이었다. 이른바 백제 주체교체론은 실물로 남은 칠지도와 거기에 보이는 칠지도 기사를 견주어보면 충분히 성립 가능한 입론(立論)이라 생각한다.[39] 신공

38 千寬宇, 앞의 책 ; 金鉉球, 『任那日本府研究』, 一潮閣, 1993 ; 李基東, 『百濟史研究』, 一潮閣, 1996 참조.

39 그에 대한 나름의 구체적인 논의는 시간상, 지면상의 제약으로 따로 진행할 수밖에 없다.

기 49년조의 주체를 백제로 바꾸면 근초고왕 부자(父子)가 파견한 병력이 먼저 가야를 평정(平定)하고 이어서 서진(西進)해 영산강 유역 일대를 병합하는 대대적인 정복전(征服戰)을 벌였다. 7국(國)의 국명으로 표기된 가야 지역과 다르게 고해진(古奚津)이나 침미다례(忱彌多禮) 등 지역 명으로 표기된 영산강 유역에 대해서는 백제에게 주었다고 되어 있다. 바로 이어서 비리(比利) 등 4읍(邑)이 저절로 항복하였다고 한다. 이와 같은 표현 방법상의 차이는 당시 직전의 상황은 물론 이후 백제가 이들 지역과 맺은 관계를 반영하는 것으로 풀이된다. 아마 읍(邑)으로 표현된 지역은 직접 영역화시킨 대상, 고해진 등은 간접 지배의 대상, 국명을 그대로 온존한 가야는 백제와의 동맹관계를 맺은 지역으로 정리되었으리라 추정된다. 이 지역들이 기존 마한과 맺었던 관계의 연장선상에서 비롯한 것으로 보인다.

여하튼 마한 잔여 세력을 복속하고 가야 지역으로의 진출이 이루어진 때가 369년임은 주목해 볼 만하다. 고구려와의 첫 전투가 벌어진 바로 그때이기도 하다. 앞서 보았듯이 고구려와 벌어진 치양 싸움은 9월 고구려의 선공에 의한 것이었다. 그런데 『일본서기』에 따르면 앞의 세 지역을 대상으로 삼은 정복전은 같은 해 3월 진행되었다. 이로 보면 남쪽 방면을 대상으로 정리 작업이 마무리되고 이어 고구려와의 전투에서 승리한 셈이었다. 백제로서는 장차 고구려의 남하에 대비해야 하였고 그래서 먼저 뒷문 단속에 본격적으로 나선 결과가 가야 진출 및 마한 잔여 세력 대상의 공략이 함께 이루어진 것이 아닌가 싶다.

그런데 이들 두 지역은 모두 기존 마한과도 일정한 관계를 맺었던 곳이었다. 이미 지적되어 왔듯이 영산강 유역에는 백제에 복속되지 않은 채 독자성을 유지하던 이른바 마한의 잔여세력이 존재하였다. 한편 가야도 변한 시절부터 마한과는 밀접한 관계를 맺고 있었다. 그것은 맹주인 목지국 신지(臣智)의 우호(優呼)에 변한에 소속한 유력한 나라가 함께 보이는 데서[40] 유추되거니와 그 12

40 『三國志』30 魏書 東夷傳 韓條.

국 모두 진왕(辰王)에 소속하였다는 사실로도[41] 짐작 가능하다. 그렇다면 통합 왕국으로 출범한 백제가 가야와 영산강 유역 공략에 나선 것은 다름 아닌 마한의 잔재(殘滓)를 완전히 척결하겠다는 의도에서 이루어진 조치였다고 여겨진다. 『삼국사기』에 따르면 온조왕 27년(기원후 9년) 마한을 멸망시켰다고 하는데[42] 바로 그 해가 6주갑(周甲, 360년) 내리면 바로 이 해와 일치한다는 것은 결코 우연한 일로 보아 넘기기는 어렵지 않을까 싶다.[43]

이상과 같이 보면 369년은 고구려와의 싸움에 앞서 오래도록 마한과 연결되어 있던 잔재를 완전히 청산하려는 의도에서 근초고왕이 낙동강 및 영산강 유역의 경략(經略)에 나서서 성공한 매우 뜻깊은 해였다고 하겠다. 이를 계기로 백제는 마한의 후신이라는 인식을 완전히 버리고 일신(一新)해 새로운 독립국으로서 정식 출범하였다. 독자적 연호의 사용은 바로 그를 증명하여 주는 사실이다. 앞서 근초고왕 24년을 백제에서 처음 연호를 사용한 시점으로 잡은 것도 바로 그 때문이었다. 이후 고구려와의 싸움을 거듭해 대승을 거두면서 군사적 목적으로 동진과 함께 왜에다 사신을 파견하여 우호관계를 결성하였다. 그런 의미에서 369년에 시작된 과업이 최종적으로 일단락된 것은 372년이며, 그를 상징하는 것이 바로 칠지도였다고 하겠다.

5. 맺음말

이상에서 백제 칠지도에 대해서 나름의 새로운 접근을 시도하여 보았다. 그를 간략히 정리하면 아래와 같다.

41 위와 같음.

42 『三國史記』23 百濟本紀 溫祚王 27年條.

43 李基東, 앞의 책 참조.

첫째, 칠지도 자체의 내용을 제대로 분석한 이후 그 다음 단계로서 『일본서기』를 점검해야 올바른 접근 방법이라는 점을 각별히 강조하였다. 기왕에 그러지 못하였던 것은 방법론상의 근본적인 문제였다.

둘째, 칠지도의 명칭이 『일본서기』와 그대로 일치한다는 사실을 결코 우연의 소산으로 돌릴 수는 없다. 따라서 반드시 그와 관련지어 이해해야 마땅하다. 그럴 때 칠지도의 제작 연대는 372년으로 봄이 옳다고 판단된다. 372년은 백제가 왜 뿐만 아니라 동진과도 처음 교섭하여 진동장군령낙랑태수(鎭東將軍領樂浪太守)라는 작호를 받았던 해이다. 그 배경을 면밀히 추적하면 바로 직전 해인 371년 고구려에 대승한 사건에 미친다. 아마도 고구려의 보복 공격에 대비하기 위한 국제관계망의 구축이 필요한 데서 취해진 외교활동이었다. 특히 왜와는 칠지도 사여를 매개로 군사동맹의 관계를 맺었다. 광개토왕비문에 보이는 왜의 출현은 그런 바탕이 전제되어 있었기에 가능한 일이었다.

셋째, 칠지도의 제작 연대가 372년이라면 '泰△四年'이 바로 그 해에 해당되며 따라서 원년(元年)은 369년이 된다. 369년을 원년으로 하는 중국 왕조의 연호는 어디에도 없으며 따라서 이는 칠지도 제작의 주체인 백제의 연호로 볼 수밖에 없다. 그렇다면 369년 백제가 연호를 사용한 배경은 따로 주목되어야 할 대상이다.

넷째, 369년은 근초고왕이 마한의 잔여세력과 함께 가야 공략에 성공한 해이다. 게다가 고구려와의 사이에 벌어진 첫 전투에서도 승리를 거두기도 하였다. 이런 사건들은 마한의 잔재를 청산하는 일련의 작업이었고 독자적인 연호의 사용은 그를 보여 주는 하나의 뚜렷한 징표라 하겠다. 그와 함께 황색의 깃발을 사용한 것도 맥락을 같이한다. 아마도 이 해는 마한의 잔영(殘影)을 완전히 떨쳐내고 백제의 출현을 만천하에 정식 선언한 기념비적인 해였다. 그에 따라 단순히 군사적 정비에 그친 것이 아니라 지배체제 전반에 걸친 개혁이 함께 이루어진 해였다고 생각된다.

다섯째, 정복전의 승리로 추진한 작업이 마무리된 것은 372년 동아시아 국제무대에 백제라는 국명으로 등장하면서였다. 따라서 369년부터 372년에 이르는 과정은 일련의 사건으로서 이해함이 적절하다. 칠지도는 그 최종적인 정리를 상징하는 물증이다. 그것이 곧 왜를 대상으로 내세운 후왕(侯王) 인식이었다.

여섯째, 『일본서기』 신공기 46년에서 52년조에 걸쳐서 보이는 한반도 관련 사료는 칠지도에 의하는 한 백제를 주체로 읽는 주장이 타당하다고 판단된다. 다만 그를 나름대로 분석하는 구체적 작업은 따로 기회를 갖기로 하겠다.

(『한국고대사연구』62, 2011)

3장

미륵사지彌勒寺址 서탑西塔 출토 사리봉안기舍利奉安記와 백제 왕비

금제사리호와 사리봉안기(국립문화재연구소)

1. 머리말

사료가 영성(零星)하기 이를 데 없는 한국고대사 분야에 종사하는 연구자들은 언제나 오랜 가뭄에 단비를 기다리듯 새로운 자료의 출현을 애타게 고대한다. 그래서 간혹 몇 글자에 지나지 않는 지극히 단편적인 문자자료만 출현하여도 가누기 어려운 흥분을 느끼기도 한다. 많은 내용이 담겨진 금석문 자료라면 더 이를 나위가 없다. 이로 말미암아 기존에 저지른 잘잘못이 여지없이 드러나 때때로 크게 희비(喜悲)가 엇갈리기도 하는 것이다.

2009년 1월 초 전북 익산에 자리한 미륵사지 서탑에서 예기치 않게 사리봉안기(이하에서는 봉안기로 줄임)가 출토되어 세상을 깜짝 놀라게 하는 일이 벌어졌다. 물론 그와 함께 출토된 사리 장치 일체는 당시 백제가 도달한 예술적(藝術的)·공예적(工藝的) 수준의 극치를 보이는 것이어서 세간의 관심이 그쪽으로 쏠림은 너무도 당연하였다. 한편, 그와는 다르게 문헌사학에서는 봉안기의 내용 자체 쪽으로 관심을 돌리고 있었다. 거기에서 확인되는 내용이 기존의 역사서에 보이는 내용과 크게 달랐기 때문이다. 미륵사 서탑의 건립 주체가 백제 무왕(武王, 600~640)의 왕비로 등극한 신라 진평왕(眞平王, 579~631)의 셋째 딸 선화공주(善花公主)가 아니라 좌평(佐平) 사탁적덕(沙乇積德)의 딸이었다는 뜻밖의 정보였다. 왕비(王妃)라는 점에서는 합치하지만 실질적 주체에서 차이가 났던 것이다. 이로 말미암아 미륵사 창건의 발의자는 물론이고 심지어는 선화공주의 실존(實存)조차 의문으로 부각되는 등 논란이 크게 일기 시작해 백가쟁명의 양상으로 전개되었다. 당시 봉안기가 관련 연구자들의 주목을 얼마나 받았는지는 같은 해에 그를 주요 대상으로 삼은 학술회의가 5~6차례나 잇달아 열렸고 수십 편에 달하는 논문이 일시에 발표된 사실이 웅변해 주고 있다.

새로운 사료가 출현하면 대개는 기왕에 논란되던 쟁점이 일단 정리되고 다시금 다른 문제가 제기되어 논의를 한층 풍성하게 하는 쪽으로 나아감이 일반적이거니와 봉안기의 경우는 전혀 다른 면모를 보였다. 이상하게도 기존 문제점들은 전혀 해결될 기미가 없는 상태에서 그 위에 오히려 새로운 문제가 덧씌워짐으로써 논란만 한층 가중된 꼴이 되었다. 어쩌면 영원히 풀릴 길 없는 미궁(迷宮) 혹은 오리무중(五里霧中) 속으로 빠져버린 듯한 느낌조차 강하게 든다. 그야말로 일반적인 관례에 비추어 전혀 예기치 못한 결과가 빚어졌다.

그것은 여하튼 매우 짧은 기간이었음에도 상상을 뛰어넘는 수많은 논문이 발표된 사실은 먼발치에서 묵묵히 지켜만 보던 필자에게는 매우 경이롭게 여겨졌다. 약간 심하게 표현하면 마치 배고픈 하이에나가 주변 여건을 전혀 돌아보지 않은 채 일시에 먹잇감을 향해 정신없이 달려든 것 같은 모습처럼 비쳐졌기 때문이다. 현재의 시점에서는 마치 언제 그런 일진의 광풍이 몰아치기라도 하였느냐는 듯 어느새 완전한 평정을 되찾은 느낌이다. 물론 일각에서 이따금씩 그에 대한 관심이 다시 표명되기도 한다. 하지만 봉안기에 대한 연구자들의 관심은 급히 밀려나는 썰물처럼 재빠른 속도로 잊혀져가고 있는 듯하다.

지금까지 봉안기를 다룬 연구를 대충이나마 훑어보면서[1] 문득 그를 통하여 얻어낸 성과가 과연 무엇일까를 짐작하면 깊은 회의감을 떨치기 어렵다. 정말 백제사가 봉안기의 실상이 보여주는 만큼 풍부해졌을까, 그동안 가져왔던 의문이 정말 조금이라도 풀리기나 한 것일까. 물론 각 연구자 스스로는 자신의 입장에서 얻은 바의 소득이 적지 않다고 여길 터이지만 전반적으로 보아 합의된 이해가 도출된 경우는 거의 찾아보기 어려운 실정이다. 오히려 기존 이해 사이에 간극(間隙)만 더 벌어지지 않았을까 싶은 것이 솔직한 심정이다. 잠시 소강(小康)이라고 표현해도 좋을 상태로 들어갈 수밖에 없는 것도 바로 그런 사정에서 기인한 것으로 여겨진다.

1 이와 관련한 연구 검토는 김주성, 「미륵사지 서탑 사리봉안기 출토에 따른 제설의 검토」 『東國史學』47, 2009 ; 정재윤, 「彌勒寺 舍利奉安記를 통해 본 武王·義慈王代의 政治的 動向」 『韓國史學報』37, 2009 ; 김영수, 「사리봉안기의 출현과 서동요 해석의 시각」 『익산 미륵사와 백제 – 서탑 사리봉안기 출현의 의의』, 일지사, 2011 참조.

그럼에도 필자가 봉안기를 선뜻 들고 나온 것은 어쩌면 무모하고 하릴없는 시도일지도 모르겠다. 그러나 굳이 이를 취급해보고자 마음을 먹게 된 소이(所以)는 어떤 새로운 주장을 사족(蛇足)처럼 덧붙이기보다는 자료를 다루는 기존의 자세나 혹은 접근의 방법론상에서 엿보이는 약간의 문제점을 반성적 차원에서 드러내기 위해서이다. 너도나도 너무나 성급하게 결론을 앞장서서 내리려 한 나머지 혹여나 그냥 지나쳐서는 안 될 중요한 사안들을 놓쳐버린 것은 아닐까하는 의구심도 든다. 이 글은 앞으로 봉안기를 제대로 이해하는 데에 약간이라도 보탬이 되었으면 하는 바람에서 기초해 본 것이다.

2. 봉안기가 말하는 몇몇 정보(情報)

봉안기는 전체 190여자에 달하므로 금석문으로서는 비교적 장문(長文)에 속한다고 할 수 있다. 다만, 내용이 대부분 불교의 상투적 문구로 채워져 있으므로 어떤 형태로건 백제사를 복원하는 데에 활용될 만한 구체적 내용은 의외로 소량에 불과하다. 이는 무척이나 아쉽게 여겨지는 부분이다. 아래에서는 논지 전개의 필요상 약간의 번잡함을 무릅쓰고 전문(全文)을 번역문과 함께 소개하면 아래와 같다.

A) 앞 ①竊以法王出世隨機赴　②感應物現身如水中月
③是以託生王宮示滅雙　④樹遺形八斛利益三千
⑤遂使光曜五色行遶七　⑥遍神通變化不可思議
⑦我百濟王后佐平沙乇　⑧積德女種善因於曠劫
⑨受勝報於今生撫育萬　⑩民棟梁三寶故能謹捨
⑪淨財造立伽藍以己亥

뒤 ①年正月廿九日奉迎舍利 ②願使世世供養劫劫無
③盡用此善根仰資 大王 ④陛下年壽與山岳齊固
⑤寶曆共天地同久上弘 ⑥正法下化蒼生又願王
⑦后卽身心同水鏡照法 ⑧界而恒明身若金剛等
⑨虛空而不滅七世久遠 ⑩並蒙福利凡是有心
⑪俱成佛道

〔가만히 생각하건데, 부처님[法王]께서 세상에 나오셔서 (중생들의) 근기(根機)에 따라 감응(感應)하시고, (중생들의) 바람에 맞추어 몸을 드러내심은 물속에 달이 비치는 것과 같다. 그래서 (석가모니께서는) 왕궁(王宮)에 태어나셔서 사라쌍수 아래에서 열반에 드시면서 8곡(斛)의 사리(舍利)를 남겨 3천대천세계를 이롭게 하셨다. 마침내 오색(五色)으로 빛나는 사리(舍利)를 7번 요잡(遶迊, 오른쪽으로 돌면서 경의를 표함)하면 그 신통변화는 불가사의할 것이다.

우리 백제의 왕후께서는 좌평(佐平)인 사탁적덕(沙乇積德)의 따님으로서 지극히 오랜 세월[曠劫]에 걸쳐 선인(善因)을 심어 금생에 뻬어난 과보[勝報]를 받아 만민(萬民)을 어루만져 기르시고, 불교[三寶]의 동량(棟梁)이 되셨기에 능히 정재(淨財)를 희사해 가람(伽藍)을 세우시고, 기해년(己亥年) 정월 29일 사리(舍利)를 받들어 맞이했다.

원하옵건대 세세토록 공양하고 영원토록 다함이 없이 이 선근(善根)을 자량(資糧)으로 삼아 대왕폐하(大王陛下)의 수명은 산악과 같이 견고하고 치세[寶曆]는 천지와 함께 영구해 위로는 정법(正法)을 넓히고 아래로는 창생(蒼生)을 교화하게 하소서.

또 원하옵나니, 왕후(王后)의 신심(身心)은 수경(水鏡)과 같아서 법계(法界)를 비추어 항상 밝히시며, 금강(金剛) 같은 몸은 허공과 나란히 불멸(不滅)하시어 칠세(七世)의 구원(久遠)까지도 함께 복리(福利)를 입게 하시고, 모든 중생들이 다함께 불도(佛道)를 이루게 하소서.」[2]

일단 금석문에 접근할 때 무조건 기왕에 알려진 사료(史料)나 아니면 연구 성과를 염두에 둔 채 안이하게 접근하는 것은 필히 경계해야 할 최고의 금기(禁忌) 사항이다. 누구라도 알게 모르게 새로운 금석문의 내용을 거기에 맞추어서 이해하려 들기 십상이기 때문이다. 그럴 경우 수많은 새 정보에 대해 스쳐 지나치기 일쑤이다. 금석문을 두고서 전후맥락이 닿도록 그 자체만을 대상으로 삼은 냉정한 분석이 우선적으로 시도되어야 할 일차적 작업이다. 필자가 봉안기를 다룬 연구를 검토하면서 무척 안타깝게 여겼던 것도 경계해야 할 바로 그런 측면이 적지 않게 엿보였기 때문이다. 이로 말미암아 조금 더 깊이 음미해 보아야 할 대상을 너무 쉽게 지나쳐 버리고만 것이 아닌가 여겨진다. 위의 전문을 일별할 때 그냥 지나칠 수 없는 대목은 일단 다음의 몇 가지로 정리된다.

첫째, 기해년(己亥年)이라는 연간지(年干支)가 보여주는 실제 연대의 문제이다. 명문 자체에서 그를 확정지을 만한 어떤 실마리를 찾아내려는 데 노력을 기울여야 함이 기본적 자세이나 그런 시도를 한 경우는 거의 찾아내기 어려웠다. 대부분의 연구자들이 『삼국유사』 기이(紀異)2 무왕조(武王條)(이하 무왕조라고 약칭함)에 보이는 내용에 의존함을 지극히 당연시하였고 따라서 기해년을 639년이라고 너무도 쉽사리 단정해 버렸다. 그 점은 무왕조의 기사를 그대로 사실로 믿건 아니건 간에 거의 대부분 동일한 입장을 취한 것으로 보인다. 기실 무왕조의 내용을 약간이라도 불신(不信)하는 입장에 선다면 금석문 자체를 대상으로 아무런 검토도 거치지 않으면서 639년으로 단정해버리는 것은 너무도 안이한 접근이라는 생각이 든다. 어떤 형태로건 무왕조를 염두에 두지 말고 연대

2　이 번역문은 김상현, 「미륵사 서탑 사리봉안기의 기초적 검토」 『대발견 사리장엄 彌勒寺의 再照明』, 2009에 실린 것을 바탕으로 약간의 손질을 가한 것이다.

를 확정지을 방법에 대해 우선적으로 모색해 보았어야 마땅하다. 그렇다고 무왕조의 내용을 사실이라 믿어온 입장에서도 아무런 시도를 감행함이 없이 그에 전적으로 의존해 639년으로 단정한 점 또한 다른 섣부른 접근이라고 여겨진다. 일단 전후맥락을 따져 보아야 한다는 의미에서 그러하다.

물론 명문 자체를 들여다보면 639년으로 뚜렷하게 확정지을 만한 결정적 근거는 어디에도 없다. 다만 부처를 지칭하는 법왕(法王)이라는 표현이 하필이면 무왕의 아버지로 기록된 왕명과 동일하다는 점,[3] 좌평 사탁적덕의 사탁(沙乇)이란 성이 유력시된 시점이나 그 이름 적덕(積德)이 한문식으로서 무왕과 의자왕대에 걸쳐 대좌평(大佐平)으로서 활동한 사택지적(砂宅智積)과 비슷하다는 점 등을 실마리로 639년으로 보는 쪽이 가장 적절하다고 판단하고는 있다. 하지만 먼저 그것이 아닐 가능성을 일단 타진해 보는 것이 올바른 순서였다. 법왕이란 명칭의 존재나[4] 사리장치의 안치가 성행한 사정으로 미루어 기해(己亥)를 60년 올려 위덕왕(威德王)대인 579년으로 보려는 다른 견해가 제기된 것도[5] 그런 사정의 일단을 잘 반영해 준다. 여하튼 금석문 자체에 즉하여 종합적으로 판단하려는 방법이 시도되었어야 마땅한 일이었다.

둘째, 봉안기의 발원자가 많은 재원(財源)을 희사해 현실적으로 희구한 것은 불교와 관련한 의례적 사항을 전부 제거해 놓고 보면 대왕폐하의 수명[年壽]과 보력[寶曆, 치세]의 영구함 및 왕후의 장수와 복리(福利) 정도였다. 근자에 출토된 567년의 창왕명석조사리감(昌王銘石造舍利龕)이나 577년의 왕흥사(王興寺) 사리기명(舍利器銘)의 경우는 각각 비명(悲鳴)에 간 위덕왕의 아버지 성왕(聖王)과 어린 나이에 사망한 비운(悲運)의 아들을 기리기 위한 것이었다. 그것과 비교하면 미륵사 서탑의 사리봉안 목적은 살아 있는 현재의 국왕과 왕후를 위한 것이

---

3 김수태, 「백제 무왕대의 미륵사 서탑 사리 봉안」 『신라사학보』16, 2009, p.10.

4 봉안기의 法王이 일반론처럼 釋迦牟尼 부처를 가리킴은 의심의 여지가 없으나 동시에 그 역할이 은연중에 무왕의 先王과도 연결지으려는 상징적 용법으로 사용하였을 가능성도 상정된다.

5 문경현, 「백제 武王과 善花公主攷」 『新羅史學報』19, 2010.

라는 점에서 뚜렷한 차이를 보인다. 이는 그들을 중심으로 일어나고 있던 어떤 당면한 현실적 사안과도 밀접히 연결되었을지도 모른다는 생각을 갖게 하는 사항이다. 특히 국왕의 수명과 치세를 먼저 내세우고 있는 점으로 미루어 그러한 느낌을 떨치기 어렵다. 직접적 대상이라 여겨지는 무왕이 바로 2년 뒤인 641년 사망하는 것으로 미루어 짐작하면 그의 건강과 치세 등등에 어떤 이상(異常)이 생겨났을 가능성을[6] 충분히 엿보게 하는 대목이다.

셋째, 미륵사의 창건 및 사리봉안과 관련한 문제이다. 그에 대해서는 '능히 정재를 희사하여 가람을 세우시고 기해년 정월 29일 사리를 받들어 맞이했다[故能勤捨淨財 造立伽藍 以己亥年正月卄九日 奉迎舍利]'이라 한 귀절이 각별히 주목된다. 이는 꼼꼼히 따져서 음미해 보아야 할 매우 중요한 대목이다. 현재 미륵사 창건과 관련한 기초적인 문제가 크게 논란이 되고 있기 때문이다. 그러나 이에 대해서도 대부분 제대로 점검해 보지 않은 채 아쉽게도 그냥 지나쳐 버리고 말았다.

위에서 인용한 문장의 시점을 나타내는 기해란 연간지가 '근사정재(勤捨淨財)'와 '조립가람(造立伽藍)'의 앞이나 혹은 둘 사이가 아니라 그에 뒤이어서 '이(以)'란 단어를 삽입해 바로 그 아래에 두고 있다는 점이 각별히 유의된다. 이는 그 구체적인 내용이 '以'를 기준으로 일단 앞부분과 뒷부분의 둘로 구분됨을 시사해 주기 때문이다. 달리 말하면 '조립가람'이라 하여 가람을 만든 사실과 '봉영사리'(이 자체가 建塔 절차상의 한 행위를 가리킴은 물론이다)처럼 사리를 봉안한 사실은 동시에 발생한 것이 아니라 선후관계를 갖고 별개로 진행되었음을 암시해 준다. 그렇지 않고 함께 일어난 일이라면 '기해년정월29일(己亥年正月卄九日)'이 '근사정재'의 바로 앞이거나 아니면 적어도 '조립가람'의 앞에는 놓여야만 적절한 문장이 된다고 하겠다. 그렇지 않고 굳이 '이(以)'라는 연결사를 넣어 앞뒤의 행위를 구분한 것은 두 사건의 일어난 시점이 각기 달랐던 데서 연유한

6　김영수, 앞의 논문, p.97.

의도적인 조치로 풀이된다. 따라서 일단 가람의 조성과 사리봉안의 행위는 일정한 시차를 두고 선후해서 진행된 일이었음이 확실하다. 가람의 조성 사업이 이전의 어느 시점에 먼저 이루어졌고, 기해년 정월 29일에 이르러서는 사리(舍利)를 봉영(奉迎)하는 행사가 진행된 것이었다.

그럴 때 생겨나는 문제는 가람이란 용어가 지칭하는 구체적 대상이다. 미륵사는 무왕조의 기사에서도 그러하려니와 실제 발굴 결과를 통해서도 3탑(塔) 3금당(金堂)으로 이루어진 이른바 3원식(院式)의 가람임이 확실해졌다. 따라서 가람이란 용어가 단지 서탑이 속한 서원(西院)만을 한정해 가리킨 것인지 아니면 미륵사 전체를 통틀어 지칭한 것인지가 문제 된다. 미륵사의 창건 시점을 결정할 수 있는 중대한 단서가 되기 때문이다. 어떤 논자가 강력하게 지적하고 있는 것처럼 일반적으로는 가람이라 할 때 어떤 특정 부분이 아니라 전체를 지칭한다고[7] 이해함이 일견 올바를 듯하다. 1탑 1금당식의 단순한 일반 구조라면 당연히 그러하였으리라 여겨진다.

그러나 미륵사는 3원식으로 이루어진 특이한 구조의 사찰이다. 이들 3원이 각기 어떤 관계에 있었으며 어떠한 기능을 감당한 것인지를 구체적으로 알지 못하는 현황에서 가람이란 용어가 당시 어떤 의미로 사용되었을지는 따로 따져 봄직한 대상이다. 3원식으로 이루어진 사찰도 미륵사처럼 총칭해 그냥 가람이라고 표현하였겠지만, 혹여 각각에 대해서까지도 가람이라 부르면서 서로를 구별짓기도 하였을지[8] 모를 일이기 때문이다. 이를 확연하게 판단할 근거가 따로 마련되지 않는다면 일단 단정을 유보해 둠이 올바른 접근 방법이라 하겠다. 반드시 가람이란 용어가 3원식의 미륵사 전부를 가리킨다고 단정할 수만도 없으려니와 혹여 서탑과 금당으로 이루어진 서원만 한정해 그처럼 불렀

7 김상현, 「미륵사 서탑 사리봉안기의 기초적 검토」『대발견 사리장엄 彌勒寺의 再照明』, 2009, p.147 ; 이용현, 「미륵사 건립과 사택씨」『新羅史學報』16, 2009, p.74.

8 김영수, 앞의 논문, p.98.

을지도 모를 일이다.

지금까지의 연구 경향으로 볼 때 무왕조 속의 서동설화(薯童說話)를 단지 설화에 지나지 않는다고 간주하려는 입장과 역사성이 깃들어 있다고 보는 견해로 크게 엇갈려 있다. 두 입장이 근본 차이를 보이는데 이 부분을 해석하는 데서도 그것이 깊이 영향을 미쳐 각기 다른 이해를 낳기에 이르렀다. 그러나 이 문제에 대해서는 봉안기 자체만으로는 명확하게 해결할 길이 없다. 다만, 기해년이 사리를 봉안하여 탑을 만든 해임은 분명한 사실이나 그것만 갖고 미륵사 전체를 꼭 같은 해에 조성했다고 단정하기 곤란하다는 것만은 확실하다. 그러므로 639년은 일단 사리를 봉안한 해라고만 한정적으로 설정해 둠이 가장 안전하겠다. 거기에서 한 걸음이라도 더 나아간 해석을 시도하려면 그밖의 다른 뚜렷한 사례를 끌어들여 논증을 시도하지 않으면 안 된다.

넷째, 가람조성 및 사리봉안의 재원과 주체(主體)에 대한 문제이다. 이는 봉안기를 다루는 데 가장 중요시되어온 대상이다. 위의 기사로 미루어 짐작할 때 바로 '사정재(捨淨財)'는 사리봉안에만 국한된 사안이 아니라 가람 조성과도 직결된다고 보아야 한다. 말하자면 문장 구조상으로 보아 가람 조성과 사리봉안의 주체가 각각 따로 존재한 것이 아니라 동일인임이 명백하다. 그 주도자는 바로 앞에 보이는 '아백제왕후사탁적덕녀(我百濟王后佐平沙乇積德女)'이다. 그런데 왕후는 단순한 발원자의 수준 정도에 머문 것이 아니라 재원을 마련한 인물이기도 하다. 그 재원을 굳이 정재(淨財)라고 표현한 것은 부정(不淨)하지 않은 깨끗한 사적 재물을 희사하여 가람을 조성하고 사리를 봉안하였음을 특별히 강조하기 위해서라는 느낌이다. 이는 일단 주목해 보아야 할 대상이다. 왜냐하면 정재의 구체적인 내용이 어떠한가의 여하에 따라 미륵사의 성격(아니면 서원의 성격에만 한정하여) 자체가 결정될지도 모르기 때문이다.

희사(喜捨)한다는 뜻의 '사(捨)'라는 단어를 쓴 것으로 미루어 재원이 국가의 재정을 가리키는 것이 아님은 확실할 듯하다. 이는 미륵사 창건이 애초에 국가 사찰로서 출발한 것이 아님을 시사한다. 재원이 국가의 재정이었다면 굳이 따로 왕후가 희사하였다고 표현할 리도 없겠기 때문이다. 여하튼 정재라는 표현을 쓴 것은 바로 그것이 사적인 재원의 영역에서 비롯하였음을 나타내는 것으로 풀이된다. 그렇다면 사적 재원의 구체적 실체에 대해서는 일단 예상되는 몇 가지 가능성을 활짝 열어 두고 여러 측면에서 접근해 보는 것이 바람직한 순서일 듯 싶다.

우선 그 재원이 왕실(王室)에서 출연되었을 가능성이다.[9] 비록 왕후의 이름을 빌리고는 있지만 실제로는 왕실의 재원일 여지도 있다. 백제에는 이미 6세기 초에 국가 사무를 담당하는 외관(外官) 10부(部)와 함께 따로 왕실 사무를 전담하는 내관(內官) 12부(部)로 두어 전체 22부사제(部司制)가 확립되었다. 내관 가운데에 재정과 연관되는 부서로서는 외경부(外椋部)나 내경부(內椋部)를 손꼽을 수가 있다. 만약 재원이 왕실 재정에서 염출된 것이라면 그 둘 중의 어느 하나에 속하였을지도 모르겠다. 둘째, 왕실의 재원이 아니라 글자 그대로 왕후가 보유한 지극히 사적 재산일 수도 있다.[10] 그렇다면 왕실에 소속한 비빈(妃嬪)이나 왕자도 마찬가지로 개인적 처분이 가능한 사유재산을 각기 따로 보유하고 있었다는 의미가 된다. 의자왕이 왕자 41인 각각에게 좌평과 함께 식읍(食邑)을 지급한 사례로 미루어 충분히 설정 가능한 추측이다. 그렇다고 하면 당시 백제 왕실 중심의 재정 구성에 대한 새로운 이해가 전반적으로 시도되어야 할지도 모르겠다. 셋째, 비록 겉으로는 왕후의 이름으로 되어 있지만 실제로는 그녀의 친정아버지로서 이름이 구체적으로 명시된 사탁적덕 혹은 그의 집안에서[11] 비롯한 것일 수가 있다. 그와 일정한 혈연관계에 있으리라 추정되는[12] 사택지적

---

9 노중국, 「彌勒寺 창건과 知名法師」 『백제사회사상사』, 지식산업사, 2010, p.442. 다만 귀족들의 희사도 고려의 대상으로 넣고 있다.

10 김상현, 앞의 논문.

11 조경철, 「백제 익산 彌勒寺 창건의 신앙적 배경 -彌勒信仰과 法華信仰을 중심으로-」 『韓國思想史學』32, 2009, p.21.

12 이용현, 앞의 논문, p.71.

이 정계에서 은퇴한 이후 자신의 재산으로 어떤 원찰을 조성하였듯이 유력한 귀족인 사탁적덕이 왕비인 딸을 후원하기 위해 개인적 혹은 가문의 재산을 그녀의 이름으로 선뜻 내어주었을지도 모를 일이다. 그래서 왕비의 소속 가문인 사탁(택)씨를[13] 굳이 밝힌 것으로도 여겨진다.

결정적 근거가 없으므로 이상의 셋 중 어느 쪽이라 단정하기는 어렵다. 다만, 가장 가능성이 큰 쪽을 선택한다면 아마 세 번째의 경우가 아닐까 여겨진다. 당시 사택씨는 현실의 왕후를 배출할 정도의 가장 유력한 가문으로서 이른바 대성8족(大姓八族) 가운데 서열상 수위(首位)에 자리하였다. 어쩌면 4~5세기대의 진씨(眞氏)이나 해씨(解氏)처럼 어느 시점부터 계속 왕비를 배출해온 집안이었을 공산이 크다. 그것은 6세기 초반 이후 멸망기인 7세기 중엽에 이르기까지 좌평(佐平), 상좌평(上佐平), 대좌평(大佐平) 등 고위 직책의 보임자로 확인되는 인물 가운데 사탁(택)씨가 가장 많은 사실에서 미루어 짐작된다. 사탁씨가 지닌 위세는 어쩌면 당시 왕권과 대등하거나 오히려 능가할 수준이었고 따라서 미륵사(혹은 서원만 해당)도 비록 겉으로는 왕후의 이름을 빌리기는 하였으나 자신들의 현실적 위상을 과시할 목적에서 사유 재산을 헌납하였을 지도 모른다. 서탑 출토의 작은 금판(金板) 명문에 따르면 몇몇의 소수 헌납자가 따로 새겨져 있지만 이는 어쩌면 단독의 희사에 의한 것이라는 점을 굳이 완화하기 위해 취한 형식적 조치일지도 모르겠다. 정재라는 표현이 각별히 강조된 밑바탕에는 그런 의식이 짙게 깔리지 않았을까 싶다.

그 점과 관련하여 사리를 봉안하게 된 배경으로서 왕후가 '종선인어광겁수승보어금생(種善因於曠劫 受勝報於今生)'이라 한 표현이 주목된다. 이는 현실의 승보(勝報)를 받은 것은 왕후 자신이지만 그것이 가능하도록 한 배경으로 작용한 것은 오래 전부터 선인(善因)을 심어온 그녀의 집안이었음을 나타내어 보이기 때문이다. 이처럼 왕후의 친정이 지난 과거의 오랜 선업을 행한 까닭

13 이하에서는 사탁과 사택을 병용하기로 한다.

에 금생(今生)에서 업보를 받는다고 은근하게 내비치고 있는 인식의 밑바탕에는 사탁씨(沙乇氏) 가문이 주도하였다는 의도를 넌지시 깔고 있는 것이라 여겨진다.

어떻든 미륵사(혹은 서원) 자체가 친정의 도움을 받아 만들어진 형식을 취하고 있기는 하나 왕후는 어디까지나 국왕에 소속된 것이므로 그것이 끝내 개인의 원찰로 귀속(歸屬)되기는 곤란하였고, 따라서 즉시 국가 사찰로 전환되었을 터이다. 사탁씨의 재정적 지원에 의한 것이기는 하지만 국왕의 수명과 보력을 위한 것임을 내세우고 있는 점도 그런 추정을 뒷받침해 주는 사실이다. 말하자면 무왕과 사탁씨의 밀착된 관계를 연상케 하는 조치였다. 그런 제반 사정이 어떤 형태로건 무왕 사망 이후 새롭게 즉위한 의자왕으로 하여금 정변을[14] 유발하는 요소로 작용하였을 지도 모르겠다.

3. 백제의 왕비와 그 지위

그와 관련하여 다시 주목해 보아야 할 사항은 '아백제왕후좌평사탁적덕녀'라고 한 표현이다. 이에 대해 오로지 무왕조의 기사에 긴박(緊縛)된 나머지 백제의 왕후와 좌평 이하의 두 인물로 풀이한 입장도 잠시 개진되었지만 그것은 문장을 잘못 읽은 데서 온 오류임이 판명되었다. 따라서 그것은 '백제 왕후인 좌평 사탁적덕의 딸'로 풀이해 한 사람으로 봄이 올바른 해석이다. 그럴 때 대단히 의아스럽게 여겨지는 대목은 하필 왕후의 이름이 보이지 않는다는 사실이다. 이는 여러 가지 측면에서 깊이 음미해 보아야 할 대상이다. 왕후가 자신의 이름을 밝히지 않은 데에는 어떤 중대한 의미가 내재되어 있다고 여겨지기 때문이다.

14 「日本書紀」24 皇極紀 元年 2月條.

그렇게 표현한 데에 아무런 의미도 깃들어 있지 않다면 사실상 '사탁적덕녀' 라는 표현은 단순한 군더더기에 지나지 않는 셈이 된다. 바로 앞에 '대왕폐하(大王陛下)'라고 하여 국왕의 이름을 들먹이지 않았던 것처럼 왕후라고만 표현해도 충분하기 때문이다. 당시 대왕의 실체가 누군지는 모두 다 알고 있었던 것과 마찬가지로 왕후라고만 표현하여도 무방한데 굳이 사탁적덕의 딸이라고 귀속을 밝힌 것은 거꾸로 그렇게 하지 않으면 안 될 상황이랄지 또는 어떤 목적 의식이 깊이 내재되어 있음을 추정케 한다. 그럴 때 언뜻 두 가지 사항이 당연한 의문으로 떠오른다. 하나는 왜 사탁적덕의 딸이라고 밝혔을까 하는 점이며, 다른 하나는 그럼에도 왜 왕비의 이름만은 끝내 드러내지 않았을까 하는 점이다. 그렇게 된 데에는 과연 어떤 정치적 목적이나 관행이 밑바탕에 작동하고 있었을까가 문제시된다.

일단 사탁적덕의 딸이라고 밝힌 것은 물론 이미 언급하였듯이 일차적으로는 사탁씨가 사리봉안의 일에 직접 관여한 사정을 드러내기 위한 목적에서였을 것으로 풀이된다. 아무런 연관이 없다면 굳이 그처럼 표현할 리 만무하기 때문이다. 그런데 이를 좀 더 적극적으로 표명하면 사탁씨의 딸이라고 하지 않으면 안 될 어떤 깊은 사정이 밑바탕에 도사리고 있는 듯한 느낌이 든다. 그것은 사탁씨의 딸 외에도 다른 가문 출신의 왕비가 여럿 있었기 때문이 아닌가 하는 것이다. 그러므로 굳이 왕후라고만 표현해도 무방할 일을 사탁씨의 딸이라고 명기해 내세운 것은 그렇지 않으면 헷갈릴 우려가 뒤따름을 보여 준다고 하겠다. 달리 말하면 왕비 가운데에는 사택씨가 아닌 인물도 동시에 존재하고 있었던 것이다. 백제에서는 국왕에게 오직 한 명의 왕비만이 아니라 동시에 두 명 이상의 왕비가 존재하였음을 유추하게 한다. 그렇지 않다면 굳이 왕후란 표현에 덧붙여 사탁적덕의 딸이라고 명기할 이유가 달리 없는 일이다. 그것도 왕비의 이름을 의도적으로 밝히지를 않으면서 친정아버지의 이름만을 밝히려는 데에는 다수의 왕비 가운데 의도적으로 사탁씨의 출자(出自)임을 드러내기 위한 데에 목적이 있었다.

필자는 백제에서 신라와는 달리 일부다처제(一夫多妻制)가 합법적 관행으로 실시되고 있었다는 점을 몇몇 근거로 잠시 지적한 바 있다.[15] 일부다처제가 처첩제(妻妾制)와 배치되는 것은 아니다. 다수의 처가 존재하면서 동시에 다수의 첩(妾)도 존재하기 때문이다. 다만, 처와 첩의 지위나 존재 양상에서는 뚜렷한 차이가 있었을 것 같다. 그들 사이에 여러 가지 차등이 있었기에 구별했을 터이다. 그러나 여러 명이 동등하게 처(妻)로 대우받는 경우에는 그와 사정이 현저히 달랐을 것으로 보인다. 이들 여러 처들 간에는 일정한 서열(序列)은 당연히 있었겠지만 재산 상속이나 지위 승계 등 여러 면에서 본질적 차등이 없었으리라는 것을 뜻한다. 말하자면 백제에서는 동등하게 취급받는 왕비가 여럿 존재하였고 그들에게서 난 자식들의 경우는 적서(嫡庶)의 차별과 같은 본질적 차대(差待)가 뒤따르지 않았을 것이다.

고구려의 경우 다처제가 통용되고 있었음은 의심할 나위가 없다. 이미 시조 주몽(朱蒙)에게 복수의 여인이 존재하였으며, 황조가(黃鳥歌)의 작성자로 널리 알려진 유리왕(瑠璃王)에게도 동시에 복수의 왕비가 존재하였음은 다 아는 바와 같다. 자신의 아들 호동왕자(好童王子)를 자살로 이끈 대무신왕(大武神王)에게도 원비(元妃)와 차비(次妃)가 동시에 존재하였다. 545년 사망한 안원왕(安原王)에게는 정부인(正夫人)·중부인(中夫人)·소부인(小夫人)으로 구별된 3명의 왕비가 함께 존재하였다. 대부인으로부터 아들을 얻지 못한 채 안원왕이 사망하자 왕위계승권을 놓고 외척인 중부인[麤群]과 소부인[細群]의 집안이 크게 격돌함으로써 대란이 일어나기도 하였다. 이는 정(대)·중·소로 구분된 데서 느껴지듯이 복수의 왕비들 간에는 어떤 기준에 따른 서열은 존재하지만 그들 사이의 기본적 차별은 존재하지 않음을 보여 주는 사례이다. 왕위 승계가 확정적이

15 朱甫暾, 「한국 고대사회 속 여성의 지위」 『啓明史學』21, 2010. 이미 백제 무왕대에 한정하여 복수의 왕비 존재 가능성에 주목한 견해가 있다(김수태, 앞의 논문, pp.11~14). 일본학계에서도 의자왕대에 태자가 복수로 보이는데 주목하여 복수의 왕비가 존재하였을 가능성을 상정하고 있다. 이들은 모두 한정된 시기의 사정만을 고려한 것이므로 필자와는 기본적 입장이 다르다.

지 않을 때 후임자를 결정하는 주요 수단은 단순한 서열이 아니라 현실의 정치적·군사적 실력이었다. 아마도 동등하게 왕비의 반열에 들지 못한 첩의 자식은 정상적이라면 거기에 가담하지 못하도록 하는 어떤 원칙이 마련되어 있었을 터이다.

이상과 같은 사례로 보아 고구려에서는 일부다처제가 시행되고 있었음은 의심의 여지가 없다. 한편 백제의 경우도 비록 7세기 말 신라 통일기의 지방 유력자의 사례이기는 하지만 유명한 안길(安吉)의 사례에서[16] 유추된다. 백제 멸망 후 얼마 지나지 않은 시점에서 무진주(武珍州)의 유력자 안길이 복수의 처를 거느리고 있었다는 것은 국왕의 다처제에 대한 실상을 이해하는 데 참고로 해도 그리 어긋나지 않을 듯하다. 백제도 고구려와 마찬가지로 다처제를 시행하고 있었음이 확실하다.

의자왕에게는 좌평으로 임명된 41명의 왕자들이 있었거니와 그 가운데 몇 명의 경우 기록상 태자(太子)라 알려져 있다. 오직 기록된 그대로만 따른다면 여러 명의 태자가 함께 존재한 셈이었다. 그러나 일반적으로 태자가 동시에 존재하기 어렵다는 상식적 인식을 갖고 접근함으로써 그 기록을 두고서 여러 엇갈린 견해가 제기되어 있는 상태이다. 당시에는 오직 한 명의 태자 뿐이며, 동시에 여럿 존재할 수가 없다는 입장이 주류를 이룬다. 그래서 기록상의 착오가 있었으며 따라서 과연 누가 실제적인 태자일까를 둘러싸고서 논란이 많았던 것이다. 그 가운데 다른 인물은 대체로 부정되고 오직 효(孝)와 융(隆)이라는 두 인물만 실제 태자였을 것이라고 보는 견해가 대부분이다. 다만, 그들조차 동시적 존재가 아니라 정치적 사유로 말미암아 서로 전후하면서 태자의 지위에 올랐던 것으로 추정되고 있을 따름이다. 효가 먼저이고 융이 나중이라는 설과 융이 먼저이고 효가 나중이라는 두 가지 설로 크게 엇갈려 있다. 그렇지만 이들은 어디까지나 태자가 반드시 1인뿐이어야 한다는 일반적 인식에 입각한 해석

16 『三國遺事』 紀異2 文虎王法敏條.

일 뿐이다. 그러나 기록이 보여 주는 그대로 태자가 동시에 여럿 공존하였을 가능성을 배제할 근거는 어디에도 없다. 만약 의자왕대 복수의 태자가 함께 존재하였다면 이는 아마도 처첩제가 아니라 다처(多妻)의 존재에서 비롯하였을 가능성이 매우 큰 것으로 풀이된다.

여하튼 봉안기에서 왕후란 표현에 뒤이어서 다시 사탁적덕의 딸이라고 명시적으로 드러낸 것은 무왕 당시 복수의 왕비가 존재한 데서 기인한다고 간주할 만한 충분한 단서가 된다. 다른 여러 왕비 가운데 유독 사탁적덕의 가문에서 미륵사 창건을 지원하고 나섰다고 밝힌 것이다. 아마도 사택씨가 이를 통해 특별하게 노린 목적이 있었을 것임은 이미 앞서 지적한 바와 같다. 그럼에도 왕비의 이름을 굳이 나타내지 않은 데에는 달리 또 어떤 연유가 개재되어 있었을 터이다. 분명한 것은 당시에도 왕비의 이름이 없지는 않았다는 사실이다. 그렇다면 친정아버지의 이름을 굳이 내세우지 않고 자신의 이름만(혹은 둘 다를)을 밝히는 것이 오히려 무난하였을 터인데 그렇지 않았던 것은 무엇인가 부득이한 이유가 있었을 것으로 여겨진다. 그와 관련하여 일단 참고로 삼을 만한 대상은 무령왕비(武寧王妃)의 지석(誌石)이다.

1971년 7월에 행해진 무령왕릉의 발굴은 여러 가지 측면에서 세계적인 주목을 끌었던 일대사건이었거니와 여하튼 그것이 최대의 발굴로 주목을 받아 왔음은 다름 아니라 삼국시대의 왕릉 가운데 통틀어 주인공을 확실히 단정할 수 있는 유일한 무덤이라는 사실 때문이었다. 신라나 고구려의 몇몇 왕릉은 주인공이 확실시되기는 하지만 대부분 비편이나 문헌 기록이라는 정황적 증거에 토대한 추정일 뿐 능비(陵碑)나 묘지(墓誌)와 같은 결정적 증거에 의한 것은 아니었다. 무령왕릉의 주인공이 누구인가를 확실히 알게 한 증거는 거기에 묻혀 있던 지석이었다. 당시 무덤을 조성하고서 여타 유물과 함께 지석을 묻는 습속은 남조 양(梁)으로부터 영향을 받은 것으로 보이지만, 이후 그것이 어떻게 이어졌는지의 향방은 현재로서 도무지 알 길이 없다. 그런데 왕의 지석과 함께 왕비의 지석이 보이는 점이 주목된다. 이는 부장된 유물상에서도 뚜렷하게 확인되듯이 왕과 왕비 두 사람이 함께 묻혔음을 뜻한다. 그런데 왕비의 지석은 봉안기의 이해에도 적지 않게 도움을 줄 것 같으므로 새롭게 음미해 볼 필요가 있다.

돌이켜 보면 무령왕릉이 발굴된 이후 지금껏 40여년의 세월이 흐르면서 이상스럽게도 국왕의 지석은 크게 주목을 받은 데 비해 왕비의 지석은 거기에 가려서인지 별반 관심을 끌지 못하였다. 그러나 거기에도 적지 않은 정보가 내재된 것으로 짐작되므로 일찍부터 면밀하게 검토해 보았어야 마땅하였다. 그런데 어쩐 일인지 그렇지 못하여 큰 아쉬움을 남겼다. 왕비의 지석에 대해서 주목되어야 할 부분은 일견 다음의 몇 가지로 정리된다.

먼저 국왕의 지석과는 다르게 왕비 지석의 경우 따로 돌을 마련해 작성하지 않은 점이다. 대신 특이하게도 매지권(買地券)의 뒷면을 이용하고 있다. 매지권은 무령왕릉을 조성하면서 함께 묻은 것으로서 그 땅은 토왕(土王), 토백(土伯) 등의 토지신(土地神)에게 정당한 금전적 대가를 지불하고서 소요될 만큼의 땅을 정식 매입한다는 내용이 담긴 문서이다. 왕비의 지석을 무령왕의 그것보다 뒤에 작성하면서 새로운 돌로 만들어 사용하지 않고 이미 묻혀 있던 매지권의 뒷면을 이용한 사실은 왕비의 위상이나 존재 양상과 관련하여 간과할 수 없는 대상이다. 이는 왕비의 존재를 크게 낮추어 마치 국왕에 부속된 존재와 같이 취급하던 관행을 엿보게 한다. 당시 왕비의 정치적·사회적 위상이 따로 지석을 마련할 필요가 없을 정도의 존재로밖에 취급되지 않았음을 미루어 짐작할 수 있다.

그 다음 주목되는 점은 내용까지도 국왕의 지석에 비추어 왕비의 그것이 크게 차이가 나는 사실이다. 국왕은 사망할 때 소지하였던 남조 양나라로부터 받은 작호를 비롯해 생시에 사용한 이름, 몰년(沒年)의 나이와 사망 연월일, 그리고 3년상을 치룬 뒤 정식으로 영원한 무덤인 대묘(大墓)에 안장한 시점 등이 뚜렷이 밝혀져 있다. 그리 상세한 편은 아니더라도 사망 시점을 기준으로 무령왕과 관련한 대체적인 기본 항목은 물론이고 이후 시신을 안장하는 절차에 대한 대강까지도 짐작케 하는 내용으로 구성되어 있다. 뒷날의 고려나 조선[17] 혹은 비슷한 시기의 중국[18] 사례와 비교해 보아 그리 완벽하다고는 말하기 어렵지만 빈약하나마 갖추어야 할 기본 사항은 거의 구비(具備)하고 있는 셈이다. 과거 한때 지석의 성격을 둘러싸고 약간의 논란이 일기는 하였으나 수용 초기의 것이었기 때문에 비교적 간단한 내용만 들어갔다고 간주해도 그리 어긋나지는 않으리라 여겨진다.

그에 견주면 왕비 지석의 경우는 판연하게 차이가 난다. 왕비의 지석에는 오로지 526년 사망한 시점의 연월(年月)만 겨우 기록되었을 뿐 아예 날짜조차 명기되어 있지 않다. 지석을 작성하면서 깊이 고려하지 않고 지극히 단순하게 형식적으로만 처리하였음을 엿보게 한다. 그리고 그에 덧붙여 3년상을 치루고 난 뒤인 529년 2월 12일 현재의 무덤인 대묘로 옮긴 사실만 간략히 기술하고 있다. 내용상으로 미루어 국왕의 그것과는 현격하게 차이가 나며 명백한 차별대우를 받았음이 여지없이 드러난다.

그와 관련하여 또 하나 주목해 보아야 할 사실은 오직 백제국왕대비(百濟國王大妃)라고만 표현되었을 뿐 이름이 전혀 보이지 않는다는 점이다. 무덤의 주인공은 사마왕(斯摩王)이라고 뚜렷이 밝혔지만 왕비는 그렇지가 않다. 왕비의 지석임에도 심지어 이름을 전혀 기록하지 않았던 사실은 너무나도 이상한 일이다. 이를 근거로 하면 지석이라 부르기가 곤란할 지경이다. 이처럼 매지권의 뒷면을 사용한 사실 자체나 지석의 내용을 아울러서 고려하면 단순히 실수로서 그런 결과가 빚어졌다고 단정하기는 어려울 듯하다. 어째서 그런 일이 일어났을까. 당시 왕비가 매우 별 볼일 없는 존재로 취급받고 있었던 것이다. 그렇다면 왕비는 왜 그런 대접을 받고 있었을까.

17 국립중앙박물관, 『다시 보는 역사 편지 高麗墓誌銘』, 2006 및 『삶과 죽음의 이야기 朝鮮墓誌銘』, 2011.

18 周紹良編, 『唐代墓誌匯編(上), (下)』, 上海古籍出版社, 1992.

왕비의 지석에는 '백제국왕대비수종(百濟國王大妃壽終)'이라 하여 목숨이 다하였음을 기록하고 있다. 왕비의 수종(壽終) 시점만을 고려하면 백제국왕은 일단 생존한 현실의 국왕인 성왕(聖王)을 지칭할 가능성이 크다. 그렇게 보면 '백제국의 왕대비'로 끊어 읽는 것이 타당할 듯 싶다. 그러면 일단 무덤의 주인공인 무녕왕과의 관계는 기록되지 않은 셈이 된다. 왕비의 지석에는 성왕의 어머니로서의 위치만 밝히고 있는 것이다. 그러하다면 왕대비란 표현은 성왕이 자신의 생모임을 내세운 결과로 풀이된다. 그럼에도 지석 내용을 그처럼 빈약하게 작성한 것은 더욱 의아한 느낌을 갖게 한다. 한편 지석의 백제국왕이 곧 무령왕이라면 '백제국왕의 대비'로 풀이해 그 왕비를 가리켜 대비(大妃)라고[19] 표현한 셈이다. 무덤 피장자를 염두에 둔다면 주인공을 기준으로 표현한 후자가 한결 타당하지 않을까 싶다. 그렇다면 이 대비가 갖는 의미는 따로 추적해 볼 필요가 있다.

조선시대 이후의 사례에서는 선왕(先王)의 후비(后妃)를 대비라 일컬었다. 그와 같은 왕실의 호칭상 엄격한 구분법이 백제시대에도 그대로 시행되고 있었는지 어떤지는 현재로서는 알 길이 없다. 다만 그와 관련하여 무령왕릉에서 출토된 '경자년이월다리작대부인분이백삽주이(庚子年二月 多利作 大夫人分 二百卅主耳)'란 명문이 새겨진 은천(銀釧)을 주목해 볼 필요가 있다. 일반적으로 이를 '경자년 2월 다리(多利)란 사람이 만들었으며 대부인의 것으로서 230주(主)이다'라는 정도로 풀이하고 있다. 무령왕의 재위 시에 해당하는 경자년은 520년이므로 팔찌가 생전에 대부인(大夫人) 전용으로 만들어졌음이 분명하다. 팔찌는 부장을 목적으로 제작한 것이 아니라 대부인이 살아 있을 때 만들어서 사용하다가 사후 부장(副葬)하였음이 확실하다. 따라서 대부인이 바로 지석의 대비(大妃)와 동일인임은 분명하며, 살아 있을 때 역시 그처럼 불렸을 터이다. 그런데 여기서도 대부인이라고만 하였을 뿐 이름을 밝히지 않고 있다. 이는 단순히 대부

19 이도학, 「彌勒寺址 西塔 舍利奉安記의 分析」 『白山學報』83, 2009, p.247.

인이라고만 하더라도 누구인지 모두 다 알고 있었기 때문일 터이다. 그런데 문제는 왕비 혹은 왕후라 하지 않고 굳이 대부인이라고만 부른 점이다.[20] 왜 왕비를 대부인이라고 불렀을까.

대부인이 곧 왕비를 지칭한다는 등식도 성립 가능하다. 다만 이는 왕비가 언제나 단수일 때만 가능하다. 그러나 앞서 언급한 것처럼 백제에서 왕비가 복수로 존재하였다면 사정은 달라진다. 그들 사이에는 당연히 정해진 일정한 서열이 존재하였을 터이다. 고구려의 경우 비슷한 시기에 복수의 왕비가 존재할 때 정, 중, 소부인으로 구분하여 부른 사례가 있다. 마찬가지로 백제의 경우에도 대부인의 존재는 곧 중부인, 소부인의 존재 가능성을 그대로 보여 주는 것으로 풀이해도 무방하지 않을까 싶다. 따라서 왕비를 그저 대부인이라고도 불렀던 것이 아니라 여럿 존재하는 왕비들이 대·중·소로 구분되었고 그 가운데 수위(首位)가 대부인이었다고 풀이된다. 그들 가운데 무령왕릉의 실례로 미루어 국왕과 함께 매장될 권리는 당연히 대부인에게 주어진 것 같다. 다만, 왕위 계승권까지 저절로 주어진 것인지 어떤지는 알 길이 없다. 앞서 의자왕대 다수의 태자가 동시에 존재했을 가능성을 상정하였거니와 그것이 그때의 특수 사정인지 아니면 일반적이었는지도 분명하지 않다. 다만, 의자왕이 좌평을 확대해 41명에 달하는 왕자에게 주는 파국적 조치를 내린 것이나, 외왕제(外王制)나 소왕제(小王制)를 특별히 운영한 것으로 미루어 일단 정상적 상황이 아니었음을 고려하면 그것이 한시적인 특수 사정에서 기인한다고 봄이 좋을 것 같다. 아마 순조로운 상황이었다면 대부인 소생에게 그 다음은 각기 중, 소부인의 소생에게 왕위 계승권이 부여되었으리라 여겨진다.

그럼에도 왕비의 이름이 보이지 않는 의문은 선뜻 풀리지 않는다. 왕비의

20 적절한 사례가 될지 어떨지 모르겠으나 신라 경주의 皇南大塚 北墳에서 출토된 銀製銙帶에 夫人帶란 명문이 있는 바 이 부인이 곧 북분의 피장자로서 주인공으로 보인다. 일부일처제였던 신라에서는 왕비를 백제처럼 大夫人이라 하지 않고 그냥 夫人이라고만 불렀던 점은 주목되는 사실이다.

지석에 이름이 없는 것은 봉안기도 역시 마찬가지이다. 이로 보면 일단 왕비(귀족 여성들도 마찬가지이겠지만)의 경우 특수한 경우를 제외하고는 이름을 밝히지 않음이 뚜렷한 관행으로 자리하고 있었다고 생각된다. 이는 평소 왕비의 개인적 이름을 밝히는 것이 별로 의미 없거나 그리 중요시되지 않았음을 뜻하는 것이기도 하다. 그럼에도 지석에서는 누구의 딸이었는지조차 밝히지 않았던 반면 봉안기의 경우에 그것을 밝힌 데에는 이미 언급하였던 것처럼 사탁씨를 내세운 의도가 있었음을 충분히 방증하여 준다. 말하자면 누구의 딸이라고 귀속을 밝힌 데에 차라리 강한 목적성이 개재된 경우라고 해야겠다.

그 점과 관련하여 주목되는 것은 위덕왕 13년(567)에 작성된 창왕명 사리감의 명문이다. 거기에는 다음과 같은 내용이 보인다.

B) 百濟昌王十三年太歲丁亥妹兄公主供養舍利

여기에서 각별히 주목하고 싶은 것은 매형공주(妹兄公主)이다. 다 아는 바와 같이 기왕에 이를 둘러싸고 여러 논란이 있었다. 매형(妹兄)이 갖는 의미가 무엇일까 하는 점 때문이었다. 일단 그 자체만을 놓고 보면 이름으로 볼 여지도 있고 또 손위의 누이를 가리키는 친족호칭(親族呼稱)일 여지도 있다. 그러나 왕비가 이름을 나타내지 않은 앞서의 두 가지 사례를 원용하면 당연히 후자에 해당한다고 여겨진다. 이로써 일단 백제에서는 왕비 뿐만 아니라 왕족(귀족)[21] 여성의 경우 특별한 경우가 아니라면 굳이 이름을 밝히지 않음이 일정한 관행으로 뿌리 내렸다고 보아 무방할 듯 싶다. 매형이라고 한 것은 아마도 손위의 큰 누이가 한 사람이었거나 아니면 그 자체 복수를 가리킬 지도 모를 일이다. 일단 그렇게만 표현하여도 누구나 알 수 있었기에 혼동되지 않았을 존재였다.

21 都彌夫人의 사례로 보면 왕족·귀족만이 아니라 일반민의 경우도 비슷하지 않았을까 싶다. 이 점은 여성의 이름을 내세우는 것이 일반적인 신라와는 매우 다른 면모이다.

그런 측면에서 주목되는 것은 멸망 시기에 의자왕의 왕비 가운데 하나로 보이는 은고(恩古)란 존재이다. 백제를 멸망으로 이끈 요인은 물론 다양하였겠으나 그 가운데 하나로서 일찍이 당대부터 손꼽힌 것은 체제 내부의 붕괴이다. 거기에 깊이 작용한 여성의 존재가 떠오른다. 그 점은 백제 멸망 직후인 660년 작성된 정림사지 5층석탑의 이른바 당평제비(唐平濟碑)에 당시의 사정을 전하는 다음과 같은 표현에서 감지된다.

C) 하물며 직간하는 신하(直臣)를 바깥으로 버리고 안으로는 요부(祆婦)를 믿어 형벌은 오로지 충성스런 신하(忠良)에게만 미치게 하였으며, 아첨꾼을 더욱 총애하였다. 그래서 앞 다투어 아첨하며, 죽을 때까지 원망을 품고, 글을 지어가면서 비애를 머금었다.[22]

이 기사는 당의 입장에서 백제를 공격해 멸망시킨 명분에서 제시된 것이어서 약간의 과장된 측면이 엿보이기는 하지만 당시 지배체제 내부의 실정 전반에 대해 간략하게나마 잘 정리해준 것으로 여겨진다. 이에 따르면 멸망 시점에 백제는 직신을 멀리 보내고 요부(妖婦)를 믿어 충신에게 형벌을 가하고 아첨꾼을 총애해 원성을 사는 등 백제의 지배체제가 내부로부터 무너져 내리는 말기의 혼란상을 현출하고 있었다. 이 가운데 각별히 주목되는 것은 요부가 활개를 치고 있었다고 지적한 사실이다. 요부의 실명(實名)이 밝혀져 있지 않지만 다행스럽게도 비슷한 이야기가 『일본서기』에도 실려 있다. 거기에는 '백제는 스스로 멸망한 것이니, 군대부인이 요녀로서 무도해서 권력을 멋대로 하고 현명하고 좋은 신하[賢良]를 죽였던 까닭에 이런 화를 불러온 것이다'라[23] 하였는데 이

22 원문은 다음과 같다. '況外棄直臣 內信祆婦 刑罰所及 唯在忠良 寵任所加 必先諂倖 標梅結怨 杼軸銜悲'

23 『日本書紀』28 齊明紀 6年 秋七月條. 원문은 다음과 같다. '百濟自亡 由君大夫人妖女之無道 擅奪國柄 誅殺賢良 故召斯禍矣'

는 위의 사료 C)와 거의 그대로 일치하는 내용이다. 요부가 곧 의자왕의 대부인임을 알 수가 있거니와 한편 구체적 이름을 같은 책 다른 부분에서는[24] 은고(恩古)라고 특별히 밝히고 있다. 의자왕의 왕비로서 말기에 국정을 좌지우지하여 멸망에 이르게 한 인물은 바로 대부인인 은고였다. 요부라는 표현으로 미루어 그녀가 온갖 실정(失政)의 핵심에 있었던 것은 확실하다.

앞서 여러 차례에 걸쳐 언급하였듯이 왕비의 이름을 웬만하면 드러내지 않던 사정에 비추어 보면 은고라는 왕비의 이름이 구체적으로 드러난 것은 매우 이례적인 사례에 속한다. 아마도 백제 멸망이라는 일대사건에 대한 책임의 일단이 대부인인 은고에게 있음을 강하게 드러내기 위한 유난한 필법(筆法)이라 하겠다. 이렇게 보면 왕비(귀족의 여성도 포함)의 이름이 기록으로 남겨지지 않는 경우가 일반적이었지만 희소하게는 그렇지 않은 경우도 간혹 있었음이 확인된다.

이상과 같은 측면을 고려하면서 『삼국사기』 백제본기의 국왕 즉위년조(卽位年條) 기사를 잠시 주목해 볼 필요가 있다. 백제본기를 고구려본기나 신라본기에 견주어 일별(一瞥)하면 왕비의 이름과 관련하여 특이한 사실이 발견된다. 신라본기에서는 국왕의 모계(母系, 王母)는 물론이고 처계(妻系, 王妃)까지 낱낱이 일관된 기준으로 밝히려는 서술 방식을 취한 반면 반면 고구려본기의 경우는 처계(妻系)는 거의 보이지 않고 대신 모계(母系)를 기록하고 있는 점이 특별하다. 특히 이름을 밝히지 않으면서 모계가 소속한 성씨를 기록한 점은[25] 유의해

24 같은 책 冬10月條. 다만 大夫人이 바로 恩古라고 단정짓기 어려운 측면도 엿보인다. 그러나 앞의 기사와 뒤의 기사를 연결하면 내용이 거의 같아서 일반적으로 지적되듯이 양자를 동일시하는 것이 무방할 듯 싶다.

25 고구려의 경우 王母로서 瑠璃明王의 禮씨, 대무신왕의 多勿國王 松讓의 딸 松씨, 太祖大王의 夫餘人, 東川王의 酒桶村人 등을 밝히면서 妃에 대한 기록은 전혀 보이지 않는다. 왕비에 대한 기록으로서는 예외적이라고 할 사례로 山上王妃인 于氏의 사례가 보이지만 이는 故國川王의 급사와 관련한 왕위계승의 사건 때문이었다. 이밖에 고구려본기의 기사 가운데 王后를 책봉한 사례가 보이지만 즉위년조 속에는 들어있지 않는 것으로 미루어 거기에는 특별한 사정이

볼 만한 사항이다. 왕비를 드러내지 않으면서 대신 왕모(王母) 개인보다는 그가 속한 집단을 중시하는 관행을 엿볼 수 있도록 하기 때문이다.

그에 비하여 백제본기에는 왕모는 물론이고 왕비의 이름까지도 기재하지 않음을 원칙으로 삼았다는 느낌이다. 이를 흔히 기록상의 불비(不備)로 돌려 왔다. 기록이 보이지 않는다는 측면에서 당연히 그러하지만 간혹 이름을 남긴 사례로는 미루어 약간 다르게 이해할 만한 여지가 있는 것으로 보인다. 남아 있는 사례가 특이하다면 역으로 의도적으로 남기지 않은 것 또한 그럴 필요가 없는 데서 기인한다고 풀이되기 때문이다.

백제본기를 대충 훑어보면 왕모나 왕비의 이름은 단지 3군데에서만 찾아진다. 왕비의 이름이 보이는 첫 사례는 책계왕(責稽王)의 경우이다. 책계왕은 대방왕녀(帶方王女) 보과(寶菓)와 혼인해 부인으로 삼았다[26] 한다. 이름을 밝힌 것은 원래 백제인이 아닌 대방왕녀라는 특수한 점 때문임이 확실하다. 한편 전지왕(腆支王)의 경우 즉위년조에 특이하게도 '비팔수부인이 구이신왕을 낳았다[妃八須夫人 生子久尔辛]'고 하여 비의 이름인 팔수(八須)부인과 함께 구이신왕(久爾辛王)을 낳은 사실까지 함께 기록하고 있다. 전지왕은 왜에 머물다가 아버지인 아신왕(阿莘王)이 사망한 뒤 중부(仲父) 훈해(訓解)가 일시 섭정하는 가운데 계부(季父) 혈례(碟禮)가 훈해를 살해하고 국왕으로 자처하는 와중에 귀국하여 즉위하기에 이르렀다.[27] 전지는 오래도록 왜에 체재하였으며 귀국할 때에 왜병(倭兵) 1백명의 호위를 받았던 점, 그리고 팔수(八須)라는 왜식의 이름 등으로 미루어 왜계(倭系) 혈통이었을 것으로 짐작되고 있다.[28] 굳이 전지왕의 즉위년조에

게재된 탓일 터이다. 따라서 고구려에서는 왕계를 나타내는데 왕비보다도 王母가 각별히 중시되었음을 알 수가 있다. 이는 모계가 중시되고 있다는 것은 곧 다수의 왕비가 존재하였고 그 가운데 현재의 국왕이 어느 쪽의 혈통을 가졌는지를 드러내기 위한 것이었다.

26 『三國史記』24 百濟本紀 責稽王 卽位年條.

27 『三國史記』25 百濟本紀 腆支王 卽位年條.

28 김기섭, 「5세기 무렵 백제 도왜인의 활동과 문화전파」 『왜 5왕 문제와 한일관계』(한일관계사연

왕비가 팔수부인임을 밝히면서 구이신왕을 낳은 사실까지 나타낸 것은 구이신왕의 특이한 모계 출자(出自)를 드러내기 위한 데에 있는 것이 아닌가 싶다. 그런 측면에서 보면 보과(寶菓)와 팔수(八須)라 이름을 밝힌 것은 모두 외국인이라는 특수 사정에서 기인한 때문으로 여겨진다.

한편 침류왕(枕流王) 즉위년조에는 백제본기로서는 유일하게도 '근구수왕의 원자로 어머니는 아이(阿尒)부인이다[近仇首王之元子 母曰阿尒夫人]'라 하여 모계를 밝힌 사례가 주목된다. 침류왕의 모계를 각별히 밝히고 있는 것은 적어도 근초고왕과 근구수왕의 2대에 걸쳐 진씨(眞氏)가 왕비를 배출하던 당대의 실정을 고려하면 아이(阿尒)부인이 진씨 계통이 아닌 사정과 연관될지 모르겠다. 침류왕이 즉위하던 해에 불교를 수용한 점, 재위 2년째에 사망한 점, 그의 아들이 왕위를 잇지 못하고 동생인 진사(辰斯)가 즉위한 점 등등은 당시의 사정이 심상하지가 않았음을 반영한다. 여하튼 침류왕의 왕비가 아닌 모계를 밝히고 있는 것도 그와 같은 특수한 이상(異常) 상태에서 말미암는다고 여겨진다.

이상 백제본기에서도 몇 사례에 지나지 않지만 왕비의 이름을 드러낸 것은 어떤 사정에 따른 예외적인 경우에 의한 것임을 짐작할 수가 있다. 그것이 단순히 기록상의 누락만은 아니었다. 그럴 만한 특별한 사유가 달리 있었던 것이다. 그런 측면에서 봉안기에서 왕비의 이름을 밝히지 않은 것도 그런 관행과 직결되는 사실이다. 그것도 역시 다수의 왕비가 존재한 사정에서 말미암은 것으로 풀이될 수 있다. 왕비가 다수였던 까닭에 일일이 밝힐 여지가 없었던 것이다. 오히려 필요할 때마다 혼동을 피하기 위해 모계를 기록한 관행은 고구려와 마찬가지라 여겨진다.

왕비의 수가 많았던 탓에 전반적 위상은 그리 높은 편이 되지를 못하였던 것 같다. 이름조차 드러내지 못한 무령왕비의 지석은 그런 실상을 여실히 보여

구논집2), 경인문화사, 2005 ; 朱甫暾, 「개로왕의 체제개혁과 그 한계」『漢城都邑期의 백제』(백제문화사대계 연구총서3), 충청남도역사문화연구원, 2007, p.328.

준다. 그와 관련해 국왕의 모계가 어떠하였던 지는 매우 중시된 요소였던 것 같다. 그래서 고구려나 혹은 침류왕 및 구이신왕처럼 모계를 밝히는 것은 일반적 양상이었다고 하겠다. 다만 그런 점에서 백제본기가 터무니없이 불비(不備)하다고 단정할 수는 없겠다. 백제나 고구려에서 집단적인 혈연성을 나타내는 성씨제(姓氏制)가 발달한 반면 신라는 그렇지 못한 측면도 그와 관련하여 이해해볼 수 있지 않을까 싶다. 일부다처제와 일부일처제의 관행이 가져다 준 차이가 그토록 컸던 것이다. 아니면 역으로 성씨제의 발달이 개인보다는 왕비(여성)에 속한 가문을 중시하는 결과를 가져왔을 것으로 보인다.

4. 무왕조와 봉안기

봉안기가 출현하자마자 많은 연구자들이 그를 다루기에 급급하였던 이유는 익히 알려진 바와 같이 무왕조 기사의 내용 때문이었다. 백제의 역사나 설화 분야를 다루어온 연구자들 거의 대부분은 무왕조에 대해 나름의 입장을 이미 직간접적으로 개진하였다. 그 까닭으로 그들 대부분은 봉안기의 내용을 자신의 기존 견해에 맞추어 검토함으로써 일부 보강하거나 아니면 재빨리 새 입장을 밝히려 하였다. 이로 말미암아 새로운 금석문을 다룰 때 갖추어야 할 가장 필요한 덕목인 냉정함과 차분함을 잃고 무리하게 진행한 측면도 없지 않았다고 여겨진다. 무왕조를 대상으로 과거 자신의 견해를 발표한 적이 있는 연구자 가운데 봉안기를 다루면서 어느 누구도 기존 주장을 시원스레 포기하거나 수정한 사례가 달리 없음은 그를 단적으로 증명하여 준다. 이는 일각에서 이미 예견하고 있던 바이기도 하지만 무척 흥미롭고 기이한 현상이라 여겨진다.

봉안기에 다른 내용이 실려 있더라도 무왕조는 어떻든 많은 내용을 함축하고 있는, 따라서 함부로 무시해서는 안 되는 무게감이 느껴지는 중요한 사료란 점에서는 아무런 변함이 없다. 내용이 역사적이건 설화적이건 간에 거기에는 나름의 의미가 담겨져 있기 때문이다. 다만, 봉안기와 그것을 어떻게 연결시키느냐는 대단히 신중하고 조심스럽게 고심해 보아야 할 중대한 과제이다.

무왕조와 봉안기가 과연 어떤 상관관계를 갖는가, 그리고 이들이 얼마만큼 진실에 가까이 다가간 것인지 등은 아무래도 쉽게 결정할 성질의 것은 아니다. 양자의 관련성을 쉽사리 부정해서도 안 되려니와 그렇다고 무조건 직결시켜 이해해서도 안 되는 것이다. 모쪼록 더욱 신중하고 차분하게 접근하는 자세가 요망되는 대상이다. 그렇지 않는다면 봉안기에 함축된 진정한 정보를 쉬이 놓쳐버리게 되며 나아가 이것은 백제사 연구에 도움이 되기는커녕 오히려 윤색, 왜곡시킴으로써 혼란만 가중(加重)되는 결과로 이어질 터이다. 이를 무왕조와 연결시킬 수 있을지 어떨지를 따지기에 앞서 후자는 별개로 철저히 분해, 분석해야 마땅하다. 앞서 봉안기만을 따로 떼어 분석을 시도하고자 하였던 이유도 바로 여기에 있다.

무왕조와 관련하여 현재까지 진행된 연구의 추이를 대충 살피면 뚜렷하게 세 단계의 과정을 거친 것으로 정리할 수 있다. 첫째 단계는 1970년대까지이다. 이때는 대체로 무왕조에는 단순한 설화일 뿐 역사성을 전혀 담고 있지 않다는 입장과 상당 부분 역사적 사실에 근거하였다는 입장으로 크게 엇갈려 있었다. 그에 따라 설화의 발생 배경을 비롯하여 실제적인 성립 시점이나 주체 등과 관련한 여러 가지 서로 다른 이야기가 도출되어 크게 논란하였다. 그 결과 합치된 하나의 결론에 다다르지 못하였다. 그런데 그 다음 단계에서는 그런 양상이 현저하게 바뀌었다.

둘째 단계는 1980년대 이후 2008년 무렵까지이다. 이 기간에 미륵사지의 발굴 작업이 대대적으로 진행되었고, 그 결과는 무왕조의 이해에 직접적 영향을 미쳤다. 전면적 발굴을 통해 드러난 미륵사의 유구(遺構)가 무왕조의 기록과 거의 일치한다고 판명되었다. 이로 말미암아 무왕조의 기사를 설화로 간주하려는 입장은 크게 후퇴한 반면 역사성이 담겨져 있다는 쪽이 훨씬 우세해졌다. 이 기간 역사학 분야에서 무왕조를 다룬 연구가 유난히 많았음은 그를 웅변한다. 봉안기에 대해 많은 연구자들이 뛰어들게 된 배경으로 작용한 것이기도 하다. 그렇지만 무왕조 전체를 그런 연장선상에서 바라본 점은 문제를 안고 있었다. 발굴 결과는 미륵사 창건이 대략 무왕대에 이루어졌고 그것이 기록과 일치한다는 점 뿐이었다. 창건의 배경인 서동설화(薯童說話)는 그것과 별개였다.[29] 그럼에도 이것까지 발굴의 연장선상에서 파악하려는 입장이 주류적 흐름이었다.

셋째 단계는 2009년 바로 문제의 봉안기가 출현한 이후이다. 봉안기는 일단 그 자체만을 놓고 보면 무왕조가 보여주는 내용과 크게 어긋난다. 따라서 미륵사의 창건과 관련된 부분은 사실이기는 하지만 그 과정이나 시점 및 재원이나 연대, 그리고 주체 등의 기록은 잘못되었음이 분명히 드러난 셈이 된다. 이로 말미암아 둘째 단계에 견주어 상황이 다시 뒤집어진 결과가 되었다. 과거 수세적인 입장의 설화론자들이 적극적 공세(攻勢)를 취함은 이를 여실히 보여 준다. 역사연구자들은 그에 대응해 나름의 방어 논리를 긴급하게 펼쳐보였다. 그런 과정에서 갖가지 종잡기 힘든 해석들이 난무(亂舞)하는 양상을 보이기에 이르렀다.

그런데 무왕조를 둘러싼 지난날의 진행 양상이 상징하듯이 확실한 것은 어느 쪽의 해석도 동등한 한계를 지닌다는 사실이다. 이는 무왕조 전체를 세세히 나누어 다루지 않고 모두 같은 무게를 두고 접근한 데서 빚어진 결과이다. 따라서 이제부터는 무왕조를 통째로 함께 취급할 것이 아니라 문단을 나누어 내용을 낱낱이 분석해 봄이 정당한 접근이 되었다. 물론 이미 봉안기가 출현하기에 앞서 그런 측면을 제기한 몇몇 두드러진 논고들이 있었다.[30] 앞으로의 진행 방향도 역시 그래야 할 것으로 보인다. 여하튼 무왕조 전체를 대상으로 봉안기

29 신종원, 「사리봉안기를 통해 본 삼국유사 무왕조의 이해」『익산 미륵사와 백제– 서탑 사리봉안기 출현의 의의』, 일지사, 2011.

30 李乃沃, 「미륵사와 서동설화」『歷史學報』188, 2005.

와 함께 논의하는 것은 문제를 한결 복잡하게 얽히도록 만들 뿐이다. 그렇게 한다면 해결의 여지를 영원히 잃어버리게 될지도 모른다. 따라서 무왕조를 곧바로 봉안기와 직결시켜 이해하기보다는 오직 이것만을 대상으로 다시 세밀하게 분석하여 접근해 보는 것이 긴요하다고 하겠다.

무왕조의 기사는 널리 지적되어 왔듯이 세 가지 각기 다른 내용이[31] 하나로 결합해 성립한 것임은 의심의 여지가 없다. 첫째는 뒷날 무왕으로 즉위하는 서동(薯童)의 탄생 배경과 관련한 부분이다. 비교적 간단한 내용이다. 왕자인 무왕이 왜 미륵사가 세워진 지역에 살게 된 것인지를 현재의 기록만으로는 확연하게 밝혀내기가 어렵다. 백제의 정치사회적 상황과 관련한 갖가지 해석이 난무할 수밖에 없는 것도 그 때문이다. 둘째는 신라의 선화공주와 서동이 혼인하고 즉위하는 부분이다. 향가(鄕歌)가 보이는 등 내용상으로 볼 때 무왕조 가운데서 무엇보다도 가장 중핵적인 부분이라 여겨진다. 백제와 신라의 전후 외교관계와[32] 관련해 깊이 음미되어야 할 대상이다. 셋째는 미륵사 창건과 관련한 부분이다. 백제 내부의 정치적 사정 및 불교계의 동향과 관련해 이해되어야 할 대상이다. 이들 세 가지가 각각 따로 존재하다가 어느 시점에서 이르러 하나로 통합됨으로써 마치 처음부터 하나의 묶음인 듯한 설화로 만들어진 것이다. 전부가 다 사실성에 근거하였을 수도 있고, 오로지 세 번째 기사만이 부분적으로 그러할 수도 있다.

여하튼 발굴을 통하여 미륵사의 구조가 무왕조와 거의 그대로 일치한다는 점이 확인된 반면 거꾸로 봉안기를 통하여서는 문제가 있다는 점이 확인된 이상 이들 전부를 다함께 논의할 수가 없다는 사실은[33] 명백해졌다. 이들 중 어느 하나를 매개로 전체를 진단한다면 전부 아니면 전무(全無)가 될 가능성이 높기

31 정재윤, 앞의 논문, p.37 ; 金基興, 「서동설화의 역사적 진실」 『역사학보』205, 2010, pp.174~175.

32 김수태, 「백제 무왕대의 대신라관계」 『대발견 사리장엄 – 미륵사의 재조명』, 2009.

33 신종원, 앞의 논문, pp.68~69.

때문이다. 첫째와 둘째 사항은 사실 봉안기만으로는 더 이상 해명이 불가능한 대상이다. 그를 설화적 입장에서 보건 역사적 입장에서 다루건 백제사를 바라보는 인식 여하에 따라서 달리 해석되어지게 마련이다. 다만, 그것은 어떤 경우라도 사실이 아니며 어디까지나 해석일 따름이므로 양자를 명확하게 구분해 접근할 필요가 있다. 사실과 해석은 언제 어느 경우라도 구별되어 마땅하기 때문이다.

일단 미륵사 창건이 무왕대에 이루어진 것은 거의 의심할 바 없는 명백한 사실로 판명되었다. 따라서 무왕조에도 일정하게 역사성이 깃들어 있는 것만은 의심할 바 없다. 그러나 그렇다고 그 연장선상에서 앞서는 시점의 기사들까지 전부 그대로가 무조건 사실이라거나 혹은 사실성이 있다고 장담해서는 곤란하다. 과거처럼 전부 설화라는 주장이 성립되지 못하는 것과 마찬가지이다. 서동설화는 미륵사 창건과 곧바로 연결짓지 말고 따로 분리해 다른 각도에서 역사성의 개재 여부를 면밀히 따져보아야 할 대상이다. 미륵사 창건의 발원자가 단수인지 다수인지는 현재로서는 판단할 수 없지만 문제의 사탁왕후도 그 가운데 한 사람임을 인정하지 않으면 안 되는 명백한 사실이다. 그가 선화란 인물 혹은 신라의 선화공주와 어떤 관계였는지는 별도 문제로서 여러 각도에서 다양하게 검증해 보아야 한다.

미륵사 창건과 관련하여 제기되는 문제의 핵심은 639년이라는 시점과 창건의 주체이다. 앞서 언급하였듯이 639년이란 시점은 단지 서탑의 사리봉안과 관련된 해이므로 그 이전 어느 시기부터 창건 작업이 이루어진 것만은 분명하다. 창건의 발의(發意) 시점에서 완성 시점까지는 상당한 기간이 소요되었을 터이며,[34] 진행 도정에서 서탑 사리봉안이 이루어진 것으로 보면 크게 문제로 삼을 대상은 없다. 639년 이전의 시점에서 창건에 대한 발의가 이루어져 기공(起

34 길기태, 「무왕대 미륵사 창건 과정과 불교계」(한국사상사학회 발표문), 2009, p.17에서는 창건 주체를 여러 단계로 나누어서 설정할 것을 주장하였다.

工)되고 나아가 639년 이후의 어느 시점에서 건탑 작업이 마무리됨으로써[35] 발굴로 드러난 것과 같은 모습을 갖추게 되었다고 생각된다. 그 중간 과정은 분명하지가 않다. 이를테면 원래 1탑 1금당으로 이루어진 1원식이었다가 3원식으로 확대된 것일 수도 있고 원래는 중탑과 마찬가지로 서탑도 목탑이었는데 석탑으로 바뀐 것일 수도 있다. 따라서 639년에 미륵사가 전부 완공되었다거나, 비로소 기공하였다고도 볼 수 없는 일이다. 그러므로 일단 639년에 대해서는 한정적으로 이해함이 적절할 듯 싶다. 다만, 구체적 사항에 대해서는 발굴결과와 관련한 고고자료를 면밀히 검토한 성과를 매개로 추적해 볼 일이지 문헌상으로는 더 이상의 사실 확인은 곤란하다. 그로부터 더 나아가는 것은 어디까지나 해석에 불과할 따름이다. 장차 사실과 해석을 명확히 구분한 바탕 위에 논의를 진전시켜야 마땅하다. 간혹 추정에 추정을 거듭한 해석을 사실이라 착각하는 경향도 보이는데, 이는 철저히 배제되어야 할 대상이다.

이제 주체의 문제이다. 봉안기를 통하여 볼 때 발원자는 사탁적덕의 딸로서 무왕의 왕비임이 확실하다. 무왕조의 선화와 사택적덕의 딸이 일치하지 않는다. 그런데 앞서 언급한 것처럼 미륵사가 3원식이었으며 당시에는 복수의 왕비가 존재하였음도 분명한 사실이다. 그렇다면 사탁적덕의 딸이 유일한 발원자로서 전부와 다 관련이 있을까 아니면 복수의 왕비가 각각 1원씩 분담한 것일까의 문제로 좁혀진다. 현재의 기록으로서는 다른 경우를 설정하기란 어렵다. 더 이상 상정한다면 지나친 해석과 무망한 추론이 될 것이다. 신중에 신중을 거듭하여 결론이 내려져야 한다.

앞으로 다시 새로운 자료가 더 추가될 가능성은 별로 커 보이지 않는다. 따라서 무왕조와 봉안기의 두 자료만으로 놓고 가능한 한의 진실에 접근할 수밖에 없다. 그럴 때 어느 누구라도 기존의 선입견적 자세와 편향된 시각은 버려

35 박현숙, 「百濟 武王의 益山 경영과 彌勒寺」『韓國史學報』36, 2009, p.346에서는 무왕조와 봉안기를 결합하여 무왕이 창건 주체라고 주장하나 너무 나아간 이해로 여겨진다.

야 마땅하다. 그런 시도는 새로운 귀중한 자료가 출현하였음에도 오히려 진실과는 점점 더 멀어지게 될 뿐이므로 절대 금물이라 하겠다. 정말 새로운 자료를 새로운 시각에서 마음을 비우는 자세로 면밀하게 검토해야 하는 이유도 여기에 있다.

5. 맺음말

2009년 초 익산 미륵사지 서탑 사리봉안기의 출토는 학계를 강타한 일대사건으로 기록될 만하다. 특히 거기에 보이는 내용이 기존 『삼국유사』 무왕조에 보이는 내용과 달라 너무나도 큰 충격파를 던졌다. 학계 일각에서 대응한 양상을 보면 그런 실상은 충분히 감지된다.

그러나 너무도 성급하게 봉안기를 취급한 나머지 오히려 그 자체에 대해서는 철저하게 검토를 하지 못한 한계가 뚜렷하다. 특히 무왕조의 기사를 지나치게 의식하여 접근한 것은 근본 방법상의 문제였다. 새로운 금석문이 출현하면 오로지 그것만을 대상으로 삼아 냉혹할 정도로 객관적 입장에서 접근함이 가장 기본적, 일차적 자세이어야 함에도 대체로 그러지를 못한 느낌이다. 이로 말미암아 봉안기가 전달해 주려는 많은 정보를 쉬이 놓친 부분이 없지 않다는 생각이다. 이 글에서는 그런 점을 인식하면서 새로운 어떤 주장이나 결론을 당장 얻기보다는 가능한 한 방법론상의 문제점을 지적하기 위해 기초해 본 것이다.

첫째, 봉안기에 따르면 일단 무왕의 왕비가 발원하고 그녀의 친정인 사탁씨의 사재(私財)를 희사해 미륵사를 창건한 것은 분명하다. 다만 미륵사가 3원식인 만큼 그 전부가 대상이었는지 어떤지는 분명하지 않다. 일반적 관례에 따르면 전부라고 함이 순리이겠으나 미륵사의 경우는 쉽게 단정짓기 어려운 측면을 내재하고 있다.

둘째, 639년은 일단 서탑의 사리봉안[建塔]만을 시행한 해라고 한정적으로 이해함이 옳다. 미륵사 창건 작업은 이미 이전의 어느 시점부터 시작된 상태였다. 따라서 639년은 그 하한이었을 따름이다.

셋째, 백제는 일부다처제가 통용되던 사회로서 일시에 여럿의 왕비가 존재하였다. 백제 왕비의 위상이 전반적으로 낮았던 것도 그 때문이었다. 반면 왕비가 소속한 집안이 매우 중시되었으며 백제에서 유난히 성씨가 발달한 것도 그와 밀접한 상관성이 있는 것 같다.

넷째, 여러 명의 왕비 가운데 오직 사탁씨 왕후만이 미륵사 창건과 연관되어 있는지 아니면 다른 왕비도 가담하였는지는 봉안기에 나타나지 않는다. 무왕조의 기사와 봉안기를 쉽게 연결시키는 데는 좀 더 신중함이 요구된다.

다섯째, 그를 위하여서는 당장 어떤 결론을 내리기보다는 장차 무왕조의 기사를 대상으로 삼아 좀 더 철저한 분석을 진행해 볼 필요가 있다.

이상 간략하게 논지를 정리하여 보았거니와 모름지기 새로운 자료에 접근할 때에는 자신의 기존 입장에 입각하여 논리를 전개하는 자세를 버리고 한결 신중하고 허심한 자세를 견지함이 올바른 태도라 여겨진다.

2009년 백제 사료로서 봉안기가 출토된 바로 같은 해에 공교롭게도 경북 포항(浦項)에서는 중성리신라비(中城里新羅碑)가 출토되었다. 신라 최고(最古)의 비로서 봉안기 수준으로 들끓지는 않았지만 서너 차례에 걸쳐 학술회의가 열릴 정도로 관심의 대상으로 부각되었다. 그 진행을 지켜보면서 밑바탕에는 봉안기와 다름없는 접근 방법과 자세가 관류(貫流)하고 있다는 느낌이었다. 그렇게 해서는 새로운 자료가 출현하더라도 더 이상 한국고대사의 진전은 기대하기 어려울지 모른다는 생각이 들었다. 한국고대사의 경우 기존 사료에 대한 접근은 아무리 조심스러워도 지나치지 않다는 교훈을 일깨워 주기도 하였다. 이 점이 필자에게는 커다란 소득이었다.

(『백제학보』7, 2012)

4장

백제사 관련 신출토新出土 자료의 음미

무령왕릉 지석

1. 들어가면서

되돌아보면 한국고대사 영역 가운데 80년대 이후 연구가 괄목할 만하게 진척된 분야로서 백제사를 꼽는다고 해서 이의를 달 여지는 별로 없을 터이다. 그럴 정도로 지난 30여년 동안의 백제사 연구는 가히 장족의 발전을 이루었다고 단언하여도 좋을 듯 싶다. 그 점은 백제사를 전론(專論)한 단행본의 간행 현황을 살피면 확연히 드러난다. 70년대까지는 백제사를 본격적으로 다룬 연구서가 단 한 편도 없었다. 그에 견주어 80년대 이후 현재까지 출간된 단행본은 줄잡아 수십 편에 달하는 것으로 헤아려진다. 실로 엄청난 양적 성장이 이루어졌음은 여실히 입증된다. 그와 함께 뚜렷한 질적 향상이 수반되었음은 물론이다.[1]

백제사 연구가 80년대 들어와 그처럼 활발하게 이루어진 배경에는 연구자의 수가 급격하게 늘어난 사실도 당연히 작용하였겠지만 다른 한편 새로운 자료의 출현도 큰 몫을 차지한다. 『삼국사기』 백제본기를 비롯한 몇몇 빈약하기 짝이 없는 기존 문헌만으로는 아무래도 백제사를 체계적으로 재구성하기란 턱없이 부족한 일이었다. 게다가 그들 가운데 일부는 사실성조차 심히 의심스럽게 여겨지던 상황이었다.

1971년에 진행된 무령왕릉(武寧王陵) 발굴은 머지않아 백제 관련 새로운 연구 자료가 적지 않게 출현하리란 사실을 마치 예고라도 해 주는 신호탄과 같았다. 과연 이후 잇달아 새로운 문자 자료는 꾸준히 증가되어갔다. 새 자료가 백제사 연구를 추동하는 주요 계기로 작용하였음은 두말할 나위가 없다. 연구 수준이 점점 향상되자 종래 거의 도외시되다시피 하여 온 자료들도 적극 활용할 기반이 구축되었다. 이를테면 백제사 관련 사료가 상당히 많이 담겨져 있으나

1 그와 같은 동향은 2007년 충청남도역사문화연구원이 간행한 15권으로 구성된 백제문화사대계 연구총서로서 대충 정리된 바 있다.

근본적인 문제점으로 말미암아 오래도록 이용을 꺼려해 왔던 『일본서기(日本書紀)』에 내재한 한계도 어느 정도 극복함으로써 이후 백제사 연구가 크게 촉진된 점을 뚜렷한 사례로 손꼽을 수 있다.

그러나 백제사 연구 성과 전반을 살피면 비약적 발전이 이루어져간 가운데서도 문제점 또한 적지 않게 노출되었음도 부정할 수 없는 사실이다. 그것은 기본 사료가 안고 있는 한계가 명백함에도 이를 꼼꼼히 챙겨 보지도 않고 소홀히 지나친 사실에서 드러난다. 그런 경향성은 기존 사서에 대해서는 새삼 말할 필요도 없고 간혹 새로이 출현하는 자료를 취급하는 데서도 마찬가지로 확인되는 현상이다. 이는 혹여 사료학(史料學)의 근본을 소홀히 하고 있는 것이 아닌가 하는 의구심조차 들게 하는 대목이다.

어떤 사료라도 언제나 비판적 입장에서 철저히 분석해야 함은 지극히 당연한 일이다. 그럴 때 비로소 원래의 사실 그대로가 드러날 토대가 마련되는 것이다. 이는 역사학에서 갖추어야 할 기초적, 필수적 방법에 속한다. 사료의 성격과 의미를 면밀히 분석하고 음미한 바탕 위에서 나름의 역사적 해석을 시도함이 올바른 순서이겠다.

그런데도 백제사 연구를 언뜻 들여다보면 기본 사료를 단단한 다져가는 작업을 외면하고서 조급하게 해석에 매달리는 면을 드러내는 사례가 적지 않게 발견된다. 기존 사서는 물론이고 새로이 출토된 문자 자료에 대해서도 낱낱이 따져 철저하게 음미해 보지 않은 채 성급하게 해석을 먼저 시도하는 경우가 엿보이기 때문이다. 이는 약간 심하게 표현한다면 자료에 담겨진 정보를 미처 제대로 캐어내지도 못한 채 내다버린 모양으로 비쳐진다. 사료가 특히 부족한 대상일수록 더욱 더 뼈 속 깊숙이까지 파고들어가 골수(骨髓)까지 빨아내는 접근이 요망된다. 여기서는 그런 입장에서 기왕의 백제사 자료를 다루는 자세와 방법에 대해 잠시 문제를 제기해 보려는 것이다.

물론 주어진 시공간적(時空間的) 제약은 물론이고 필자의 능력이 갖는 근본적 한계 때문에 그와 같은 문제점을 낱낱이 들추어내어 한꺼번에 다루기는 힘든 일이다. 그래서 최근 발굴되어 널리 알려진 자료 가운데 앞으로 논란될 만한 몇몇 사례에 한정해 약간의 논의를 진행시켜 보려고 한다.

평소 백제사 연구와 일정하게 거리를 두어온 필자가 감히 이런 작업에 나서게 된 것을 약간 의아스럽게 여길지 모르겠다. 그러나 이런 시도가 갑작스레 이루어진 것은 아니다. 백제사 연구 중심의 흐름에 비켜나 약간 떨어져 바라보면서 느껴왔던 소회의 일단을 피력해 보려는 것이다. 이를 통해 한창 무르익는 도중인 백제사 연구 성과를 자칫 깎아내린다거나 찬물을 끼어 얹으려는 의도는 조금도 없다. 다만 조그마한 문제 제기를 기화로 기존 연구 성과를 잠시 되돌아보고 더욱 단단하게 다짐으로써 수준을 한 단계 더 높여나갔으면 하는 충정에서이다.

2. 신출토 금석문 자료

정말 우연스레 드러난 무령왕릉이 던진 충격파는 당시 필설(筆舌)로서는 표현하기 어려울 정도로 대단하였다. 유구 자체나 부장(副葬) 유물이 전혀 도굴되지 않은 원래의 모습 그대로를 온전히 간직하였다는 점에서도 그러하였으나 특히 가장 크게 눈길을 끈 대상은 무령왕의 생몰(生沒) 사항을 알려주는 묘지(墓誌)였다. 이를 통하여 무덤 속의 주인공이 누구인가를 확실히 알 수 있게 되었기 때문이다.

일반적으로 무덤의 피장자가 누구인가를 알려주는 주된 실마리는 묘비(墓碑)나 묘지이다. 주인공의 이력과 관련된 기본 사항을 무덤 바깥에다가 돌 등에 새겨 일종의 과시용으로서 길이 남길 목적에서 세우는 것이 묘비라면, 비슷한 내용을 땅 속에다가 묻는다는 점에서 차이가 나는 것이 묘지이다. 한국 고대사회에서도 비교적 이른 시기에 중국으로부터 묘비나 묘지 문화가 수용되었지만 이후 그리 발달해 간 것 같지는 같다. 특히 묘비의 경우에는 국가적 입장에서 강하게 통제를 가해 함부로 세울 수 없도록 율령 속에 하나의 편목(篇目)으로 넣어서 조치한 데서 영향을 받은 바가 큰 듯하다.[2]

묘비와 달리 묘지는 외부로부터 가해지는 통제력이 미치지 않았음에도 어떻게 된 셈인지 일반 부장품과 함께 껴묻는 하나의 문화로서 정착하지를 못하였다. 이따금씩 묘지가 무덤에서 출토되기는 하지만 지극히 드문 사례에 속한다. 현재까지 확인된 몇몇은 고구려의 것에 국한되며, 그나마 묵서명(墨書銘)의 형태로서만 나올 뿐이다. 백제나 신라의 경우에는 사례가 더욱 희소하다. 그 까닭으로 한국고대사회에서 조영된 무덤의 대부분이 누구의 것인지 알지 못하는 형편이다. 그런 측면에서 무령왕릉에서 묘지가 출토된 사실은 차라리 너무도 이례적이라 함이 적절하겠다. 그래서 무령왕릉 발굴 자체가 하나의 기념비적 사건에 속한다고 평가해 왔다.

다 아는 바처럼 우리 고대사회에서도 봉분(封墳)이 현저한 무덤, 이른바 고총(高塚)의 조영이 일정 기간 널리 유행하였거니와 그들 가운데 지금껏 주인공을 확정할 수 있는 대상은 극소수이다. 그나마 왕릉으로서 주인공을 명확히 비정할 수 있는 것은 무령왕릉이 거의 유일한 사례에 속한다.

삼국시대의 국왕과 관련해서 상략(詳略)의 차이는 있으나 여러 가지 형태로 정리된 기록이 남아 있다. 그래서 그와 연결지을 만한 문자가 새로이 출현한다면 이는 엄청나게 큰 의의를 갖는다. 기존 사서에 보이는 내용의 진위(眞僞) 여부나 이동(異同) 여하를 판별할 수 있는 주요 실마리가 되기 때문이다. 지석의 출토로 무령왕이 523년 5월 62세로 사망하였고, 이후 이른바 3년상을 치른 뒤인 525년 8월에 이르러 시신이 현재의 무덤으로 옮겨져 안장되고, 그것이 대묘(大墓)로 불린 사실이 드러났다. 후대에 정리된 기존 사서의 내용을 당대의 기록과 대비(對比)해 볼 수 있는 흔치 않은 기회를 갖게 된 것이다. 그 결과 무령왕의 이름은 사마(斯麻)로서 『삼국사기』 백제본기와 동일하다는 점, 양자의 몰

2 주보돈, 「통일신라의 (능)묘비에 대한 몇 가지 논의」 『목간과 문자』9, 2012 참조.

연월(沒年月)이 정확히 일치하는 점 등 기존 사서의 내용도 꽤나 신빙할 만하다는 사실 등을 확인할 수 있었음은 대단한 소득으로 평가된다. 이밖에 3년상의 실상을 비롯한 장의(葬儀) 관련의 새로운 정보도 적지 않게 확보할 수 있게 되었다.

그런데 무령왕릉에서는 국왕의 묘지만 출토된 것이 아니었다. 무령왕보다 몇 년 늦게 사망한 왕비의 묘지도 함께 출토되었다. 왕비의 묘지는 따로 돌을 마련해서 새긴 것이 아니었다. 이미 무령왕릉을 조영하면서 지석과 함께 넣어두었던 매지권(買地券)의 뒷면을 왕비의 묘지로 재활용하였다. 매지권은 무령왕의 무덤, 즉 대묘가 위치한 땅을 지신(地神)으로부터 돈을 주고서 사들인다는 내용이다. 이제 막 죽은 사람의 육신이 땅 속의 사후(死後)세계로 이어진다는 사실에 대해 이를 관장하는 지신에게 정식 신고하고서 적당한 땅값 지불을 매개로 허락받는 장의(葬儀) 절차의 하나가 기록되어 있는 셈이다. 사실 당시 무령왕의 지석도 매지권의 범주에 넣어서 이해해야 한다는 주장까지 제기되었으나 현재에는 지석과 매지권의 양자로 구분함이 일반적 견해로 정착되었다.

이처럼 무령왕비의 지석은 새 돌을 마련해서 작성하지 않고 이미 사용된 매지권의 뒷면을 재활용한 점이 특징적이다. 사실 이미 조영된 무령왕릉에 곁들여 왕비의 시신을 합장한 것이므로 일견 당연한 일로도 여겨진다. 그러나 무령왕비의 지석을 꼼꼼히 들여다보면 반드시 거기에만 그치지 않음이 감지된다. 여기에는 당시 왕비를 비롯한 지배귀족의 여인은 물론, 일반 여성의 지위와 관련하여서도 그냥 지나칠 수 없는 중요한 사항이 엿보이기 때문이다. 논의의 진전을 위하여 왕비의 지석 전문을 잠시 소개하면 다음과 같다.

A) 丙午年十二月百濟國王大妃壽
終居喪在酉地己酉年二月癸
未朔十二日甲午改葬還大墓立
志如左

백제국왕의 대비(大妃)로 지칭된 인물의 사망이 526년 12월이며, 3년상(정확하게는 27개월)을 거친 뒤인 529년 2월 12일 시신을 대묘, 즉 무령왕릉으로 옮겨 묻었다는 기본적 사실이 확인된다. 동일하게 3년상을 치루면서도 왕비를 대상으로 사용된 수종(壽終), 거상(居喪), 개장(改葬)의 용어는 국왕 대상의 붕(崩), 안조(安厝), 등관(登冠) 등에 견주어 약간의 차이를 보인다. 국왕이나 왕비의 죽음과 관련해 그런 용어상의 차이가 하나의 원칙으로서 정립되어 있었는지 어떤지는 알 도리가 없다. 다만, 무령왕의 죽음에 대해 붕이란 각별한 용어를 사용한 점에 비추어 왕비의 죽음을 단순히 수종이라고만 표현한 데에 그친 것은 어딘가 어울리지 않는다는 느낌을 갖게 하는 대목이다. 양자 사이에는 상당한 간극(間隙)이 보이는 것으로 여겨지기 때문이다. 그 점을 방증하여 주는 몇몇 구체적 사실이 왕비의 묘지 내에서 찾아진다.

첫째, 왕비의 죽음을 '병오년십이월(丙午年十二月)'이라 하여 사망한 날짜를 기록하지 않은 점이다. 이는 국왕의 사망일을 구체적으로 명시한 것과는 뚜렷이 대조되는 사실이다. 그리고 왕비의 사망일을 기록하지 않은 것과는 다르게 3년상을 치룬 뒤 대묘에 개장한 날짜만은 명시한 점도 특징적이다. 이로 미루어 일단 사망일보다는 개장한 날짜를 중시하였음이 유추된다. 그것은 죽음 자체는 살아 있는 사람들과 연관되지만 땅 속에 묻는 행위는 그와는 별개로 지신에게 신고해야 하는 의식이었기 때문으로 보인다. 그래서 사망일보다는 차라리 개장일을 중히 여겨 그를 명시한 것으로 이해할 수 있다. 그런 측면에서 보면 일단 개장한 뒤에는 사망일은 생략하여도 무방한 대상이었다.[3] 그럼에도 국왕의 경우에 사망일까지도 명시하였는데 왕비의 경우에 그렇지 않은 자체는 양자 사이의 어떤 차별을 느끼게 하는 대목이다. 그 점은 다음의 사항과도 직결된다.

둘째, 왕비를 '백제국왕대비'라고만 표현한 점이다. 국왕대비의 실체에 대해

3 그렇다면 祠廟와 墓에 대한 祭日이 달랐을 수도 있다. 묘지에 사망일을 기재하지 않은 대신 개장일만을 기재한 것도 그런 사정과 무관하지 않아 보인다.

서는 논란의 여지가 있으나 당시 상주였을 성왕(聖王)의 입장에서 그렇게 표현한 것으로 여겨진다. 성왕으로서는 어머니를 대비라 불렀을 터이기 때문이다. 그런데 여기서 각별히 주목해 볼 사실은 대비의 이름을 구체적으로 명시하고 있지 않다는 점이다. 이는 예사로워 보이지 않는 사항이다. 대비의 죽음을 기록하면서 그 이름을 단순한 실수로 누락하였다고 단정하기는 어렵다. 실명(實名)을 의도적으로 거론하지 않았다고 함이 정당한 이해이겠다. 이는 당시 왕비가 차지한 위상을 여실히 보여 준다. 이로써 국왕과 왕비의 정치사회적 지위가 격절(隔絕)하였음이 확인된다. 왕비는 독립된 존재가 아니며 마치 국왕에게 부속된 존재처럼 다루어졌다고 풀이해도 무방할 정도이다.

이상에서 언급한 것처럼 왕비를 대묘에 합장하면서 사용한 용어, 묘지를 따로 마련하지 않고 매지권의 뒷면을 재활용한 점, 사망일을 구체적으로 명시하지 않은 점, 왕비의 이름을 명기하지 않은 점 등은 지석을 점검하면서 그냥 지나칠 수 없는 대상이다. 왕비의 지위가 그럴진대 당시 일반 여성의 그것까지 미루어 짐작할 수 있기 때문이다.

여기에서 굳이 그런 점을 들추어내는 것은 무령왕릉이 발굴된 지 무려 40여 년의 세월이 흐르면서 그를 전문적으로 다룬 숱한 학술회의를 치루고, 무수한 유관 논문과 단행본까지 나온 마당이지만 그를 본격적으로 취급한 사례는 아직껏 접해보지 못하였기 때문이다. 백제 관련 사료가 지극히 빈약하다는 사실은 늘 적시(摘示)되면서도 정작 기초 사료에 대한 분석과 음미를 소홀하였음을 단적으로 드러내어 준다. 굳이 이런 사항을 지적하려는 것은 새로운 사료의 접근 방법과 인식상의 문제점을 반성하는 차원에서이다.

그러한 경향성은 생각 외로 제법 넓게 퍼져 있는 듯하다. 이에 대해서 필자는 2009년 미륵사지(彌勒寺址)의 서탑(西塔)에서 출토된 사리봉안기(舍利奉安記)를 다루면서[4] 이미 지적한 바 있다. 따라서 여기서 사리봉안기는 달리 대상으

4 주보돈, 「미륵사지 출토 사리봉안기와 백제의 왕비」 『백제학보』7, 2012 참조.

로 삼지는 않으려니와 다른 자료를 취급하는 데서도 그런 점이 여전히 간취(看取)되는 사실을 지적해 두고 싶다.

새로 출토된 문자 자료를 다루려면 여러 각도에서 다양하게 접근해야 함에도 그렇지 못한 사례도 발견된다. 어쩌면 새 자료가 당대의 금석문이기 때문에 반드시 무조건 사실 그대로를 보여 준다는 선입견을 지닌 나머지 또 다른 측면이 있을 수 있는 점을 간파하지 못하고서 그냥 지나쳐버린 탓인지도 모르겠다. 다음의 사료는 그런 실상을 되돌아보게 하는 사례로 손꼽을 수 있다.

B) (오른쪽) 百濟昌王十三秊太歲在
(왼쪽) 丁亥妹兄公主供養舍利

이는 창왕명석조사리감(昌王銘石造舍利龕)에 보이는 명문이다. 1995년 부여 능산리 고분군 옆에 위치한 이른바 능사(陵寺)의 발굴을 통해 중앙부 목탑 터의 심초석으로 추정되는 곳에서 출토되었다. 윗 부분은 둥근 아치형이며, 아래 부분이 직선으로 처리된 화강암 석재로서 중앙부에는 공양된 사리를 장치하기 위한 감실(龕室)을 깊이 파서 만들었다. 그를 둘러싼 입구의 양 쪽 어깨면의 오른쪽과 왼쪽에 각각 10자씩 고루 글자를 새겼다.

전체 20자로서 그리 길지 않은 편이지만 명문의 내용은 사리감을 만든 인물과 시점 등을 뚜렷이 명시하고 있어 상당한 주목을 끌었다. 이에 따르면 사리를 공양한 주체는 매형공주(妹兄公主)였음을 알 수 있다. 매형공주의 매형이 이름인지 혈연상의 호칭인지, 혹은 그녀와 창왕과의 관계가 어떠한지를 둘러싸고서 약간의 논란이 있었다. 대체로 혈연 호칭으로서 창왕의 누나, 혹은 손아래 누이를 가리킨다고 보는 쪽으로 정리되었다. 그렇다면 이름이 드러나지 않은 공주는 성왕의 딸이 되는 셈이다. 공주의 주도 아래 사리를 안치한 행위는 일단 신라인에게 죽임을 당한 비운의 아버지 성왕의 명복을 빌기 위해서였다. 사실 538년 부여로 천도하고 난 뒤 능산리에 무덤군이 조성될 즈음 사망한 국왕은 오직 성왕뿐이었으므로 그런 추정은 일견 타당하다고 여겨진다.

그런데 위의 명문에서 주목되는 대상은 '창왕십삼년대세재정해(昌王十三季太歲在丁亥)'란 부분이다. 창왕은 성왕의 아들로서 관산성(管山城) 싸움을 주도적으로 이끈 여창(餘昌) 바로 그 사람이다. 태자 때의 이름을 그대로 왕명으로 사용한 점이 눈길을 끈다. 창왕이란 왕명은 577년에 작성된 왕흥사(王興寺) 출토의 사리함 명문에서도 확인되는 사실이다. 일반적으로 지적되듯이 위덕왕(威德王)이 시호가 아니라 당시에 사용되던 왕명이라면, 초기에는 창왕으로 불리다가 577년 이후 어느 시점부터 위덕왕이라 고쳤거나 아니면 양자가 함께 불렸던 것으로 추정된다. 그런 측면에서 위덕왕이라는 왕명이 사용된 시점이 언제인지 밝히는 것은 상당한 의미를 가지는 일이겠다. 혹시 창왕과 위덕왕을 처음부터 병용(竝用)한 것인지도 모를 일이다.

그것은 어떻든 위의 명문이 작성된 시점은 정해년(丁亥年)으로, 이 해는 창왕 13년에 해당한다. 창왕 13년은 567년이므로 이를 역산하면 원년은 곧 555년이 된다. 창왕은 이 명문에 의하는 한 555년 즉위한 셈이었다. 그런데 『삼국사기』 백제본기에 따르면 창왕은 그보다 1년 앞선 554년 즉위하였다고 한다. 이 해는 성왕이 관산성에서 사망한 바로 그 시점이다. 『삼국사기』와 명문의 기년을 대비하면 양자는 1년의 차이가 생겨난다. 이를 단순히 『삼국사기』 백제본기의 기년이 기본적으로 유월칭원법(踰月稱元法)인 반면 당시에는 유년칭원법(踰年稱元法)을 적용한 데서 비롯한 것으로 이해할 수도 있다. 물론 백제 당대의 칭원법이 어떤지를 규명할 결정적 단서가 없으므로 당연히 그처럼 판단할 여지도 없지는 않다.[5] 그렇다면 1년의 오차는 쉽게 칭원법의 차이에서 비롯한 데에 불과하다고 결론지을 수도 있겠다.

그러나 『일본서기』에는 그와는 전혀 다른 내용이 보여 문제가 그렇게 간단

5 만약 그렇다고 한다면 고구려의 경우는 고구려본기와는 달리 이미 당대에 즉위년칭원법을 채택하고 있었던 것과는 대비된다.

치만은 않다. 『일본서기』에 따르면 왕자 여창은 성왕이 사망하자마자 곧바로 즉위하지 않았으며 우여곡절을 거쳐 557년 즉위한 것으로 되어 있다.[6] 그렇다면 백제의 왕좌(王座)는 특이하게도 3년간이나 빈, 이른바 공위(空位)의 기간이 설정되는 셈이다. 이를 사리감명문과 대비해도 2년의 차이가 난다. 사리감의 명문을 액면 그대로 받아들이게 되면 공위 기간의 설정은 사실과 다른 커다란 오류를 범한 결과가 된다. 사실 명문을 주요 근거로 삼아 그렇게 주장한 견해도 없지 않다. 물론 겉으로 드러난 사실만을 놓고서 판단하면 충분히 성립 가능한 하나의 해석이기도 하다.

그렇지만 그처럼 성급하게 결론내리기에 앞서 약간 다른 대안적 측면도 아울러서 고려해 보아야 한다. 이 무렵의 『일본서기』 백제 관련 사료를 일별하면 상당히 구체성을 띠고 있음이 눈에 들어온다. 이를테면 백제와 신라 및 가야가 연합군을 편성하여 한강 유역으로 진출한 상황이라든가, 점령지를 놓고 벌인 긴장감 넘치는 첩보전의 전개, 한성(漢城)으로부터 백제의 자진 퇴각과 이로 말미암은 보복전인 관산성 싸움, 그리고 성왕의 너무도 극적인 처형 장면 등 매우 사실적이며 구체적인 일련의 내용으로 구성되어 있다. 그런 최후의 결과로서 공위 시기가 나오게 된 것이다.

그처럼 자세한 기술이 가능했던 것은 소위 백제3서(書) 가운데 어느 하나를 활용했기 때문으로 여겨지고 있다. 『삼국사기』 백제본기는 아예 그런 내용의 편린(片鱗)조차 싣지를 않아 지극히 소략한 사실과 자못 대조적이다. 이런 점을 감안한다면 공위와 관련된 내용도 쉽사리 부정해 버리기에는 어딘가 석연치 않은 아쉬움이 남는다. 그러므로 이 문제를 약간 다른 각도에서 좀 더 음미해 볼 필요가 있는 것이다.

『일본서기』에 따르면 노쇠한 성왕 말년 백제의 한강 유역 진출 및 관산성 싸움을 주도한 인물은 20대의 젊은 여창이었다. 신라를 상대로 한 전면전 개시의

6 『일본서기』19 흠명기 18년조.

문제를 놓고서 기로(耆老)들의 반대가 만만치 않았지만 여창은 끝내 자신의 고집을 꺾지 않고 강행하였다. 싸움은 백제의 완전한 참패로 끝났다. 이로 말미암아 전후(戰後) 패전의 책임 소재 문제를 둘러싼 논란이 일어났음은 매우 자연스런 추세였다.

그러나『삼국사기』는 그런 상황에 대해 침묵으로 일관하고 있다. 그에 견주어『일본서기』는 555년 8월 여창이 스스로 책임을 절감하면서 아버지 성왕을 추모하기 위해 갑자기 출가 수도하겠다는 폭탄선언을 한 것으로 기록하고 있다. 이를 둘러싸고서 재조(在朝)는 물론이고 재야(在野)에서도 크게 논란하였다. 그런 과정을 거친 끝에 100명의 출가와 대대적인 불사(佛事) 등이 대안으로 채택되어 마침내 타협이 적절히 이루어짐으로써 논란은 일단 마무리되었다. 그러다가 557년에 이르러 왕위에 오른 것이다.

이런 일련의 사료가 기년상 아무런 잘못이 없다면 555년 8월부터 557년 3월에 이르기까지는 일단 공위의 기간으로 설정할 수 있지만 내부의 구체적 실상은 잘 알 수가 없다. 이 기간『삼국사기』백제본기에 어떤 일이 벌어졌는지를 전해주는 기사가 전혀 찾아지지 않기 때문이다.[7]

여하튼 여창의 출가 문제는 타협으로 일단락되었지만 즉각 왕위에 오르지 않았던 것으로 풀이된다. 앞서 여창은 555년 2월 자신의 동생인 왕자 혜(惠)를 일본에 파견하였다. 이는 공식적인 즉위 행사(그를 위한 행사도 포함)를 치른 것은 아니나 국왕으로서의 기본 직무는 줄곧 수행해 왔음을 반영한다. 그런 측면에서 같은 해 8월의 출가 소동도 위덕왕이 정식의 즉위를 타진하기 위해 취한 계획적인 몸짓일 수도 있겠다. 그렇지 않다면 여창이 실추된 국왕의 권위를 회복하려한 복마전이 깔린 일종의 정치 쇼일 수도 있다. 그러다가 드디어 557년 지배귀족들로부터 승인을 받고서 절차를 밟아 정식으로 즉위 선언을 하게 된

7 다만『삼국사기』27 백제본기 위덕왕 원년(554)조에서는 고구려가 크게 병력을 일으켜 熊川城을 공격하였다가 실패하고 돌아간 사실만을 기록하였다.

것으로 추정된다. 이제 기왕과 다름없는 상태로 국왕권이 회복되었음을 상징하는 일이겠다.

이상과 같이 풀이하면 공위의 구체상은 잠깐 젖혀두더라도 그 자체 존재한 사실까지 굳이 부정할 필요는 없을 듯 싶다. 다만 사리기명문과 정합적으로 이해하면 이후 백제의 공식 기록에서는 여창이 즉위한 후 소급하여 555년을 즉위 원년으로 결정함으로써 사실상 공위의 사실을 빼어버렸을 가능성이 크다. 말하자면 위덕왕이 즉위한 마당에 굳이 공위 기간을 설정할 이유가 없었으므로 정식 기년에서 의도적으로 지워버렸을 수가 있다. 위덕왕의 통치가 정상 궤도에 오르자 한동안 갈등이 존재하기는 하였으나 기년을 공식 정리하면서 공백으로 남겨 둘 필요는 없는 일이었다. 그래서 위덕왕이 555년 아무런 문제없이 왕위에 오른 듯이 명문상에도 비쳐지게 된 것이라 하겠다.[8] 이를『삼국사기』 백제본기에서는 당시의 공식 기록 그대로를 받아들인 반면『일본서기』는 여타 자료를 근거로 공위의 흔적을 특별히 남기게 된 것으로 풀이된다. 백제 관련된 기록을 싣고 있기는 하나 두 사서가 근본 성격상 차이를 갖고 있는 데서 온 당연한 결과였다.

이렇게 이해하면 사실 백제 당대에는 유년칭원법이 통용되고 있었다는 느낌도 든다. 그러나 성왕의 사망 시점을『삼국사기』에서는 554년 7월이라 한 반면『일본서기』에서는 12월로 설정하였으므로 약간의 문제가 뒤따른다. 전자라면 당연히 즉위년칭원법이 통용되었다고 할 수 있겠지만, 후자라면 유월칭원법이 적용되었다고 간주할 여지도 있으므로 반드시 유년칭원법이 원칙이었다고 단정짓기는 곤란하다. 당시의 칭원법 실상이 실제 어떠하였는지 결정짓는 일은 일단 유보하고 현재로서는 앞으로 더 나은 자료의 출현을 기다리는 수밖

8 그 점과 관련하여 각별히 주목해 볼 필요가 있는 것은 위덕왕만 원년이 설정되어 있는 사실이다. 백제본기에서 온조를 제외하고는 원년조가 설정된 유일한 사례이다. 온조본기가 뒷날 정리된 점을 고려하면 위덕왕 원년에도 상당한 作爲性이 깃들어 있다는 느낌이다.

에 없다.[9]

위에서 소개한 신출 자료들에 대해서는 판독상 이견(異見)은 거의 없다. 그런데 새로이 출토되는 금석문 자료 가운데에는 판독이 유난히 문제가 되어 전혀 다른 해석이 내려지는 경우도 간혹 나타난다. 때로는 그에 대한 의견 편차가 커서 새로운 자료가 역사 복원에 전혀 도움이 되지 못함은 물론, 오히려 혼란만 부추기는 결과로 이어지는 경우까지 왕왕 발견된다. 사실 금석문의 판독은 그만큼 중요한 일이라 하겠다. 그런 정도는 아니지만 백제의 새 자료에서도 판독과 해석에 조심스럽게 접근해야 할 사례도 찾아진다.

C) ① 丁酉年二月
② 十五日百濟
③ 王昌爲亡王
④ 子立刹本舍
⑤ 利二枚葬時
⑥ 神化爲三

이는 2007년 부여의 백마강변에 위치한 백제 (전)왕흥사지의 발굴 결과 출토된 사리장치의 외함(外函)에 새겨진 명문이다. 첫머리의 정유는 아래에 보이는 '백제왕창(百濟王昌)'으로 미루어 577년(위덕왕 23)임이 거의 확실시된다. 기년이 확정적이라는 측면에서 자료가 지닌 가치는 대단히 높다.

그런데 이 명문 속에는 몇 가지 불확실한 점이 엿보여 논란되고 있다. 첫째, '입찰(立刹)'이 무엇을 의미하는가 하는 문제이다. '찰(刹)'의 본래적 의미는 당연히 사찰이겠지만 한 걸음 더 나아가 때로는 좁은 의미로서 사찰의 중심을 이루

9 백제왕의 사망과 즉위년을 기록하고 있는 『일본서기』의 경우에도 즉위년칭원과 유년칭원이 혼효되어 있어 당대의 실상을 파악하기 곤란한 측면이 보인다.

는 탑(塔)을 지칭하기도 한다. 따라서 입찰을 글자 그대로 왕흥사의 창건으로 이해할 수도 있고, 그보다는 좀 더 좁혀서 뒤이어지는 사리 장치와 관련한 건탑(建塔) 행위에 한정해 이해할 수도 있겠다. 양자가 함께 추진됨이 일반적이지만 왕흥사와 관련된 기록이 여러 가지 다른 모습으로 나타나므로 문제는 그리 간단하지가 않다.

『삼국사기』에는 왕흥사의 창건을 600년으로 명시한 기록이[10] 있고, 그와는 다르게 634년 이루어졌다는 기록도[11] 있어 내용상 뚜렷한 편차를 보인다. 『삼국유사』에서는 양자를 결합하여 법왕이 창건 사업을 시작하였으나 곧바로 사망하자, 그 아들인 무왕이 이어받아 수십 년 뒤에 완성된 것으로 이해하였다.[12] 다만 사찰의 이름을 미륵사라고도 불렀다고 함으로써 약간의 혼동을 일으킬 소인(素因)을 제공하였다.

이처럼 기록상 약간의 착란이 섞여 있지만 그동안 왕흥사는 600년 건립을 시작해 무려 34년에 달하는 긴 기간동안 대역사(大役事)의 과정을 거쳐 634년 완공하였다고 봄이 일반적이었다. 그렇지만 이제 그와는 전혀 다른 내용이 왕흥사 사리기에 보여 연구자들을 매우 곤혹스럽게 만들고 있다. 어떻든 기왕의 해석 그대로를 수용하기는 어려워졌다. 그래서 왕흥사의 창건 및 이후의 추이를 둘러싸고서 논란이 벌어지게 된 것이다.

그런데 왕흥사의 창건 배경과 관련하여 약간의 문제점이 간취된다. 기존의 문헌 기록을 그대로 따라가면 법왕이 왕흥사를 창건하면서 승려 30인을 출가시켰다고 한 점, 사찰 명칭을 왕흥사라고 명명한 점, 그리고 왕이 배를 타고 들어가 장려한 모습을 감상하였다고 한 점 등으로 미루어 국왕 중심으로 불교의 중흥을 도모하려 한 목적이 밑바탕에 짙게 깔렸음이 역력하게 느껴진다. 그런

10 『삼국사기』27 백제본기 법왕 2년조.

11 『삼국사기』27 백제본기 무왕 35년조.

12 『삼국유사』3 흥법 법왕금살조.

데도 사리기에는 창왕이 단지 죽은 아들을 위해 건립(혹은 건탑)한 것이라 하여 전혀 다른 배경을 설정하고 있다. 특히 ③행의 3자 망(亡)을 삼(三)으로 판독하고서 논지를 한층 더 확대시킨 견해까지 제기되었다. 그것은 여하튼 왕흥사의 창건 배경이나 목적도 여러모로 다르게 해석될 여지가 커지게 된 것이다.

여기서 사리기와 관련하여 각별히 주목해 보고 싶은 대목은 ⑤행 4자인 '장(葬)'의 해석 문제이다. 글자 자체나 문맥상으로 보면 이를 '묻는다'는 뜻을 지닌 '예(瘗)'로도 판독해 볼 여지가 크지만 앞서 소개한 무령왕비의 지석에 보이는 장(葬)과도 비슷한 모습을 띠므로 일단 그렇게 읽는 견해에 좇아서 약간의 논의를 진행해 보기로 하겠다.

일반적으로 '장'이라 읽고서 그 대상을 '본래의 사리 2매'로 보고 있다. 그렇다면 사리를 '장사 지낸다'는 의미가 되므로 표현이 매우 어색하게 되고 만다. 그래서 이 '장'을 '예'와 마찬가지로 '묻는다'는 뜻으로 새기려는 견해가 제시되었다. '장'은 본래 '장사 지낸다'는 뜻이지만 그 외연이 약간 넓혀져 '땅에 묻는다'고 풀이될 여지가 있기는 하다. 그렇지만 사리를 탑에 묻는 행위를 대상으로 삼아 '장'이란 단어를 사용한 것은 그리 썩 어울리지 않는다. 그것이 성립하려면 용례가 달리 더 찾아져야 마땅하다. 그렇지 않으면 전무후무한 용법인 셈이어서 문제가 될 수 있다.

게다가 바로 뒤이어진 '신비로운 조화로 (두 개가) 세 개로 되었다[神化爲三]'는 내용과 연결하면 약간 이상스럽게 느껴진다. 사리를 탑에 묻는데 원래 2개였던 것이 3개로 변화하였다면 이 사리함에 기록된 내용은 과연 언제, 어떻게, 어떤 방식으로 작성되었을까. 사리를 묻는 과정에서 그런 일이 벌어졌다면 사리함에 그런 내용을 동시에 기록하는 행위는 너무나도 이상하지 않는가. 정상적이라면 그렇게 기록하기 어려운 일이겠다.

그러므로 '장'의 목적어를 사리로 설정하기보다는 차라리 죽은 왕자를 가리키는 것으로 해석해 볼 수는 없겠는가. 왕자의 시신을 장사 지낼 바로 그 즈음 그런 신이한 일이 벌어진 것이다. 말하자면 본래 보관해 오던 2매의 사리가 죽은 왕자를 장사지낼 때 신비롭게도 3개로 늘어나는 조화가 일어났다는 것이다. 신비로운 현상이 왕자의 장례를 계기로 일어났으므로 그 결과로서 창왕은 왕흥사(혹은 그 탑)를 창건하는 명분으로 삼았다고 풀이된다. 물론 실제로 그런 일이 일어났다기보다는 큰 불사를 일으킬 구실을 마련한 데에 지나지 않겠지만 그를 매개로 그야말로 실추된 상태의 '왕흥(王興)'을 도모하려는 의도를 내재한 것이었다.

만약 이상과 같은 이해가 성립된다면 사료 C)는 아래와 같이 새로 끊어 읽어볼 여지도 생겨난다.

ⓐ 丁酉年二月十五日百濟王昌爲亡王子立刹.

ⓑ 本舍利二枚, 葬時, 神化爲三

비교적 좁은 공간을 활용할 수밖에 없는 금석문에서는 주어나 목적어가 왕왕 생략되기도 하고 전반의 내용이 압축적으로 표현됨은 흔히 있는 일이다. 그런 측면에서 위와 같이 읽어도 한문 문맥이 전혀 성립하기 어려운 것은 아니라고 판단된다.

창왕이 자식의 죽음을 계기로 거창한 불사를 도모하면서 그런 이야기를 만들어낸 의도가 어디에 있는 지 매우 궁금해지는 대목이다. 특히 사찰명을 왕흥사라고 한 것과 무관하지 않을 듯 싶다. 물론 처음에는 그런 사명(寺名)을 붙이지는 않았을지라도(혹시 처음 미륵사라 하였다가 무왕이 익산에 미륵사를 창건하면서 이를 왕흥사라 고쳤을 수도 있음) 왕흥을 지향한 실상과 관련이 있을 것 같다. 다만 위덕왕의 뒤를 이어 아들이 아닌 동생 혜가 즉위하고, 그를 뒤이은 법왕(法王)이 짧게 재위한 점, 무왕이 익산으로 밀려나 있다가 복귀해 즉위한 점 등은 그런 실정과 무관하지 않을 듯하다. 장차 새로운 각도에서 면밀히 추구해볼 과제이다.

3. 신출토 목간(木簡) 자료

대체로 금석문 자료에 실리는 글자 수는 적고 표현이 매우 압축적인 탓에 그 전모를 확연히 파악하기는 그리 쉽지가 않다. 그런데 그러한 금석문보다 한층 자료의 수량은 많으면서도 훨씬 더 단편적이어서 상대적으로 정보를 캐내기 힘든 대상이 목간이다. 그런 까닭에 목간은 사료로서 본격적 활용에 앞서 그와 관련한 기본 사항에 대해서는 한결 치밀한 검토가 행해져야 한다. 그런 과정을 제대로 거치지 않고서 섣부르게 사실 해석에 활용하면 엄청난 곡해(曲解)를 할 위험이 뒤따르며 나아가 거기에 담긴 참신한 정보를 사장(死藏)해 버리는 결과로 이어진다.

근자에 백제 말기의 왕도인 부여를 중심으로 해서 새로운 목간 자료가 적지 않게 출토됨으로써 이 방면 연구를 크게 추동하고 있음은 두루 알려진 바와 같다. 출토된 목간은 매우 단편적, 파편적이기는 하지만 여러 측면에서 더할 나위 없이 온갖 소중한 정보를 담고 있어 초라하기 그지없는 백제사의 빈구석을 메우는데 크게 일조(一助)해 준다. 그 가운데 특히 주목해 볼 만한 대상은 문서행정의 실상을 어렴풋하게나마 반영하는 몇몇 목간 자료들이다.

지금까지 출토된 백제 문서행정 관련 내용을 담고 있는 목간으로는 각각 「좌관대식기(佐官貸食記)」, 「지약아식미기(支藥兒食米記)」, 「병여기(兵与記)」라는 이름이 붙여진 세 점을 들 수 있다. 이들은 정식의 장부로서 종합 정리하기에 앞서 기초 자료로 활용된 문서 단편이라 추정된다. 말미에 기(記)가 붙은 것으로 미루어 그런 종류의 단간(短簡)들이 당시 그렇게 불렸음을 짐작할 수 있다. 이들은 백제 문서행정 발달사를 추적하는 데 대단히 요긴한 자료이다.

이들을 대상으로 행해진 다각도의 분석을 통해 이미 대강은 드러난 상태이다. 그러나 세밀히 들여다보면 재음미되어야 할 부분 또한 적지 않게 남은 것으로 판단된다. 그 가운데 상대적으로 분량이 많고 또 중요한 정보를 담고 있는 「좌관대식기」를 중심으로 내용을 잠시 음미해 보고자 한다. 이 문서를 대상으로 삼은 현재까지의 분석이 접근 방법상 약간의 문제점을 안고 있다고 여겨지기 때문이다. 논의의 순조로운 진행을 위하여 우선 문서 전부를 원상에 준하는 형식으로 제시하면 다음과 같다.

D) (앞) ① 戊寅年六月中　固淳夢三石　　　佃麻那二石
② 　　止夫三石上四石　　比至二石上一石未二石×
③ 佐官貸食記　佃目之二石上二石未一石　習利一石五斗上一石未未一石×
(뒤) ① 素麻一石五斗上一石五斗未七斗半 佃首?一石三斗半上石未石甲 并十九[石]×
② 今沽一石三斗半上一石未一石甲　刀刀邑佐三石与　　得十一石×

이 문서는 앞면 상단에다가 2행으로 작성 연월과 제목을 쓰고는 다시 행을 바꾸어서 2단을 각기 3행씩 나누어 인명과 함께 대식(貸食)한 수량 및 회수와 미회수를 구분해 기재하였다. 뒷면은 역시 전체를 3단으로 나누고 각단 3행씩 같은 방식을 취하였다. 그 중 마지막 단의 2행은 대식한 전체 수량(혹은 받아들여야 수량)과 회수된 합계를 기재하였다. 목간의 앞·뒷면을 합한 그 자체로 하나의 완전한 단위 문서로서 종결된 듯한 느낌이다.

그동안 진행된 연구 결과로서 7세기 초 백제에서는 곡식을 일정 기간 대여해 주고 원금과 함께 이자를 상환 받는 대식제가 실시되었다는 점이 널리 지적되었다. 다만, 대식의 구체적 성격이 어떠하냐에 대해서는 논란이 많아 견해가 합치되지는 못한 실정이다. 대식의 댓가로 50%에 달하는 이자를 돌려받은 측면에서는 일본 고대의 재정 운용을 위한 출거(出擧)와 비슷하다고 간주하는 입장이 있는가 하면, 고구려의 진대법(賑貸制)이나 조선의 환곡제(還穀制)와 비슷한 성격이라 진단하는 등 한결같지가 않다. 아직 그 성격을 한마디로 잘라 말하기는 곤란한 상태이다. 장차 어떻게 결론이 내려지더라도 그에 앞서 자료 자체에 대해 더욱 면밀한 분석이 선행되어야 함은 두말할 나위가 없다.

무인년을 618년으로 보는 데에는 대체로 의견의 접근을 보이고 있다. 따라서 이는 바로 그해 6월에 '좌관대식(佐官貸食)'한 상황을 정리한 기초 문서라 하겠다. 그런데 아래의 내용 분석에 앞서 '좌관대식'이라 할 때 '좌관'과 '대식'의 구체적 의미는 철저한 검토의 과정을 거치지 않으면 안 되는 주요 대상이다. 그렇게 해야만 누가, 누구에게, 무엇을, 무슨 목적으로 대여하였느냐의 기본적 사항이 추출될 수 있기 때문이다.

'좌관'은 글자 그대로를 풀이하면 '관청(관리)을 돕는다', 혹은 '돕는(보좌하는) 관(관리)'라는 뜻이다. 이럴 때 관이란 곧 관리, 관료로 될 수도 있겠고 더 나아가 그 자체가 관청의 뜻으로도 이해될 수 있겠다. 지금까지 대부분 후자의 입장을 취하였던 것 같다. 그렇게 보면 '좌관'은 저절로 대식을 해준 주체이며, 그 아래에 열거된 사람들은 그를 받는 대상으로 결말이 난다. 말하자면 '좌관'이란 관청이 바로 아래에 열거된 사람들 대상으로 대식해 준 셈이 되는 것이다. 그러면 '좌관'은 저절로 대식을 전담하는 관청으로 귀결된다. 대식의 대상은 관청에 소속한 하급 관원들이거나 그렇지 않으면 일반인들이 되겠다. 전자라면 '좌관' 자체를 굳이 대식을 전문하는 기구로 볼 필요는 없겠고, 후자라면 그와는 다르게 대식을 전담한 기구가 된다. 그 여부를 가늠할 수 있는 자료가 달리 없으므로 어떤 해석도 일단 성립이 가능하다고 할 수는 있다.

그러나 후자라면 대식 행위를 집행하고 그 경과를 기록한 문서의 관리를 담당한 당해 부서에서 자신들의 관서(官署)를 가장 앞서 제시해 둔다는 사실은 매우 이상스럽게 여겨지는 대목이다. 대식을 전담하는 부서라면 그렇지 않아도 기록할 공간이 비좁기 짝이 없는 목간에 주체인 자신을 내세웠다는 것은 너무도 이상하게 여겨진다. 그렇지 않고 만약 전자처럼 특정 관부가 소속 관원들에게 일시 대식하였다는 주장이 성립하려면 다른 부서가 작성한 문서들도 각기 따로 존재한다고 설정해야 마땅하다. 그럴 때 본 문서는 '좌관'이란 관서에만 해당하는 셈이다. 그렇게 된다면 역으로 '좌관'은 대식의 주체가 되어서는 곤란하다. 그런 문서들을 종합적으로 관리하는 상급의 기구가 따로 존재한다고 보아야 하기 때문이다.

요컨대 '좌관'은 대식의 주체로서 성립하기는 힘든 측면이 엿보인다. 그렇다면 당연히 대식의 대상으로 풀이함이 올바르다. 그런 의미에서 「좌관대식기」는 '좌관에게 대식한 기록' 정도로 풀이함이 적절할지 모른다. 곧 '좌관'은 대식의 주체가 아니라 대상인 셈이다.

그런 결론을 방증하여 주는 자료는 비슷한 시기의 목간 「지약아식미기」이다. '지약아'의 실체는 불분명하지만 약(藥)을 다루는 관련 기구이거나 약을 투여 받는 대상자 둘 중의 어느 한 쪽인 것으로 추정된다. 전자라면 식미의 주체가 될 수 있을 지도 모른다. 그러나 그렇게 보면 대상이 전혀 제시되지 않은 채 주체만이 문서에 기록된 셈이 되는데, 이는 사실상 정상적 문서로서는 성립하기 곤란하다. 행위의 주체만 있고 식미의 실제적 대상이 없어지는 결과가 되기 때문이다. 따라서 지약아를 어떻게 설정하더라도 식미를 지급받는 대상으로 풀이함이 옳다. '지약아'에게 식미를 공급한 주체는 이 문서 단간에는 기재되지 않았으며, 따로 존재하는 것이다.

다시금 그런 사정을 단적으로 보완하여 보여 주는 것이 「병여기」이다. 여기에는 주체도 대상도 없으며 오직 객체만 있다. 누가 누구에게 '병(兵, 병기)'을 준 기록이라는 뜻으로 풀이된다. '병'이라는 객체만 있고 그를 지급받는 대상자가 보이지 않는 것은 아래의 문서 속에 그들 각각이 기재되어 있어 따로 앞에 제시할 필요가 없었기 때문이다. 대상이 다양해 하나로서 제시하기 곤란하였거나 아니면 특별히 그렇게 할 필요가 없었으므로 앞머리에는 아무것도 기재하지 않았던 것이다. 주체를 기재하지 않았던 것은 '병'을 관리하는 부서를 굳이 밝힐 필요가 없는 데서 온 당연한 결과라 하겠다.

이상과 같은 사례로 미루어 「좌관대식기」의 '좌관'을 대식의 주체가 아니라 대상이라 하여도 지나치지 않을 듯 싶다. 그렇다면 '좌관' 자체는 특정한 관부가 아니라 바로 아래에 열거된 사람들을 가리키는 것으로 이해함이 적절하다. 관청을 대상으로 삼은 대식 행위를 상정하기란 곤란하다. 다만 '좌관'의 '관'은 막연한 관청일 수도 있겠고, 아니면 관리, 관인일 수도 있겠다. '좌관'은 그런 관청 혹은 관리를 보좌하는 직명(職名) 혹은 역명(役名)을 그냥 통칭하고 있는 셈이다. '좌관'은 구체적으로는 바로 아래에 열거된 인명들을 가리킨다.

그렇게 보면 '좌관'이란 어쩌면 정식 관료라기보다는 그들을 보좌해 주는 역할을 맡은 사람들이겠다. 그런 사정은 열거된 인명(人名)들에서도 어렴풋하게나마 유추된다. 이 인물들에게는 성씨, 관등, 관직 등이 따로 보이지 않는 점이 주목된다. 그들이 정식 관원이라면 관등이 없었을 리가 없겠고, 관직도 당연히 기재되었을 터이다. 게다가 이름 자체가 한문식이 아니라는 점도 참고로 된다. 특히 관등과 관직을 보유한 정식의 관원이라면 대식을 받는 대상이 된다는 자체가 매우 의아스럽게 여겨지는 대목이다. 대식 행위가 특별한 사정이 아니라 항상적이었다면 더욱 이해하기 곤란한 일이다. 그런 의미에서 일단 '좌관'은 관청을 보좌하는 역할을 맡은 하위직으로 풀이함이 옳다고 하겠다. 다만 구체상은 현재로서는 확연히 드러나지가 않는 상황이다. 이에 대해서는 다시 뒤에서 언급하기로 하겠다.

다음은 대식의 '식(食)'과 관련한 문제이다. '식'이 곡물을 지칭함은 분명하겠으나 구체적으로 어떤 곡물인지 뚜렷하게 드러나지가 않는다. 막연히 '식'이라고만 표현되었으나 당시의 주식(主食)을 나타낸 것만은 분명하다.[13] 그렇게 추정하는 데에 참고해 볼 만한 자료가 앞서 소개한 지약아식미기이다. 논의의 편의상 이를 잠시 소개하면 다음과 같다.

E) (1면) 支藥兒食米記　初日食四斗　二日食米四斗小升一　三日食米四斗 ×
(2면) 五日食米三斗大升 六日食三斗大二 七日食三斗大升二 九日食米四斗大×

13 德興里壁畵古墳의 묵서명이나 경주 황남동 376번지의 목간에도 食이 보인다. 양자 모두에 창고를 가리키는 椋이 함께 보인다는 점이 특징적이다. 특히 황남동 376번지 목간에는 食 외에 米가 따로 보이므로 그것이 쌀이 아님은 분명하다. 이밖에 大安寺寂忍禪師塔碑, 창녕의 仁陽寺碑에도 곡물을 지칭하는 食이 보인다.

이 목간은 사각형의 긴 막대기 형태이며, 4면에 묵서가 쓰인 이른바 사면목간이다. 3면과 4면은 1, 2면과는 직접적 맥락이 거의 닿지 않는 내용으로 되어 있다. 그래서 원래의 목간을 재활용한 것으로 추정되기도 한다.

아쉽게도 목간의 하단부가 파손되어 전모를 파악하기가 곤란하게 되었지만 '지약아'에게 날마다 '식미'를 지급한 사실을 기록한 문서임은 분명하다. 매일 '지약아'에게 지급한 '식미'가 같지 않은 것으로 보면 날마다 지급하는 액수가 고정적이지 않았던 것이다. 이는 매일 지급받는 대상 인원의 변동에서 기인한다고 여겨진다. 식미를 지급받는 대상이 수시로 달라졌던 것이다. 그 원인을 뚜렷하게는 알 수 없지만 지약아가 약과 관련된 점을 고려하면 약품을 제공받는 환자의 변동에 따른 결과가 아닌가 싶다.

흔히 이 '식미'를 단일한 품목으로서 '쌀'이라 이해하고 있지만 반드시 그렇게만 단정짓기는 곤란한 측면이 엿보인다. 왜냐하면 위의 목간 자체에서 초일, 6일, 7일은 '식'을, 2일, 3일, 4일, 9일은 '식미'를 지급하여 '식'과 '식미'를 구분하고 있기 때문이다. 그렇다면 '식'은 단일 품목인 반면, '식미'는 그 자체 '식'과 '미'로 나누어 볼 수도 있겠다. 혹여 '식'과 '식미'로 나누어 이해할 여지도 엿보인다.

물론 8일 하루가 대상에서 빠진 점으로 미루어[14] '식'이 '식미'의 단순히 실수에 의한 누락에서 비롯한 것일지도 모른다. 하지만 그것이 몇 차례나 되풀이된 사실은 단순한 실수로 보아 넘기기에는 어딘가 석연치 않은 느낌이다. 거기에는 의도성이 깃들었다고 간취되기 때문이다. 따라서 '식'이 '식미'를 줄인 것이라 볼 가능성도 없지는 않지만 일단 양자를 구별해 이해함이 올바른 접근일 듯 싶다. 사실 수전농업(水田農業)이 별로 발달하지 못한 상황이었음을 고려하면 당시로서는 미(米)가 주식이 되기는 어려웠겠고 따라서 특수하게 취급되

14 사실 8일조차 반드시 실수에 의한 누락이라 단정하기도 어렵다. 식미를 지급할 필요가 없는 날일지도 모르기 때문이다.

고 있었다고 봄이 적절하다. 약(藥)과 연관 있는 사람들에게 특별히 지급된 것도 그 점을 방증해 주는 사실이다. 이처럼 '식미'는 그 자체가 쌀이 아니라 '식'과 '미'(혹은 식미)로 나뉘며, 그 가운데 주식인 '식'은 보리와 같은 물품으로 여겨진다.

「지약아식미기」의 '식'을 쌀이 아니라 보리로서 그것이 당시의 주식이라고 한다면 「좌관대식기」의 대식 대상인 '식'도 그에 견주어 이해함이 적절하다. 사실 좌관들에게 그처럼 많은 분량의 쌀이 대식으로 지급되었다고 보기는 어렵기 때문이다. 따라서 대식한 곡물도 당시 주식으로서 보리였다고 이해함이 적절하겠다. 상환의 시점인 6월은 보리 수확이 모두 끝나고 쌀농사가 한창 진행 중인 때라는 점도 그를 생각하는 데 참고가 된다.

그런데 '좌관' 10인 각각에게 지급한 분량이 지나치게 많다는 느낌이 든다. 최저가 1석(石) 3두반(斗半)이며 최고는 3석까지였다. 3석이 최고로 책정된 것으로 미루어 보면 그들에게 대식의 최고 한계가 기준으로 그처럼 미리 설정되었던 것으로 짐작된다. 아마도 상환의 가능성을 염두에 둔 조치로 보인다. 당시 3석의 수량이 현재 구체적으로 어느 정도인지 가늠하기는 곤란하지만 어떻든 1인 혹은 1가족 대상의 대식 수량으로서는 지나치게 많다는 느낌이다. 어쩌면 '좌관'에게 지급된 대식이란 전부 특정 개인만을 대상으로 한 것이 아니라 그를 대표로 한 어떤 단위 조직 전체를 대상으로 삼은 것이 아닐까 싶다. 그 점은 '좌관'의 성격 문제를 다시 검토해 보지 않을 수 없게 하는 사실이다.

'좌관'에 대해서 달리 추적할 만한 사료가 따로 없지만 목간 자체 내부에 그를 풀어갈 만한 약간의 실마리가 찾아진다. 그것은 가장 말미에 기록된 '도도읍좌(刀刀邑佐)'란 인물이다. 「좌관대식기」에 의하는 한 '도도읍좌' 관련 기록은 몇 가지 측면에서 주목해볼 만한 대상이다.

첫째, 목간에 보이듯 대식한 수량이 많은 대상으로부터 작은 대상의 순서로 기록하고 있지만 유일하게 도도읍좌만은 그렇지 않은 점이다. 그에게는 3석(石)이 대식되었다. 정상적 순서라면 앞에 기재되어야 마땅하다. 그럼에도 가장 말미에 배치되어 일반적 기재 양식으로부터는 벗어나 있다. 이는 도도가 「좌관대식기」정식 대상이 아니라 예외적 대상으로 취급되었음을 암시해 준다.

둘째, 그에게는 '도도읍좌삼석여(刀刀邑佐三石与)'라 하여 3석을 지급한다는 동사 '여(与)'를 각별히 명시하고 있는 점이다. 다른 사람들을 대상으로 상환을 뜻하는 '상'(上, 올렸다)과 그러지 못한 '미(未)'('未上'의 약칭일 듯)의 사실을 기재한 것과는 뚜렷이 대조되는 부분이다. 다른 사람들은 이번 6월 기준으로 이미 그 이전 어느 시점에 대식한 것을 환수 받는 내용이 중심을 이룬 반면 '도도읍좌'의 경우에는 그렇지 않았다. 도도를 예외적인 대상으로 다루고 있는 점은 이로써도 입증된다.

다른 사람들에게는 대식이 언제 실시된 것인지는 불분명하지만 이미 기준 시점 훨씬 이전에 이루어졌다. 그처럼 대식할 때의 사정을 취급한 문서는 당연히 따로 존재하였을 터이다. 그러므로 이번 문서는 기존 문서를 토대로 삼아 상환받기로 예정된 무인년 6월을 기준으로 이자와 함께 원금이 수납된 현황을 기록한 것임이 분명하다. 그럼에도 '도도읍좌'의 경우만은 전혀 그렇지가 않게 예외적으로 취급되고 있다. 아마도 '도도읍좌'의 상환 여하와 관련한 내용은 뒷날 어느 시점에 이르러 다른 문서에 따로 정리되었을 터이다.

도도에게는 상환된 사실을 기록하지 않고 오직 지급한 사실만이 기재되었다고 해서 이를 무상지급이라고 확대 해석한 견해도 있지만 이는 지나친 추정이다. 문서 자체 내부의 어디에도 그렇게 볼 만한 흔적은 없다. 같은 달에 이미 대식한 대상으로부터 상환을 받는 내용을 정리한 문서임에도 '도도읍좌'에게만 유독 이제 막 대식하였다는 사실만 기록하였을 뿐이다. 따라서 도도 대상의 대식은 이번에는 원금과 이자의 상환이 이루어질 수 없는 특별한 사정에서 기인한다. 왜 그런 일이 벌어졌는지에 대해서는 장차 따로 해석되어야 할 문제이다.

셋째, 그와 관련하여 '도도읍좌'의 인명 표기 방식도 각별히 유념해 볼 대상이다. '도도읍좌'는 도도와 읍좌의 둘로 나뉜다. 도도는 그대로 인명이라 하여도 무방하지만 읍좌는 반드시 그렇지가 않다. 한문식으로 표기되어 음차(音借)한 다른 인명과는 뚜렷이 구별되기 때문이다. 또한 인명이 4자로 구성되어 다른 사람은 2자 혹은 3자인 것과도 대비된다. 따라서 도도와 읍좌는 분리해서 이해함이 올바른 접근일 듯하다.

이상과 같이 읍좌는 앞의 다른 사례들과 비교하면 인명의 일부분인 듯이 기재되어 있지만 사실상 도도와는 다르게 그가 소속한 관부의 직임(職任)을 지칭할 공산이 크다. 읍좌는 '읍의 보좌'란 뜻으로 풀이되므로 글자 그대로 '좌관'에 해당한다. 읍이란 상대적으로 많은 사람이 모여드는 행정 구역의 중심 단위를 지칭함이 일반적이다. 이를테면 군(郡)이나 현(縣) 등 지방 행정 단위의 치소, 혹은 왕경의 하위 행정단위인 부(部)나 항(巷)을 가리킬 수도 있다. 어쩌면 도도는 그런 읍치 행정의 보좌역을 맡았던 것이 아닌가 싶다. 굳이 도도에게만 읍좌를 붙여 표현한 데에는 당연히 앞에 열거된 인물들과 구별하려는 의도가 깃들어 있다고 하겠다. 다른 사람들은 이미 대식해 준 것을 상환 받는 대상이었다면 도도에게는 이제 대식해 주었기 때문에 그렇게 다른 방식으로 표기하였을 수도 있겠다.

그러나 그보다는 그들과는 소속을 달리한 까닭에 그를 나타내기 위하여 다르게 표기한 것이라 여겨진다. 바꾸어 말하면 앞의 9인은 동일한 관서에 소속된 '좌관'인 반면, 도도만은 그와 달리 어떤 읍에 속한 '좌관'으로서 성격이 달랐던 것으로 이해된다. 어쩌면 앞의 '좌관'은 대식을 전담하는 부서의 하위 보좌관일지도 모르겠다.

이상과 같이 보면 「좌관대식기」는 어떤 관부의 하위를 구성하는 보좌역(補佐役)을 대상으로 삼은 대식 행위를 기록한 문서로 봄이 어떨까 싶다. 일정한 기간 50%의 이자로서 대식한 것을 이제 주어진 기한이 다 차서 원금과 이자를 돌려받는 내용을 기재한 것이다. 다만, 도도에게만은 과거가 아닌 바로 이 시점에 비로소 대식하였다. 그는 역시 '좌관'이기는 하였으나 읍좌로서 소속 부서가 달랐던 것으로 보인다. 그래서 도도는 어떤 특별한 사정으로 다른 사람들과는 다르게 당년(當年)의 대식을 받는 입장이었다. 따라서 이 문서에 보이는 대식은 해마다 정기적, 정례적으로 이루어진 일이 아니라 하위 보좌관들을 대상으로 특수한 사정 아래 이루어진 것일 공산이 크다. 게다가 대식의 수량이 지나치게 많다는 점도 그렇게 판단하는데 놓칠 수 없는 부면이다. 그들 혼자만을 대상으로 한 것이 아니라 그를 대표로 내세운 특정 단위 조직의 대식 행위를 기록한 것처럼 보이기도 한다. 원금과 이자 상환의 비율이 매우 낮은 점도 그와 관련지어 이해해야 하겠다.

이상과 같이 이해할 때 「좌관대식기」를 통해 쉽사리 고구려의 진대법과 같은 진휼책(賑恤策), 혹은 일본 고대의 출거제와 같은 성격을 떠올리거나 조선왕조의 환곡제를 선뜻 연상해 일반화시키는 결론을 내리기에는 좀 더 신중함이 요구된다. 어떻든 장차 나은 자료의 출현을 기다리면서 인내하는 자세가 긴요한 국면이라 하겠다.

4. 나오면서

필자가 처음 이 글을 기초(起草)해 보려 시도한 것은 『삼국사기』 백제본기에 대해 평소 지녀왔던 몇 가지 의문을 풀어보기 위해서였다. 기본사료라 할 백제본기를 깊숙이 들여다볼 기회가 있을 때마다 몇 가지 점에서 강한 의문이 들었기 때문이다. 그럴 때 백제본기의 출발인 온조기(溫祚紀)와 끝 부분의 의자왕기(義慈王紀)가 주된 관심사였다.

첫째, 온조기에는 온조 외에도 왜 비류(沸流)란 인물이 시조로서 등장할까 하는 점이다. 물론 신라의 경우에도 박, 석, 김 3성의 시조가 각기 따로 나오기는 하지만 왕통 계보 속에 정리된 형태로 들어가 있다. 그러나 백제의 경우 온조는 정통으로 자리매김 되고 있으면서도 비류는 거기에서 밀려나 일설(一說)

로서만 소개되어 있을 따름이다. 과연 백제 당대에 그렇게 정리되었을까. 백제가 온존하던 시절의 정식 사서에 그처럼 정리되었다면 과연 일설이 따로 존재할 수 있을까 하는 의문이었다.

그런데 백제의 시조로는 그밖에도 『주서(周書)』를 비롯한 중국 측 몇몇 사서에 구태(仇台)가 등장하며, 일본 측 사서인 『속일본기(續日本記)』에는 도모(都慕)가 보이는 사실이 주목된다. 이처럼 유독 백제에서만 시조가 다수 보이며 특히 사서의 계통이 달라지면 왜 하필 그것조차 각기 다르게 나타나는 것일까. 게다가 백제본기 온조 원년에는 동명묘(東明廟)까지 세워서 숭앙의 대상으로 삼았다. 연구자라면 왜 이런 현상이 일어났을까는 당연히 품어봄직한 의문이겠다.

둘째, 백제 시조인 온조나 비류에 대해서 본문이나 일설에서 모두 고구려의 시조인 주몽(朱蒙)의 아들로 설정되어 있는 점이다. 이에 대해서는 특히나 강한 의문이 들었다. 고구려본기나 백제본기에서 드러나듯이 백제는 건국 이후 줄곧 고구려와는 갈등하고 대결하는 관계였다. 사실 두 나라는 단 한 차례의 사신도 서로 주고받은 적이 없을 정도로 적대적이었다. 4세기 후반에는 근초고왕(近肖古王)이 고구려의 고국원왕(故國原王)을, 그로부터 100년 지난 뒤인 5세기 후반에는 고구려의 장수왕(長壽王)이 백제의 개로왕(蓋鹵王)을 살해하는 일이 벌어졌다. 서로 간에는 마치 물고물리는 불구대천의 원수처럼 여기고 있었다.

그런 상황에서 과연 백제가 당대에 정식의 역사서를 편찬하면서 자신의 시조를 실제로 주몽의 아들이라고 내세워 기록상에 남기고자 하였을까. 적대적 관계였으므로 그 자체가 사실이라 하더라도 의도적으로 숨기고자 함이 당연하지 않을까. 그렇지 않는다면 일반적으로 통용되듯이 국가와 왕실의 정통성 확립과 위엄을 과시하기 위해서라는 고대의 공식 사서 편찬 목적은 근본에서부터 재검토되지 않으면 안 된다.

온조기를 통하여 갖게 두 가지 커다란 의문은 언제나 필자의 머리를 떠나지 않고 맴돌았다. 결국 그런 내용은 당대적인 표현이 아니며 멸망 이후에 어떤 특별한 목적으로 백제 역사서가 새로이 정리된 결과였다고 보지 않으면 풀기 어렵겠다는 생각을 갖기에 이르렀다. 말하자면 적어도 온조기의 내용을 구성한 자료는 상당 부분 백제 당대가 아니라 멸망 이후 재정리되었다는 것이다. 물론 다른 왕대기(王代紀)라고 그러지 않았을 리가 없을 터이지만 유독 온조기만은 후대에 정리된 내용을 심히 많이 담고 있는 것으로 여겨진다. 널리 지적되어 왔듯이 온조기의 내용이 유달리 사실성이 매우 높은 내용으로 이루어져 있다는 점은 그런 추정을 방증하여 준다.

그렇다면 그 자체 내용의 사실성 여부를 떠나 사료로서 활용하기에 앞서 누가, 언제, 어떤 목적에서 그와 같은 시도를 하였을까를 밝히는 작업은 당연히 시도되어 마땅한 일이겠다. 이런 의문점들에 대해 선뜻 납득할 만큼의 그럴 듯한 해답을 별로 접촉하지 못하였다. 그래서 필자 스스로 이를 풀어내려는 의욕을 잠시 가져 보았던 것이다.

한편 당연하게도 의자왕기에는 당대에 정리된 내용이 들어갈 수가 없는 일이다. 전체가 멸망 이후 정리되었을 터이기 때문이다. 따라서 의자왕기의 모든 기사는 백제인의 의사와는 직접적인 관계가 없는 내용으로 채워져 있다. 물론 그 자체는 당연히 백제 당대에 남겨진 기록에 의거하기는 하였겠지만 선택과 정리의 과정에서 후대적 인식이 아무래도 크게 스며들 여지가 어느 곳보다도 강하였다. 특히 치열하게 전쟁을 치룬 상대였던 만큼 승리자인 신라인의 의식이 강하게 스며들어갔을 것으로 쉽사리 추정해 볼 수 있겠다.

의자왕기를 사료로서 취급하려면 이런 점을 깊이 인지하지 않으면 안 된다. 그런 의미에서 백제본기 가운데 의자왕기는 다른 것과는 확연히 구별해서 이해함이 적절하다. 이를테면 백제 멸망 이후 신라로 내투(來投)하여 관등과 관직을 받고 활동한 귀족들의 입장이 적지 않게 반영되었을 것임이 분명하다. 거기에는 사실성에서 문제가 없을 수 없겠다. 신라와 백제의 관계 기사 가운데에는 전자의 입장이 강하게 끼어들어 정리된 내용도 적지 않았을 터이다. 이를테면 백제와 고구려의 연화설(連和說)을[15] 대표적인 사례로 손꼽을 수 있다. 이 부분은 특히 조심스레 다루어야 할 대상이다.

이상과 같이 보면 백제본기에 접근할 때 반드시 고려되어야 할 측면은 사료 자체가 지닌 원천적 한계를 안고 있다는 사실이다. 마치 당대의 사실인 듯이 보이면서도 그 속에는 이미 크게 왜곡·부회를 거친 요소가 들어간 것이라 하겠다. 특히 온조기와 의자왕기의 경우는 사료로서 본격 활용에 앞서 그런 점이 명확하게 인식되고, 따라서 한층 철저히 점검되지 않으면 안 되는 대상이다. 그와 같은 기초적 작업이 사료학을 근간으로 하는 역사학의 본령(本領)이기 때문이다.

그럼에도 기왕에 그런 점이 별로 두드러지게 드러나지 않았으며 대신 백제본기 기사 자체의 적극적 활용과 해석에만 급급히 몰두해온 듯한 느낌이다. 실증적 작업을 통하여 역사상을 구체적으로 복원하기에 앞서 좀 더 기초적인 작업에 철저를 기해야 하리라 여겨진다. 이는 아무리 되풀이 강조해도 지나치지 않는 일이다. 그렇지 않으면 백제사라는 거탑(巨塔)은 자칫 쉽게 무너질지도 모른다.

기실 그런 염려스런 접근이 최근 새로이 출토되고 있는 명문을 다루는 데서도 비슷한 양상으로 나타남을 목도하게 되었다. 이로 말미암아 백제본기를 잠시 젖혀두고서 신출토 자료를 먼저 다루게 된 것이다. 그것이 백제본기보다도

15 의자왕대 백제와 고구려의 연화는 사실과는 거리가 있다. 이들 기사를 면밀히 검토하면 모두 신라 사신을 통하여 당에 전달되고 그것이 당서에 기록되었다. 백제본기 의자왕 3년 이후에 보이는 기사는 백제본기 단독의 새로운 내용이 아니라 모두 『당서』나 신라본기에 의해서 재편집된 것이다. 그런 내용은 고구려본기에는 없다. 따라서 신라가 당병과 연합하여 그 도움을 받기 위한 외교적 修辭나 활동을 통하여 논의된 것을 사실로서 받아들이기는 어렵다. 백제나 고구려가 연화한 것이 사실임을 입증하려면 두 나라가 서로 사신을 직접 주고 받는 등으로 교류하였다거나 그와 유사한 자료를 동원하여 논리적으로 입증해야 한다. 연화설에 이용된 사료가 갖는 한계를 명백하게 인식하지 않으면 안 된다. 그것이 역사학의 기본이 되는 기초 사료에 대한 비판적 작업이기 때문이다.

접근 방법상의 문제점을 한결 분명하게 드러낼 수 있으리라 판단되었기 때문이다.

(『한국 고대사 연구의 자료와 해석』, 사계절, 2014)

| 제2편 |

신라의 금석문

1장 포항중성리신라비(浦項中城里新羅碑)에 대한 연구 전망(展望)

2장 포항중성리신라비(浦項中城里新羅碑)의 구조(構造)와 내용

3장 울진봉평리신라비(蔚珍鳳坪里新羅碑)와 신라의 동해안 경영

4장 남산신성비(南山新城碑)의 구조와 의미

1장

포항중성리신라비浦項中城里新羅碑에 대한 연구 전망展望

포항중성리신라비

1. 머리말

다 알다시피 사료가 희소한 한국고대사 분야에 종사하는 연구자들은 언제나 새로운 자료의 출현을 애타게 기다린다. 그런 기대에 부응이라도 하듯 오랜 가뭄 끝에 내린 단비와 같이 새로운 신라 금석문이 가끔 우리를 찾아오곤 한다. 2009년 5월에 발견되어 포항중성리신라비(이하 중성리비로 약칭함)로 명명된 비도 바로 그런 사례의 하나에 속한다.

이따금씩 출현한 6세기의 굵직한 금석문은 신라사 연구를 크게 촉진시키는 계기로 작용하였다.[1] 이들은 때론 해묵은 논란을 단번에 종결짓거나 혹은 새로운 지견(知見)을 더해 주어 연구의 진전에 크게 활기를 불어넣기도 하였다. 그 결과 지금까지 상당한 성과를 거두어 6세기 신라사의 내용은 상대적으로 풍부해지기에 이른 것이다.

필자는 처음 중성리비의 출현 소식을 접하였을 때에도 과거의 경험으로 역시 그런 기대에 잔뜩 부풀어 있었다. 그러나 비를 현장으로부터 옮겨 보관·관리하고 있던 국립경주문화재연구소(國立慶州文化財研究所)로 달려가서 실물을 직접 접하면서 단번에 그런 기대가 빗나갈지 모른다는 생각을 갖게 되었다. 기본적 내용 파악조차 그리 만만치가 않아 앞으로 적지 않게 진통을 겪으리라 예상되었다. 그로부터 얼마 지나지 않은 5월 하순 경 국립경주문화재연구소 주관의 공동 판독 모임에 참여하면서 그 점을 다시금 확신하기에 이르렀다. 과연 이후 두 차례에 걸쳐 진행된 학술회의를 통해서도[2] 그런 예측은 결코 빗나가지

1 이를테면 1980년대 후반 迎日冷水里新羅碑와 蔚珍鳳坪新羅碑의 발견을 그 대표적인 사례로 손꼽을 수 있다. 이를 매개로 部體制나 신라 왕권의 성격 문제, 律令과 관등제 문제 등 이렇다 할 굵직한 문제들을 해명할 수 있는 길이 열려 연구상 커다란 진전이 있었다.

2 당시 작성 배포된 자료집은 다음과 같다. 문화재청·국립경주문화재연구소, 『浦項 中城里新羅碑』, 2009 ; 포항정신문화연구원·한국고대사학회, 『신발견 포항중성리비에 대한 역사학적 고찰』, 2009. 후자는 다시 『韓國古代史研究』 56, 2009로 재정리된 바 있다. 그와 관련된 구체적

를 않았다.

최근 한국고대사학계의 동향을 더듬어 보면 2009년은 7세기 백제사 연구가 아연 활기를 띤 한해로 기록될 터이다. 그 계기로 작용한 것은 익산(益山)의 미륵사지서탑(彌勒寺址西塔)의 수리, 복구를 위한 해체 과정에서 출토된 사리봉안기(舍利奉安記)였다. 다 알다시피 거기에는『삼국유사』무왕조에 실린 것과는 전혀 다른 내용이 보여 사계(斯界)의 커다란 관심 대상으로 부각되었던 것이다. 그래서 여러 학술 단체들이 너도나도 마치 전리품 확보를 위하기라도 하듯 앞다투어 그 문제를 본격적으로 다루는 학술회의를 개최하였으며 그 결과 수십 편에 달하는 논문이 제출되었다. 기실 사리봉안기가 전해주는 실제적 내용은 그리 복잡하지가 않고 매우 단순한 편에 속한다. 그럼에도 짧은 기간에 비추어 그처럼 많은 논문이 발표된 사실은 자못 괄목할 만한 일이였음은 분명하다. 다만, 지나치게 섣불리 다루는 것이 아닌가 하는 우려의 목소리도 들렸다. 어쩌면 연구자들이 문제점을 하나하나씩 풀어가는 데에 숙고(熟考)하고 장고(長考)하기보다는 너무도 안이하게 신설(新說)을 내세우려 하거나 기존 자설(自說)을 무조건 보강하려는 근거로서 끌어들이는 경향성을 보였기 때문이다. 적극적인 연구의 수행 자체를 비난하고 나무랄 일은 결코 아니지만 풍성한 분량에 비교해 과연 질적으로 얼마 만큼 성과를 거둔 것인지에 대해서는 의구심이 든다. 오히려 많은 부분을 헷갈리게 유도하여 마침내 아무런 정설 없이 각종 언설(言說)만 난무하는 꼴이 되지 않았는가 싶기도 하다. 그런 추이(推移)를 지켜보면서 최근 한국고대사학계(일견 전 분야에 걸쳐 만연된 분위기로 보이지만) 일각에 깔린 연구 경향이랄지 혹은 풍토의 한 측면을 그대로 엿보게 하는 듯해[3] 씁쓸한 느낌을 떨치기 어려웠다.

인 논고에 대한 소개는 번잡함을 피하기 위하여 참고문헌 항목으로 할애한다.

3 자료에 입각한 철저한 논증보다도 허술하기 이를데 없는 근거로 선언이나 주장이 많이 제기되었다. 이는 양적인 성과를 추구하는 최근의 연구 경향에서 기인한 것이다.

그와 비교하면 오히려 중성리비에 대해서는 상대적이긴 하나 대단하다고 표현해도 좋을 정도로 정보가 많이 담겨져 있음에도 불구하고 연구자들이 먼저 나서서 자신의 견해를 경쟁적으로 피력하려는 기미(氣味)는 별로 감지되지 않는다.[4] 아니 차라리 꺼려하는 듯한 모습을 보이는 듯하다. 중성리비가 출현한 후 대략 1년여 가까운 시간이 흐른 동안 이를 다룬 본격적인 논고는 '겨우' 10편 남짓 제출되었을 따름이다. 어쩌면 미륵사서탑사리봉안기에 견주어 너무도 부진하지 않은가 싶은 느낌이다. 그것은 이 방면 연구자들이 유달리 침착하고 진중(鎭重)한 데서 비롯한 결과는 결코 아니리라 여겨진다. 기실 그 내용 파악 자체가 그리 녹녹하지가 않은 데서 연유한 것이다. 논자들 대부분이 별로 자신 없어 하는 투의 심정을 그대로 토로(吐露)하고 있는 데서 확인되는 사실이다.[5] 이는 평소 쉽게 내뱉는 단순한 겸양지사(謙讓之辭)가 아니라 정말 진솔한 표현이라 여겨진다. 아직껏 중성리비의 가장 기본적이며 핵심적이라 할 사항조차 확연히 드러나지 않았음은 그를 여실히 입증해 주는 사실이다. 물론 중성리비에는 어떤 시각에서 어떻게 접근하느냐에 따라 기존 연구 성과 자체가 전면적으로 재검토되지 않으면 안 될 정도의 폭발력을 지닌 내용도 담겨져 있는 듯하다. 이미 그런 시각에서 발 빠르게 움직인 연구자도 있다.

여기서는 여러 가지 제약으로 말미암아 부득이 중성리비를 통해서 제기될 만한 문제점을 낱낱이 점검해 가는 방식으로 논의를 진행할 수는 없다. 그렇지 않아도 복잡한 상황을 자칫 더욱 혼란스럽고 어렵게 만들지도 모르기 때문이다. 그래서 주로 중성리비를 다룰 때 어떻게 접근하는 것이 과연 바람직할까 하는 방법론상에서 드러나는 몇몇 문제점을 잠시 반성적 차원에서 검토하고 나아가 거기에 담겨진 내용이 신라사 연구사상(硏究史上)에서 차지하는 위치랄

4 앞서 언급한 공동 발표문 외에도 중성리비를 개인적으로 취급한 논고는 朴方龍, 「포항 중성리신라비」『경주문화』15, 2009 ; 김희만, 「浦項 中城里新羅碑와 新羅의 官等」『東國史學』47, 2009 ; 김창석, 「포항 중성리비에 관한 몇 가지 고찰」『한국사연구』147, 2009 등이 있다.

5 이는 거의 대부분의 논자들이 이구동성으로 실토하고 있는 공통의 현상이다.

지 혹은 의의가 과연 어디에 놓여 있을까를 나름대로 가늠해 보는 것으로서 장차의 연구에 일조(一助)해 보려 한다. 그밖에 본 비에 대한 필자 나름의 입장에 대해서는 따로 기회를 가져 표명하기로 하겠다.

2. 내용 파악의 난점(難點)

현재로서는 중성리비의 전반적인 내용을 선명하게 드러내기란 대단히 힘든 실정이다. 그 이유가 단순히 비문의 파손과 같은 외형적 요인이나 판독상의 문제로부터 기인한 것은 아니다. 비슷한 시기의 여러 금석문에 보이는 현황과 대조하면 비 자체의 훼손은 약간 있으나 그 정도가 미미한 상태이며, 판독상의 논란은 차라리 극히 적은 편에 속한다. 겨우 몇몇 개의 이체자(異體字)만을 놓고서 약간의 논란이 거듭되고 있을 따름이다(물론 그 중에는 문맥 파악에 핵심적인 글자도 포함되어 있기는 하다). 그럼에도 내용 파악이 그처럼 어려운 요인은 다른 데에서 찾아진다.

무엇보다도 먼저 당시의 실상(實相)에 대한 우리의 현재 이해 수준이 그리 높지 못한 데에 일차적 요인이 있지 않을까 싶다. 우리의 이해 정도는『삼국사기』를 비롯한 기존의 한국고대사 관련 기본 사료를 근거로 정리된 수준을 그리 크게 뛰어넘지 못하고 있다. 거기에는 대체로 정치사·외교사 관련 기사를 중심으로 한 대강의 사정만이 다루어지고 있다. 그래서 새로이 출현한 금석문 속에서 간혹 별로 익숙하지 않은 뜻밖의 내용이나 글자, 용어, 문장 등이 등장하면 선뜻 이해하기 힘든 상황에 직면하곤 한다. 이를테면 본비에는 본모자(本牟子, 喙?),[6]

6 대부분의 논자들이 당연하게도 本牟子와 喙을 분리하여 이해하려 한다. 그러나 매우 조심스럽게 말한다면 本牟子喙을 붙여서 읽을 여지가 전혀 없지도 않다. 왜냐하면 바로 앞에 柰麻의 관등을 가진 인물의 출신지가 喙部이기 때문이다. 따라서 이 부분이 단순히 인명을 열거하였다면 喙은 중복하여 기록된 셈이다. 그래서 본모자를 실제 내용이야 잠시 젖혀두더라도 인명이

모단벌탁(牟旦伐喙), 세령(世令), 진벌일(珍伐壹?), 궁(宮), 백구(白口)[7]와 같이 어느 곳에서도 찾기 힘든 새로운 표현이나 용어들이 제법 보인다. 이들은 중성리비의 전반적인 흐름에 비추어 내용 파악의 핵심적 고리가 되는 것으로 여겨진다. 그런데도 그 가운데 일부를 제외하고서는 구체적 의미를 제대로 풀어갈 실마리가 확연히 찾아지지 않아 안타깝기 그지없다. 거기에는 틀림없이 새로운 정보가 가득 담겨져 있을 터이나 현재로서는 오히려 중성리비의 내용 전반과 의미를 뚜렷이 파악하는 데 커다란 걸림돌이 되고 있다.

다음은 중성리비에 사용된 문장이 당시 아직 정형화되지 않아 우리에게 그리 익숙하지 못한 점이다. 이를테면 동사(動詞)의 위치가 모호한 곳도 적지 않다. 이는 중성리비의 연대를 어떻게 판정하든 신라 최고(最古)의 것이라는 데서 빚어진 당연한 결과일지 모르겠다. 지금까지 알려진 가장 고졸(古拙)한 형식의 문장이다. 그래서 정상적 한문식 표현과는 일정한 거리가 있을 뿐 아니라 또 작성 시점이 가장 가까운 503년의 포항냉수리신라비(浦項冷水里新羅碑, 이하 냉수리비로 약칭함)와 대비해도 문장 구조상 상당한 차이를 보인다. 이 점이 중성리비의 문맥을 쉽게 파악하지 못하게 하는 주된 요인의 하나이다.

아니라 직명으로 보려는 색다른 견해까지 제기되기도 하였다. 그러나 그렇게 보아도 역시 문제는 남는다. 하필 그 앞의 두 인물에게는 직명이 없는데 여기에만 그러하였을까 하는 점이다. 그래서 본모자를 어떤 특정 사실을 가리키는 것으로 해석하려는 견해도 나왔다. 그럴 때에도 앞의 두 인명과는 달리 이 喙에는 왜 하필 部가 붙지 않았는가 하는 점이 역시 논란의 대상이다. 물론 바로 뒤의 爭人 가운데 첫 인물의 출신지가 喙으로 되어 部가 붙지 않는 사례도 보이므로 별달리 문제가 되지 않을 수도 있다. 그럴 때 같은 탁부 출신자라도 관등을 갖지 않은 인물의 경우 部를 생략한 점에서 공통성이 보이는 셈이다. 여하튼 이런 점은 본모자의 의미가 불분명한 데에서 비롯한 것이다. 그래서 차라리 후술할 牟旦伐喙처럼 본모자탁으로 볼 소지도 동시에 고려해 봄직하다는 점을 아울러 지적하여 두고 싶다.

7 지금까지 白口를 단순히 白이나 口와 같은 의미로 사용하였다고 봄이 일반적이다. 그러나 곧장 이어지는 문장과 연결하여 적극적으로 이해하면 '시비를 건다', '쓸데없이 문제로 삼는다'라는 뜻이 담겨져 있는 듯도 하다. 따라서 어쩌면 오늘날 널리 통용되고 있는 '흰소리'와 같은 의미를 지닌 것이 아닐까 상상해 본다. 여하튼 白口는 단순히 白과 같은 뜻으로 쓰였다고 단정할 수는 없다.

다음은 일벌(壹伐)과 같이 기왕에 널리 알려진 것과는 차이가 나는 용법으로 사용된 용어도 보인다는 점이다. 일벌(壹伐)이 일벌(一伐)로 표기되었다면 당연히 11등 체계로 완성되는 외위(外位)의 하나가 되겠지만 여기서는 단지 표기상 차이이 날 뿐만 아니라 용법도 전혀 다르다. 그런 의미에서 후술하는 것처럼 외위나 경위에 대해 여러 가지를 재검토하도록 하는 사례의 하나로 손꼽힌다. 따라서 이들에 대한 철저한 이해가 선행되지 않으면 비문 전반을 전후 맥락이 닿게 파악하기란 매우 힘들지 않을까 싶다. 이들을 제대로 이해하기만 한다면 중성리비 건립 시점의 신라에 대한 우리의 인식 수준도 크게 향상될 것이다. 그런 뜻에서 중성리비는 앞으로도 우리가 심각하게 고민해 보아야 할 과제를 안고 있는 중요한 자료라고 하겠다.

사실 중성리비는 연대가 어떻든 현재로서는 신라인이 직접 남긴 가장 오랜 금석문이다.[8] 내용을 제대로 파악하기가 무척 힘든 것도 바로 그 때문이다. 그러나 당대인들로서는 약간의 문자 해독 능력만 갖추고 있어도 의미 파악을 현재의 우리들처럼 그리 힘들어 하지는 않았을 터이다. 그렇지 않다는 것은 결국 당대의 메시지를 전달받는 오늘날 연구자의 코드 상에 문제가 있다고 단정할 수밖에 없다. 따라서 앞으로 가능하면 허심(虛心)하게 당대인의 심정으로 돌아가 읽어내려는 자세와 노력이 필요하다.

3. 접근 방법상의 몇몇 문제와 대안(代案)

1) 기본 사항

중성리비의 내용을 명확하게 파악하기란 무척 힘들다. 하지만 대충 일별

8 5세기 신라의 積石木槨墳에서 출토된 몇몇 문자자료가 있으나 그 자체 지극히 단편적일 뿐만 아니라 그나마 신라인에 의하여 작성된 것인지조차 명확하지가 않은 실정이다.

해 쟁인(爭人), 탈이(奪尒), 갱환(更還) 등의 단어와 함께 '약후세갱도인자여중죄(若後世更噵人者与重罪)'란 문장을 매개로 하면 미흡하게나마 대강은 파악 가능하다. 당시 어떤 다툼이 진행되었고 마침내 중앙의 정치세력이 공식적으로 개입하여 그에 대한 정식 판결이 내려짐으로써 일단락되었다는 줄거리이다.

그런데 누가, 누구와, 무엇을 대상으로, 어떻게, 왜 다투었는가 하는 핵심적 기본 사항에 대해서는 전혀 또렷하게 해명할 수 없다는 데에 문제의 심각함이 있다. 이에 대해서는 논자들 사이에 편차가 워낙 커 앞으로도 완전히 합치될 가능성은 극히 희박할 듯하다. 중성리비의 성격을 제대로 진단하려면 그런 핵심 사항이 선명히 드러나야 하나 현재로서 오리무중의 상태이고, 장차도 그를 기대하기가 그리 쉽지 않은 것이다. 그럼에도 큰 위험을 무릅쓰면서 추론에 추론을 거듭해 저 멀리까지 나아간 용감한 해석까지도 나왔다. 기존의 접근 가운데 특히 몇몇 사례에서는 방법상 허술해 약간의 문제점도 간취된다. 아래에서는 그와 관련한 몇 가지 명백한 사례를 추출해 구체적으로 점검하고 새로운 대안적 방법을 모색해 보고자 한다.

판독상 문제가 많음에도 쉽게 단정을 내리고 이미 제시된 자설(自說)에 유리하도록 이끌어내려 했던 사례가 보인다. 1행의 경우 몇 글자 되지 않으면서도 부분적 파손으로 판독 불가능한 글자가 가장 많다. 확실히 단정할 수 있는 것은 겨우 첫머리의 '신사(辛巳)' 정도에 불과하며(그나마 이것이 중성리비 연대 설정의 기준이 되므로 무척 다행스런 일이다) 나머지 제법 뚜렷한 글자조차도 여전히 논란의 소지를 안고 있다. 예컨대 1행의 제 12자와 13자만 해도 '절(折)'과 '로(盧)'로 판독하려는 견해가 우세하다. 제 14자의 경우 ++변 비슷한 형태이기는 하지만 확정짓기가 곤란하다. 그런데도 아래 부분의 획만 약간 남은 제 4자를 '지(只)'로 추독(推讀)한 바탕 위에 한 걸음 더 나아가 그 이하의 글자까지 연결해 '지절로(只折盧)'로 판정하고 ++를 갈(葛)의 윗변으로 해석하려는 견해가 제기되었다. 한 걸음 더 나아가 이 인물을 '지절로갈문왕(只折盧葛文王)'이라 단정함으로써 503

년 냉수리비의 '지도로갈문왕(至都盧葛文王)'과 동일한 것으로 보았다.[9] 그리하여 스스로가 설정한 건비(建碑)의 연대관을 보강해 주는 결정적 근거로 활용하려 하였다. 물론 그렇게만 될 수 있다면 신사는 자연히 501년으로 낙착될 터이다.

그러나 이는 너무도 성급한 접근이어서 근본적 문제점을 안고 있다. 왜냐하면 몇 차례에 걸친 추독 결과이기 때문이다. 설사 추정에 의한 결론이 실제와 꼭 그대로 합치된다 할지라도 결코 바람직한 접근 방법이라 하기는 어렵다. 논지 전개상에서 어느 하나라도 어긋나면 전체가 잘못될 위험성이 언제나 도사리고 있기 때문이다. 게다가 그런 주장이 설득력을 얻으려면 당연히 보완적 논증이 이루어져야 할 몇몇 핵심 사항이 보이나 그에 대한 고려는 전혀 없었던 데에 문제가 있다. 가령 '지(只)'의 바로 위에는 대충 두 글자(혹은 아무리 늘려 잡아도 세 글자)[10]밖에 남지 않는다. 그렇다면 '지도로갈문왕'의 바로 앞에 당시 관례상 당연히 들어갔을 출신부명(出身部名)의 자리가 없어져 버린다. 냉수리비에 의하는 한 지도로(至都盧)는 사탁부 출신임이 분명하므로 인명 바로 앞에는 적어도 두 글자가 들어설 자리가 있어야 한다. 그렇다면 '신사' 다음에는 '월(月)'이 아예 없거나 아니면 '신사'에 따라붙어야 할 '연(年)'이란 글자조차 생략된 채 오로지 연간지(年干支)만 쓰인 셈이 된다. 그렇게 되려면 보완적인 해명이 반드시 뒤따라야 설득력을 얻을 수 있다. 이를테면 그처럼 오직 연간지만으로 연대를 표기한 사례가 비슷한 시기 금석문상에 달리 있는가, 혹은 연(年)이란 글자까지 생략한 경우가 있는지 어떤지가 철저히 점검되어야 한다. 과문한 탓인지

---

9 전덕재, 「포항중성리신라비의 내용과 신라 6부에 대한 새로운 이해」『한국고대사연구』56, 2009, pp.90~91을 그런 입장의 대표로 손꼽을 수 있다.

10 국립경주문화재연구소에서 2009년 간행한 자료집 『浦項 中城里新羅碑』에서 辛巳와 只 혹은 中 사이에 두 자만 설정한 이래 그것이 2009년 9월에 진행된 학술회의에서 통용되다가 어떤 근거에 의해서인지는 몰라도 한국고대사학회 주관 아래에 같은 해에 진행된 10월의 학술회의에서는 논자에 따라 2자 혹은 3자로 추정하였다. 첫머리의 辛巳가 다른 글자에 비하여 작게 쓰였으므로 경우에 따라 혹여 그 아래에 3자가 들어갈 가능성이 없지는 않다.

는 몰라도 이제껏 정상 비문(공고문이건 아니면 공문서이건)에서는 그런 사례를 찾기 어렵다. 기왕에 알려진 중고기 금석문에서는 연월일(年月日) 가운데 일(日)은 생략하더라도 연월(年月)을 함께 표기함이 일반적인 경향이었다. 단, 울산천전리서석(蔚山川前里書石)의 갑인명(甲寅銘)에서는 '年'도 없이 오직 간지만으로 표기한 예외적 사례가 확인된다. 그러나 이는 공식문서가 아니라 잠시 거기에 놀러간 사람이 남긴 일종의 개인적 낙서와 같은 성격의 글이다. 그러므로 실수해 빠트렸을 가능성도 있다.

여하튼 중성리비와 같이 국가의 공식 문서와는 비교의 대상이 되지 않는다. 연대 관련 논의는 이처럼 쉽게 결론을 이끌어내기에 앞서 충분하게 이루어져야 하는 것이다. 이와 같은 사전의 정지작업을 거치지 않고 무조건 지(只)로 추독해 섣부르게 결론짓는 것은 지나치다고 하겠다. 그리고 틀림없이 지절로(只折盧)라 읽히더라도 바로 다음의 글자를 갈(葛)로 단정할 근거는 어디에도 없다. 게다가 그를 냉수리비처럼 지도로라 하지 않고 지절로로 표기된 점도 확실히 규명되지 않으면 안 될 약점으로 남는다.

여하튼 지절로를 활용하여 중성리비의 연대를 판별하는 주요 기준으로 삼는 것은 여러 측면에서 매우 위험한 발상이므로 자제(自制)되어야 마땅하다. 연대 추정의 또 다른 근거로 흔히 제시되고 있는 2행의 '사탁사덕지아간지(沙喙斯德智阿干支)'의 경우도 마찬가지이다. 이를 냉수리비의 사덕지아간지(斯德智阿干支)와 동일인으로 보아 501년의 유력한 근거로 삼고 있다. 출신부가 사탁부로서 동일하고 관등 또한 같으므로 동일한 인물일 가능성이 매우 크다. 그러나 이는 어디까지나 방증의 자료로만 활용될 수 있을 뿐이다. 덕(德)으로의 판독 확정도 선결해야 할 과제이다. 나아가 냉수리비와 겨우 2년 차이밖에 나지 않는 데도 왜 그처럼 인명 표기상에 사용된 글자가 달라졌는지도 다루어야 할 대상이다.

이상과 같이 중성리비의 연대를 501년으로 확정짓기 위해 제시된 증거는 근거가 대단히 박약하다. 굳이 위험을 무릅쓰면서 무조건 그처럼 단정해서는 곤란하다. 연대 판별의 기준은 달리 모색되어야 마땅하다. 그럴 때 먼저 들 수 있는 것은 전반적인 문장 구성이 냉수리비와 아주 유사하다는 사실이다. 물론 양자가 꼭 같지는 않다. 이를테면 중성리비에서는 첫머리의 공론(共論)이란 논의 과정이 생략되어 있고(사실 그것이 있었는지 어떤지도 명확하게 알 수 없는 일이지만) 또 마무리를 위한 살우의식(煞牛儀式)도 보이지 않는다.[11] 그러나 양자를 대비(對比)해 일독하면 기본 체제나 전체의 흐름이 상당히 비슷하다는 느낌을 갖는다. 특히 냉수리비의 후반부에 이르러 마무리하는 형태로 쓰인 '약갱도자교기중죄이(若更噵者敎其重罪耳)'와 중성리비의 '약후세갱도인자여중죄(若後世更噵人者与重罪)'는 같은 자리에 배치되었으며, 따라서 마치 당시 유행처럼 사용되던 관용적(慣用的) 표현이었다고 여겨진다. 갱도(更噵)나 중죄(重罪)란 용어의 공통성을 비롯하여 전사인(典事人)과 전서(典書)의 사례처럼 전(典)이란 글자의 용법상 동일성도 찾아진다. 게다가 두 차례나 쓰인 소(蘇)란 글자를 '어(魚)'와 '화(禾)'의 앞뒤 바꾸어 사용한 점도 공통적이다. 그리고 마지막 단락을 정리하면서 '고기(故記)'라는 표현을 사용한 점도 공통적 요소의 하나로서 손꼽을 수 있다.

이상과 같이 몇몇 공유하는 사례를 근거로 삼으면 두 비의 작성된 연대가 그렇게 멀리 떨어졌다고 보기 곤란하지 않을까 싶다. 한편 도사(道使)란 지방관명이 함께 보이는 점도 냉수리비와의 시차를 많이 두기 어렵게 하는 요소이다. 냉수리비에도 직명이 없는 나마(奈麻)의 관등을 가진 인물을 필두로 주어진 일을 최후로 마무리한 전사인(典事人) 7인 가운데 탐수도사(耽須道使)가 보인다. 이 중 주목되는 것은 두 비의 나마 소지자가 모두 직명을 갖지 않은 반면 도사를 보유한 인물의 경우는 거꾸로 관등을 갖지 않은 점이다. 이들도 두 비문 사이의 연대 폭이 그리 크지 않았다는 추정을 보강해 주는 또 다른 사례이다. 그러므로 현재로서는 중성리비의 건립 연대가 501년일 가능성이 가장 크다.[12]

11 이런 차이는 비문의 성격을 가늠하는 중요한 기준이 될 수도 있을 듯하다. 두 비문을 조심스럽게 대비해 볼 필요성은 이런 데에도 있다.

12 두 비를 관등으로 비교할 때 냉수리비에는 阿干支, 居伐干支, 壹干支, 奈麻가 보이는 반면 중성리비에는 阿干支, 沙干支, 奈麻가 보인다. 전자에 비하여 沙干支가 새로이 보이는 점, 그 하

그렇지만 신사(辛巳)를 한 주갑(周甲) 올린 441년으로 비정할 실마리가 전혀 없지는 않다. 그것은 유독 탁(喙)에만 '부(部)'를 붙인 점, 일벌(壹伐)이란 관등을(一伐은 아니지만) 지방민이 아니라 왕경의 6부 출신자가 소지한 점, 6부명에서 고졸한 면이 엿보이는 점,[13] 인명의 표기 방식이 상대적으로 올라간다고 느껴지는 점, 만약 본파탁(本波喙)으로 읽을 수 있다면[14] 원초적 부명일 여지가 있는 점 등을 대충의 사례로 들 수 있다. 이 중 앞으로 가장 크게 논란될 만한 것은 왕경 6부 출신자가 외위처럼 보이는 일벌(壹伐)이란 관등을 소지한 점이 아닐까 싶다.[15] 어쩌면 이는 중성리비의 연대를 올려 보는 결정적 요소가 될지도 모른다. 그러므로 잠깐 그에 대한 논의를 진행할 필요가 있을 듯하다.

다 아는 바처럼 통일 이전의 신라 관등제는 크게 17등으로 완성되는 경위와 11등 외위의 두 체계로 나뉘어 운영되었음이 특징적이다. 외위는 제 7등인 간(干)을 중심으로 위로 제 1등 악간(嶽干)에 이르기까지의 이른바 간군(干群)과 아래로 제 8등인 일벌(一伐)에서 제 11등 아척(阿尺)에 이르기까지의 비간군(非干群)의 두 그룹으로 이루어져 있다. 지금까지 알려진 금석문 자료에 의하는 한 520년대까지는 간(干) 이하의 5등급만 성립된 상태였다. 간군은 대체로 그 뒤 점차적으로 분화되어간 것이다.[16]

그런데 이번 중성리비에서 일벌(壹伐)이 세 차례나 등장하는 사실은 크게 주

위의 관등으로서 奈麻만 보일 뿐 그 아래의 것은 보이지 않는 점 등은 관등제의 성립 과정을 이해하는 데 크게 참고가 되는 대목이다. 따로 특정 관직을 갖지 않은 나마 소지자가 실무자로 나타나는 것도 두 비문 사이의 거리가 그리 멀지 않다는 추정을 가능하게 하는 요소이다.

13 이는 모단벌탁이란 부명과 함께 본모자탁으로 읽을 수 있는 가능성이 엿보이는 데에서 추정되는 사실이다.

14 다만 여기서는 그렇게 읽겠다는 의미는 아니며 그렇게 읽는 견해가 있다는 의미에서 든 것이다.

15 앞서 열거한 사례는 비문 작성자의 입장에 따른 차이 혹은 수준의 차이에서 비롯한 것일 수도 있고 또 오늘날 우리가 끊어 읽는 방식에서 비롯한 것일 수도 있으므로 연대를 올려볼 결정적 근거가 되지는 않는다.

16 朱甫暾, 「6세기 초 新羅王權의 位相과 官等制의 成立」 『歷史敎育論集』13·14합집, 1990.

목된다. 만약 이 일벌이 외위 일벌(一伐)과 같다면[17] 관등제 발생에 대한 기존의 이해는 근본에서부터 재검토되지 않으면 안 된다. 왕경인도 6세기 초에는 뒷날의 외위를 소지한 셈이 되기 때문이다. 그래서 여전히 일벌(壹伐) 소지자를 지방민으로 간주하고 나아가 바로 앞서 기록된 왕경인에게 어떤 행태로든 예속된 존재라 이해하는 견해가[18] 제기되었다. 그러나 그렇다면 왜 일벌 소지자의 출신지명이 따로 기록되지 않았는지, 양자의 예속 관계가 어떠하였는지, 모단벌탁 출신인 사리(斯利)의 경우 왕경인임에도 왜 일벌을 지녔는지[19] 등등의 복잡한 문제점이 말끔하게 해소되어야만 설득력을 얻을 수 있다. 그에 대한 납득할 만한 해명이 이루어지지 않는다면 선입견에 입각해 일벌(壹伐)을 무조건 지방민이 소지한 외위였다고 단정하기보다는 일단 왕경인이 소지한 것으로 간주하고서 접근함이 적절한 방법이라고 여겨진다.

그렇다면 그것은 일단 중성리비 단계에서는 아직 경위와 외위가 6세기의 사례처럼 확연하게 분화되지 않았다고 풀이될 수 있는 근거가 된다. 이로 말미암아 양자가 분립해 외위가 성립하는 시점(이는 干을 정점으로 한 그 이하 非干群의 성립을 의미함)을 501년으로 보기에는 너무도 빠르지 않을까 하는 의문이 당연히 제기된다. 그런 측면을 깊이 고려하면 중성리비의 연대를 501년보다 60년

17 대부분의 논자들이 그렇게 판단하고 있다. 냉수리비에 보이는 一今智를 중성리비에서는 壹金知로 표기하였듯이 一과 壹이 같은 뜻이므로 굳이 양자를 달리 볼 필요는 없을 것 같다. 다만 양자가 원래 같은 뜻이었더라도 壹伐에서 一伐로 표기방식이 바뀌는 데에는 일정한 의미가 개재되어 있는 것으로 진단해야 할 것 같다. 왜냐하면 중성리비 외에 6세기의 어떤 문자 자료에도 壹伐이란 표기는 보이지 않기 때문이다. 따라서 壹伐은 그 뒤 어느 시점에서 일단 소멸한 셈이 되는데 그렇다고 굳이 一伐에 내재한 의미까지 본래부터 같았다고 단정할 근거는 어디에도 없다.

18 하일식, 「포항중성리비와 신라 관등제」『한국고대사연구』56, 2009, pp.205~209.

19 그래서 모단벌탁을 지방으로 보려고 하는 입장을 취하기도 한다. 그러나 이를 하나로 볼 때 지방의 특정 지역으로 간주하는 것은 문제를 한층 더 복잡하게 할 뿐이다. 모단벌탁은 뒤에도 되풀이 되므로 일단 그 자체를 하나로 보아 뒷날 牟啄의 원래 표기로 봄이 가장 무난하다.

더 올려 잡는 것이 어쩌면 한결 적절할 지도 모른다.

그러나 이와 관련해 503년의 냉수리비에 보이는 외위의 존재 양태에 대해 잠시 새롭게 음미해 볼 필요가 있다. 거기에는 지방민임이 확실한 촌주(村主)가 지닌 관등으로서는 간지(干支)가 확인되며, 그에 뒤이어 일금지(壹今智)가 보인다.[20] 그밖에는 외위로 추정할 만한 대상은 전혀 없다. 그러므로 일단 503년 시점에 지방사회에서는 '간지-일금지'의 체계가 성립해 있었다고 보아도 좋다. 중성리비에서도 간지(干支)-일금지(壹金知)가 하나의 세트를 이루고 있음이 새로 확인되었다. 지방민이 소지한 관등에 관한 한 중성리비와 냉수리비는 매우 비슷한 면모를 보인다고 하겠다. 다만, 중성리비에는 기왕에 외위로 간주되어 온 일벌(一伐)이 일벌(壹伐)이란 형태의 표기로서 처음 나타나지만 지방민이 아니라 왕경인이 소지한 셈이 된다. 그렇다면 왕경인이 소지한 이 일벌(壹伐)을 과연 어떻게 이해해야 옳을까.

지금까지 알려진 금석문에 의하는 한 524년의 울진봉평리신라비(蔚珍鳳坪里新羅碑)(이하 봉평비라 약칭함) 이후의 금석문에서는 일벌(一伐)이 아무런 예외 없이 지방민에게만 주어졌다. 다만, 이런 일벌의 시원이 어디까지 소급될지는 지금으로서는 확언할 수가 없다. 503년의 냉수리비에서는 일벌이 보이지 않는 반면 대신 그보다 약간 앞서는 중성리비에서 일벌(壹伐)과 같은 표기로, 그나마 지방민이 아닌 왕경인이 보유한 형태로 나타나는 것이다. 그렇다면 현상으로서는 일벌(壹伐)에 대해 일단 두 가지 가능성을 상정해 볼 수 있다. 하나는 중성리비 단계에서는 왕경인에게만 주어졌을 가능성이며, 다른 하나는 그와 함께 현재의 비문 자체에는 보이지 않지만 동시에 지방민에게도 주어졌을 가능성이다. 어느 쪽이 옳은 것인지는 단언할 수가 없지만 어떻든 중성리비 단계에서

20 과거 일금지를 인명의 일부로 보기도 하고 동시에 그도 또한 村主의 한 사람이라 간주한 견해가 있었으나 중성리비의 출현으로 그런 견해가 모두 잘못임이 판명되었다. 한편 봉평비에서 그동안 논란되었던 一今智도 동일한 외위임이 확실시되었다.

는 아직 뒷날처럼 경위와 외위가 뚜렷이 구분되지 않은 상태였음은 명백하다. 그를 방증하여 주는 것이 왕경인과 지방민 유력자가 함께 간지(干支)란 칭호를 공유하였다는 사실이다.

이와 관련하여서는 다시 두 가지 가능성을 상정해 볼 수 있다. 앞서 언급하였듯이 한편으로는 중성리비의 연대를 441년으로 올려 잡는 유력한 근거로 삼을 가능성이다. 다른 한편 501년으로 보면서 이후 경위와 외위의 분립과 동시에 외위가 성립되어 가는 과정으로 이해할 가능성이다. 일단 냉수리비에서도 간지-일금지 외에 다른 외위가 보이지 않는 점과 함께 간지는 왕경인과 지방민 사이에 공유(共有)된 점에서 후자가 한층 적절하리라 판단한다. 그렇게 본다면 이는 관등제 자체의 성립 과정에 대해 전면적 재검토의 필요성이 제기되는 셈이다. 중성리비를 매개하면 장차 신라 관등제 성립 연구에 커다란 진전이 있으리라 기대해도 좋을 듯 싶다. 이울러 501년이 옳다면 지증왕(智證王)대에 대한 관심도 전혀 새로워지지 않으면 안 된다. 중성리비 출현이 갖는 커다란 의의는 실로 이런 데에 있다.

2) 문장의 분석 방법

앞서 기초적 사항 파악에 철저를 기해야 함을 누차 지적해 왔다. 그와 관련해 분석 방법에서 드러난 몇몇 문제점을 간단히 지적하고자 한다.

먼저 필획의 일부분만 잔존해 매우 모호한 상태라 할 6행 제 1자를 '사(沙)'라 단정하고 접근하는 견해가 있다. 그렇다면 아래 글자와 결합해 사간지(沙干支)란 관등으로 되며, 바로 앞의 금평(金評)은 저절로 인명으로 낙착된다. 그러나 이 글자는 획의 일부를 제외하고는 대부분 결락된 상태이어서 그처럼 쉽게 단정하는 것은 곤란하다.[21] 그런데도 굳이 '사(沙)'라 단정해 버리면 비문의 이해

21 게다가 바로 옆의 5행과 대비하면 그 위에도 다른 글자가 하나 더 있었을 가능성까지도 배제하기 어렵다. 일단 한 자만을 설정하지만 만약 두 글자가 들어간다면 다른 이해도 가능해진다. 그

전반에 잘못된 영향을 미칠 수도 있으므로 신중히 접근해야 마땅하다. 가령 이를 공백으로 남겨 둔다면 '금평△'로 끊어 읽을 소지도 엿보이므로 아래의 간지(干支)만이 관등으로 된다. 그렇다면 바로 앞의 본파(本波)에 대해서도 전혀 다른 이해가 가능해진다. 부(部)의 내부 구조에 대한 이해도 저절로 달라지지 않을 수 없게 된다. 그러므로 사(沙)라고 미리 예단해 버리고 접근하면 다양한 해명의 여지를 원천적으로 차단하는 결과가 되므로 그것을 공백으로 남겨 두고 다룸이 올바른 접근이라 하겠다.

이와 관련해 그것이 다른 부분에 어떻게 영향을 미치는 지에 대해서 약간 더 구체적으로 적시해 보고자 한다. 이해의 편의를 위하여 비문 가운데 크게 논란될 만한 부분만을 잠시 가려보면 다음과 같다.

A) (4행) (白)争人喙評公斯弥沙喙夷須牟旦伐喙斯利壹伐皮末智夲波喙柴
干支弗乃壹伐金評
(5행) △干支祭智壹伐

이는 쟁인(争人)의 그룹 속에 넣을 수 있는 인명을 열거한 부분이다. 여기서는 다른 무엇보다 본파(夲波) 이하가 문제로 될 듯하므로 이를 구체적으로 살펴보겠다. 일단 논란의 핵심이 되고 있는 '본파탁시간지(夲波喙柴干支)'를 실마리로 삼아 접근한다.

이를 끊어 읽는 방법은 이미 널리 지적되어 온 것처럼 크게 두 가지로 정리된다. 하나는 '본파탁(夲波喙) +시(柴) +간지(干支)'이고, 다른 하나는 '본파(夲波) +탁시(喙柴) +간지(干支)'이다. 아무런 선입견 없이 자체만으로 접근할 때 일단 어느 견해도 성립 가능하다. 현재 두 입장으로 크게 견해가 엇갈리는 것도 바로 그 때문

러나 일단 여기서는 그 가능성만을 열어 두고 한 자만 결락된 것으로 보고 논의를 진행하려고 한다.

이다. 그렇다고 양자가 물론 완벽하게 필요충분조건을 동시에 만족시킨다는 의미는 아니다. 각기 뚜렷한 약점을 지니고 있으므로 구체적 점검을 거쳐야 한다.

먼저 후자에 대해서이다. 그렇게 끊어 읽을 때 탁(喙)이 과연 인명의 일부분으로 사용될 수 있을까 하는 점이 자연스레 의문으로 떠오른다. 사실 지금까지 그런 글자가 인명의 일부로 사용된 적이 전혀 없기 때문이다.[22] 만약 이제 이런 입장을 받아들인다면 곧 첫 사례가 되는 셈이다. 과연 그것이 가능할 것인가. 현재로서는 확인할 길이 달리 없으며 장차 그런 사례를 보여 주는 금석문의 출현을 기다려 볼 수밖에 없는 형편이다. 다만 이 입장이 유리한 측면은 그밖에 달리 문제시될 만한 사항이 거의 없다는 사실이다.

전자의 경우에도 마찬가지로 비슷한 문제점이 제기된다. 그렇게 읽을 때 먼저 이름이 과연 시(柴)라는 하나의 글자로 성립 가능할까 하는 점이다. 물론 이것도 역시 결코 불가능하다고 쉽사리 단정할 수는 없다. 그렇다면 이 또한 지금껏 알려진 금석문에서 달리 유례가 없으므로 첫 사례에 속한다. 다만, 중성리비에서도 본래의 이름이 한 글자로 구성된 경우는 찾아진다. 이를테면 제지일벌(祭智壹伐)의 경우 지(智)가 인명에 따라붙는 존칭어미(尊稱語尾)이므로 제(祭) 하나만이 사실상 본래의 이름인 셈이다. 그러나 의도적으로 지(智)를 붙인 점이 위의 사례와는 다르다. 간지(干支)를 보유하였다면 당연히 존칭어미가 붙었을 법도 한데 오로지 시(柴)란 글자 하나만으로 이름을 사용하였다는 것은 어딘지 어색하기 짝이 없다. 이 주장이 설득력을 얻으려면 다른 무엇보다도 그 점이 먼저 철저하게 규명되어야 마땅하다. 게다가 그렇게 읽을 때에는 본파탁(本波喙)도 새로운 첫 사례로 부각된다. 이 견해를 취하는 입장은 너무도 쉽게

---

22 2행과 3행에 보이는 部란 글자에 대해서도 비슷한 양상이 엿보인다. 2행의 '喙部習智阿干支'와 3행의 '喙部本智奈麻'의 경우 部를 喙에 붙여 喙部로 읽을 수도 있고(강종훈, 「포항중성리비의 성격과 내용」『한국고대사연구』56, 2009, pp.145~146) 그를 인명의 앞 글자로 볼 여지도 있다. 전자가 일반적이지만 후자의 경우도 잘못이라고 단정하기 어려운 것은 오직 탁부에만 부가 붙어 있는 셈이기 때문이다. 이것도 장차 해명되어야 할 대상이다.

단정한 바탕 위에 부(部)의 시원이나 구조(構造)에 대한 새로운 논의까지 펼치는 시도를 하였다. 그러나 이는 방법론상의 근본적인 문제점을 내포하고 있다. 그처럼 본파탁으로 읽을 수 있다면 부에 대한 여러 가지 새로운 정보를 많이 얻어낼 수 있는 단서가 됨도 부정할 수 없는 사실이다. 다만 그렇게 되기 위해서는 본파탁이 과연 성립 가능한지에 대한 철저한 분석과 함께 논리적 해명을 진행함이 마땅한 순서이겠다. 그럼에도 너무나도 쉽사리 단정한 바탕 위에 자설(自說)을 보강해 지나치게 멀리까지 나아갔다는 느낌을 떨치기 어렵다.

만일 본파탁이 성립한다면 이는 최초의 유일한 사례에 해당한다. 지금까지 알려진 금석문에서는 오직 본파(本波, 本彼)로만 나오기 때문이다. 특히 바로 직후의 냉수리비에서까지 본파로 나오는 점은 그와 관련하여 반드시 고려해야 할 대상이다. 만약 중성리비를 501년으로 본다면 겨우 2년 뒤 탁이 탈락하여 본파로 굳어지게 되는 셈이다. 이후 금석문에는 모두 예외 없이 본파만 나오기 때문이다.

기실 그렇게 볼 때에는 꼭 해명되지 않으면 안 될 의문이 뒤따른다. 왜 하필 다른 탁은 그대로 온존된 반면 본파탁의 탁만 탈락하게 되는가. 일단 그에 대한 적절한 해명이 선명히 이루어져야 한다. 그렇지 않으면 그렇게 끊어 읽는 방식은 받아들이기 곤란하다. 중성리비를 501년으로 볼 때 더더욱 그러하다. 그렇지 않으면 이는 논증이 아니라 특정한 입장을 펼치기 위한 선언에 불과할 따름이다. 게다가 본파탁이라 하였을 때 본파의 의미가 논자가 이미 제시하였듯이 흔히 사용되는 본동(本洞)과 같은 뜻이라면[23] 당연히 본파탁은 탁이라 칭하는 집단의 핵심으로 되어야 한다. 그렇다면 정작 탈락되어야 할 대상은 오히려 탁이 아니라 본파가 되어야 적절하다. 그렇지 않으면 독자적으로 탁(啄)이라 칭하는 부가 따로 없어야만 그런 논리가 성립할 수 있다. 그러나 본비에서처럼(그 이후에도 마찬가지이지만) 탁이라 칭하는 중심적 부가 별도로 존재하는 한 본파가 아니라 탁 자가 탈락되었다는 것은 곧 논자 자신의 본래 주장과도 전혀

23 전덕재, 「함안 성산산성 연구현황과 쟁점」 『신라문화』31, 2008.

합치되지 않아 큰 모순을 띠게 된다. 어떻든 본파가 본동(本洞)의 뜻일 것이라는 주장을 그대로 고수하려고 한다면 본파탁으로 끊는 것이 근본적으로 문제를 내재함은 확실하다.

요컨대 '본파탁 + 시'로 읽는 것과 '본파 + 탁시'로 읽는 것을 서로 대비하면 후자에 견주어 전자는 넘어야 할 난관이 너무도 많음이 확실해졌다. 필자가 전자를 선뜻 받아들이기를 꺼려하는 반면 후자 쪽을 선택하려는 이유도 바로 여기에 있다.

그런데 위의 기사에는 부의 내부 구조 혹은 운영과 관련하여 주목해볼 내용이 담겨져 있다. 첫째, 다른 부의 경우와 비교해(어떻게 끊어 읽더라도 상관없이) 본파 출신자만은 4인으로서 유달리 많다는 점이다. 다른 부 소속의 경우는 1인 아니면 많아야 2인에 지나지 않는다. 둘째, 6부 가운데 당시 중추적 역할을 한 탁과 사탁 두 부의 경우에는 1인씩이면서 동시에 관등이 전혀 표기되어 있지 않은 점이 특이하다. 아마도 이들이 원래부터 관등을 소지하지 않았기 때문일 터이다. 반면 그와는 대조적으로 본파의 경우 4인이 모두 관등을 소지하고 있다는 점에서 차이를 보인다. 그 이유가 과연 어디에 있는지는 밝혀져야 할 과제이다. 셋째, 본파부 출신자가 소지한 관등이 간지(干支)[24]와 일벌(壹伐)로 되어 있는 점이다. 특히 간지 소지자가 2인임은(6행을 沙干支로 읽는다면 1인이 되겠지만) 눈여겨 볼 대상이다. 앞의 두 사례로 보아 이 기록은 쟁인의 성격을 판단하는 데 하나의 참고가 될 것 같다. 한편 셋째의 경우는 앞으로 부의 구조를 새롭게

24 다만 이는 앞서 언급하였듯이 6행의 첫 글자를 沙가 아니라 판독이 불가능한 상태에서 인명의 末字에 해당한다고 보는 경우를 전제로 한다. 같은 爭人의 한 사람으로서 4행의 喙評公斯弥의 경우 바로 뒤의 사탁부 출신자가 1인인 것으로 미루어 평공사미가 하나의 인명이었을 공산이 크다고 보지만 그렇지 않더라도 評公이 탁부 내부에서 평결하는 일을 담당하는 직명일 가능성도 엿보인다. 그것은 여하튼 評이 인명의 말자로 끝나지 않은 것은 확실하다. 따라서 평이 인명의 말미로 끝나는 사례가 달리 찾아지지 않는다면 인명을 金評으로 설정하기보다는 금평△을 인명으로 보는 쪽의 가능성이 한층 높다고 판단한다.

이해하는 데에 중요한 실마리로 삼을 수 있을 듯하다.

냉수리비나 봉평비에 등장하는 6부 출신자 가운데 간지(干支)만을 칭하는 경우 기왕에 흔히 각각을 당해 부의 부장(部長)이라 추정하였다. 그러나 하필 중성리비에서는 다른 부에는 보이지 않는데 오직 본파부에만 간지가, 그것도 1인이 아니라 2인이나 등장한다. 왜 다른 부의 경우 간지가 보이지 않는 데 오직 본파부에만 복수로 보이는지는 장차 구명되지 않으면 안 될 중요한 대상이다. 어쩌면 간지 소지자가 더 많이 존재하였을 가능성조차 예상되는 것이다.

이와 관련해 최근 봉평비에서 1행의 마지막 제 33번째 글자를 지금까지 빠트려 버리고서 읽지 못하였다는 견해가[25] 새롭게 제기되어 주목된다. 필자도 탁본과 사진을 면밀히 검토해 본 결과 그 견해에 좇아 '오(五)'로 읽혀질 가능성이 없지 않다고 진단하기에 이르렀다. 만약 그것이 사실이라면 부장을 비롯한 부의 구조와 운영에 대해서는 새로이 재검토되지 않으면 안 된다. 봉평비의 그 부분은 이제 기존과는 다르게 '本波部△夫智五干支'로 읽혀져 오간지(五干支)라는 새로운 관등이 예기치 않게 등장하였기 때문이다. 냉수리비에 탁부 출신으로서 제일 높은 관등인 일간지(壹干支)가 보이므로 이를 고려에 넣는다면 오간지(五干支)도 존재하지 말란 법은 결코 없는 것이다. 봉평비에 보이는 이 오간지(五干支)는 어쩌면 17관등제가 완성되기 이전에(아직 5부체제가 그대로 온존하던 때에) 적어도 본파부에는 복수의 간지(干支)가[26] 존재하였음을 시사하여 주는 사례인지도 모르겠다. 여하튼 이것만으로도 중성리비의 간지 소지자를 곧바로 본파부의 부장으로 단정짓기는 어려울 터이다. 한편 그들이 부장이라면 아무런 관등이 없는 다른 부의 인물들과 함께 쟁인(爭人)이 된다는 것 자체도 어색하기 그지없는 일이다. 이로써 이제 간지 소지자라고 무조건 부장으로 규정하기는

25 심현용, 「고고자료로 본 5~6세기 신라의 강릉지역 지배방식」『문화재』42-3, 2009, p.21.

26 하나의 부 내부에 복수의 간지가 존재하였다면 五干支가 壹干支보다 높았을 가능성도 있다. 뒷날 성립하는 골품제의 구조에서 一頭品보다 6頭品이 높은 것과 마찬가지의 이치이다. 五干支는 그런 의미에서 외형상 일반 干支의 5배에 해당한다는 뜻을 내포한 셈이 되겠다.

곤란하게 되었다. 이는 앞으로 간지에 대한 새로운 이해가 긴요함을 뜻한다.

그런데 앞서 언급한 것처럼 '금평△'을 함께 인명으로 읽을 수 있다면[27] 본파부 출신 4인의 배열에서 어떤 정형성이 간취됨도 또한 주목되는 사실이다. 4인은 간지(干支)-일벌(壹伐)로서 2인씩 묶을 수가 있기 때문이다. 이는 바로 뒤의 지방민이 간지-일금지로서 하나의 세트처럼 기능한 것과 비슷한 양상이다. 지방민의 경우 간지-일금지가 촌(村)을 단위로 묶여져 하나의 체계처럼 운용되었다면[28] 본파부의 간지-일벌에 대해서도 마찬가지의 이해가 가능하다. 이는 본파부가 독립적으로 기능하는 여러 개의 서로 다른 하위 집단으로 구성되었음을 시사하는 대목이다. 그렇다면 그것은 곧 부 내부의 구조상 일면을 반영하는 것이어서 주목된다. 한편 이는 중성리비에 보이는 사태가 부와 부 같이 큰 단위 집단 사이에서 빚어진 갈등이나 경쟁이 아님을 뜻하는 것이기도 하다. 아마도 부를 구성하는 내부의 어떤 소집단 사이에 일어난 분쟁이었던 것이다. 그 점을 방증하여 주는 또 다른 사례가 바로 궁(宮)의 존재가 아닐까 싶다.[29] 궁을 어떻게 이해하든 그것이 부에 직속한 것도 아니며, 또 그렇다고 개인을 의미하는 것도 아니기 때문이다.

요컨대 중성리비의 분쟁은 부 사이에서 진행된 것이 아니며, 그렇다고 개인 간에 이루어진 것도 아니다. 부 내부의 어떤 작은 단위 집단 간에 벌어진 일이었다. 그것이 과연 무엇이며, 왜 그러하였을까 등등은 장래의 치밀한 연구를 기다려야겠다.

27 일부에서 판독한 대로 沙干支라면 관등 소지자의 열거 순서도 문제로 된다. 그럴 때 아직 관등의 서열은 정형화되지 않은 시점이기 때문에 그렇다는 주장도 성립 가능하다. 그러나 그 뒤 지방민의 경우에는 관등의 서열이 존중되고 있는 사정과는 달라서 역시 문제가 될 수 있다.

28 냉수리비에도 비슷한 양상이 보이므로 그렇게 보아도 무방하겠다. 간지는 村主級이며 일금지는 그를 보좌하는 제2인자인 셈이다.

29 宮의 실체에 대해서는 여러 가지로 논란되고 있으나 어떤 경우라도 그것이 특정한 개인을 지칭하는 것이 아님은 명백하다.

4. 과제와 전망

지금껏 중성리비의 내용 파악이 정말 힘들다는 면에 대해서 누차 강조하여 왔다. 그를 극복하기 위해서는 다른 무엇보다도 전후 맥락을 낱낱이 따져 보려는 노력이 긴요하다는 점도 아울러 지적하였다. 이는 그동안 그런 측면을 너무 소홀히 한 채 알게 모르게 특정한 선입견에 좌단(左袒)해 선언적 주장만을 되풀이하여 내세우는 경향이 강하다고 여겨졌기 때문이다. 그와 같은 상태가 앞으로도 지속된다면 여전히 중성리비에 대한 이해는 한 걸음도 더 나아가지 못하고 공전(空轉)만 거듭될 터이다. 그렇게 되어서는 새 자료의 출현이 갖는 의미와 의의가 자칫 반감되어 버리지 않을까 실로 염려된다.

사실 가장 기초적이며 기본적으로 다루어져야 할 작업조차도 외면한 것이 그동안의 실상이었다. 가령 1행의 경우만 하더라도 각별히 주의 깊게 살펴보아야 할 점이 엿보인다. 신사(辛巳) 이하의 특정 부분까지는 글자 크기가 상대적으로 작다. 게다가 맨 마지막 부분에는 빈 공간이 있음에도 불구하고 굳이 줄을 바꾸고 있다. 그것이 의도적으로 행해진 것인가 어떤가의 여하에 따라 2행과의 연결 구도는 저절로 달라지게 마련이다. 공간이 남아 있는 데도 일부러 줄바꾸기를 하였다면 결국 애초부터 1행과 2행을 분리시키려는 의도를 갖고서 문장을 작성한 셈이 된다. 탁부(啄部)로 시작하는 2행도 마찬가지이다. 2행의 경우 탁과 사탁 출신 두 사람의 아간지(阿干支) 관등 소지자만 열거하였을 뿐 동사에 해당한다고 여겨지는 교(敎)란 글자는 다음의 3행으로 옮겨 첫 글자로 삼았다. 더욱이 이 교(敎)를 다른 글자와 비교하여 유달리 크게 쓴 점도[30] 그와 관련해 눈여겨볼 대목이다. 이는 어쩌면 교라는 동사를 받는 부분에 대해서 이후 줄을 바꾸지 않고 이어서 씀으로써 그것이 끝나는 데까지 미친다는 점을 의식

30 11행의 첫 글자 導의 경우도 비교적 큰 편에 속한다. 導는 그 자가 길어서 그럴 수밖에 없는 측면이 보이므로 의도적으로 크게 쓴 것으로 판단하기가 어렵다.

적으로 나타내려 한 것일지도 모른다. 따라서 교의 영향 아래에 놓인 것은 의도적으로 행을 바꾼 부분까지로 짐작할 수 있다. 그렇다면 크게 잡아 11행까지 미친다고 볼 여지가 있겠다.

이와 관련하여 마지막 행의 경우도 특이한 사례에 속하므로 주목해 볼 만하다. 정상적이라면 11행의 마지막 고기(故記)가 비문 전체를 마감하는 서술 방식이라고 보아도 무방할 것 같다. 이와 비슷한 점은 냉수리비에서도 두 번에 걸쳐 확인된다. '고기'는 하나의 문단이 끝날 때 종결(終結)의 표지로서 사용된 것이다. 그에 비추어 중성리비도 11행에서 '교(教)'를 통해 나타내고자 한 내용은 일단락되지 않았을까 싶다. 그래서 바로 아래에 여러 글자가 들어갈 정도로 여백이 비교적 많은 데도 불구하고 줄을 바꾸어서 마지막 행을 분리해 쓴 것도 그런 의도를 동시에 드러내어 준다. 따라서 사탁으로 시작하는 마지막 행에는 바로 앞과는 구별한다는 다른 의미가 내포되어 있다고 봄이 적절할 것 같다. 기왕에 이 부분을 너무 안이하게 글자를 새긴 인물을 열거하였다고 일방적으로 단정한 것은 섣부른 판단이 아니었을까 싶다.[31]

이상과 같이 중성리비문 서자(書者)의 의도적인 줄바꾸기를 기준으로 삼는다면 문단은 크게 셋(혹은 넷)으로 나눌 수가 있다.[32] 필자가 이처럼 기존 이해와는 약간 다른 각도에서 문단 나누기를 시도해야 함을 굳이 강조하는 목적은 무엇보다 논자의 선입견을 배제하고 가능한 한 당시 글쓴이의 입장을 충분히 고려해보려는 지극히 단순하고 소박한 생각에서이다. 결국 이는 비문의 성격을 판별하는 데에도 하나의 관건(關鍵)이 될 수 있는 일이기도 하다. 그런 점을 전혀 염두

31 어쩌면 앞의 비문 내용 기록이 전부 다 끝난 뒤 그것이 실제와 같음을 확인한 증인의 표시일지도 모른다. 앞서 敎를 발하고 집행하는 두 명의 아간지와 나마 소지자 두 명이 모두 탁, 사탁 출신자인 점도 그와 관계가 있을 듯하다. 이 부분은 냉수리비의 제 3면에 기록된 촌주 등의 역할과 같다고 짐작된다. 이를 刻者로 본 견해도 있으나 그럴 가능성은 거의 없다고 본다.

32 아마도 2행의 아래 부분은 공간이 있음에도 줄바꾸기를 한 것은 3행 첫머리의 敎란 동사의 주체를 드러내어 보이기 위한 것으로 보인다.

에 넣지 않고 오늘날 연구자가 자신의 입장과 시각을 먼저 가미해 멋대로 문단을 나누고 재단하는 것은 경계해 마땅한 대상이다. 당대인의 입장과 시각을 충분히 고려한 접근이 반드시 필요하다. 지금껏 그런 점을 명확하게 분별하지 않은 채 양자를 뒤섞어 이해함으로써 올바른 접근을 하지 못하였다 하겠다. 이는 비문의 실상을 객관적 입장에서 제대로 이해하는 데에도 별로 도움이 되지 않는다. 이를테면 각기 하나의 문단으로서 독립적 의미를 내재한 1행과 마지막 12행에서 나타내려 한 당대인의 의도를 읽어낼 기회를 애초부터 포기하거나 차단해 버리는 결과로 이어지기 때문이다. 당대인이 굳이 행을 바꾸면서 문단을 나누려고 한 데에는 나름대로의 의도가 깊이 깃들어 있는 것이다. 그것이 과연 무엇이었을까는 차후 따로 기회를 갖고서 면밀하게 따져 보아야 할 대상이다.

이상 기존의 연구를 대충 살피면서 접근 방법상에서 제기되는 몇몇 문제점들을 지적해 보았다. 비문을 일별하면 선뜻 짐작되듯이 중성리비는 당해 지역을 중심으로 한 일정 범위에서 어떤 분쟁(紛爭)이 일어났고 거기에 국가적 차원에서 개입해 해결한 내용을 기록한 공식 문서이다. 그것을 하필 새기기 힘든 돌에 기록한 것은 다른 무엇보다도 영속성을 갖도록 하려는 의도에서였다. 문장에서 갱환(更還), 갱도(更導), 중죄(重罪)란 단어에서 느껴지듯이 이 문서를 명시적 증거로 삼아 장차 재발을 방지하려 한 데에 목적이 있다. 그런 측면에서 이는 반영구적(半永久的) 보존 용도의 공식문서라 판단해도 무방하겠다.

전문(全面)을 비문 작성에 활용하지 않고 아래의 상당 부분을 남겨 두었다. 이는 특정한 곳에 세워두기 위한 의도에서였을 것으로 짐작된다. 그를 읽을 수 있는 범위 내에 있는 사람들로 하여금 내용을 널리 숙지하게 할 뿐 아니라 다시금 같은 행위가 되풀이되지 않도록 하려는 경고문(警告文) 혹은 고시문(告示文)으로서의 성격도 아울러 지닌 것으로 보인다. 이는 당시 비슷한 일이 빈발하고 있었음을 시사해 주는 사실이다.

비문이 보여주는 분쟁의 구체적 양상에 대해서는 논란이 많아 아직 갈피를 제대로 잡을 수 없음이 솔직한 심정이다. 분쟁의 주체와 객체는 물론이고 심지어는 어떤 대상인지조차 명확하지 않다. 게다가 어떤 절차를 밟아 어떻게 처리되었는가도 논자들간에 의견이 전혀 합치되어 있지 못하다. 무엇을 대상으로 누가 어떤 역할을 어떻게 처리하였는지가 선명하게 드러나지가 않는 것이다. 그런 형편에서 분쟁이 왜 발생하였는지를 추출하기란 더더욱 기대 난망(難望)한 일이다. 적어도 지금까지 알려진 중고기(中古期)의 비문에 대해서는 논자마다 세부적인 해석이 약간씩 차이가 나기도 하지만 전반적 이해 정도가 이처럼 혼란스럽지는 않았다. 어쩌면 기본적 사항이 너무나 모호한 상태라는 점이 중성리비의 특징적인 면모라 하겠다.

중성리비는 전체 내용을 확연히 파악하기란 매우 힘든 상황이다. 그나마 다행스러운 것은 곳곳에 보이는 몇몇 동사(動詞)를 매개로 전반적 양상에 대해서는 약간이나마 추정해 볼 수 있는 점이다. 여기서는 장차 본격적인 논의의 필요성에서 대략의 흐름만 다시 거론해 보기로 하겠다. 먼저 비문이 세워진 흥해(興海) 지역 중심의 어떤 대상에 대해서 왕경에 근거를 둔 이른바 6부인이 간여함으로써 그들 사이에 분쟁이 벌어졌다. 이에 대해 중앙에서는 분쟁 해결을 위한 어떤 결정을 내리고 이를 집행하였다. 결정 사항의 시행은 도사를 비롯한 지방관 주도 아래에 이루어졌으며 당해 지역의 유력자도 참여하였다. 이를 통해서 지방(민)도 사건에 부분적으로 연루되었음을 어렴풋이나마 시사 받는다. 아마 분쟁 사건을 지방민이 주도한 것은 아니며 왕경인을 고리로 해서 피동적으로 연관된 듯하다. 따라서 어쩌면 지방민들은 결과적으로 피해자이면서 동시에 수혜자이기도 한 대상이었다고 여겨진다. 그런 측면에서 지방민은 어디까지나 주체(主體)라기보다는 객체(客體)의 입장이었을 듯하다.

이상과 같은 대략의 흐름에 대해서 대부분의 논자들도 별다른 큰 이견(異見)은 없지 않을까 싶다. 중성리비에 보이는 분쟁은 왕경의 유력세력이 지방의 어떤 대상을 놓고서 다툰 것이다. 분쟁 주체로서 6부마다 최고위직은 등장하지 않는 점, 부별로 단수 혹은 복수의 인물이 참여한 형태로서 일정하지가 않은 점, 2인의 아간지(阿干支)가 교(敎)를 내리는 주체로 되어 있는 점 등으로 보아 싸움이 6부 단위의 큰 규모에서 진행된 것이 아니었던 점은 명백하다. 그렇다고 단순하게 특정 개인들 사이에 진행된 것도 아니었던 것 같다. 그것은 여하튼 왕경 유력자 사이에 지방의 특정한 대상을 놓고 빼앗고 뺏기는 다툼이 진행된 것만은 틀림없다. 최종적인 결정으로는 빼앗은 것을 특정한 사람(들), 혹은 집단에게 돌려주고는 뒷날 만약 다시 그를 문제로 삼는다면 중죄(重罪)로 다스리겠다는 것으로 볼 때 여전히 다시 재발할 여지도 남는 대상이었다. 구체적 대상이 무엇일까라는 점을 둘러싸고는 논자마다 달라 의견의 합치를 보지 못하고 있다. 앞으로 새롭게 밝혀져야 할 과제이다.

중성리비에 보이는 다툼이 단지 이 지역에서만 국한되며 일회적으로 발생한 일이었을까. 문서의 형식으로 비문을 작성하고 그를 세워서 경계(警戒)로 삼고자 한 사실과 함께 갱도(更導)라는 표현 등에서 쉽게 느껴지듯이 당시 이와 같은 모습의 분쟁이 이번 사건 하나에만 한정된 것으로 보이지 않는다. 지역의 형편에 따라 다소(多少)나 대소(大小)의 차이는 있었을 지라도 전국에 걸쳐서 비슷한 양상이 전개되었다고 간주하는 것이 적절하지 않을까 싶다. 특히 표현상에서 약간의 차이를 보이지만 '약후세갱도인자여중죄(若後世更導人者与重罪)', '고기(故記)'가 냉수리비에서도 확인되는 사실로 미루어 앞서 언급하였듯이 당시 널리 이용되고 있는 관용구적 성격이 강한 느낌이 드는 데서 그러하다. 게다가 교(敎)나 령(令)이란 단어를 사용한 것도 그 점을 짐작하는 데 참고가 된다. 따라서 이런 식의 사건이 꼭 특정 지역에서만 국한해 발생하였다고 단정해서는 안 될 것 같다. 신라국가의 형성 과정에서 중앙 권력이 지방으로 침투되면서 곳곳에서 자못 유사한 사건이 빈발하고 있었던 것이다. 그래서 이와 비슷한 성격의 비가 앞으로도 지역을 달리하면서 출현할 가능성이 매우 크다 하겠다.

사실 중성리비와 냉수리비를 통하여 지증왕대는 이제 각별히 관심을 기울일 필요가 있는 대상으로 부상하게 되었다. 다음에 이어지는 법흥왕대가 그 전과는 구분되는 중고기의 출발점이므로 이를 너무 중시한 나머지 지증왕대의 실상에 대해서는 관심을 별반 기울이지 않았다. 오히려 경시(輕視)한 감이 짙다. 특히 초기기록과 관련된 문제로 말미암아 대체로 연구자들이 상고기(上古期)를 심히 낮추어 보고 외면하려는 입장을 취하여 왔다. 그래서 지증왕대에 괄목할 만한 개혁적 시책(施策)이 실시되었음에도 대수롭지 않게 넘겨버리는 경향이 강하였다. 그러나 이제 중성리비와 냉수리비를 아울러서 고려해야 하는 마당에 당시 신라 국호의 확정이나 중국식 왕호의 채택을 비롯한 당시 진행된 일련의 개혁에 대해서는 그냥 지나칠 수 없게 되었다. 이때가 사실상 중고기의 문을 활짝 열기 위한 본격적인 준비가 갖추어진 시기로 여겨지기 때문이다. 이로써 지증왕대의 실상에 대한 규명은 앞으로 본격적으로 추진되어야 할 큰 과제로 남은 상태라 하겠다.

5. 맺음말

그동안 지극히 짧은 기간에 진행된 중성리비를 둘러싼 논의를 잠시 일별하면 거둔 성과가 적지 않음도 부정할 수 없다. 다만, 전반적으로는 새로운 주장을 펼치는데 급급하거나 혹은 자설을 보강하려는 마음이 앞선 나머지 기초적 작업을 너무 소홀히하였다는 느낌을 떨치기 어려웠다. 내용이 확실하지 않은 상태에서 무리한 추정을 시도하고 이를 근거로 삼아 다시 한 걸음 더 진행하여 마침내 돌이키기 어려울 정도로 지나치게 멀리까지 나아가버린 경우도 왕왕 발견된다. 특히 중성리비가 501년에 작성되었다면 당연히 냉수리비나 봉평비를 토대로 이끌어낸 기존의 연구 성과도 염두에 두고 접근함이 안정적일 터이다. 그런 기초적 작업의 선행 없이 얻어낸 결론이란 사상(砂上)의 누각(樓閣)처럼 위험하기 짝이 없을 뿐이다.

과거 1978년 초 단양신라적성비(丹陽新羅赤城碑)가 출현하고 또 그 즉시 주변의 발굴을 통하여 비편이 여럿 수습된 적이 있다. 이를 적극 활용하면 파손된 윗부분에 대한 복원이 일부 가능해진 상황이었다. 그러나 당초 그를 놓치고서 제대로 시도하지 못하였을 뿐만 아니라 고두림(高頭林)을 고구려 계통 인물이라고 엉뚱하게 추정하는 잘못을 범하기도 하였다. 얼마 뒤 그것이 우리 연구자들의 노력에 의해서가 아니라 일본인 연구자에 의해서 수정되는 쓰라린 경험을 겪은 적이 있다. 당시 우리 학계의 수준을 그대로 보여 주어서 씁쓸하기 그지없었다. 뒷날 필자는 적성비의 구조와 내용을 나름대로 분석할 기회를 가졌을 때 이루 다 말로 표현할 수 없을 정도로 안타까운 심정이었다. 그때 앞으로 다시는 그런 일이 되풀이 되어서는 안 되겠다는 다짐을 한 기억이 새롭다.

그런데 이제는 최근 봉평비와 관련하여 또 비슷한 실착을 범한 소식을 접하고서 이 방면 연구자의 한 사람으로서 정말 부끄럽고 참담하다는 생각밖에 들지 않았다. 봉평비의 1행 마지막에 읽지 않은(그동안 글자의 마모가 심하여 판독하지 못한 것이 아니라 뻔히 보일 정도로 뚜렷함에도 주의력의 결핍으로 읽어내지 않은 것이다) 글자 하나가 버젓이 남아 있었던 것이다. 무수한 사람들이 비문을 스쳐갔음에도 그런 일이 벌어졌다. 도대체 어떻게 이런 믿기지 않는 일이 일어났을까. 처음 그 사실을 접하였을 때 반신반의하면서 너무도 황당하고 부끄러워 듣는 귀까지 의심할 정도였다. 이는 그동안 우리 학계의 수준이 꾸준히 향상되어 왔음에도 불구하고 아직껏 기초 작업에 철저하지 못하고 소홀히 여기는 버릇이 너나없이 여전한 데서 비롯한 필연적인 업보(業報)라는 느낌이다. 이제 반성의 또 다른 계기로 삼아야 한다는 생각이다.

이번 중성리비의 발견 이후 그를 다루는 자세에서도 그런 측면이 엿보여 아쉽기 이를 데 없다. 여러 각도에서 역사적 해석을 시도하기에 앞서 비문 자체와 관련한 기초적인 일에 대해 전후맥락이 닿게 철저하게 따져 보는 노력과 자세가 절대적으로 요망된다. 그래서 잘못된 연구 방식과 경향을 한시바삐 벗어나 중성리비가 보여 주는 정보를 전부 그대로 섭취함으로써 당대 신라사의 내용이 한층 더 풍성해지기를 간절히 바랄 따름이다.

(『한국고대사연구』59, 2010)

포항중성리신라비浦項中城里新羅碑의 구조構造와 내용

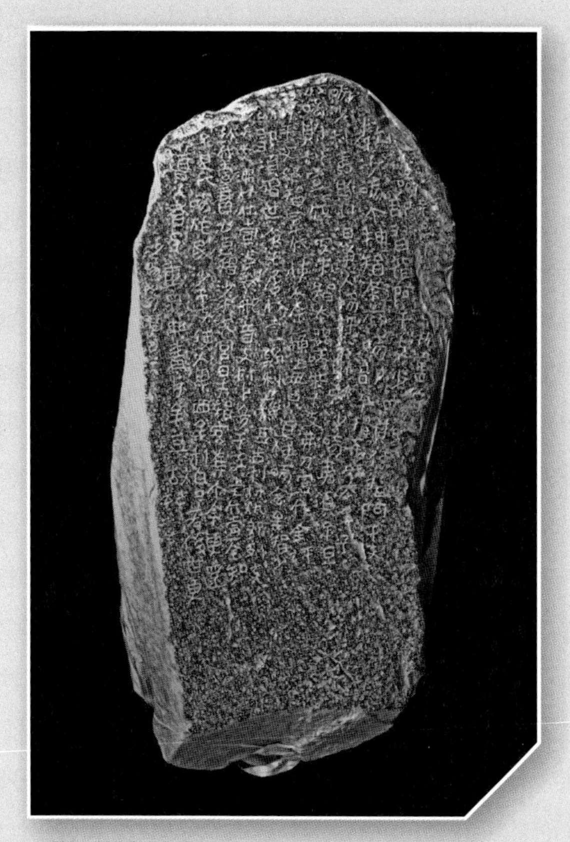

포항중성리신라비 탁본

1. 머리말

포항중성리신라비(이하 중성리비라 약칭함)로 명명(命名)된 새로운 신라 고비(古碑)가 포항시 흥해읍에서 우연하게 모습을 드러낸 지도 벌써 상당한 세월이 흘렀다. 중성리비에는 여러 가지 측면에서 연구자들의 관심을 크게 끌 만한 이모저모의 신선한 정보가 담겨져 있다. 그를 직접적으로 다룬 논고가 현재까지 대략 삼십여 편쯤에 이름은[1] 그런 실상을 여실히 입증해 주는 사실이다.

그럼에도 불구하고 아직 전체적 윤곽은 확연히 드러나지 않은 상태이다. '쟁인(爭人)', '탈(奪)', '환(還)' 등과 같은 몇몇 두드러진 단어로 미루어 어떤 대상을 두고서 다툼이 일어났는데 마침내 중앙정부가 개입하여 그를 마무리 짓고 난 뒤 집행한 내용의 일단을 정리해 둔 것이라는 사실 정도만 대충 짐작할 수 있을 따름이다. 그렇지만 누가, 언제, 무엇을 대상으로 하여, 왜, 어떻게 다툼을 벌였는지 등등의 기본적 사항은 아직 뚜렷하게 밝혀져 있지가 않은 실정이다. 물론 기존 논고 가운데에는 실제 상황에 근접한 정곡(正鵠)을 얻은 해석이 혹여 있을지도 모르겠다. 하지만 견해가 한곳으로 모아지지 않고 여전히 각인각설(各人各說)로 나뉜 현황으로 짐작하면 그들 각각이 일말의 타당성은 지니고 있겠으나 전반적으로 문제점을 안고 있음은 부정할 수 없다. 그런 의미에서 비문의 구조와 내용은 여전히 치밀한 분석을 기다리는 과제로 남아 있는 상태라 하겠다.

그처럼 비문의 내용 파악을 위한 시도가 적지 않게 이루어졌음에도 아직껏 전모(全貌)가 그리 선명히 드러나지 않은 주된 요인은 과연 어디에 있을까. 중

1 본고의 작성에 많은 글들이 참고가 되었다. 그동안 진행된 연구 성과의 대강에 대해서는 홍승우, 「포항중성리신라비의 분쟁과 판결」『신라 最古의 금석문』(한국고대사학회 발표문), 2011에 종합적으로 정리되어 있다. 따라서 여기서는 번거로움을 피하기 위하여 대부분을 그에 할애하기로 하고, 이하에서는 특별한 경우를 제외하고는 出典을 낱낱이 달지는 않기로 하겠다. 惠諒 있으시기를 바란다.

성리비의 모두(冒頭)에 보이는 신사(辛巳)란 연간지(年干支)를 어느 시점으로 확정하든지 간에 기왕에 알려진 신라의 고비 가운데 가장 오래된 것임은 재론의 여지가 없다. 그 까닭으로 현재의 우리로서는 선뜻 가늠하기 힘든 새로운 용어가 포함되어 있고 또 비문 구조가 일반적으로 알려진 것과는 일정하게 차이가 나는 특이한 형태이어서 아무래도 내용 파악이 쉽지 않을 수 있겠다. 그러나 기왕의 성과를 대충 훑어보면 반드시 거기에만 국한된 문제는 아니라는 느낌을 떨치기 어렵다. 달리 말하면 연구자의 접근 방식에도 상당한 문제점을 안고 있는 것이다. 그로 말미암아 아쉽게도 내용 파악을 제대로 하지 못한 것이 아닌가 싶다. 게다가 다른 무엇보다도 강한 선입견을 바탕에 깐 접근방식, 그리고 그와 직결되지만 사실에 대한 기초적 이해를 젖혀두고서 새로운 해석에만 지나치게 매달린 나머지 비문의 대요(大要)를 놓치고 만 것이 아닌가 하는 생각이다.

기실 비문의 내용을 제대로 이해하려면 먼저 그 자체를 대상으로 전후맥락이 닿게 철저하게 분석하려는 자세가 가장 긴요하다. 그런 인식에 입각하여 필자는 이미 기존의 접근 방법상에서 제기되는 몇 가지 문제점과 향후의 진행 방향을 나름대로 개진한 바 있다.[2] 그 뒤 기본적, 기초적 연구가 당연히 진행되리라고 기대하며 줄곧 주시하여 왔다. 그렇지만 연구의 추이(推移)를 지켜보면 볼수록 의외로 그런 지적에 별로 귀를 기울이지 않음을 확인하기에 이르렀다. 물론 예외적으로 몇몇 논고의 경우[3] 그런 점을 의식하면서 중성리비문만을 대상으로 삼아 충실하게 분석을 시도한 흔적이 역력하나, 그 결과 전반을 얼핏 살피면 아직 만족할 만한 수준에 이르렀다고 여겨지지가 않는다. 그래서 부득이 필자는 스스로 제기한 문제 인식과 방법론에 입각해 직접 비문을 다루어야겠

2 朱甫暾, 「浦項 中城里新羅碑에 대한 硏究 展望」『韓國古代史硏究』59, 2010.

3 李成市, 「포항중성리신라비에 보이는 6세기 신라비의 특질」『문자, 그 이후』(국립중앙박물관 특별전 기념 심포지엄), 2011 ; 橋本繁, 「浦項中城里新羅碑の硏究」『朝鮮學報』220, 2011.

다는 마음을 먹기에 이르렀다. 여기서는 일단 비문 자체의 구조에 대한 분석만을 중심적 대상으로 삼아 전체적 윤곽을 대충이나마 가늠해 보고자 한다.

2. 접근 방식

중성리비의 비문이 유별난 암호문처럼 작성된 것이 아님에도 전반적 내용을 둘러싼 견해가 각양각색으로 엇갈리고 있는 상황이다. 물론 그동안 비문 연구를 통해 상당한 진전과 성과를 거두었음도 부정할 수 없는 사실이지만 아직껏 핵심 사항을 제대로 드러내지 못한 채 오리무중의 상태에 빠진 듯한 느낌이다. 그것이 어떤 특별한 구조로 되어 있어 속 시원히 풀리지 않는 것인가. 과연 완벽하게 읽어낼 가능성이 없는 것인가. 중성리비를 처음 접한 뒤 지난 2년여 동안 탁본을 이리저리 뜯어보면서 여러 측면을 고려해 보았다. 그 결과 마침내 자체에 대해 철저하게 합리적 분석만 이루어진다면 비문의 구조적 실상에 어느 정도까지 다가갈 수 있으리라는 결론을 얻기에 이르렀다.

필자는 이미 전고(前考)에서 비문을 다룰 때 유의해야 할 몇 가지 기본적 사항을 가려서 지적한 바 있다. 가장 강조해둔 바는 당연히 비문 자체만을 대상으로 철저하게 분석하는 데 노력을 기울여야 한다는 사항이었다. 그럴 때 무엇보다도 먼저 고려해야 할 대상은 비문 작성자가 지녔던 기본 입장이었다. 그래야만 비문이 전달해 주려는 정보를 제대로 정확하게 얻어낼 수 있을 것이란 생각에서였다.

이후 진행된 비문 연구의 현황 전반을 점검하면서 작성자였을 전서(典書)의 입장은 여전하게 거의 염두에 두지 않은 채 논자 자신의 굳은 시각으로만 구문(構文) 분석을 시도하고 있다는 생각이 들었다. 그렇게 하여서는 비문의 실상을 온전히 드러내리라 기대하기는 어려운 일이다. 비문을 분석할 때 모름지기 갖추지 않으면 안 될 기본적 사항을 도외시하고 있기 때문이다.

다음으로는 비문에 담겨져 있는 정보를 제대로 드러내기 위해서는 연구자가 지닌 기존 선입견을 철저히 배제해야 한다는 점이다. 그렇지 않으면 언제라도 왜곡이 뒤따를 위험성이 도사리며, 따라서 비문이 전해 주려는 정보를 제대로 간취해낼 수가 없게 된다. 게다가 기초적 작업을 소홀히 한 상태에서 너무도 멀리까지 나아간 경우까지 왕왕 발견된다. 이처럼 비문의 내용 파악이 제대로 이루어지지 않은 상태에서 과감하게 역사 복원에 활용하려는 시도가 감행되기도 하였다. 그렇게 해서는 비문의 내용이 제대로 드러날 리 만무한 일이다.

때로는 비문 자체만으로 구조가 잘 해명되지 않을지도 모른다. 그럴 경우 시기적으로 가장 가깝고 또 유사한 성격을 띤 503년의 포항냉수리신라비(浦項冷水里新羅碑, 이하 냉수리비로 약칭함), 혹은 그보다 시간적으로 약간 뒤지지만 524년의 울진봉평리신라비(蔚珍鳳坪里新羅碑, 이하 봉평비로 약칭함)를 조심스럽게 원용할 필요도 있겠다.[4] 특히 중성리비가 냉수리비와 시간적으로 대단히 근접한 탓인지 매우 비슷한 구조를 보인다. 물론 두 비문 사이에는 뚜렷한 차이점도 엿보이지만 중성리비의 '약후세갱도인자여중죄(若後世更導人者與重罪)'와 냉수리비의 '약갱도자교기중죄이(若更導者敎其重罪耳)'에서 드러나듯이 기본 구조는 매우 유사하다. 그런 점은 중성리비에 대한 구체적 분석 작업이 마무리되면 저절로 드러나리라 생각된다.

중성리비도 다른 비문과 마찬가지로 내용 자체가 그리 복잡하지 않으며, 어쩌면 의외로 매우 단순할지도 모른다는 생각이다. 당시 한문 구사의 능력을 고려하면 일단 문장 구조가 그렇게 풀어내기 어려울 리가 없다고 예측되기 때문이다. 물론 비문이 지닌 속성상의 한계라 할 공간적 제약으로부터 사건의 전후 관계를 세세하게 기술하기는 곤란했을 터이며, 따라서 부득이하게 축약된 형

4 두 비문은 중성리비와 건립 연대가 가깝기도 하지만 분쟁이라는 측면에서 내용상으로 보이는 유사성도 대비할 만한 요소가 되겠다.

태로 내용을 전달할 수밖에 없었던 탓에 문장 자체가 매우 함축적으로 기술되었을 여지가 있기는 하다. 그 까닭으로 의미를 선뜻 이해하기 힘든 부분도 당연히 뒤따랐을 것이다. 그러나 전반적으로 볼 때 비문 작성자인 전서(典書)의 입장을 전적으로 무시한 채 에둘러 힘들게 접근하려 한 우리 자신의 인식과 방법에 더 근원적 문제가 있으리라 생각된다. 그렇다면 이제는 거꾸로 매우 단순하게 문장 구조를 풀어나가는 방법이 시도되어야 마땅하다.

중성리비를 작성하고 또 읽었을 당대인들의 생각이 현재의 우리처럼 그렇게 복잡하고 혼란스러웠을 것 같지가 않다. 당시 문자 해독 능력을 어느 정도라도 지녔다면 전반적 내용을 파악하는 데 그리 힘들어 하지는 않았을 듯 싶다. 그러므로 우리도 그런 입장과 시각에서 접근한다면 의외로 쉽게 전모를 파악할 수 있을지도 모를 일이다. 그럼에도 오늘날의 연구자들이 그를 제대로 읽어내지 못하는 주된 요인은 비문 자체의 문제라기보다는 차라리 지나치게 복잡하게 생각한 나머지 그 키워드를 적확하게 파악하지 못한 우리에게 있는 것으로 여겨진다.

비문을 작성한 사람은 전서임이 분명하다. 전서는 당시로서는 한문 구사에 비교적 능통하여 문서를 전문적으로 다루는 사람이었겠다. 따라서 일정한 원칙이나 규칙도 없이 마음대로 암호처럼 문장을 작성하였을 리 만무하다. 그는 결정된 내용을 충실히 전달하라는 지시를 받아 어떻든 그것을 비문 속에 성실히 담아내고자 노력하였을 것이다. 내용을 오로지 자신만 이해하고 다른 어느 누구도 읽어내지 못하도록 작성했다고 여겨지지 않기 때문이다. 그런 점을 깊이 감안하면서 중성리비문의 구조 분석에 접근한다면 의외로 문제가 손쉽게 풀릴지도 모른다는 생각이다.

비문의 구조에는 어떤 일정한 원칙이 내재되었을 것으로 추정된다. 법률적 성격의 관용구가 사용된 데서 유추되듯이 문장 구조도 역시 그러하였다고 여겨지기 때문이다. 그런 점을 상정하지 않으면 비문 구조를 제대로 파악하기란 대단히 요원한 일일 터이다. 기왕에 그렇지 않은 상태에서 너무나 멀리까지 나아가려고도 하였다. 따라서 전서의 마음가짐으로 되돌아가 있는 그대로 소박하게 비문에 접근하는 자세가 요망된다고 하겠다. 그를 위해서는 일단 비문에 대한 나름의 해석보다도 보여 주는 그대로를 허심하게 받아들여야 한다.

3. 구조의 음미

1) 판독안(判讀案)

중성리비를 다룬 적지 않은 연구 성과를 통해 대체적인 윤곽의 일단은 잡힌 상태이나 아직 많은 점이 뚜렷이 풀리지 않고 있다. 거기에 등장하는 인물 각자의 역할이 선명하지 않은 사실은 그를 증명하여 주기에 충분하다. 비문에 보이는 모든 등장인물에게는 틀림없이 각기 나름의 소임이 주어졌을 것이다. 일단 그 점이 확인되기만 한다면 비문 전반의 윤곽은 물론이고 분쟁 내용까지도 제법 선명히 드러나리라 여겨진다. 각 인물들이 맡은 역할은 어쩌면 비문의 구조가 적절히 파악되기만 한다면 예상 밖으로 쉽게 드러날 터이다. 논의의 순조로운 진행을 위하여 아래에 잠시 전문(全文)을 소개하면 다음과 같다.

1행 : 辛巳………折盧亠………

2행 : 喙部習智阿干支沙喙斯△智阿干支

3행 : 敎沙喙尔抽智奈麻喙部△智奈麻本牟子

4행 : 喙沙利夷斯利白爭人喙評公斯弥沙喙夷須牟旦

5행 : 伐喙斯利壹伐皮朱智本波喙柴干支弗乃壹伐金評

6행 : △△干支祭智壹伐使人奈蘓毒只道使喙念牟智沙

7행 : 喙鄒須智世令于居伐壹斯利蘓豆古利村仇鄒列支

8행 : 干支比竹休壹金智奈音支村卜步干支走斤壹金知

9행 : 珍伐壹△云豆智沙干支宮日夫智宮奪尔今更還

10행 : 牟旦伐喙作民沙干支使人卑西牟利白口若後世更

11행 : 遵人者與重罪典書与牟豆故記

12행 : 沙喙心刀哩△

본문의 구조를 본격적으로 살피기에 앞서 잠시 판독에 대한 나름의 입장을 개진해 두지 않을 수가 없다. 가능하면 억지로 무리하게 읽는 것보다는 장차의 여지를 크게 열어 두어야 한다는 입장을 기본적으로 견지하면서 나름의 판독안을 제시해 두겠다.

제1행의 '신사(辛巳)' 아래에는 몇 글자가 들어가는지가 불명한 상태이다. 특히 신사라는 간지만이 워낙 작게 쓰였기 때문에 아래의 공간에 들어갈 글자의 수를 너무 쉽게 추측하는 것은 모쪼록 경계해야 할 대상이다. 게다가 '절(折)'의 바로 앞 글자를 둘러싸고 '중(中)'이냐 '지(只)'냐의 논란이 있으므로 일단 모르는 글자로 남겨두었다. 이 글자는 1행의 내용을 판단하는데 매우 중요한 기능을 하므로 쉽사리 결론 내려서는 안 되기 때문이다. '로(盧)'의 바로 아래 글자는 남아 있는 윗변이 제법 선명하여 그처럼 '++'만 표기해 두었다. 2행의 11자는 일각에서 '덕(德)'으로 읽고 있으며, 또 그럴 가능성이 높기는 하나 연대를 판별하는데 자칫 결정적 기능을 할지도 모르므로 신중함을 견지한다는 차원에서 잠시 판단을 유보하였다. 3행의 11째 글자는 흔히 '본(本)', '모(牟)', '졸(卒)' 등으로 읽고 있는데, 다른 글자일 가능성도 전적으로 배제할 수 없으므로 불명으로 처리하였다. 6행 첫머리의 △△는 한 글자로 보기도 하는데 실물을 면밀히 관찰하면 두 글자임이 확실해 일단 그렇게 표시하였다. 8행 14번째 글자는 '악(岳)'으로 읽기도 하나 '보(步)'로 읽는 쪽을 선택하였다. '악'과는 달리 우리의 이름에 '보'라는 어미가 붙어 널리 사용되고 있는 점이 참작되었다. 9행의 4째 글자에 대해서는 '석(昔)', '일(壹)', '석(普)' 등등 여러 견해가 제시되었는데 확정짓기는 힘든 이체자(異體字)이어서 달리 읽힐 가능성도 열어둔다는 의도에서 쉬이 결정하지 않고 모르는 글자로 처리하였다. 같은 행의 5번째 글자는 11행에 보이는 '기(記)'의 필법(筆法)으로 미루어 짐작하면 '언(言)'으로도 읽힐 여지가 없지 않으나 일단 보이는 그대로 '운(云)'으로 처리함이 온당하다고 진단하였다. 10행의 12째 글자는 '과(果)'로 읽기도 하나 '비(卑)'일 가능성이 한층 높아 그렇게 처리하였다.

요컨대 무리하게 글자를 읽으려는 태도를 지양(止揚)하고 확실하지 않은 글자는 가능한 한 공란으로 남겨둠으로써 필자의 입장을 최소화하는 방식을 취하였다.

비의 외형은 윗부분이 약간 둥근 반면 다른 3면은 직선으로 되어 있어 마치 불상의 광배(光背) 모양과 비슷하다. 언뜻 겉모습만을 놓고 본다면 536년에 세워진 영천청제비(永川菁堤碑)나 578년의 대구무술오작비(大邱戊戌塢作碑)와 매우 닮았다는 느낌을 갖는다.

글자가 쓰인 비면을 세밀히 살피면 약간 특이하다는 생각이다. 전체적으로 보아 비의 아래 부분 4분의 1쯤은 모두 빈 공간으로 남겨둔 반면 둥근 위쪽 부분에는 각 행(行)마다 여백(餘白)을 거의 남기지 않을 정도로 최대한 올려서 글자를 빽빽하게 채우는 방식을 취하였다. 그 까닭으로 상단의 왼쪽 부분은 극히 약간의 훼손만 입었음에도 일부 글자는 읽기가 곤란해졌을 뿐만 아니라 심지어는 한 자인지 두 자인지조차 판단하기 모호한 곳도 있다. 아래 부분에 공간을 비교적 많이 남겨 둔 것은 아마도 비를 세우기 위한 용도를 고려한 데서 비롯한 것이려니와 위쪽은 비의 둥근 모양을 따라가면서 글자를 끝 부분까지 채우려 하였음은 쉽게 납득하기 힘든 부분이다. 그와 같은 방식으로 각 행의 첫 번째 글자를 쓴 까닭에 일직선으로 처리되지 않게 되었음은 지극히 당연한 일이다. 반면 각 행의 제일 끝 글자는 현상으로서는 딱히 나란하다고 단언할 수 없겠으나 의도적으로 가지런하게 일정한 기준선을 지키려 노력한 인상을 풍긴다. 이 점은 뒤에서 다시 언급되겠거니와 문장을 작성한 전서가 의도적으로 행을 바꾸려 한 것과도 일정한 관련이 있을 듯하다.

그처럼 위쪽에는 공간이 거의 남지 않을 정도로 글자를 채워 새겼으면서도 때로는 행을 바꾸기도 하였음은 전서 자신이 의도적으로 문단 나누기를 시도한 것으로 이해하지 않으면 안 되는[5] 요소이다.

2) 구조의 음미

이미 누차 지적하였듯이 문장의 구조를 이해하는 데 무엇보다도 중시되어야 할 사항은 전서의 생각과 입장이다. 비문의 작성에는 전서가 취한 나름의 서법(書法)이[6] 깊이 작용하였을 터이기 때문이다. 동일한 내용일지라도 문장을 작성하는 사람이 누구냐에 따라 비문의 전체 구조는 확연히 달라질 것임은 두말할 나위가 없다. 본 비문에서도 그런 점이 쉽게 간취된다.

제 1행의 아래 부분은 파손되어 실상을 잘 알 수가 없다. 다만 '로(盧)'의 아래에 몇 글자를 더 써내려가다가 중단하고 행을 바꾼 것만은 확실하다. 그렇게 된 이유로는 다음의 두 가지를 손꼽을 수 있다. 하나는 첫 행을 오른쪽으로 지나치게 밀착해서 쓴 탓에 그런 식으로 더 이상 내려가면 글의 방향이 마치 뱀 모양으로 너무 비틀어져 버리는 결과가 초래될지 모른다는 우려 때문에 줄을 바꾸었을 가능성이다. 다른 하나는 2행과 구별하기 위해 의도적으로 줄바꾸기를 단행하였을 가능성이다. 1행의 판독이 온전하지 않은 현재의 상태에서 이 둘 가운데 어느 쪽인지를 속단하기는 어렵다. 만약 전자라면 2행과 연결지어 이해함이 지극히 자연스러울 터이다. 후자라면 문단을 의도적으로 구분한 셈이므로 그에 비추어서 이해함이 마땅하다. 그렇다면 그 자체가 하나의 독립된 문단으로서 바로 뒤의 문단과는 약간 다른 뜻을 지닌 내용이 되겠다. 1행의 이 부분을 냉수리비에 보이는 지도로갈문왕(至都盧葛文王)이라 판단한 견해

---

5 이우태, 「포항중성리신라비의 내용과 건립연대」『浦項中城里新羅碑』, 문화재청·국립경주문화재연구소, 2009, p. 80에서는 행에 따라 문단을 바꾸는 것은 애초부터 고려되지 않았다고 풀이하였다.

6 書法이란 용어에는 원래 글씨를 쓰는 방법과 문장을 작성하는 방법의 두 가지 사전적 의미가 있다. 이 글에서는 편의상 후자의 뜻으로만 한정적으로 사용한다.

까지 있는 만큼 최종 결론을 내리는 데는 한층 더 신중함이 요구된다. 다만 신사(辛巳)라는 간지로 미루어 비문을 매개로 말하고자 하는 어떤 결정이 내려진 시점과 진행 과정을 밝혔거나 아니면 뒤에 이어지는 2인의 아간지보다 상위자의 인명이 들어갈 여지가 상정된다. 어느 쪽을 취하더라도 3행의 첫 글자인 '교(教)'를 내린 주체로서 2행에 열거된 2인 '아간지(阿干支)'의 행위를 일정 정도 제약하는 내용임은 분명하다. 그런 점에서도 행의 구분이 단순히 비의 형태 때문일지도 모르겠으나 일단 전서의 의도성이 어느 정도 깃들어 있다고 진단하여도 무방할 듯 싶다.

2행에서는 단순히 아간지를 소지한 2인의 인명만을 열거한 점이 주목된다. 아래 부분에는 글자가 들어갈 공간이 비교적 많음에도 불구하고 오직 이들만이 단독으로 기재되어 있다는 점에서 특이하다. 유독 2인의 인명만 열거한 2행을 3행과 구분하고자 하려는 의도성이 짙게 묻어난다. 이들이 문장상으로 보아 3행의 첫머리에 보이는 '교(教)'라는 동사의 주체(주어)임은 재언할 필요가 없겠다. 비문에 구체적으로 드러나지 않은(어쩌면 1행에 압축적으로 표현되었을지도 모를) 논의 구조를 통하여 내려진 결정 사항을 '교(教)'의 형식으로 분쟁의 모든 연루자(連累者, 결정 사항의 집행자까지 포함)에게 직접 전달하는 역할을 담당한 주체들이겠다. 아마도 그들만이 '교'로 표현된 내용 전체를 결정한 최고위자는 아니었을 터이다. 그것은 그들의 상위에 이미 1행이 더 존재한 데서 충분히 유추되는 사실이다. 아마 이들 아간지 보유자 2인도 '교'의 내용을 결정하는 논의에 참여하였을 것이 분명하며, 동시에 그 결과를 연루자에게 전해주는 역할까지 맡았을 것으로 여겨진다. 그래서 굳이 그들의 인명만으로 앞과 뒤를 구분해 하나의 독립된 행으로 기술한 것이라 풀이된다. 이들이 다음 행 첫머리의 동사인 '교'의 실질적 주어로서 직접 연결됨은 물론이다.

3행은 '교(教)'라는 동사로 시작한다. 사실 2행(혹은 사정 여하에 따라 1행까지 포함될 수도 있겠다)이 '교'의 행위 주체임에도 그와 이어서 함께 기재하지 않고 그것만 따로 떼어내어 새로 시작하는 행의 첫머리에 내세운 것은 전서의 강력한 의도가 깃들어 있음을 느끼게 하는 대목이다. 아마 '교'의 주체보다도 차라리 내용을 강조하여 내세우기 위한 데에 주된 목적이 있지 않았을까 싶다. 특히 '교'를 다른 글자와는 다르게 유달리 크게 썼다는 점에서도 그런 사정이 유추된다. 비문을 작성할 때 대체적으로 획이 많은 글자의 경우 크게 씀이 일반적 양상인데 '교'의 경우는 작게 써도 무방할 만큼 획수가 별로 많지도 않고 또 그리 복잡한 글자도 아니다. 그럼에도 굳이 행을 바꾸어 새로 시작하는 행의 첫머리에 내세우면서 각별히 크게 쓴 것은 그를 돋보이게 하려는 작위적(作爲的) 방식이라 여겨진다. 특히 그 이하가 하나의 문단으로서 모두 '교'의 범위에 들어간다는 것을 명시적으로 드러내려 한 의도에서였다고 풀이된다. 그런 의미에서 일단 '교'로 시작하는 문단이 끝나는 지점까지의 모두가 그 내용 속에 포함된다고 봄이 올바른 이해일 듯하다. 이 점은 비문의 구조를 이해하는 데 각별히 강조하여 두고 싶은 사항이다.

'교'로 시작하는 3행 이하부터 11행에 이르기까지는 의도적으로 줄바꾸기를 한 곳이 없다. 이 점은 11행까지가 일단 '교'의 테두리에 포함되는 하나의 문단임을 나타낸다. 그것이 곧 전서가 지녔던 의도라 하겠다. 2인의 아간지가 전달·지시하려고 한 사항은 일단 문단 구조상으로 보아 여기까지로 이해되는 것이다. 그렇지 않다면 1행과 2행처럼 전서가 중간에 마음대로 문단을 바꾸었을지도 모르기 때문이다. 전서는 2인의 아간지가 전하는 교의 내용을 충실하게 전달해 주려는 방식으로서 '교' 이하 11행까지를 하나의 문단으로서 표현한 것이라 하겠다. 기왕에 이런 사정을 눈여겨보지 않고 그냥 지나쳐버린 탓에 전체 문단의 구조 파악에 실패하였던 것으로 추정된다.

요컨대 3행 첫 글자 '교'로부터 11행까지는 하나의 큰 문단이다. 그것이 바로 문서 작성자인 전서의 의도적 행위로서 '교'의 내용이 거기까지임을 드러내고자 한 필법이라 하겠다.

다만 '교' 이하 11행에 이르기까지 보이는 내용 모두가 1행에 있었을 어떤 논의 구조를 통해 확정된 결정 사항으로 보이지는 않는다. 후술하듯이 분쟁이 된 핵심적 사안 자체는 그 논의에서 결정되었겠으나 집행 방법이나 진행 과정까지가 그렇다고 보는 것은 지나친 억측이다. 냉수리비나 봉평비를 참고할 때 중심적 내용인 별교(別敎)는 논의를 통하여 결정된 것이지만 집행 방식까지 거기에서 결정되었다고 보기는 어렵기 때문이다. 그렇지 않다면 별교라는 별도의 서술 형태를 취하였을 리가 없다. 따라서 중성리비의 '교' 속에는 회의를 통하여 결정된 것도 당연히 들어갔겠으며, 그것이 곧 핵심적 사항이라고 봄이 순조롭겠으나 그것이 구체적으로 집행되는 과정까지도 포함되었음이 구조상의 특징적 면모이다. 말하자면 '교' 속에는 크게 핵심 사항으로서 논의를 통해 결정된 내용이 중심을 이루면서도 회의 참석 후 그를 전달하는 역할까지를 맡은 2인의 아간지가 구체적으로 지시한 집행 사항까지가 포함되었다고 하겠다.

이상에서 3행 이하 11행까지가 전부 특필(特筆)된 '교' 속에 포함된다고 보았거니와 그를 발동하는 주체인 2인 아간지의 역할은 논의된 결정 사항을 전달하고 아울러 집행해야 할 내용까지 관련자에게 지시한 것이었다. 그것이 '교'라는 이름 아래에 총칭되었다고 하겠다. 그렇다면 '교' 속에는 비문에 관련된 거의 모든 지시 사항을 한꺼번에 넣어서 포괄적으로 나타낸 셈이 된다. 그러므로 다시 그 내부는 각각 나름의 의미를 지닌 여러 개의 개별적 소문단(小文段)으로 이루어져 있을 것으로 추정하여도 무방하겠다. 그를 판단하는 주된 기준은 지금까지 일반적으로 논의되어 온 것처럼 행위를 나타내는 몇몇 동사(動詞)들이 될 수밖에 없다.

'교' 이하를 하나의 큰 문단으로 생각하면서 그 속을 구체적으로 들여다보면 다시 몇 개의 작은 단락으로 나뉜다. 이하의 문장이 마치 단순히 인명만을 열거한 듯이 비쳐지지만 각각의 집단은 전달의 의미를 지닌 동사로 연결되는 구조를 하고 있음이 특징적이다. 그런 성격의 동사가 인명과 인명 사이에 끼어 있어 앞뒤를 서로 이어주는 기능을 하는 것이다. 전달의 의미를 지닌 동사를 기준으로 삼아 '교' 이하를 다시 알기 쉽게 정리하면 다음과 같다(해석상의 필요성 때문에 행은 따로 표시하지 않는다. 그리고 동사는 고딕체로 나타낸다).

(教)

㉠ 沙喙尔抽智奈麻喙部△智奈麻本牟子喙沙利夷斯利**白**爭人喙評公斯弥沙喙夷須牟旦伐喙斯利壹伐皮朱智本波喙柴干支弗乃壹伐金評△△干支祭智壹伐

㉡ 使人奈蘓毒只道使喙念牟智沙喙鄒須智**世令**于居伐壹斯利蘓豆古利村仇鄒列支干支比竹休壹金智奈音支村卜步干支走斤壹金知珍伐壹△

㉢ 云豆智沙干支宮日夫智宮奪尔今更還牟旦伐喙作民沙干支使人卑西牟利**白口**若後世更噵人者與重罪

㉣ 典書与牟豆故記

'교' 이하의 한 문단을 크게 정리하면 ㉠㉡㉢의 기본적 소문단 셋으로 구성되었고, 말미에 그와는 약간 성격을 달리하면서도 같은 문단 속에 넣어 이해해야만 하는 소문단 ㉣이 마치 첨부의 형식처럼 붙어 있다. 후술하듯이 이것 또한 나름의 의미를 품고 있는 두드러진 표현 방법이다. 그것은 여하튼 '교' 이하 하나의 큰 문단을 세분하면 전체 네 개의 소문단으로 이루어졌음이 확인된다. 아래에서는 각각을 구체적으로 검토해 보기로 하겠다.

먼저 ㉠은 '백(白)'이란 동사로 앞뒤의 두 집단이 직접 서로 연결되어 있다. 이 문장의 이해를 둘러싸고서 논란이 많지만 글자 그대로 풀이하면 아무런 어려움이 없을 듯 싶다. 일단 탁부와 사탁부 출신으로서 나마(奈麻)의 관등을 보유한 두 인물을 비롯하여 이사리(夷斯利)에 이르기까지가 당연히 '백'이란 동사의 주어가 되며 그를 받는 대상은 바로 '쟁인(爭人)'이라는 이름으로 열거된 그 이하의 여러 인물들이다. 그렇다면 '백'이란 동사의 구체적 의미가 문제가 되겠다.

원래 '백(白)'이란 단어의 사전적 의미는 동사로서는 '아뢴다', '사뢴다'는 뜻으로서 아래 사람이 스스로를 낮추어 자신들보다 윗사람을 대상으로 하여 '알려 드린다'는 정도의 의미이다. 역시 비문의 '백'도 바로 그런 뜻을 충실히 드러내고 있는 것으로 보인다. 왜냐하면 사뢰는 주체는 나마를 최상급의 우두머리로 하는 집단인 반면 대상인 쟁인의 경우 그들보다 정치사회적 위상이나 지위가 높았던 것으로 보이기 때문이다. 탁과 사탁 출신자는 그들의 정치적 위치를 판단할 만한 구체적 직명이 기재되지 않은 탓에 분명하지가 않으나 그 아래의 출신자들은 모두 간지(干支)와 일벌(壹伐)을 보유한 상태이다. 일벌(壹伐)의 실체를 둘러싸고서는 논란이 있으므로[7] 잠시 젖혀두더라도 간지를 칭한 2인은 모두 냉수리비나 봉평비의 관례에 따르면 각기 부장(部長)에 해당한다. 따라서 이들이 비록 쟁인으로 열거되어 '교'를 전달 받지 않을 수 없는 상태이기는 하지만 당시의 정치적 위상이 나마보다는 훨씬 상위였다고 여겨진다. 그런 의미에서 보면 쟁인 집단이 당시의 부별(部別) 순위, 서열이나 혹은 현실의 분쟁 사건으로 말미암아 탁부나 사탁부 출신자들보다 부득이 뒤에 기재되어 있기는 하였지만 부장이란 점을 고려하면 그들에게 '백'이라는 형식의 용어를 사용하여도 하등 이상할 바가 없다. 오히려 그런 실상을 매우 뚜렷하게 반영하여 주는 사실이다. 무엇을 그들에게 사뢴 것인지 구체적인 내용이 아직 제대로 드러나 있지는 않지만 나마 이하의 집단이 쟁인 집단에게 어떤 사실을 아뢰어 전달한

---

7 이 壹伐을 一伐과 동일시하여 그 자체 외위로 보는 견해(하일식, 「포항중성리비와 신라 관등제」『한국고대사연구』56, 2009)를 비롯하여 그러면서 왕경 6부인도 외위를 보지하였으므로 6부의 이해체계가 수정되어야 한다는 주장(이문기, 「浦項中城里新羅碑의 발견과 의의」『한국고대사연구』56, 2009), 소멸된 경위의 하나로 보는 견해(김창석, 「포항 중성리비에 관한 몇 가지 고찰」『한국사연구』147, 2009), 외위나 경위체계에 편입되기 직전 단계의 위계(노태돈, 「포항중성리신라비와 外位」『韓國古代史研究』59, 2010), 중앙 6부의 부장 아래 두어진 일종의 部官으로 비정하는 견해(노중국, 「포항중성리비를 통해 본 麻立干시기 신라의 분쟁처리 절차와 六部체제의 운영」『韓國古代史研究』59, 2010 ; 박남수, 「포항중성리신라비에 나타난 신라 육부와 관등제」『사학연구』100, 2010) 등등이 있다. 壹伐을 어떻게 정의하든 관등제나 부제의 성립 발달사에서 중요한 의미를 지니므로 따로 다루어 볼 만한 대상이다.

것임은 분명하다.

다만 '백'의 주체인 나마 이하를 하나의 묶음으로 볼 것인지 아니면 나누어서 이해할 것인지는 약간 문제가 뒤따른다. 그것은 중간의 '본모자(本牟子)'에 대한 이해 여하에 달려 있다. 본모자에 대해서는 크게 두 가지 다른 견해가 제기되어 있다.[8] 하나는 역명(役名, 직명)으로[9] 보는 입장이며, 다른 하나는 인명으로 풀이하는 입장이다. 이런 용어 자체가 첫 사례이어서 현재 어느 쪽도 성립 가능한 해석이므로 쉽사리 단정할 수는 없다. 다만, 나마 이하 일군(一群)의 집단을 여하히 이해하느냐에 영향을 미치는 요소임은 분명한 사실이다.

인명으로 풀이하면 나마 이하의 5인은 비록 내부적 위치에서는 물론 상하의 구분이 있겠으나 하나의 묶음으로서 역할은 동등하게 '백'의 공동 주체가 되는 셈이다. 그럴 때에는 본모자 다음에 바로 위의 '탁부△지나마(喙部△智奈麻)'란 인명과 마찬가지로 다시 탁이 등장한다는 사실이 마음에 걸린다. 그렇지만 그를 탁사리(喙斯利)라고 하여 인명의 일부분으로 이해하면 이는 달리 문제시될 것도 아니다. 다만 가령 본모자를 인명으로 보면서 동시에 탁을 또 부명이라고 풀이한다면 일관성의 측면에서 문제가 발생한다. 이 점도 장차 그렇게 결정할 때에는 반드시 유념해야 할 대목이다.

한편 본모자를 역명으로 본다면 탁을 곧 부명으로 풀이하여도 문제될 것은 없다. 하지만 이들은 전부 5인이 아니라 4인으로 되며, 따라서 하나의 집단이면서도 그들 사이는 대등하지 않고 상하의 관계를 지녀 각각의 역할이 나뉘어져 있었던 결과로 된다. 즉, 나마의 관등을 칭하는 2인은 본모자의 상위 집단으로서 '백'하도록(사뢰도록) 지시한 사람이며 그를 실행에 옮겨 쟁인을 직접 찾아가 전달하는 행위는 2인의 본모자가 수행한 역할이 될지도 모른다. 여하튼 나

8 그에 대한 여러 견해에 대해서는 홍승우, 앞의 논문, pp.120~121 참조.

9 여기서 役名이라 함은 중성리비에 보이는 문제된 일을 처리하기 위하여 임시적으로 주어진 직책을 지칭한다. 道使 등은 항시적으로 소지한 것이므로 이들을 職名이라 불러 구별한다. 역명과 직명은 냉수리비에 典事人으로서 耽須道使가 보이듯이 동시에 함께 지닐 수가 있다.

마 이하를 4인으로 보건 5인으로 보건 이들 집단이 쟁인에게 사뢰는 형식을 통하여 결정된 내용을 직접 전달해 준 것만은 의심할 바 없는 사실이다.

쟁인에 속하는 사람은 모두 8인인데 어떻든 이들이 모두 '백'을 받는 대상자에 해당한다. 쟁인은 어떤 형태로든 분쟁에 직·간접적으로 연루된 사람들임은 두말할 나위가 없다. 그래서 결정된 사항을 전달 받았던 것이다. 그들은 부별로 열거되어 있으며, 탁과 사탁이 1인씩인 반면 다른 부에 소속한 사람들은 모두 2인씩인 점이 특별히 주목된다. 게다가 탁과 사탁 소속의 두 인물은 관등을[10] 보유하지 않은 반면 다른 부의 출신자는 모두 관등을 소지하고 있는 점에서 차이가 난다. 이 부분은 분쟁의 구체적 내용과 직결될 성질의 것이므로 여기서는 혼잡을 피하기 위하여 논의를 일단 뒤로 미룬다.

그 다음은 소문단 ㉡이다. 이 문단은 '세령(世令)'을 동사로 하여 전후의 인명이 연결된 구조이다. 사인(使人)을 기준으로 하여 앞뒤의 문단이 나뉘는 데에 대해서는 재론의 여지가 없을 터이다. 그렇다면 '세령'의 주어(주체)는 저절로 사인의 역명을 함께 보유한 탁 출신의 염모지와 사탁 출신의 추수지 두 사람으로 낙착된다. '세령'의 '세(世)'에 내재된 의미에 대해서는 약간의 진전된 논의가 필요하다. '세'는 특이하게도 6세기 초의 금석문상에서는 유별나게 많이 등장하는 단어의 하나로 손꼽힌다. 냉수리비에는 '전세(前世)', '세중(世中)'과 같은 형식으로, 봉평비에서도 역시 '세중'의 형식으로 사용되고 있다. 그런데 중성리비에서는 냉수리비와 유사한 구절을 사용하면서도 '후(後)'라고만 표현된 곳에 그와는 다르게 '후세(後世)'라고 한 점에서 약간의 차이를 드러낸다. 그렇게 보면 '세'는 '전세', '후세'와 같이 시점을 나타내는 의미로 사용되었으며 동사 '령(令)'을 수식하는 부사적 용법임이 확실하다고 하겠다. 전세와 후세가 과거나

10 여기서는 편의상 관등이라고 通稱하였지만 이들은 뒷날 경위와 외위가 나누어져 성립된 이후의 그것과는 성격상 차이가 난다. 그 구체상에 대해서는 따로 기회를 마련하여 논의할 필요가 있다.

미래의 막연한 시점 정도를 나타낸다면 '세중'이나 혹은 그를 줄여서 표현하였으리라 여겨지는 '세'도 명확한 특정 시점을 가리키는 것이 아니라 현세(現世) 혹은 현재 진행 중이라는 다소 막연한 시제(時制)를 나타낼 때 사용된 것으로 여겨진다. 따라서 그것은 굳이 없어도 의미 전달에는 별달리 크게 상관이 없지만 과거의 일과 장래의 일을 구분하기 위하여 전서가 사용한 서법의 일종이라 하겠다. 그렇다면 '세령'은 '그때에(혹은 막연히 그런 시점에서) 명령하였다'는 정도의 뜻으로 풀이하여도 무방하지 않을까 싶다.

그런데 문제는 '령'에 함축된 의미이다. 동사로서 '령'에 내재된 원래의 사전적인 풀이는 '시키다', '명령하다'의 뜻이다. 이를 그대로 본비에 적용하여도 하등 이상할 바가 없는 것 같다. 그것은 '령'의 주어(주체)와 대상(객체)을 대비(對比)해 보면 충분히 이해가 가능한 일이기 때문이다. '세령'의 주체인 2인의 사인(使人)은[11] 왕경인인 반면 대상이 된 인물은 모두 시방민이다. 따라서 그들에게 전달하면서 굳이 '시키다', '명령하다'는 뜻의 '령'을 사용하고 있는 것이다. 지방민들에게 전달하는 왕경인을 사인으로 표현한 것은 나름대로 의미가 있다.[12] 사인은 중앙으로부터 지방민에게 어떤 결정된 사항을 직접 전달하기 위하여 현지에 파견된 사람들이다. 따라서 그들에게 붙여진 역명으로서 굳이 파견되

---

11 이 2인을 모두 柰蘇毒只道使로 풀이한 견해가 있는데(이문기, 앞의 논문, 2009, p.39), 이는 지나치게 섣부른 판단이다. 이 점은 냉수리비의 3면에서 村主의 아래에 2인을 모두 촌주라 보는 입장과 같다. 그러나 干支를 소지한 앞의 1인만 촌주이며 壹今智를 보유한 뒤의 인물은 관등상의 현격한 차이로 보아 촌주일 수가 없다. 마찬가지로 2인의 사인이 정말 나소독지도사가 아닐 때에 어떻게 표기하였을까도 당연히 염두에 두고 판단해야 한다. 아울러 봉평비에서 중앙으로부터 현장에 파견된 大人 4인이 모두 그렇게 통칭되어도 관등이 현격하게 차이가 나는 2인씩 부별로 배치된 데서도 그런 사정이 엿보인다.

12 2인의 使人 가운데 첫 번째 인물에게는 柰蘇毒只道使란 직명이 달려 있다. 이것이 2인에게 걸리는 것으로 보는 견해도 있는 데 지나친 추정이다. 모두가 2인씩 짝을 이루고 있다는 점을 고려하지 못한 데서 비롯된 잘못이다. 한편 使人을 나소독지로 읽어 내려는 견해도 있는 데 다른 사례처럼 지명으로 그대로 읽는 것이 적절하다. 이에 대한 분석은 논지의 번잡함으로 피하기 위하여 다음의 기회로 미룬다.

었다는 뜻의 사인을 사용하고 있는 것이다. 사인은 중앙의 명령을 대행하여 전달의 책무를 지니고 지방에 파견된 사람이라는 뜻이라 하겠다. 그런 뜻에서 보면 앞서 언급한 '백'의 주체는 사실상 문제의 쟁인이 모두 평상시 왕경에 거주하는 왕경인이었으므로 굳이 사인이라는 역명이 사용되지 않았던 것이라 하겠다. 이 점은 비문의 구조 분석에서 상당한 의미를 지니는 요소이다. 왜냐하면 그들의 역할이 각기 분담되어 진행되었음을 나타내어 주기 때문이다. 말하자면 중성리비는 '교'의 내용을 처리하는 집행자 집단의 역할 분담을 기본적인 바탕에 깐 서법을 구사하고 있다고 하겠다. 이에 대해서는 뒤에서 다시 언급하기로 하겠다.

이상과 같이 보면 소단락 ㉠에서는 나마 이하가 왕경에 거주하는 쟁인에게, 소단락 ㉡에서는 중앙으로부터 사인이 지방에까지 파견되어 지방민들 각각에게 결정 사항을 나누어 전달하는 방식으로 기재된 것이다. 사실 정치사회적 관계로 미루어볼 때에 전서는 용어를 원래의 사전적 의미에 꼭 들어맞게 당시의 사정을 충분히 감안한 상태에서 적절히 구사하고 있다고 하겠다. 비문이 겉으로는 비록 어설픈 형태로 비쳐지기는 하여도 사실에 충실을 기하려는 어떤 원칙적 서술 태도가 느껴진다.

그런데 이제 문제는 '백'과 '(세)령'의 두 주체가 각각의 대상들에게 무엇을 전달하였을까 하는 점이다. 동일한 문장 속에서는 주어와 동사 및 대상만 등장할 뿐, 무엇을 '백'하고 '령'하였는지가 선명하게 드러나지 않기 때문이다. 그러나 전달의 내용은 바로 다음의 소단락 ㉢에 보인다. 그것이 '운(云)'이라 표현된 단어 속에 내재되어 있는 것이다.

'운'의 사전적인 의미는 '이르다', '말하다'는 뜻이며 흔히 간접적으로 특정한 내용을 인용할 때에도 사용되는 표현이다. 따라서 주어가 다소 막연할 때 종종 생략되는 형식으로 사용되기도 한다. 그래서 뒤에는 그를 직접 전달받는 구체적 대상이 오지 않아도 무방하다. 따라서 이하의 내용은 바로 '이르다'라는 것으로서 ㉠과 ㉡의 주체(주어)들이 '백'하거나 '(세)령'한 내용 자체를 총체적으로 포괄한다. 굳이 '운'이라는 동사를 사용하면서 주어를 따로 명시하지 않은 것도 바로 그 때문으로 풀이된다. 말하자면 이미 앞에서 주체와 객체가 모두 미리 제시된 상태인 것이다. '교'하기에 앞서 논의를 통하여 결정된 사항 자체가 '운' 속에 전부 포함되었음을 의미한다. 이를 뒤로 돌린 것은 그것이 곧 '백'에 해당될 뿐 아니라 동시에 '령'에도 해당되는 내용이기 때문이다. 이를 그처럼 뒷 부분에 따로 배치하지 않으면 다시금 각각을 되풀이 기재해야 하므로 중복을 의도적으로 피하기 위해서 부득이하게 선택한 서법에서 기인한 것이라고 하겠다. 냉수리비와 봉평비에 견주어 보면 바로 별교에 해당되는[13] 내용이다. 거기에서는 문단을 따로 설정하고 또 별교란 표현을 명시적으로 사용하였으므로 별다른 혼동을 불러일으키지 않았다. 그동안 중성리비를 읽어내기가 무척 까다로웠던 이유도 별교라는 표현을 사용하지 않고 단순히 '云'이라는 용어를 써서 그 내용을 나타낸 데에 있다. 아마도 '교' 아래에 모두를 포함시켰기 때문에 별교란 표현이 따로 사용되지 않았던 것 같다. 게다가 냉수리비나 봉평비에서는 핵심적 사항인 별교를 앞에다가 내세웠지만 중성리비에서는 가장 뒤에다가 배치하였다. 이런 점들을 중성리비의 전서가 취한 또 다른 특징적 서법 가운데 하나로 손꼽을 수 있겠다.

이처럼 '운' 이하는 나마와 사인의 두 그룹이 각자의 대상자에게 전달한 내용 바로 그것이었다. 그런 의미에서 포괄적으로 표현된 '교'의 내용 가운데 사실상 가장 핵심적이면서도 뒤로 돌려서 끝자락에 배치한 것이다. 그렇게 된 것은 위에서 언급하였듯이 동시에 두 그룹에게 각기 따로 전달하지 않으면 안 되는 내용이었던 데서 말미암은 특수한 서법에서 기인한다. 결정 사항을 담고 있는 '云'의 내용이 집행자들을 매개로 쟁인과 지방민에게 각각 분담·전달되면서도 그들의 거주지가 왕경과 지방으로 각기 달랐고 또 대상자의 정치사회적

13 윤진석, 「포항중성리비의 새로운 해석과 부체제 – 울진봉평리신라비와 포항냉수리비의 재검토와 비교를 중심으로 –」 『신라 最古의 금석문』 한국고대사학회 발표문, 2011, p.77.

지위나 역할이 뚜렷하게 차이가 났던 데에서 전달 주체가 서로 분담하여 결과를 전하였기 때문에 부득이 그런 형태로 서술된 것이라 하겠다.

이상과 같이 보면 비문에서 사용되고 있는 동사는 모두가 특징적으로 '말한다'는 전달의 뜻이지만 각각에 내재한 의미나 용법상에서 일정하게 차이가 난다. 이들은 말로써 전달되었지만 최후에 그것을 보증하여 주는 절차가 남았다. 말로써 전달하고 난 뒤 최후로 그를 기록으로 남기는 행위가 필요하였던 것이다. 그래서 전서 자신이 담당하였던 실제적인 행위를 '교'의 범주 가운데 끼워 넣어서 마지막에다가 '고기'라고 표현하였던 것이다. 그것이 소문단 ㉣을 구분한 소치이다. 그런 의도가 아니라 단순히 비문 작성자만을 나타낼 요량이었다면 전서라는 그 자체만으로도 자신의 역할을 자연스럽게 드러내기에 충분하였을 터이다. 그런데도 굳이 '고로 기록한다[故記]'라고 하여 구체적 행위를 명시적으로 표현한 것은 바로 앞의 집행이 모두 '교'라는 이름 아래 구두로 전달되었던 사정과 맞물려서 최후로 행해진 것이 기록이었음을 드러내기 위한 의도에서였다. 전서의 역할이란 단순히 비문을 작성한 데에 머문 것이 아니라 '교'의 내용 전체가 구두로 전달된 사정을 종합적으로 기록하는 행위를 담당한 데에 있었던 것이다.[14] 전서가 끝으로 '교'의 내용을 기록하는 행위를 담당함으로써 2인의 아간지가 발동한 '교'는 사실상 모두 일단락된 셈이 된다.

이상과 같이 보면 마지막 행은 '교'의 내용에 들어 있지 않은 별도의 행위가 된다. 말하자면 '사탁심도리△(沙喙心刀哩△)'이 맡은 역할이란 '교' 속에는 포함되지가 않았음을 의미하는 것이다. 따라서 '교'와는 구별하여 이해되어야 마땅하다. 마지막의 글자가 불명이므로 그가 어떤 역할을 맡았는지 명확하게 결정짓기는 곤란하다. 그래서 그가 각자(刻字)를 담당하였을 것으로 추정한 견해도 있다. 그럴 가능성을 전적으로 배제할 수는 없겠지만 사탁부 출신자가 굳이 국

14 그런 측면에서 냉수리비에서 두 차례에 걸쳐 굳이 '故記'란 표현을 사용한 것도 재음미해 볼 대상이다.

가가 개입하여 반영구적으로 관리할 정도의 특별한 비문을 단지 새기기 위한 목적으로 지방에 파견되었다고 보는 것은 대단히 어색하다. 설사 그렇더라도 어쩌면 '교'와 관련된 기록이 원래 결정된 사항 그대로가 집행되었다는 사실을 보증하기 위한 임시적 목적에서 사인이나 전서 등과 함께 지방에 파견된 것이 아닐까 하는 것이다. 그런 측면에서 냉수리비에서는 마지막에 촌주 이하 2인의 지방 유력자가 '세중료사고기(世中了事故記)'한다는 행위와도 너무나 닮아 있다. 그들 자신이 일을 최종적으로 마무리하고 다시 그와 별도의 기록을 남김으로써 위의 내용이 틀림없는 사실임을 보증하여 주는 행위 자체를 기재한 것으로 추정된다. 그에 비추어 중성리비에도 사탁부 출신자가 '교'의 행위와는 구별하여 마지막 부분에 기재된 것은 앞의 일체 내용이 사실과 다름없음을 입증하여 주는 행위라 풀이함이 자연스럽지 않을까 싶다.

이처럼 이해하면 '교'의 집행자는 ㉠나마 집단, ㉡사인 집단, ㉣전서의 셋으로 나뉜다. ㉢은 전달하려는 핵심적 내용일 따름이다. 집행자 집단은 냉수리비에 보이는 관등이나 직명에서 7인의 전사인(典事人)과 매우 유사한 구조이다. 냉수리비에는 전사인이라는 이름 아래 나마 집단, 도사 집단, 그밖에 1인(사탁부 출신자)이 묶어져 하나의 큰 집단으로 기재되었으나 그 실상을 분석하면 중성리비와 거의 같다고 여겨진다. 다만 냉수리비 전사인의 경우 한꺼번에 표현되어 있어 역할이 명시적으로 구분되어 있지가 않은 서법이다. 반면 중성리비에서는 담당한 역할이 나마, 사인, 전서의 세 집단에게 뚜렷하게 분담되었고 그것 자체가 나누어서 기록되어 있는 것이다. 이 점은 두 비문 사이에서 찾아지는 서법상의 확실한 차이이다. 앞에서도 별교라고 하는 대신 '운'이라고 하여 구별짓고, 또 그를 앞세운 것이 아니라 뒤에다 돌려서 표현한 것도 전서가 내용을 전달하는 방식에서 보이는 차이에 불과하다.

이상과 같이 서법상 일정하게 차이를 보이기는 하지만 중성리비와 냉수리비는 기본적으로 유사한 구조로 되어 있는 셈이다. 그 점을 방증하여 주는 또 다른 면모는 10행과 11행에 걸쳐서 보이는 '약후세갱도인자여중죄(若後世更導人

者與重罪)'란 구절이다. 이는 두 비문상에 공통적으로 보이는 어구로서 당시 유행처럼 사용되던 법률적 관용구와 같은 성격의 것이다. 이는 두 비문이 비록 서법상의 차이는 있되 기본적으로 비슷한 구조로 작성되었음을 입증해 주는 또 다른 증거이다. 그런 측면에서 모두의 '신사(辛巳)'가 가리키는 시점은 냉수리비와 그리 멀리 떨어지기 어려운 성질의 것이다. 따라서 그를 501년으로 비정하는 쪽이 올바르다고 하겠다.

4. 분쟁의 내용

앞서 중성리비문의 구조 분석을 통하여 어떤 사안이 논의·확정되고 난 뒤 집행이 이루어지는 과정을 대충이나마 짐작할 수 있게 되었다. 이해의 편의를 위하여 그런 과정을 잠시 도식화하여 정리하면 아래와 같다.

아간지 그룹(敎) ⇒㉠나마 그룹(白) ⇒ 쟁인 그룹(왕경인) ⇔ ㉢운(云)(별교로 결정된 사항)
㉡사인 그룹(令) ⇒ 지방 유력자 그룹 ⇔ ㉢운(云)(별교로 결정된 사항)
㉣전서(전체를 기록하는 역할)
⇒현장 확인자의 보증으로 마무리

중성리비문의 구조는 본디 냉수리비와 지극히 유사하였으면서도 서법상에서 일정하게 차이가 나서 마치 전혀 다른 구조인 듯이 비쳐지기 십상이다. 그동안 중성리비의 내용 파악이 그토록 힘들었던 이유도 바로 여기에서 찾아진다.[15]

15 이제 중성리비의 구조에 대한 기본적 이해가 정곡을 얻었다면 냉수리비까지도 한결 깊이 재검토해 볼 여지도 생겨났다.

그렇다면 여기서 다시금 추구해야 할 대상은 결정된 내용이 여하한가이다. 이는 분쟁의 주체와 객체가 누구이며, 무엇을 대상으로, 어떻게 발생되었는가를 구체적으로 밝히는 전제가 되는 문제라 하겠다. 비문 속에는 분쟁과 직결되는 기본적 정보가 모두 담겨져 있다. 다만, 이는 문장 구조의 파악과 비교하면 한층 치밀한 본격적 분석이 요구되고 그럴 때 다양한 해석이 뒤따르게 될 문제이어서 갑자기 복잡하고 또 혼란스러워진다. 그동안 많은 논란이 있었음에도 불구하고 실상이 선명하게 드러나지 않았음은 그를 여실히 방증해 주는 사실이다. 분쟁의 구체적 내용을 밝히려면 다시 비문을 대상으로 훨씬 구체적인 분석을 토대로 출발하지 않으면 안 된다. 그렇게 되면 다시 혼동 속으로 빠질 위험성이 뒤따르므로 현재로서는 일단 그럴 본격적인 기회는 뒷날로 미루어 둘 수밖에 없는 형편이다. 다만, 여기서는 핵심이라 할 ㉢만을 중점적 대상으로 삼아 필자 나름으로 분쟁에 대한 개략을 정리함으로써 전반석인 윤곽을 이해하는 선에서 논의를 그치고자 한다. 이해의 편의를 위하여 관련 부분을 다시 소개하면 다음과 같다.

㉢ 云豆智沙干支宮日夫智宮奪尒今更還牟旦伐喙作民沙干支使人卑西牟利白口若後世更噵人者與重罪

이 소문단은 그리 길지 않은 편이지만 어떻게 끊어 읽느냐에 따라 의미가 확연히 달라질 수 있는 무척 까다로운 부분이다. 가령 '두지사간지궁일부지궁(豆智沙干支宮日夫智宮)'에 이어지는 동사인 '탈(奪)'의 주체(주어)로 보느냐 객체(목적어)로 보느냐에 따라 의미는 정반대가 되기도 하는 것이다. 만약 후자라면 문장은 목적어가 앞에 놓인 도치형(倒置形)으로서[16] 분쟁의 대상이 비교적 선명해

16 이용현, 「중성리비의 기초적 검토 – 냉수리·봉평비와의 비교적 시점 –」 『포항중성리 신라비 고찰』(한국고대사학회 113회 정기발표회 요지문), 2010 ; 전덕재, 「포항중성리신라비의 내용과

진다는 장점이 있다. 그러나 문장을 갑자기 그처럼 도치형으로 풀이할 이유를 달리 찾을 수 없다는 사실은 근본적인 문제점이다.[17] 게다가 궁(宮)이 과연 어떤 성격의 것이기에 분쟁의 대상이 될 수가 있었는가를 포함하여 확연히 풀어내어야 할 기본적 과제가 적지 않게 제기된다. 이 문장을 도치형으로 풀이할 명백한 이유를 달리 찾을 수가 없다면 아무래도 전자처럼 주체(주어)로 보는 것이 순리이겠다. 다만 그럴 때 문제는 뺏은 대상이 선뜻 드러나지 않는다는 데에 있다. 왜 '탈이'란 동사의 뒤에 곧바로 목적어가 기재되지 않았을까를 달리 추적해내어야 한다.[18] 이 점은 뒤에서 다시 다루기로 하겠다.

그 다음은 '금갱환(今更還)'의 대상이다. 여기에 금(今)이란 단어가 들어 있는 것이 대단히 의미심장하다. 아마도 그 속에는 '지금 당장 다시' 돌려주라는 강력한 실행 의지가 깃들어 있는 듯한 느낌이 들기 때문이다. 게다가 다시란 의미의 '갱'이란 단어도 결코 소홀히 보아 넘길 수 없는 표현이다. 거기에는 벌어진 다툼이 일회적이지 않았음을 시사하고 있으므로 깊이 음미해 볼 만하기 때문이다. 그럴 때 '환'이란 동사의 주어는 당연히 앞의 '탈'과 마찬가지로 '두지사간지궁일부지궁'이 될 수밖에 없을 터이다.

그러면 무엇을 누구에게 '다시금 돌려주라[更還]'고 말하였는가. 그것은 비문에서 가장 핵심이라 할 다툼의 대상과 직결된 문제이다. 그를 풀어가는 중요한 실마리는 이어지는 문장(語句)인 '모단벌탁작민사간지(牟旦伐喙作民沙干支)'에 들어 있을 법하다. 이 어구는 매우 짧지만 어떻게 끊어 읽느냐에 따라서 내용이 크게 달라진다. 그래서 이를 놓고서 기왕에 논자들 사이에 여러 가지로 엇갈린

신라 6부에 대한 새로운 이해」『한국고대사연구』56, 2009.

17 기왕에 이를 도치된 문장으로 풀이한 경우는 바로 앞의 珍伐壹△을 다툼의 대상으로 읽었기 때문이다. 그러나 그를 앞에다가 붙여 끊어 읽으면 도치형은 성립된 수가 없다.

18 이것도 앞서 본 것처럼 되풀이 기재하는 것을 피하기 위한 典書의 書法이다. 따라서 후술하듯이 뺏은 것을 다시 되돌려주라는 뒤의 목적어와 일치하므로 중복을 피하기 위하여 생략한 것으로 보인다.

주장이[19] 제기되어 논란하고 있는 실정이다. 대단히 중차대한 문제이므로 이를 구체적으로 음미해볼 필요가 있다.

먼저 모단벌탁을 모단벌과 탁을 나누는 입장이 있으나 이는 아무래도 이상하다. 앞서 쟁인 집단에서도 그것이 나왔기 때문에 그대로 하나로 묶어서 모단벌탁이라 읽는 것이 퍽 순조롭다. 곧바로 이어지는 '작민(作民)'을 어떻게 풀이하느냐가 ⓒ의 내용을 살피는데 제일의 핵심적 관건이다. 이를 인명으로 보려는 견해가 현재까지는 우세한 편이다.[20] 전후 사정을 전혀 따지지 않고 언뜻 이것만을 따로 떼어놓고 본다면 일견 가장 적절한 해석인 듯이 보인다. 다만 그렇게 단정하려면 반드시 넘어야 할 몇몇의 암초(暗礁)가 도사리고 있다.

먼저 한문식으로 표현된 '작민'을 과연 인명으로 볼 수 있겠느냐 하는 점이다. 물론 '작민'을 인명으로 풀이하지 말라는 법은 어디에도 없다. 다만 6세기 전반의 비문에서는 아직 한문식의 확실한 인명 사례가 지금까지는 거의 찾아지지가 않는다. 물론 그렇다고 하더라도 그를 마냥 부정할 수는 없는 일이다. 유일한 예외로 치부하면 약간의 의아스러움은 남지만 이제 막 한문식 인명이 지어지기 시작하는 시점으로 설정하여도 무방하므로 자체가 전혀 불가능한 것만은 아니기 때문이다. 그러나 그렇게 읽는다면 왜 모단벌탁 출신의 사간지가 쟁인 속에 포함된 존재도 아닌데 갑작스레 출현하느냐 하는 데 대한 언뜻 납득할 합리적 해명이 뒤따르지 않는다면 수용하기가 곤란하다. 빼앗은 대상을 돌려받는 개인으로서의 객체적 존재라면 앞서 제시된 여러 쟁인 가운데에는 반드시 포함되어야 적절한 것이다. 쟁인은 단순히 빼앗은 사람이 아니라 분쟁의 대상을 놓고 다툰 사람을 총체적으로 표현한 것이기 때문이다. 그렇지 않고서 갑자기 돌려받는 대상만 나타난다면 전체 문장이 어색하기 이를 데 없이

19 구체적인 내용에 대해서는 홍승우, 앞의 논문, 2011, pp.130~131 참조.

20 作民을 인명으로 풀이하는 데서 한걸음 더 나아가 바로 아래의 沙干支의 沙까지를 인명 어미로 보아 作民沙로 보려는 견해가 있다. 지나친 풀이이므로 논의의 대상으로 올리지는 않겠다.

혼란스럽게 된다. 그리고 곧바로 이어진 사인의 등장도 갑작스러워져 쉽게 납득되지가 않는다. 그런 의미에서 작민을 인명으로 단정하는 것은 풀어내야 할 많은 선결과제가 뒤따르므로 달리 이해되지 않으면 안 되는 것이다.

그 다음은 모단벌탁과 작민의 사이를 나누어서 풀이하는 방법이다. 그렇게 보면 '갱환'의 객체가 모단벌탁으로 되는 것이 자연스러우며 돌려주는 대상은 그 구체적 의미가 여하하든 저절로 작민으로 귀결된다. 말하자면 모단벌탁에게 작민을 돌려주라는 뜻이다.

모단벌탁은 앞서 제시된 여러 명의 쟁인 속에 2인의 출신지로서 등장한다. 따라서 그처럼 작민을 돌려주는 대상이라고 하여도 하등 이상스럽지가 않다. 모단벌탁이라 표기하는 것만으로도 충분히 이해되었기에 앞의 인명을 굳이 되풀이 기재하지 않고 단순히 부명으로만 표현한 것이다. 어쩌면 앞서 제시된 인명까지 아울러 표시하지 않고 소속 부명만 드러낸 데에 중요한 시사점이 내재되었을지도 모르겠다. 그것은 곧 다툼 자체가 개인과 개인 사이에서 벌어진 일이 아니라는 사실이다. 앞서 기재된 두 사람도 역시 개인 자격이 아니라 모단벌탁이란 집단의 대표자로서 참여한 셈이 된다. 모단벌탁 2인에 바로 뒤이어 쟁인으로 등장하는 인물들도 모두 같은 부의 소속으로서 2인씩 간지와 일벌을 보유하고 있음은 그를 방증하여 준다. 이들은 소속한 집단을 대표하여 다툼에 참여하고 있었던 것이다. 일견 당시의 부체제적 운영에 어울리는 행위로 보인다.[21] 그 까닭으로 모단벌탁에게 분쟁의 대상을 다시 돌려준다고 결정하면서 대표자의 인명을 되풀이하면서까지 기재하지 않아도 무방하였던 것이다. 그런 측면에서도 모단벌탁과 작민 사이를 끊어 읽어도 전혀 무리하지가 않다고 여겨진다. 작민의 구체적 실체를 어떻게 이해하든 일단 그것이 모단벌탁의

21 다만 분쟁을 해결하는 결정권자로서 敎의 전달자, 집행자가 모두 탁과 사탁부 출신이라는 점은 대단히 의미심장하다. 쟁인 가운데 이들 두 부 출신자만 각각 1인씩 기재된 것도 그와 관련이 있을 듯하다. 이에 대해서는 따로 다룰 기회를 갖기로 하겠다.

소유로 돌려진다는 결정이 내려졌던 것만은 분명하다.

이상과 같이 보면 분쟁은 사간지궁 이하와 다른 여러 집단 간에 벌어졌고 최종적으로는 모단벌탁의 소유로 되돌리라는 결정이 내려졌다고 풀이된다.[22] 그 대상은 일단 작민이라고 여겨지는 것이다. 작민이 구체적으로 어떤 실체를 지칭하는지는 따로 논의해 보아야 할 과제이다. 그것은 '궁(宮)'과 마찬가지로 해석상의 커다란 문제를 내포하고 있어서 논지 전개를 복잡하게 할 뿐이므로 일단 여기서는 할애해 두는 것이 적절하다고 판단하여 논외로 하겠다. 그렇다면 소단락 ㉢은 일단 다음과 같은 두 개의 문장으로 구성되어 있는 것으로 정리된다.

㉢ (云)

① 豆智沙干支宮日夫智宮奪尒今更還牟旦伐喙作民

② 沙干支使人卑西牟利白口若後世更噵人者與重罪

이로써 분쟁의 결과는 매우 선명하게 드러났다. ㉢-①의 별교 형태로 되어 있는 부분의 핵심을 지극히 단순화시켜 이해하면 두자사간지궁 등은 빼앗은 것을 모단벌탁에게 다시 돌려주라는 것이고 그 구체적 대상이 '작민'이었던 것이다. 이것이 '교'의 내용 가운데 가장 핵심적 사항이라 하겠다. 다만 두 집단만이 맞서 싸운 것이 아니라 여러 집단이 쟁인으로 등장한다는 사실이 크게 유의되는 대목이다. 그것은 다툼의 성격을 시사하여 주기 때문이다.[23]

㉢-②의 첫머리에 보이는 사간지는 바로 뒤에 이어지는 사인과 자연스럽게 연결된다. 말하자면 비서모리(卑西牟利)란 인물이 지닌 직함[役名]이 곧 사인이

22 어쩌면 '모단벌탁의 작민에게 돌려주라'는 뜻도 함께 내포되어 있는 듯하다.

23 作民과 宮이 가지는 의미에 대해서는 개인이 아니라 집단이 복수로 분쟁에 참여한 사정과 마찬가지로 해석의 문제이므로 따로 논의할 기회를 갖고자 한다.

라는 의미이다. 그에게 사인이란 역명을 덧씌운 것은 사간지의 대리인이기 때문이다. 따라서 이 사인은 ㉡에 보이는 사인과 명칭은 같더라도 국가(중앙정부)가 아니라 사간지라는 인물에게 개인적으로 귀속된 존재이다. 그는 사간지의 사인으로서 그를 대행하는 임무를 지닌 인물이 되는 셈이다. 그렇다면 사간지가 누구이며, 사인은 어떤 존재인가.

이 사간지의 실체는 바로 앞에 등장하는 두지사간지(豆智沙干支)라는 바로 그 인물과 직결시키는 길밖에 없다. 말하자면 비서모리는 개인으로서의 두지사간지(혹은 그 宮에서)가 부리는 사인인 셈이다. 사간지란 관등만 보이고 두지란 이름이 등장하지 않는 이유는 따로 음미해볼 필요가 있지만 모단벌탁처럼 그렇게만 표기하여도 의미 파악이 가능하였기 때문이다. 비서모리는 사간지의 사인이라는 직함을 갖고서 그에게 부여된 책무를 감당하였을 것이다. 두지사간지로부터 임무를 부여받은 비서모리는 현지에 파견되어 활동한 존재였기에 역시 사인이라고 불린 것이다. 물론 비서모리가 본래부터 왕경인이었던지 혹은 지방민이었던지 어떤지는 잘 알 수가 없다. 다만 그가 사간지의 대리인으로서 지방에 머물던 상태였음은 분명한 사실이다. 그래서 비문을 기록할 때 적어도 현장에 있었기에 그에게도 결정된 내용이 그대로 전달된 것이었다. 앞서 언급한 도사 등이 보유한 사인과는 왕경으로부터 현장에 파견되었다는 점에서는 동일하지만 그러나 중앙정부(혹은 그를 대행한 아간지)가 파견한 것이 아니라 사간지라는 개인이 보냈다는 점에서 같은 직함이라도 성격을 달리하는 존재였다고 하겠다. 그 점은 비서모리의 역할을 살펴보면 저절로 드러난다.

비서모리는 이어지는 동사인 바로 '백구(白口)'의 주어이다. 흔히 '백구'를 앞서 본 '백'과 같은 뜻으로 새기려 한다. 그렇다면 '구(口)'라는 글자는 굳이 들어갈 필요가 없어지는 허사(虛辭)가 된다. 하필 들어갈 필요가 없는 글자를 아무런 의미도 없이 넣었다고 진단하는 것은 비문 작성 시 좁은 공간을 최대한 활용하려 한 기본적 방향과 별로 어울리지가 않는다. 그래서 그를 구두전달로 풀이하여 '口'의 깊은 의미를 각별히 살려내려고 시도한 견해까지[24] 제시되었다. 그러나 본 비문에서는 '교', '백', '령' 등 어느 것 하나 구두로 전달되지 않은 동사는 없다. 비문을 통해서 보면 원칙적으로 문서가 아니라 모두 구두로 전달되고 마지막에 이르러서 전서가 그를 총괄적으로 정리·기록하는 순서를 밟고 있다. 그런 뜻에서 단순히 구두로 전달되었기 때문에 '口'란 글자가 들어갔다고 보아서는 곤란하다. 그렇다고 '口'라는 단어가 아무런 별다른 의미가 없이 들어갔다고 생각되지는 않는다. 게다가 '백'과 같은 뜻이라면 그를 받는 객체가 누구일까가 당장 문제로 된다. 따라서 '구'가 붙음으로써 위의 '백'과는 용법상 상당한 차이가 나는 것으로 보아야 순리이다. 소문단 ㉠에서처럼 그를 받는 대상이 바로 뒤이어 나와야 순조로운 문맥이 된다.

그러나 그 이하는 다른 문장이 이어지므로 그렇지가 못함이 분명하다. 그러므로 이 '백구'를 무조건 '백'과 같은 뜻으로 해석해서는 안 된다고 하겠다. 굳이 글자의 본뜻 그대로 풀이한다면 '입에게 사뢴다'는 뜻이다. 그것에 내재된 구체적인 의미는 원래 대상을 빼앗은 두지사간지의 사인이라면 그와 연결지어 이해해야 마땅하겠다. 아마 비서모리는 탈취한 주체인 사간지의 사인으로서 그를 대변함이 주된 임무였고 따라서 결정된 사항에 대해(혹은 처음부터) 대리인으로서 가장 먼저 불만을 토로하면서 항의하고 나섰을 가능성이 크다. 혹시 현장에서 '즉시 되돌려주라'는 결정에 대해 직접적인 반발을 표출하였을 상황도 상상된다. 그래서 그가 직접 행하였던 항의를 바로 '백구'와 같은 형식으로 표현한 것이 아닌가 싶다. 그래서 '입으로 문제 삼아 말하면'[25] 정도의 의미로 풀이하여 무방할 것 같다.

그렇게 보면 바로 뒤에 이어지는 경고(警告) 형식의 관용구적 문장과도 곧장

---

24 윤선태, 「포항중성리신라비가 보여 주는 '소리'」『신라 最古의 금석문』 한국고대사학회발표문, 2011.

25 필자는 이미 前考에서 오늘날에서 흔히 사용되고 있는 '흰소리'와 같은 뜻으로 풀이한 바 있다. 이것도 동일한 맥락이다.

연동하여 비교적 순조롭게 해석된다. 이 문장은 냉수리비를 보아도 분쟁을 해결하면서 널리 사용한 일종의 관용구였음이 분명하다. 그래서 누구라도 만약 뒷날 이미 중앙정부가 직접 관여하면서까지 결정한 사항을 다시금 문제로 삼는다면 이제는 중죄를 주겠다는 국가의 결연한 집행 의지를 선언적으로 표명한 것이다.

일단 전후 문맥으로 미루어 장래에 자칫 중죄를 받게 될 일차적 대상은 현장에서 문제를 제기할 가능성이 가장 높은 사간지의 사인인 비서모리가 되겠다. 그는 빼앗은 대상을 현재까지 보유하고 있는 사간지(궁) 소속의 사인으로서 이제 그것을 다시 되돌려주지 않으면 안 될 상태이므로 불만을 토로할 일차적 대상이었던 것이다. 그를 중심으로 하여 이미 앞서 제시되었던 여러 쟁인 가운데서도 장차 다시 문제로 삼는다면 그때는 당연히 중죄를 내리겠다는 포괄적인 내용을 담고 있다. 이는 지금까지 일어난 분쟁이 더 이상 재발하지 않으면 달리 문제 삼지 않겠지만 만약 그렇지 않는다면 엄벌로 다스리겠다는 일종의 포고(布告)였다. 많은 중간 과정을 거쳐 마침내 중앙정부까지 간여하게 된 마당에 이제 최종적으로 내려진 결정 사항을 어느 누구도 승복하지 않으면 안 된다는 강한 실행 의지가 담긴 것이었다. 이는 당시 밑바탕으로부터 격렬하게 들끓던 시대상을 여실히 반영하고 있는 경구(警句)로 보인다. 그런 경구를 일반적으로 사용하지 않으면 안 될 정도로 급변하던 시기였다는 느낌이다.

5. 남는 문제

이상에서 분쟁의 주체와 객체, 그리고 그 대상과 관련한 윤곽은 대충이나마 드러났다고 생각된다. 기왕에 기초적 검토를 철저히 진행하지 않았던 탓에 전체 문맥이 제대로 이해되지 못하였고 그 결과 분쟁의 내용 또한 그리 선명하지 못하였다. 그것은 다음의 두 가지에 핵심적인 사항이 뚜렷하게 해명되지 않았다는 데서 확인되는 사실이다.

첫째, 여러 등장인물(집단) 각각의 역할이 확실하지가 않았던 점이다. 누가 과연 어떤 역할을 하였던 것인지를 잘 파악할 수가 없었다. 둘째, 분쟁의 주체와 객체 그리고 대상이 불분명하기 이를 데 없었던 점이다. 이는 전자와도 곧바로 직결된 문제로서 비문의 가장 핵심적 사항이었지만 오리무중의 상태에 빠지고 말았던 것이다. 전후맥락이 잘 닿지 않은 상태에서 한층 더 논의를 진전시킨 결과 사실과 해석이 한데 뒤섞여 백가쟁명의 양상으로 치달아 갔던 것이다. 일각에서 중성리비는 괜스레 출현하였다는 가슴 아픈 농담조의 이야기가 흘러나오기까지 한 것은 그런 저간(這間)의 어려웠던 실상을 여실히 반영하여 준다.

사실 그렇게 된 요인은 두 가지로 정리된다. 하나는 비문 자체의 내용이 전후맥락이 닿도록 기초적·기본적 분석 작업을 소홀히 한 데에 있다. 그럴 때 누누이 언급하였듯이 비문을 작성한 전서의 입장과 그의 독특한 서법이 면밀히 검토되어야 마땅하다. 문단 나누기를 하면서 어느 누구도 그와 같은 접근을 시도하지 않았다. 다른 하나는 그러한 상태인 데도 논자 자신의 기존 논지를 바탕에 깐 선입견으로서 비문의 구조와 내용을 이해하려 한 점이다. 그 까닭으로 중성리비를 놓고 사실과 해석이 착종(錯綜)되면서 실상이 제대로 드러나지 않고 그야말로 혼동상을 현출하였던 것이다. 그런 상황임에도 너무 멀리 나아가는 지나친 역사 복원까지 시도된 바 있었다.

필자는 이미 지난해에 그런 문제점을 지적하면서 가능한 한 비문 작성의 당사자인 전서의 입장으로 되돌아가 진중한 자세로 중성리비를 본격적으로 다루어야 한다는 점을 누차 강조한 바 있다. 그것이 새로운 금석문 자료를 접할 때 갖추어야 할 가장 기본적 덕목이자 자세이기 때문이다. 그럼에도 이미 전서의 입장이 깊이 반영된 문단 구조에 대해 어느 누구도 세심한 주위를 기울이지 않았다. 게다가 핵심적 동사를 원래의 사전적 의미 그대로 새기려 하지 않고 지나치게 확대·확장하여 해석함으로써 거기에 담긴 진정한 의미를 놓치고 말았던 것이다. 비문의 작성자인 전서는 그야말로 단어를 사전적인 의미에 따라 엄밀하고 충실하게 사용하려는 입장을 줄곧 견지하고 있었다. 그것이 중성리 비문에 내재한 서법상의 뚜렷한 특징이라 하겠다. 그런 점을 제대로 인식하지 않은 채 성급하게 어떤 결론을 도출해내려고 시도한 탓에 비교적 간단하고 단순한 구조와 내용임에도 연구자들이 오히려 상황을 너무나도 복잡하게 만들고 말았다.

문단과 문장의 구조를 음미하면서 거기에 적지 않은 정보가 담겨져 있음에도 쉽게 놓치고만 사실을 아울러 확인하였다. 여기서는 논지가 흐트러져서 혹여 또 다시 혼란에 휩싸일지 모른다고 짐짓 우려하여 동시에 다루지 않고 일단 미루어 두기로 하였다. 다만 장차 논의의 진전을 위하여 잠시 부분적이나마 그 대강을 적시(摘示)하여 두고자 한다. 아직 언제, 왜, 어떻게 다툼이 발생하였는지 그리고 그것이 어떤 절차를 밟아 해결되기에 이르렀는지가 제대로 드러나지 않아 장차 해명되어야 할 과제로 남겨져 있기 때문이다.

먼저 앞서도 지적한 바 있지만 '갱환', '갱도'라고 하여 '갱'이란 표현을 사용하고 있는 점이 각별히 유의된다. 이는 분쟁을 야기한 여러 집단(혹은 두 집단) 사이에서 단 한번으로 야기된 것이 아니라 한동안 다툼이 되풀이 진행되었음을 시사하여 주는 용어이기 때문이다. 여러 차례에 걸쳐 복합적으로 뒤얽혀 다툼이 진행되었다. 이는 냉수리비에서 오랜 기간 두 사람이 문제를 제기하여 얽힌 싸움이 전개된 탓에 '갱도'를 두 번이나 내세우고 있는 것과 비슷한 측면이다. 특히 단순히 그저 '환'이라고만 하지 않고 '갱환'이라 한 점도 그런 결정이 내려지기 이전에 이미 뺏고, 뺏기는 치열한 싸움이 몇 차례 전개되었음을 뜻한다. 그 까닭으로 지방관 도사나 재지유력자 정도의 수준에서 일정한 타협 등의 형태로는 해결되기 어려운 성질로 비화하였고 끝내는 중앙의 권위를 빌리지 않으면 안 되는 지경에까지 이르렀던 것이다. 분쟁이라는 사안을 발생 당초부터 중앙으로 가져갔을 리 만무하다. 중성리비에 보이는 결정은 그 최종적인 마무리였던 셈이다. 이처럼 앞으로 문제의 발생은 물론이고 해결되는 과정까지도 한층 더 치밀하게 복원되어야 마땅하다고 하겠다.

그 점과 관련하여 다음으로 주목되는 사실은 나마(집단)나 사인(집단)으로부터 최종적 결과를 통보받은 쟁인이나 지방민이 집단별로 복수의 인원으로 구성되었다는 사실이다. 쟁인을 부별로만 살펴보아도 탁, 사탁, 모단벌탁, 본파, 금평[26] 등을 손꼽을 수 있으며 지방민의 출신지도 4곳이나 된다. 분쟁의 또 다른 주체라 할 宮조차도 하나가 아니라 두 개나 됨도 그와 직결되어 있는 사항이다. 따라서 복수의 대상을 놓고서 복수의 집단이(개별적이 아니라 집단적으로 참여하여) 되풀이 분쟁하였음은 의심의 여지가 없다. 다만 어떻게 얽히고 설켜서 다툼이 진행되었던 것인지는 현재로서는 명료하게 가름할 길이 없다. 이는 앞으로 더욱 면밀하게 따져 보아야 할 과제이다. 다만, 그들 간의 다툼이 상당 기간 지속되었고 최종적으로는 분쟁의 대상을 모단벌탁에게로 귀속시킴으로써 일단락되었던 것은 분명하다. 이로 미루어 보면 어떻든 원래는 모단벌탁 소유였을 가능성이 가장 높다. 그러다가 어떤 알 수 없는 사정을 계기로 다른 여러 집단이 그에 관여하면서 분쟁이 복잡한 양상으로 치달아간 것으로 보인다. 이로 보면 원래는 모단벌탁이 보유한 대상에 대해 당해 지방에 대한 직접지배가 시작되는 틈을 타 새로운 권력이 침투하면서 빚어진 분쟁일지 모른다는 생각이다.

다음은 분쟁에 개별적인 참여가 아니라 집단적으로 관여하였다는 사실이다. 이미 궁이라 표현된 자체가 그를 어렴풋이나마 반영해 주거니와 부에 소속된 인물들이 개인이 아니라 복수인 점도 아울러 주목되는 사실이다. 이는 분쟁이 개별적이 아니라 집단성을 지녔음을 시사한다. 다만 그런 측면과 관련하여 쟁인 속에 예외적으로 탁과 사탁 출신만은 개별적 존재로서 모습을 드러

26 金評을 어떻게 볼 지는 논란의 여지가 있으나 일단 그 자체 部名의 다른 표기이거나(이를테면 이미 이용현, 박남수, 이성시, 橋本 등등에 의해 지적되고 있듯이 습비부 혹은 한기부의 다른 표기), 혹은 6부 외에도 그 속에는 들지 못하였지만 비슷한 성격의 존재였다고 보는 데에는 찬동한다. 다만 部內部와 같은 성격의 것으로 쉽사리 결론내릴 성질의 것은 아니라 여긴다.

내어 주목된다. 이 또한 나름의 의미를 일정하게 내포하고 있을 것 같다. 이들 양자는 '교'를 전달하는 2인의 아간지가 탁과 사탁 출신인 점, 궁의 보유자 2인이 부명을 표시하지 않았던 점, 사간지 사인인 비서모리나 전서가 소속 부명을 기재하지 않았던 점과 어떤 상관관계를 갖는 것으로 추정된다. 이런 것들이 궁극적으로 해명될 때 비로소 분쟁의 전모가 확연히 드러나리라 생각된다. 이에 대해서는 많은 부분이 재해석되어야 하므로 부득이 뒷날을 기약할 수밖에 없다.

끝으로 중성리비를 통하여 부제, 관등제 그 중 특히 외위제, 도사제, 지증왕대의 지배체제 등을 다룬 몇몇 사례가 있으므로 그와 관련하여 굳이 한마디 언급해 두고자 한다. 중성리비에는 생각보다 한결 많은 새로운 정보들을 담고 있다. 따라서 그들은 앞으로도 중성리비를 역사 복원에 활용하는 데에서도 주된 논점들이 될 만한 과제임은 분명하다. 다만, 새로운 정보를 당시 역사 복원에 본격적으로 활용하는 것은 분쟁의 내용과 시점 등이 좀 더 뚜렷하게 드러난 이후의 일이다.

중성리비의 내용을 역사 복원에 활용하려 할 때 모쪼록 명심해 둘 사항의 하나는 신중에 신중을 거듭해야 한다는 사실이다. 왜냐하면 중성리비와 냉수리비의 시간 차이가 겨우 2년에 불과하다는 점, 그에 관한 기왕의 이해도 모두 금석문에 근거하여 도출된 것이라는 점 등을 아울러 참작하여 접근해야 한다. 그것이 극심한 논리적 비약을 경계하고 왜곡을 방비할 수 있는 길이기 때문이다. 이미 널리 지적되어 왔듯이 중성리비와 냉수리비 사이에 보이는 간극보다 차라리 그런 전반적 분위기를 배경으로 하여 몇 년 뒤에 대대적인 개혁이 이루어지게 된다는 점은 충분히 염두에 두어야 할 터이다. 중성리비나 냉수리비에는 그런 저간의 사정이 밑바탕에 짙게 깔린 듯한 느낌도 든다. 그런 점에서 실로 비문이 건립된 지증왕대는 새로운 시각에서 깊이 다루어 볼 만한 중요한 대상으로 부각된다.

냉수리비나 중성리비의 분쟁 대상이 모두 재(財), 재물(財物)이나 '작민'과 같이 한문식으로 표현된 점은 대단히 흥미로운 사실이다. 양자가 다른 용어들과는 달리 특히 한문식이라는 점에서 당시 새로이 부상하고 있던 용어라 여겨지기 때문이다. 이는 바로 이 시점에서 그 전과는 성격을 달리하는 새로운 정치 사회적 문제가 전반적으로 일어나고 있었음을 반영하는 것이다. 과거 공동체성이 강하게 유지되던 상황 속에서는 거의 문제시되지 않았던 대상이 이제 새로이 논쟁거리 혹은 분쟁거리로 떠오르고 있었다. 그것은 곧 5세기 말에서 6세기 초에 걸쳐 밑바탕으로부터 일고 있던 사회적 변동이라고도 이해된다. 그런 속에서 사인(使人)과 함께 직명으로서 도사가 등장하고 있는 점도 아울러 주목해 볼 만한 사항이다. 그것이 종합적 차원에서 한 단계 정리된 것이 바로 지증왕대에 행해진 일련의 개혁적 시책이라 하겠다. 그런 측면에서 『삼국사기』 신라본기 지증왕조에 보이는 몇몇 시책들은 재음미하기에 충분한 대상으로 부각된다고 하겠다.[27]

6. 맺음말

이상에서 논급한 내용을 간략히 추려서 맺음말에 대신하고자 한다.

첫째, 문단 나누기는 비문 작성자인 전서의 서법을 충분히 고려한 바탕 위에 시도되어야 마땅하다. 그럴 때 크게 2문단 혹은 3문단으로 나뉜다.

둘째, 비문의 핵심은 '교'를 중심으로 한 하나의 커다란 문단 속에 일괄 정리되어 있다. 당연하게도 그 이하 11행까지는 모두 '교'의 내용에 포함된다. 다만

27 이미 그에 대해서는 필자는 전고에서 지적하였다. 최근 이기동, 「현장 연구 중시의 역사학을 提言함 – 포항 북구 출토 신라 최고 二碑의 연구에 붙여 –」 『신라 最古의 금석문』(한국고대사학회 발표문), 2011에서도 그런 입장에서 지증왕대의 중요성을 언급하였다. 박남수는 그 점을 이해하고 발 빠르게 중성리비를 지증왕대의 개혁과 연결짓는 견해를 발표한 바 있다(「포항중성리 신라비의 新釋과 지증왕대 정치개혁」 『한국고대사연구』60, 2010).

아간지가 전달한 내용이기는 하였어도 그것이 전부 상위의 회의체를 통하여 결정된 사항이라 볼 수는 없다. '교'의 이름 아래에는 그와 함께 집행된 사항까지 들어가 있기 때문이다.

셋째, '교' 속에는 '백', '(세)령', '운'과 동사로 연결되는 세 개의 소문단과 함께 전서의 행위인 '고기(故記)'까지로 이루어져 있다. 세 개의 소문단 각각에 내포된 의미는 약간씩 차이가 나지만 모두가 전달한다는 의미이다. 전서는 그들 동사들을 원래의 사전적 의미에 따라 충실하게 구사하려고 하였다. 동사의 주어는 결정 사항을 집행하는 사람들이며, 객체는 그를 전달 받는 사람들이다. 후자는 어떤 형태로든 분쟁 사건에 연루된 사람(혹은 집단)들이다.

넷째, '운'은 냉수리비의 핵심 사항인 별교와 같은 성격의 것으로서 '교'의 핵심적 내용을 담고 있다. 그럼에도 뒤에 기재된 것은 중복을 피하기 위한 서법에서 말미암는다. 그 내용은 모단벌탁에게 '작민'을 즉시 되돌려 주라는 것, 그리고 앞으로 더 이상 논란하면 중죄를 주겠다는 것 등등이다.

다섯째, 위와 같이 구두로 전달된 모든 내용을 전서가 종합하여 기록한 행위가 '고기'의 형태로 정리되어 있다. 바로 여기까지가 비문 작성자의 입장을 존중하면 '교'의 범주에 포함된다. 거기에는 나름의 의미가 내재되어 있다.

여섯째, 마지막으로 중앙에서 사탁부 출신자가 파견되어 그 기록이 사실과 조금도 다름없음을 보증하는 절차가 진행되었다.

이상과 같이 분쟁이 결정·전달되는 과정에서 이루어진 행위 전반을 알기 쉽게 동사를 중심으로 정리하면 다음과 같다.

회의를 통한 결정 사항 ⇒ 아간지가 교(敎)로 전달 ⇒ 백(白)
⇔운(云) →기(記)→△(보증)
⇒령(令)

분쟁의 대상은 하나가 아니라 여럿이며, 연루자도 개인이 아니라 여러 집단으로 이루어져 있다. 그에 대한 구체적인 검토는 여러 가지 형편상 부득이 다음을 기약할 수밖에 없다.

(『한국고대사연구』65, 2012)

3장

울진봉평리신라비蔚珍鳳坪里新羅碑와 신라의 동해안 경영

울진 봉평리신라비

1. 머리말

경북 울진의 동해안 바닷가에서 마침내 국보 242호 울진봉평리신라비(蔚珍鳳坪里新羅碑, 이하 봉평비라 약칭함)라 명명된 비가 발견된 지도 어언 이십 몇 년의 세월이 흘렀다. 비의 발견 소식을 접한 상황으로부터 기초 조사가 이루어지고 마침내 학술회의를 끝으로 일단의 종합적인 정리 작업이 마무리되기까지의 과정이 어제의 일인 듯 뇌리를 스친다. 언뜻 돌이켜보니 감회가 무척이나 새롭게 느껴진다. 당시로서는 신라 최고(最古)의 비였을 뿐만 아니라 특히 그 속에 엄청난 내용이 담겨져 있어 연구자들에게 던진 충격파가 너무도 컸다. 지금까지도 당시의 상황이 깊은 곳까지 각인되어 있음은 그를 방증하여 준다.

성격을 종합적으로 밝히기 위한 학술회의를 거치고 난 뒤에도 봉평비는 신라사를 복원하는 자료로서 꾸준하게 활용되어 왔다. 그 결과 6세기 신라사의 적지 않은 부분을 새로이 해명할 수 있는 길이 트였음은 다 아는 바와 같다. 오래도록 다루어온 탓인지 근자에는 이에 대한 관심이 약간은 뜸해졌다는 느낌이었다. 그러나 2009년 포항에서 중성리신라비(中城里新羅碑)가 출현하면서 봉평비는 다시금 관심을 끌기 시작하였다. 새로 출토된 자료를 매개로 기왕에 미흡하거나 미상(未詳)으로 남겨진 부분에 대한 해명이 어느 정도 가능해질 길이 열린 데서 말미암는 것이었다. 과거 이미 몇 차례 봉평비를 취급한 적이 있는 필자가[1] 굳이 이를 다시 다루는 데 나서게 된 것도 바로 그 때문이다.

봉평비가 세워진 울진 지역의 당시 상태가 어떠하였는지는 기록상의 미비(未備)로 뚜렷하게는 알 수가 없는 형편이다. 그곳에 신라의 뿌리였다 할 진한(辰韓) 소속의 일국이 존재한 것인지 어떤 지는 그리 선명하지가 않다. 진한 12

---

1 필자는 이미 봉평비를 다루면서 기본적인 입장을 두 차례에 걸쳐 표명한 바 있다. 朱甫暾, 「蔚珍鳳坪新羅碑와 法興王代 律令」『韓國古代史硏究』2, 1989 ; 『금석문과 신라사』, 지식산업사, 2002 및 『新羅地方統治體制의 整備過程과 村落』, 신서원, 1998 참조.

국 가운데 우중국(優中國, 또는 優由國)을 울진으로 비정하는 견해도[2] 있지만 어디까지나 발음상의 유사성에서 유추해낸 것일 뿐이어서 명백한 자료에 근거해서 내려진 확정적 결론은 아니다. 한편 『삼국유사』에는 울진국(蔚珍國),[3] 또는 울진대국(蔚珍大國)이[4] 존재하였다고 전한다. 여하튼 여러 정황상에 비추어 울진 지역에 비교적 이른 시기부터 유력한 정치세력이 존재하였음은 부정할 수 없는 사실이다. 『삼국사기』 신라본기 파사니사금(婆娑尼師今) 23년조에는 강원도의 삼척(三陟)에 소재한 실직국(悉直國)과 경북 안강(安康)으로 추정되는 음즙벌국(音汁伐國) 사이에 영토를 둘러싸고 벌어진 분쟁사건이 보인다. 두 지역의 중간쯤에 끼인 울진 지역이 분쟁의 주된 대상이었으리라 추정한 견해도[5] 있다. 그것은 어떻든 영토 분쟁의 당사자인 두 나라가 바로 같은 해에 함께 복속 혹은 투항한 사실로 미루어 짐작하면 울진은 비교적 이른 시기에 신라의 영역으로 편입되었던 것만은 분명한 듯하다.

그러나 5~6세기 신라의 동해안 방면 국경선이 결코 안정적인 상태는[6] 아니었다. 고구려가 동해안 통로를 따라 남하하고 나아가 400년 이후 상당한 기간 신라에 병력을 주둔시키면서 왕위 계승과 같은 정치적으로 중요한 사항에까지 영향력을 행사하는 일이 이어졌다. 이로 말미암아 고구려가 간섭하던 시기의 전후에는 동해안 방면에 확보해 둔 영토가 적지 않게 상실되었으리라 추정된다.[7] 그러다가 5세기 후반에 이르러 두 나라의 긴장된 밀월 관계가 깨어지자

---

2 千寬宇, 「辰 · 弁韓 諸國의 位置試論」 『白山學報』20, 1976 ; 『加耶史硏究』, 一潮閣, 1991, p.83.

3 『三國遺事』3 塔像 臺山五萬眞身條.

4 『三國遺事』3 塔像 溟州五臺山寶叱徒太子傳記條.

5 盧重國, 「고대 울진의 역사 개관」 『韓國古代社會와 蔚珍地方』, 蔚珍郡 · 韓國古代史學會, 1999, p.221.

6 이에 대해서는 金瑛河, 「三國과 南北國時代의 東海岸地方」 『韓國古代社會와 蔚珍地方』, 蔚珍郡 · 韓國古代史學會, 1999 참조,

7 『三國史記』35 地理志 溟州條에는 경북의 동해안 및 일부 내륙지역이 본래 고구려 땅이었던 것으로 기록되어 있다. 그를 둘러싼 논란에 대해서는 金賢淑, 「4~6세기 小白山脈 以東地域의

마자 신라는 고구려와 일진일퇴의 공방을 치열하게 거듭하면서 동해안을 따라 북상해 상실한 영역을 차츰 회복하여 갔다. 6세기에 들어서자 지방에 주둔하면서 상시적(常時的) 군사 활동을 담당할 군주(軍主)를 처음 파견한 지역이 이 방면인 점도 그런 실상을 여실히 보여 준다. 신라가 당시 전략상 동해안 방면을 얼마나 중시하였던가를 쉽게 유추해낼 수 있게 하는 사실이다. 봉평비가 울진에 세워진 것이 바로 그런 정황의 일단을 반영하거니와 당시 신라는 이미 삼척 지역을 최전선(最前線)으로 삼고 있었다.

여기서는 그런 제반 실상을 감안하면서 봉평비가 전해주는 정보를 나름대로 분석·정리해 보고자 한다. 다만 가능하면 기존 논의를 가급적 되새김질하지 않으면서 새로 추가된 자료를 토대로 해서 채취(採取)되는 정보를 근거로 접근해 가겠다. 그러기에 앞서 기록으로 남겨두기 위해 발견 당시의 이야기 가운데 그동안 형편상 언급할 기회를 갖지 못한 부분을 먼저 단상(斷想)의 형식으로 간략히 소개하기로 하겠다. 다만 그것은 필자가 직접 경험한 사실에 바탕한 한정된 내용에 지나지 않으므로 기억의 한계에 따른 명백한 착오가 개재되었을지도 모른다는 점을 미리 밝혀 둔다.

2. 그때의 회상(回想)

1988년 4월의 어느 봄날 아침 10시쯤 연구실로 한통의 전화가 걸려왔다. 대구에 있는 일간지인 매일신문(每日新聞)의 기자 박진용이었다. 당시까지 그와는 일면식도 없는 사이였는데 느닷없이 비의 발견 소식을 전하는 것이었다. 그가

領域向方」『韓國古代史硏究』26, 2002 참조. 아마 고구려 영역화가 강제적으로 진행된 것은 아니어도 신라 영역으로 확정되지 못한 반자치적인 상태였으므로 지역민들이 스스로 强者 쪽을 선택한 현실적 결과였을 것이다.

띄엄띄엄 말하는 내용을 다 듣고 보니 신라의 고비(古碑)임은 확실한데, 혹여 최고(最古)의 것일지 모른다는 느낌이었다. 그래서 일단 전반적인 내용이나 연대, 성격, 의미, 가치 등등의 핵심 사항에 대해서는 단편적으로 들려주는 자료만으로는 진단하기 쉽지 않으니 먼저 실물(實物)을 보는 것이 순서라 하고는 함께 현장으로 가보자고 권유하였다. 그랬더니 대뜸 당일 오후 발행될 예정인 매일신문에 비문 관련 기사가 보도될 예정이라고 이르는 것이 아닌가. 그래서 내용을 제대로 검토도 해보지 않은 상태에서 부정확한 정보를 갖고 어떻게 먼저 보도할 수 있느냐고 따졌더니 자신들은 정확성(正確性)보다는 신속성(迅速性)을 우선으로 여기므로 부득이한 조치였다고 얼버무리는 것이었다. 약간의 실랑이를 벌이다가 어떻든 다음날 아침 함께 현장으로 달려가기로 약속하고 전화를 끊었다. 당시 필자는 1987년 2월 갓 출범한 한국고대사연구회(현 한국고대사학회의 전신)의 총무를 맡고 있었는데, 회장인 계명대 노중국 교수에게 즉각 자초지종을 정리해 알렸다. 울진은 노교수의 고향이기도 해서 어쩌면 그 소식에 상당한 설렘을 느꼈을지도 모른다. 그날 오후 배달된 매일신문을 보니 놀랍게도 제1면 전면이 봉평비로 가득 채워져 있었다. 아마도 담당 기자는 봉평비의 출현 사실을 단독의 특종으로 터트리기 위해 비밀리에 작업을 추진하고는 필자에게 연락하였던 것 같다. 기사 작성을 급하게 서둔 나머지 내용상 적지 않게 오류를 범했던 것으로 기억된다.

다음날 아침 일찍 대구의 한국고대사 연구자 몇몇과 만나 울진으로 내달았다. 박기자도 동행하였음은 물론이다. 먼저 울진군청에 들러 현황에 대한 관계자의 간단한 설명을 듣고 안내를 받아 봉평비가 있는 현장으로 갔다. 비가 출토된 장소를 잠시 살피고는 실측 및 탁본과 판독 작업을 시작하였다. 비는 원래 밭의 한 귀퉁이 가까이에 매몰되어 있었는데, 그를 파내어 수십 미터 떨어진 소로(小路)의 옆으로 옮겨놓은 상태였다. 당시 들은 바에 따르면 처음에는 비인 줄도 모른 채 굴삭기를 동원해 길가 쪽으로 옮겨두었다고 하였다. 그로부터 며칠 뒤 현재 놓인 곳의 바로 옆을 지나가던 사람이 우연찮게 신라의 비라는 사실을 확인하게 되었다고 한다. 봉평비는 글자가 새겨진 앞면이 위쪽으로 놓인 반듯한 모습이 아니라 옆으로 비스듬히 눕혀진 상태였다. 그래서 탁본 및 판독 작업을 수행하기가 무척이나 까다로웠다.

몇몇이 달려들어 비문에 대한 탁본을 진행하는 한편 자체를 해독하는 작업을 시도하였다. 작업에 너무 열중한 나머지 시간이 어떻게 지나갔는지, 종일의 작업에도 피곤함을 거의 느끼지 못할 지경이었다. 그처럼 혼신의 힘으로 일에 몰두한 것은 당시로서는 봉평비의 내용이 너무나 대단해 아마 극심한 흥분 상태였기 때문이었으리라. 마침 현장에는 보도진도 여럿 대기하고 있었다. 그런데 함께 대구를 출발한 모대학 교수가 먼발치에서 계속 지켜보고만 있다가 이따금씩 다가와서 내용이 어떠한가를 묻고서는 물러나곤 하였다. 그래서 작업을 진행하면서 파악 가능한 만큼의 개략적 내용과 그것이 갖는 의미 등에 대해 대충 생각나는 대로 이야기해 주었다. 당시 필자는 왜 그러는지 전혀 낌새를 느끼지 못하였으려니와 잠시도 그를 되새길 겨를조차 없었다.

작업에 열중하던 사이 어느 틈엔가 갑작스레 어둠이 밀려왔다. 미진한 부분은 다음날 다시 보완하기로 하고 일단 현장을 떠났다. 군청 관계자들이 주선한 식당에서 저녁을 해결한 뒤 울진 출신으로서 현재 대구교대에 재직 중인 주웅영(朱雄英) 교수가 소개한 큰 여관으로 옮겨 여장을 풀었다(알고 보니 그의 처갓집에서 운영하는 여관이었다. 고맙게도 호의를 베풀어 숙박비를 면제해 주었다!). 숙소에 들어서자마자 조급한 마음으로 가져온 탁본을 탁자 위에 올려놓고 곧바로 내용을 점검·분석하는 작업을 이어갔다. 동행한 박기자도 함께 숙박하면서 다음날 본사에 송고(送稿)할 기사를 작성할 요량으로 옆에서 내내 열심히 메모하고 있었다. 이번에는 모쪼록 신속함보다는 정확성에 만전을 기해야 한다고 거듭 당부하였다. 그동안 작업에 집중해 온 나머지 누가 숙소로 왔는지조차 제대로 인지하지 못한 상태였다. 한참의 시간이 흐르고서 오후 9시쯤 봉평비 관련 소식이 어떻게 보도되는가를 알아보기 위해 잠시 텔레비전 뉴스를 시청하기로 하였다.

그런데 봉평비 관련 보도를 접하는 순간 모두 깜짝 놀랐다. 보도의 중간에 인터뷰하는 장면이 방영되었는데 낮에 계속 내용을 물어오던 바로 그 사람 얼굴이 화면에 등장하였기 때문이다. 그때서야 비로소 그가 줄곧 우리와 함께 행동하지 않은 사실을 알게 되었다. 우리 모두가 얼마나 봉평비에 빠져있었던가를 보여주는 해프닝이었다. 비가 있던 곳에서 얼마간 떨어진 지점에 조그마한 사당(祠堂) 하나가 있었는데 그 뒤로 돌아가서 인터뷰하는 모습이었다. 뉴스를 다 보고난 뒤 환담하던 도중에 그로부터 노중국 교수에게 급한 볼 일이 생겨 곧바로 대구로 간다는 전화가 걸려 왔던 것으로 기억된다. 얼마간의 시일이 경과한 뒤 그는 학생들을 데리고 다시 현장을 방문하였다가 처음 굴삭기로 바위덩이(비)를 파내는 과정에서 실수로 떨어져 나간 비편(碑片)을 찾아내는 개가를 올리기도 하였다.

봉평비를 특종 보도한 매일신문은 한동안 그를 다루었다. 일주일쯤 지나자 마지막 정리의 일환이라면서 필자에게 글을 써달라고 요청하여 왔다. 그에 부응해 봉평비의 발견과 의미 및 의의 등과 관련한 내용을 몇 자 적어 기고하였다. 그것으로서 매일신문이 봉평비를 다루는 일은 일단락된 셈이었다. 이어지는 순서로서 학회 차원에서 봉평비를 공식적으로 취급하는 과제가 남게 되었다.

한국고대사연구회는 봉평비를 종합적으로 검토하는 학술회의를 열기로 결정하였다. 1984년 봄부터 현재까지 매주 목요일마다 대구에서 모임을 갖는 한국고대사 연구자들이 머리를 맞대어 봉평비의 내용을 간단히 점검하면서 그로부터 끄집어낼 만한 몇몇 큰 주제를 가리고 일정을 짜 발표자 및 토론자 선정에 나섰다. 마침내 1988년 7월 하순의 어느 무더운 여름날 대구의 계명대 동서문화관에서 학술회의를 열었다. 이틀간 진행된 회의는 2백명 가량의 청중이 운집해 그야말로 성황을 이루었다. 출범한지 1년여 남짓 밖에 안 되는 한국고대사연구회로서는 안팎으로 존재를 크게 알리는 첫 계기였다. 그 결과는 이듬해 1989년 발간된 학회의 기관지 『한국고대사연구』 2호의 특집으로 게재되었다. 이로써 봉평비와 관련한 일련의 과정은 일단 정리된 셈이었다. 이후 봉평비를 근거로 해서 6세기 전반 신라사에 대해 여러 방면에 걸친 재검토 작업이 진행되어 다대한 성과를 거두었다. 1998년 8월 말에는 봉평비 발견 10주년을 기념해 '한국고대사회와 울진지방'이라는 주제의 학술회의가 울진군의 지원 아래 한국고대사학회 주관으로 열려 지난 시기의 성과 전반을 되짚어보는 뜻있는 기회를 갖기도 하였다. 이듬해 2월 같은 이름의 단행본으로 정리, 간행된 바 있다.

돌이켜보면 우연히 출현한 하나의 비가 연구상에 그처럼 크게 영향을 미친 사례는 달리 찾아보기 어렵다. 봉평비는 400자 정도에 이르는 비교적 긴 문장으로 구성되어 있지만 거기에 실린 정보는 최고의 메가톤급이라 해도 지나치지 않다. 한동안 6세기 신라사 연구가 봉평비를 매개로 활발히 진행되어 큰 성과를 거둔 저간의 실상이 그를 여실히 증명해 주고 있다.

봉평비 발견 이후 꼭 1년만인 1989년 4월 경북 포항시 북구 신광면 냉수리(冷水里)에서 다시 새로운 비가 출현하였다. 포항냉수리신라비는 503년 세워진 것으로 추정됨으로써 신라 최고(最古)의 비로 낙착되었다. 이로 말미암아 봉평비는 겨우 일년 만에 최고의 자리를 그에 내어주게 되었다. 그렇다고 봉평비가 차지해온 무게감까지 모두 다 가져간 것은 아니었다. 봉평비는 어디에도 견줄 수 없는 많은 정보를 안고 있다는 측면에서 가히 독보적이라 할 수 있다. 2009년에 이르러 냉수리비보다 2년 앞서는 501년에 작성된 것으로 추정되는 포항중성리신라비(浦項中城里新羅碑)가 또 출현하여 최고의 자리가 다시금 바뀌는 운명의 국면을 맞고 있다. 최고의 금석문 자리가 계속 바뀌는 것은 연구자에게 더 할 나위 없이 기쁜 일이다.

3. 기왕의 성과

봉평비에는 예기치 못한 굵직한 내용이 많이 담겨져 있어 그 출현은 기존의 연구를 전면적으로 재검토하는 계기가 되었다. 당시 신라국왕의 위상(位相)을 비롯해 부체제(部體制), 율령제(律令制), 관등제(官等制), 지방통치체제, 촌락 구조 등등 6세기 신라사 전반에 걸치는 과제가[8] 논의의 대상으로 떠올랐다. 그 가운데 여기서는 가장 두드러지게 영향을 끼쳤다고 평가되는 신라 왕권의 위상이나 부체제와 관련한 연구 현황을 중심으로 잠시 정리·소개함으로써 봉평비가 지닌 정보의 무게를 잠시 가늠해보려 한다.

먼저 신라국왕의 위상에 관한 문제이다. 봉평비 이전까지는 대체로 500년 즉위한 지증왕(智證王)을 지나 아들 법흥왕(法興王)대에 병부(兵部)가 설치되고 나아가 율령을 반포하는 등 일련의 과정을 거쳐 신라의 왕권이 급속도로 강화됨으로써 마침내 중앙집권적 지배체제가 구축되는 것으로 이해해 왔다. 관등제나 골품제를 비롯한 제반 정치제도의 근간이 이 시점에 갖추어진 것이 바로 그를 방증해 준다고 간주하였다. 그런데 봉평비에서는 그와는 좀 다르게 해석할 만한 여지가 있는 내용이 보이므로 기존 이해는 부분적 수정이 불가피해지게 되었다. 법흥왕대 초기에는 아직 왕권이 초월자적 지위를 완벽하게 확보하지는 못한 상태였던 것이다. 그 전대의 잔영이 아직 남아 있었기 때문이다. 그런 점을 뚜렷이 보여주는 것이 매금왕(寐錦王)이라는 왕호와 함께 국왕도 부명(部名)을 관칭(冠稱)한 사실이었다.

일반적으로는 나물왕(奈勿王)대로부터 백수십년 동안이나 사용되어 오던 신라식의 마립간(麻立干) 대신 지증왕 4년(503)에 이르러서는 중국식 왕호(王號)를

---

8 이에 대한 개략적인 동향에 대해서는 李文基, 「영일냉수리비와 울진봉평비」『한국고대사 연구의 새동향』, 서경문화사, 2007 참조.

채택하기 시작한 것으로[9] 이해해 왔다. 그런데 봉평비에서는 새로이 매금왕이란 왕호의 사용이 확인되었다. 매금왕은 곧 매금과 왕이라는 신구(新舊)의 두 왕호가 하나로 결합된 합성식(合成式, 組合式)이다. 매금은 광개토왕비문을 비롯하여 다른 몇몇 기록에도 보인다. 실체를 둘러싸고 약간의 논란이 일기는 하였으나 대체로 마립간의 이표기(異表記)로 보는 입장이 가장 유력하다. 매금에 다시 중국식의 왕호를 덧대어 매금왕이라 칭한 것은 마치 옥상옥(屋上屋)과 같은 형식이었다. 구제와 신제가 하나로 결합한 왕호는 결국 신라 국왕도 아직 기존의 마립간적 성격을 완전히 벗어나지 못했음을 나타내는 것으로 풀이된다. 이를 달리 방증해 주는 것은 국왕도 귀족 관료들과 마찬가지로 이름 앞에 부명(部名)을 관칭한 사실이다. 바로 직전까지 논자들 사이에 신라 국왕 소속의 부가 6부 가운데 과연 탁부(喙部)일까 아니면 사탁부(沙喙部)일까를 둘러싼 논란이 한창 무르익던 중이었다. 봉평비의 급작스런 출현으로 탁부임이 확실해짐으로써 논란은 단번에 종지부를 찍게 되었다. 봉평비에는 국왕인 모즉지(牟卽智, 법흥왕)가 매금왕을 칭하면서 동시에 탁부에 소속하였다고 뚜렷하게 명시되어 있었던 것이다.

그와 연관해 한결 중요시되는 점은 국왕이 520년대까지도 소속의 부명을 칭함으로써 부장(部長)으로서의 지위를 말끔히 탈피하지 못한 상태라는 사실이다. 이는 결국 마립간이 신라 국왕이면서 동시에 탁부의 부장으로서도 기능하고 있었음을 의미한다. 어쩌면 탁부의 부장으로서 왕위에 올랐다고 보는 편이 한결 실상에 가깝지 않을까 싶다. 물론 초기 단계에는 국왕보다도 오히려 부장이란 본래의 직책에 한결 더 무게 중심이 놓여 있었겠지만, 중앙의 지배체제가 정비되어 가면서 차츰 그를 벗어나 국왕 쪽으로 무게 중심이 옮겨지던 중이었다고 하겠다.

그러다가 현재의 자료상 524년의 봉평비를 끝으로 국왕이 소속의 부를 관칭

9 『三國史記』4 新羅本紀 智證麻立干條.

한 사례는 달리 없다. 오히려 535년의 울산천전리서석(蔚山川前里書石)의 을묘명(乙卯銘)에서는 신라 국왕이 대왕(大王)이라 칭한 사실이[10] 확인된다. 반면 봉평비에서 매금왕과 나란히 병기된 제2인자 갈문왕(葛文王)을 비롯한 여타 귀족 관료들은 여전히 소속 부명을 관칭하고 있었다. 이는 매금왕과 갈문왕 사이에는 뛰어넘기 어려운 어떤 커다란 간극(間隙)이 생겨난 것으로 풀이된다. 말하자면 신라 국왕은 부장의 지위를 벗어나 소속 부의 제약을 훨씬 뛰어넘는 초월자적(超越者的) 지위로 부상하게 되었음을 뜻한다. 그것을 직접적으로 보여 주는 것이 바로 중앙집권적 귀족국가의 정점을 상징하는 대왕이란 왕호의 사용이다. 그렇게 보면 봉평비에는 6세기 초 신라국가의 지배체제가 바뀌기 바로 직전의 모습이 담겨져 있다고 해도 무방하겠다. 체제 전환기의 과도기적 사정을 전해주는 정보가 반영되어 있는 것이다. 그런 실상은 국왕을 비롯한 귀족 관료 14명이 다 함께 교(敎)를 발령하는 주체였던 점에서도 여실히 드러난다. 이해의 편의상 봉평비의 관련 부분을 잠시 소개하면 다음과 같다.

A) - Ⅰ 甲辰年正月十五日喙部牟卽智寐錦王沙喙部徙夫智葛文王本波部△夫智五(*)

- Ⅱ 干支岑喙部美昕之干支沙喙部而△智太阿干支吉先智阿干支一毒夫智一吉干支喙勿力智一吉干支

- Ⅲ 愼肉智居伐干支一夫智太奈麻一夫智太奈麻牟心智奈麻沙喙部十斯智奈麻悉尔智奈麻等所敎事

(이상 英文字는 봉평비문을, 로마자는 각각 그 行을 나타낸다. 이하에서도 동일한 형식이다)

10 539년의 蔚山川前里書石 追銘에서도 太王이란 왕호가 등장한다. 이는 太王이란 왕호가 정착되었음을 증명하여 준다.

엄밀히 말하면 비문의 첫머리에 보이는 갑진년(甲辰年) 정월 15일은 비를 건립한 날이 아니라 제 Ⅲ행 말미의 '소교사(所教事)'로 미루어 모즉지매금왕(牟即智寐錦王) 이하 14명이 '교(教)'를 발동한 날이라 하겠다.[11] 아마도 바로 이날 매금왕이 주재한 회의가 열려 '교(教)'에 담긴 구체적 내용이 결정된 것 같다. '교'의 내용 속에는 이어지는 비문 제 Ⅳ행의 별교령(別教令) 이하가 당연히 들어가 있었겠지만 거기에만 국한된 것으로 보이지 않는다. 정월 15일은 아마도 당년(當年)에 집행할 신라국가의 중대한 정책을 전반적으로 결정하는 날이었고, 그 가운데 봉평비에 보이는 내용도 당연히 하나로서 들어있었다고 봄이 순리이겠다. 그래서 봉평비와 관련한 내용만 따로 떼어내어서 별교령(別教令) 형태로 명시한 것으로 여겨진다.

그런데 주목되는 점은 14인의 인명을 열거하고 난 뒤 '등소교사(等所教事)'라고 한 사실이다. '등(等)'이란 함축적 단어 속에 포함된 대상의 구체적 범위를 놓고 논란이 많다. 글자 그대로 앞의 14인 전부라는 주장으로부터, 그 중 매금왕만이 홀로 '교'의 주체이므로 마땅히 제외되어야 한다는 설, '교'의 주체 속에는 갈문왕까지도 포함시켜야 한다는 설 등등으로 크게 엇갈려 있다. 그러나 열거된 인물을 따로 구별할 만한 확연한 기준이나 근거를 달리 찾을 수 없으므로 14인 모두가 동등하게 포함된다고 보는 견해가 지배적이다. '교'를 발하는 주체가 당연히 국왕이어야 한다는 입장은 사실상 후대적 선입견에서 비롯한 것일 따름이다. 어떻든 '교'를 발하기에 앞서 구체적 내용을 결정하는 일은 국왕의 일방적 의지에 의해서가 아니라 어떤 회의체를 통한 것이었음을 보여 준다. 참가 구성원이 모두 '소교사(所教事)'의 주체로서 통칭 '등'이라는 단어 속에 동등하게 포함되어 있었다.

이처럼 국가의 중대한 정책을 확정짓는 일은 일정한 자격자가 참여하는 회의체를 통해서 이루어졌다. 참여할 수 있는 자격의 구체적 내막은 아직 잘 알

11 그런 의미에서 후술할 사태가 발생한 시점을 523년으로 봄이 합리적이다.

수가 없으나 회의체가 매우 중시되었으며, 국왕인 매금왕이 회의를 주재한 의장이었음은 분명하다. 어쩌면 바로 다음에 열거된 갈문왕은 의장의 유고시(有故時) 그를 대행하는 부의장과 같은 역할을 맡은 존재였던 것 같다. 이는 503년의 냉수리비를 통해서도 입증된다. 당시 국왕은 마음대로 국가의 중대사를 결정짓는 존재가 아니었다. 14인이 '등소교사(等所教事)'라 하여 능동형이 아니라 피동형으로 표현된 것도 바로 그 때문으로 보인다. 당시 국왕은 그처럼 뚜렷한 한계를 지닌 존재였음이 확실하다고 하겠다. 앞서 언급하였듯이 매금왕이라는 왕호, 부명의 관칭, 회의체의 존재는 모두 다 같이 그와 같은 실상을 공통적으로 보여준다.

이상과 같이 보면 봉평비 단계까지는 국왕의 권력 행사에 한계가 뚜렷하였으며 그를 제약하는 실체는 다름 아닌 부(部)였다. 국왕 소속인 탁부의 부원(部員) 여럿을 비롯한 6부의 대표자 및 특정 관련자들이 거기에 참여하였다. 6부 성립기에는 모두가 거의 대등한 위상을 지녔을 터이나 봉평비를 하한으로 해서 이전 어느 특정 시점부터는 그렇지가 않았다. 신라국가의 지배권이 6부에게 골고루 분점된 것이 아니라 탁부와 사탁부 중심으로 점차 집중·재편되는 과정을 거쳤던 것이다. 봉평비는 이들 두 부를 핵심으로 한 정치 운영이 절정에 도달한 시점의 사정을 보여준다. 여하튼 그럼에도 기존의 부를 중심으로 하는 정치 운영의 오랜 관행은 잔존해 있었다. 봉평비의 제 Ⅵ행의 첫머리에 보이는 '신라육부(新羅六部)'라는 표현은 이를 방증해 준다. 따라서 이전의 부 중심 회의체를 통해 운영되던 지배체제를 한마디로 부체제(部體制)라 일컬을 수 있다.[12] 대체로 마립간 시기의 정치 운영은 전반적으로 부를 중심으로 하였으리라 추정되고 있다. 다만 약간 문제로 남는 것은 봉평비에 보이는 매금왕[法興王]과 갈문왕[立宗]이 친형제 사이임에도 출신 부를 달리한 점이다. 그들이 소속한 두 부는 각기 가장 유력한 탁부와 사탁부였다. 이 점은 6부가 마음대로 옮길 수

12 部體制 전반에 대해서는 朱甫暾, 「신라의 部와 部體制」 『釜大史學』30, 2006 참조.

있는 거주지로서의 성격을 일정 정도 지녔으며, 따라서 정치 조직체가 아니라 단순한 행정구역에 불과할 따름이라는 반론(反論)의 근거로 제시되기도 하였다. 사실상 부를 순수하게 단위정치체로만 간주하는 일반론에서도 이 점에 대해서는 완벽하게 설득력 있는 답변을 아직 마련하지 못한 상태이다. 따라서 국왕의 동생이 갈문왕이라 칭하면서 형제간 소속 부를 달리한 점은 앞으로도 구명되어야 할 주요 대상이다.[13] 아울러 냉수리비에 보이듯 사탁부 출신의 갈문왕으로 출발해 우여곡절을 겪은 뒤 마침내 즉위한 지증왕이 그 이후에는 어떤 부를 자신의 소속으로 삼았을지도 매우 궁금하게 여겨지는 대목이다. 양자를 논리적으로 설명해 내어야만 이른바 부체제론은 장차 정설로서 굳게 자리할 터이다.

이처럼 6세기 초 신라 부체제의 모습을 대충이나마 새롭게 유추할 뿐만 아니라 그와 연동한 국왕권의 위상이 어떠하였던가를 밝힐 수 있었던 것은 순전히 봉평비가 가져다 준 예상 밖의 신선한 정보 덕분이었다. 그를 근간으로 관등제의 성립, 율령제, 지방통치 문제 등에 대해서도 상당한 수준의 새로운 성과를 거두었음은 다 아는 바와 같다. 다만, 이후 새로운 금석문 자료가 꾸준히 증가함으로써 또 다른 국면을 맞아가고 있다.

4. 봉평비 새로 읽기

1) 제 I 행의 '오(五)' 문제

이렇듯 봉평비의 출현으로 얻어낸 소득은 적지 않았다. 그런데 아쉽게도 비

13 필자는 그 점에 착목하여 部의 分化論을 제기한 바 있다(朱甫暾, 「三國時代의 貴族과 身分制 –新羅를 中心으로–」 『韓國社會發展史論』, 一潮閣, 1992). 근자에 갈문왕과 관련한 논고가 적지 않게 발표되었음은 그런 사정의 일단을 반영하기도 한다. 윤진석, 「5~6세기 신라 사탁부 갈문왕」 『大丘史學』100, 2010 참조.

문 자체에는 아직도 석연치 않은 부분이 여전히 남아 있는 상태이다. 그것은 완벽한 판독이 불가능한 데서 비롯한 것일 수도 있고, 또 6세기 당시의 실상에 대한 우리의 이해가 갖는 한계로부터 기인한 것일 수도 있다. 게다가 우리 연구자들의 부주의 또는 느슨함도 적지 않게 작용하였을 터이다.

비문을 사료로서 본격적으로 활용하기에 앞서 온전한 판독문 작성과 함께 문장 구조를 전후 맥락이 닿게 철저히 분석하고 나아가 그 성격을 판정하는 작업은 당연히 선행되어야 한다. 봉평비를 대상으로 해서는 대체로 그런 기초적 작업이 이미 거의 이루어진 상태라 여겨 왔다. 그런데 최근 놀라운 일이 벌어졌다. 대체로 글자가 없거나 혹은 판독이 어렵다고 추정하여 온 데에서 갑자기 뚜렷이 읽을 만한 글자가 나타난 것이다. 봉평비 제Ⅰ행의 끝자락에 새로운 글자가 있다는 사실이 학계에 정식 보고된 것이었다.

제Ⅰ행의 마지막 부분은 30번째 자인 △의 반쯤[14]부터 아래의 글자는 원래 떨어져 나간 비편 속에 들어 있었다. 비가 발견되었을 당초 비편의 존재 자체를 알지 못하였다. 그러다가 앞서 언급하였듯이 여러 날 지나고서야 발견되었다. 이로 말미암아 비편의 부분을 다소 소홀히 다루어 온 경향이 강하였던 것 같다. 그 결과 '△부지(△夫智)'의 아래에는 글자가 없는 것으로 간주함이 일반적이었다. 흔히 본파부(本波部) 출신의 △부지가 보유한 관등은 잠탁부(岑喙部) 출신의 미흔지(美昕智)가 지닌 간지(干支)와 마찬가지라고 해석되었다. 이들이 매금왕, 갈문왕의 다음 순서로 기재되었고 또 특이하게 본파(피)와 잠탁을 부로 삼고 있었던 점 등을 근거로 간지(干支)라 칭한 부장(部長)들일 것으로 짐작하고 이에 토대한 논의를 줄곧 진행하여 왔다.

그런데 실물과 사진 및 탁본을 면밀하게 검토한 울진군 심현용 학예사가 제Ⅰ행의 마지막에 '오(五)'라는 글자가 있다고[15] 보고를 하였다. 지금의 시점에서

14 그래서 이 글자는 판독이 매우 곤란하게 되었다. 巫로 판독한 견해도 있지만 확정은 유보한다.

15 심현용, 「고고자료로 본 5~6세기 신라의 강릉지역 지배방식」 『문화재』42-3, 2009, p.21.

다시 꼼꼼하게 살펴보면 그런 판단은 어느 정도 공감할 만한 것으로도 여겨진다. 물론 그 주장이 확실하다면 자연히 '오간지(五干支)'라는 새로운 관등(?) 혹은 직명을 설정할 수 있게 된다. 그렇다면 신라 관등제 성립은 전면적으로 재검토되지 않으면 안 된다. 이는 대단히 중차대한 의미를 내재한 문제이므로 섣불리 '오'라고 결론을 내리기에 앞서 좀 더 신중하게 접근하는 자세가 요망된다. 과연 어떻게 그런 일이 일어날 수 있었을까?

사실 그를 둘러싸고 1988년의 첫 학술회의에서도 약간의 논란은 제기되어 있었다. 당시 글자 자체가 전혀 없다고 보고 논의를 진행하는 쪽이 대세였지만 한 글자[16] 혹은 두 글자가[17] 들어간다고 보는 견해도 제시되었다. 기실 이들은 모두 정확한 판독 작업에 근거하여 내려진 결론이 아니라 대체로 그 자리에는 제Ⅱ행 첫머리인 干支의 앞 부분에 해당하는 글자가 하나 혹은 두 개쯤 있어야 한다는 당위적 추론에서 비롯한 측면이 강하였다. 그런데 그 가운데 '오'를 구체적으로 '잡(迊)'으로 추독(推讀)하려는 특이한 입장이[18] 제기되기도 하였다. 이로 보면 글자가 있었음은 틀림없는데 특정한 글자로는 인정하지 않으려 함이 일반적 추세였다고 하겠다. 이후 봉평비를 다룬 여러 논고들에서도 그런 경향에 따라 글자가 없다고 단정해버림으로써 그것이 저절로 고착(固着)되고 말았다. 최근 '오'를 읽어내기까지 오래도록 어느 누구도 그 부분을 유심히 살펴 의심을 품지 않았다는 사실은 얼마나 부주의하였던가를 극명하게 보여 주는 듯해 씁쓸하기 그지없을 따름이다.

그런데 20여 년 전에는 그리 선명하지 않아서 논란된 글자가 근자에 다시 보인다는 것이 매우 이상스럽다. 게다가 사진이나 탁본을 면밀히 관찰하면 비편

16 南豊鉉, 「蔚珍鳳坪新羅碑에 대한 語學的 고찰」『韓國古代史硏究』2, 1989, p.47 ; 任世權, 「蔚珍鳳坪新羅碑에 대한 金石學的 고찰」 같은 책, p.79 ; 盧泰敦, 「蔚珍鳳坪新羅碑와 新羅의 官等制」 같은 책, p.176.

17 李文基, 「蔚珍鳳坪新羅碑와 中古期의 六部問題」 위와 같은 책, p.141.

18 崔光植, 「蔚珍鳳坪新羅碑의 釋文과 內容」 위와 같은 책, pp.91~92.

의 바로 밑 본비의 부분에 다시 글자가 한 자 정도 더 있을 가능성도 엿보인다. 아직 섣불리 속단하기는 이르지만 일단 그럴 가능성을 충분히 열어두지 않으면 안 된다. 그렇다면 반드시 '오간지'라는 새로운 관등(?)을 단정적으로 설정하기가[19] 곤란해져 장차의 논의가 약간 복잡한 방향으로 흐를 공산도 있다. 앞서 봉평비에 대해 치밀한 조사가 따로 필요함을 강조한 것도 바로 그 때문이다.

그와 관련해 제Ⅰ행의 맨 아래 부분에는 여러 글자가 들어갈 공간이 남아 있음에도 불구하고 행을 바꾼 점은 매우 의심스럽게 여겨지는 부분이다. △부지의 아래에는 더 이상 글자가 없다고 보는 입장에서 의도적으로 행을 바꾼 사실에 착목한 견해가[20] 있다. 이 부분은 글자를 새기다가 각자(刻者)의 실수로 원래의 예정을 변경하여 개행(改行)하였다고 주장한 것이다. 글자가 없다고 단정한 바탕 위에서 출발한 것이기는 하지만 일견 설득력 있는 견해로 받아들여진다. 글자는 분명히 확인된다. 그런데도 줄을 바꿀 수밖에 없었던 이유를 그 부분에서 어떤 실착을 저질렀기 때문에 어쩔 수 없이 지우거나 깊이 각자(刻字)하지 않고 △夫智의 이름과 그 아래 실수한 글자는 그대로 두고서 다음 행에 관등을 행을 바꾸어 간지를 썼다고 보는 것이다. 그렇다면 △부지가 소지한 관등은 원래대로 간지로 된다.

여하튼 실착으로 보는 주장을 받아들이지 않으려면 하필 제Ⅰ행만이 글자가 쓸 공간이 많음에도 굳이 줄을 바꾼 이유를 달리 추적하지 않으면 안 될 터이다. '오간지'로 확정한 상태에서 앞으로 더 멀리 나아가기[21] 전에 좀 더 면밀하고 신중한 자세를 갖고서 조사를 진행해야 할 대목이다. 봉평비에서 '오'란

19 朱甫暾, 「浦項 中城里新羅碑에 대한 研究 展望」 『韓國古代史研究』59, 2010, pp.25~26 ; 盧重國, 「포항중성리비를 통해 본 麻立干시기 신라의 분쟁처리절차와 六部체제의 운영」 『한국고대사연구』59, 2010, pp.79 ~80.

20 武田幸男, 「新羅蔚珍鳳坪碑の教事主體と奴人法」 『朝鮮學報』187, 2003 참조.

21 이미 五干支로 확정지은 상태에서 논의를 한층 더 전개한 논고가 있다(박남수, 「浦項 中城里新羅碑에 나타난 新羅 六部와 官等制」 『史學研究』, 2010, pp.466~472).

글자의 새로운 발견은 금석문을 대상으로 아무리 주도면밀하여도 지나치지 않는다는 교훈을 던진, 앞으로도 필히 명심해야 할 해프닝이었다.

2) 중성리비와 봉평비

봉평비가 출현한 이후 지금까지 그와 관련하여 연구가 적지 않게 이루어졌다. 그를 직간접적으로 취급하는 연구가 지금도 진행되고 있다. 특히 이 시점에서 봉평비를 다시금 본격적으로 다루어 봄직한 또 다른 요인은 최근 6세기 신라의 사정과 관련해 새로 발견된 중성리비에 담긴 정보 때문이다. 거기에는 봉평비에 대한 이해를 약간이나마 드높일 만한 내용이 들어 있어 재검토해 볼 여지가 생겨난 것이다. 그 가운데 일금지(壹金知)라는 관등은 각별히 주목해 볼 대상이다. 중성리비에서 편의상 일금지와 관련한 내용이 있는 부분만을 가려내어 소개하면 다음과 같다.

가) (상략)干居伐壹斯利蘇豆古利村仇鄒列支干支比竹休壹金知奈音支村卜岳干支走斤壹金知(하략)

이 기사에 따르면 소두고리촌(蘇豆古利村)[22] 출신의 간지(干支)와 일금지(壹金智)가 나란히 보이거니와, 나음지촌(奈音支村)에도 마찬가지로 간지와 일금지가 꼭 붙어서 기록된 특징을 보인다. 이는 간지와 일금지가 마치 떼어내기 힘들

22 이에 대해서는 蘇豆古利村으로 끊어 읽어 전체를 村名으로 봄이 일반적이지만 蘇豆를 앞으로 떼어서 읽을 가능성도 전적으로 배제하기는 어렵다. 그렇게 된다면 그것은 干居伐 출신의 壹斯利란 인물이 보유한 관등(혹은 직명)과 같은 존재가 된다. 蘇豆가 첫 사례이어서 그렇게 간주하는 것은 위험한 측면도 없지는 않지만 일사리란 인명이 앞서 기록되었으면서도 관등이 없는 점, 당시에는 11등은 물론이고 干 이하 阿尺에 이르는 기본 외위까지 성립하지 않은 상태라는 점을 고려하면 전혀 무리한 추정이라고만 단정할 수 없는 일이다. 특히 후술하듯이 壹金知가 뒷날 외위의 異稱으로 존재하였다는 점에서도 그러하다.

정도로 하나의 세트처럼 움직이는 듯한 인상을 짙게 풍긴다. 어쩌면 일금지는 간지의 아래에서 그를 보좌하는 기능을 담당한 직책으로 보아도 무방하지 않을까 싶다. 당시에는 왕경인이 일벌(壹伐)을 칭한 사정으로 미루어 아직 11등의 외위 전부는 물론이고 그 하부를 이루는 7등 간(干)으로부터 11등 아척(阿尺)에 이르기까지의 기본 외위[非干群]조차 성립되지 않았던 것 같다. 그렇다면 일금지는 지방민에게 주어지기는 하였지만 직명적 성격과 동시에 등급을 나타내는 관등적 성격(순위를 내포하였다는 의미에서)을 함께 가진 과도기적인 것으로도 여겨진다. 그러한 추정을 좀 더 뒷받침하여 주는 것이 바로 2년 뒤에 작성된 냉수리비에 보이는 다음의 기록이다.

나) 村主臾支干支須支壹今智此二人世中了事故記

이는 냉수리비의 윗면인 제3면에 보이는 내용이다. 여기에도 표기상 약간 차이가 나지만 일금지(壹今智)가 보인다. 과거 한때 간지와 일금지를 보유한 2인 모두를 앞머리에 기재된 촌주(村主)로 간주하는 경향이 강하였으나 중성리비의 출현으로 일단 잘못된 추정임이 명백해진 상태이다. 촌주는 오직 간지를 보유한 유지(臾支)에게만 해당되며 수지(須支)는 따로 직명이 없이 일금지만을 보유하면서 촌주의 보좌역을 맡은 존재처럼 여겨진다.[23] 중성리비나 냉수리비를 아울러서 살펴볼 때 간지와 일금지는 떼어내기 어려울 정도로 붙어 있는 특별한 관계였다고 짐작된다. 다만 그 둘 사이는 상하관계로서 상당한 격차가 존재하였다. 그 점을 뚜렷이 입증하여 주는 것이 봉평비이다. 관련 부분을 소개하면 다음과 같다.

23 필자는 과거 몇몇 근거를 토대로 村主가 干支를 칭한 臾支 뿐이라고 주장하였으나(朱甫暾, 『新羅 地方統治體制의 整備過程과 村落』, p.141) 비판을 받은 적이 있다.

B) - Ⅵ 新羅六部煞斑牛△△處事大人喙部內沙智奈麻沙喙部一登智奈麻男次邪足智喙部比須婁邪足智居伐牟羅道

- Ⅶ 使卒次小舍帝智悉支道使烏婁次小舍帝智居伐牟羅尼牟利一伐你宜智波日(旦?)△只斯利一今智阿大兮村使人

- Ⅷ 奈尔利杖六十葛尸条村使人奈尔利居△尺男弥只村使人△△杖百於卽斤利杖百悉支軍主喙部尔夫智奈

- Ⅸ 麻節書人牟珍斯利公吉之智沙喙部善文吉之智新人喙部逃刀小烏帝智沙喙部牟利智小烏帝智

위의 기사는 별교령(別敎令)이 전달되고 난 뒤 사후 처리를 위하여 중앙에서 파견된 대인(大人)과 지방관 및 지방민의 인명을 열거한 부분이다. 몇 개의 부분으로 나뉘며 각각의 그룹이 서로 다른 기능을 담당하였음은 물론이다. 여기서 주목하고 싶은 것은 역시 일금지(一今智)란 관등이 보인다는 사실이다. 과거 이를 일동지(一仝智) 혹은 일△지(一△智)로 판독하기도 하였으나 이제는 일금지로 읽어야 함이 거의 확실해지게 되었다. 중성리비에는 일금지(壹金知), 냉수리비에는 일금지(壹今智), 봉평비에는 일금지(一今智)로 약간씩 달리 표기되었으나 관등(혹은 그와 비슷한 성격)의 공통점이 보이므로 같은 대상의 이표기(異表記)임이 틀림없다. 만약 그러하다면 위의 기사 가운데 불분명하여 확정짓기 어려웠던 몇 가지 사항을 말끔히 정리할 수 있게 될지 모른다.

일금지(一今智)를 △지사리(△只斯利)가 보유한 관등이라면 바로 앞의 파일(波日, 旦?)도 비교적 쉽게 정리될 듯 싶다. 한때 파단(波旦)으로 간주하여 울진 지방의 지명으로 비정하기도[24] 하였다. 그러나 바로 앞의 이의지(你宜智)가 지(智)

24 『三國史記』35 地理志2 溟州 蔚珍郡條에는 '海曲縣(一作西) 本高句麗波旦縣 景德王改名 今未詳'이라 하여 공교롭게도 고구려식의 지명으로 波旦이 보인다. 波旦이 海曲縣으로 개명된 것으로 미루어 그것이 바다를 가리킨 것임은 분명하다. 어쩌면 波日(彼日)이란 관등의 유래도 波珍飡(일명 海飡)처럼 원래 바다와 관련이 있을지도 모른다.

로 끝나는 인명임이 확실시되므로 결코 지명이 될 수는 없으며 따라서 관등으로 봄이 순조롭다. 일(日)은 일견 단(旦)으로도 판독될 여지가 없지는 않다. 설사 그렇다고 하더라도 그것은 피일(彼日)과 파일(波日)이 동일한 것처럼 양자를 같은 관등의 이표기로 보아도 좋을 듯 싶다. 여하튼 파일(단)은 이의지(你宜智)가 보유한 외위임은 거의 확실해졌다. 따라서 위에서 보이는 지방민은 니모리(尼牟利)가 일벌(一伐)을, 이의지가 파일(단)을, △지사리가 일금지를 소지한 셈이 된다. 이들 3인이 모두 다 거벌모라 출신자로서 외위를 지녔다는 공통분모를 가진 사실은 특히 주목되는 사항이다.

한편, 다 같은 지방민이면서 그 아래에 열거된 4인의 인물들에게는 몇 가지 뚜렷하게 다른 점이 엿보인다. 첫째, 아무도 외위를 소지하지 않았다는 점이다. 둘째, 외위가 들어가야 할 자리에 3인의 경우는 장육십(杖六十) 또는 장백(杖百)이 보이며, 나머지 1인의 경우 그 의미가 미상인 거△척(居△尺)이 달려 있다. 셋째, 이들의 출신지는 모두 거벌모라가 아니며 장백(杖百)은 남미지촌(男弥只村), 나머지 2인은 각기 다른 촌 출신이라는 점이다. 넷째, 이들은 공히 사인(使人)이란 직명을 갖고 있다는 점이다. 앞서의 거벌모라 출신자는 어느 누구도 사인이라 칭하지를 않았다. 이러한 사항은 이들 4인이 앞서 열거된 외위 보유자로서의 거벌모라 출신과는 무엇인가 입장에서 현격한 차이가 난다는 사실을 뜻한다. 장육십, 장백이 율령에 따른 형벌임은 분명하다. 그렇다면 이들 4인은 모두 형을 받은 사람들이라 간주할 수가 있겠다. 오직 갈시조촌 출신의 나이리만 거△척이라 하여 분명하지는 않지만 장형(杖刑)을 선고받은 사람들 사이에 끼어 있다는 점에서 그것을 형벌의 일종으로 풀이하여도 지나치지는 않을 듯하다.[25]

25 과거 이를 阿尺으로 보기도 하였으나 후술하듯이 一今智가 阿尺에 해당하는 異稱일지 모른다는 점에서 형벌로 보는 것이 가장 적절하다고 판단된다. 혹여 이 부분이 刻字上의 착오였을지도 모른다.

이렇게 보면 2인의 도사(道使, 거벌모라와 실지)와 군주(軍主, 실지)의 사이에 끼어 있는 7인의 지방민은 성격상 크게 둘로 나뉘는 셈이다. 장형을 언도받은 후자가 처벌을 받았던 집단이라면 외위만을 소지한 전자는 처벌을 받았다는 증거가 달리 없는 한 외위 소지자가 일반적으로 수행한 역할 그대로 앞의 지방관 도사를 보좌하는 일을 맡았던 것으로 풀이함이 순조롭겠다. 봉평비의 지방관 도사가 당시 어떤 일을 맡았는지 뚜렷하게는 알 수 없지만 바로 앞 2인의 중앙 파견 대인이 주어진 업무를 집행하는데 실무적으로 보좌하는 역할을 맡은 것이 아닐까 여겨진다. 대인은 '처사대인(處事大人)'이라 하여 지방 주둔관이 아니라 중앙으로부터 일의 처리를 위하여 임시로 파견된 존재임이 확실하다.[26] 아마도 그들은 별교령을 현장에 전달하고 집행하기 위하여 보내어졌다. 그들이 담당한 핵심적 역할은 바로 앞의 '살반우(煞斑牛)' 의식(儀式)과 관련된 전반적인 일이었음이 분명하다. 의식이란 매우 포괄적이어서 뚜렷하지는 않지만 적어도 하늘을 대상으로 얼룩소를 잡아 제사를 지내는 일과 관련된 제반 사항 및 처벌을 집행하는 일까지 포함되지 않았을까 싶다. 그를 추진하는데 실무적으로 도와주는 역할은 도사와 거벌모라 출신의 외위 소지 지방민에게 맡겨진 몫이었을 터이다.

또 하나의 문제는 실지군주(悉支軍主)의 역할이다. 비문 상으로 보면 군주의 역할이 그리 확연하지가 못하다. 서열상 정상적이라면 적어도 2인의 도사 앞에 자리해야 하는데 오히려 말미에, 그나마 지방민의 다음에 배치된 것이다. 이로 말미암아 군주가 한때 처벌의 대상이었다고 추정한 주장까지 제기되었지만 설사 그렇다고 하더라도 처벌받는 지방민의 아래에 배치된 것은 전혀 어울리지 않는다. 왕경인과 지방민의 차이가 뚜렷한데 군주가 설사 범법자일지라도 그렇게 대접하였을 리 만무하다. 게다가 2인의 도사가 그렇지도 않은데 오직 상급자인 군주만이 처벌을 받았다는 것은 이상스럽기 그지없다. 사실 실

26 다만 處事의 판독이 정확할 때에 한한다. 아니면 大人만이 직명이며 事는 종결사일 수도 있다.

지군주는 이번 사태로 중앙군인 대군(大軍)을 동원한 주체였으며 2인의 도사를 휘하에 두고 통솔한 최고의 지휘관이었다. 그러므로 뒷부분에 기록되었다 해서 그를 처벌 대상으로 상정하는 것은 적절하지 않다. 맡은 역할의 특이성에서 기인하다고 보는 것이 올바르다. 그래서 아래에 이어진 '절(節)'에 주목해 서인(書人) 이하 비를 세우는 일과 관련한 것으로 보는 견해도 제기되었다. '절'의 의미를 때(시간) 혹은 지휘(指揮) 등 어느 쪽으로 풀이하든 군주가 일단 형식적이나마 비문의 작성에도 총괄적으로 관여한 것은 틀림없을 터이다.

이 방면을 책임진 군사령관인 군주의 역할이 거기에만 머물렀다고 생각되지는 않는다. 특히 그의 지위 아래에 있던 도사가 중앙 파견의 대인을 보좌하고 있는데 군주가 사태의 본질적인 해결에는 아무런 상관이 없는 존재라는 것은 매우 이상스럽게 여겨지는 대목이다. 따라서 군주가 비문의 작성이라는 한정된 역할만 수행하였다고 보는 것은 지나친 추정이라 하겠다. 일반적으로 군주가 군사권은 물론이고 행정권·사법권까지 관장한 점을 고려한다면 일단 바로 앞에서 진행된 일련의 조치들과도 직접적인 연관이 있다고 봄이 순리이겠다.

군주가 뒤에 열거된 것은 가장 앞서 기재된 대인과의 어떤 역할 분담 때문이 아닌가 싶다. 사실 2인의 대인은 임시로 파견되었지만 중앙의 결정 사항을 전달하고 그것을 집행하는 역할까지만 맡은 사람들이다. 반면 이 방면에 대한 전체적 책임은 모두 군주가 담당한 것이다. 그런데 군주와 대인의 관등은 모두 나마(奈麻)로서 같다. 그 둘 사이의 역할이 자칫 기재상에서 혼동을 초래할 염려가 생겨날 수가 있었던 것이다. 그래서 비문을 작성한 서인(書人)이 2인의 도사는 대인의 뒤에다 먼저 배정하고 그들보다 상급의 지휘관인 군주만은 따로 떼어 형(刑)을 받는 지방민의 뒤, 비문 건립자의 바로 앞 미묘한 곳에다 배치함으로써 앞서 행해진 조치에 대해서도 그리고 뒤의 비문 작성에도 일정하게 간여하였음을 드러내려 한 부득이한 필법에서 그와 같은 방식을 생각해낸 것이다. 여러 가지로 고심의 산물이었을 봉평비문의 모습을 반영하는 것처럼 느껴진다.

이상과 같이 보면 군주는 사태 전반에 대한 일은 물론이고 장차 벌어질 별교령의 실제적인 집행을 전체적으로 담당하였으며 대인은 차라리 별교령 및 그 전달과 관련되는 현실적이며 한정된 역할을 수행하였던 것으로 풀이된다.

그런데 봉평비의 일금지는 중성리비나 냉수리비의 그것에 견주어 몇 가지 점에서 다른 측면이 간취된다. 첫째, 간지와 하나의 세트로서 나타나지 않는다는 점이다. 봉평비의 말미에 거벌모라 출신의 하간지(下干支)가 보임에도 불구하고 일척(一尺)이 병기되어 일금지와는 하나의 세트로서 움직이지는 않았다. 이는 그 사이에 어떤 변화가 진행되었음을 추정케 하는 대목이다. 둘째, 봉평비의 일금지 앞에는 여러 외위 소지자가 들어간 사실이다. 앞에서 보았듯이 일금지를 비롯한 3인 모두 같은 거벌모라 출신이므로 이들이 서열 순서에 따라서 기재된 것이 틀림없다. 말하자면 일금지가 일벌과 파일(단) 다음에 위치한 봉평비 단계에서는 가장 낮은 외위였음이 확실하다.

이를 통하여 하나 확실해진 것은 기존 간지-일금지 체계가 봉평비 단계에 이르러 뚜렷하게 변화하였다는 점이다. 이는 외위 성립사와 관련해 주목해 보아야 할 사항으로 여겨진다. 아마도 중성리비 및 냉수리비 단계에서는 아직 외위체계가 제대로 갖추어지지 않았던 반면 이후 봉평비에 이르는 사이에 외위체계(여기서는 干을 최고위로 하는 소위 非干群 외위를 뜻함)가 일정 정도 갖추어졌다는 사실이다. 그동안 간지와 일금지의 사이에는 일벌(一伐), 일척(一尺), 피일(彼日)이 두어짐으로써 비로소 5등급의 외위체계가 갖추어졌던 것이다. 그 성립 시점은 선뜻 단정하기는 어렵지만 일단 520년의 율령 반포를 하한으로 한다고 보아도 틀리지 않을 듯 싶다.[27]

그런데 문헌상으로나 이후의 금석문상에서는 외위 가운데 일금지의 존재가 확인되지가 않는다. 서열상으로 견주어 보면 일금지는 피일 다음에 위치하므

27 외위의 성립과 분화에 대해서는 朱甫暾, 「6세기초 新羅 王權의 位相과 官等制의 成立」 『歷史教育論集』13·14, 1990 참조.

로 봉평비에는 보이지 않는 아척에 해당할 듯 싶기도 하다. 그렇지만 명칭상으로 보아 양자의 관계는 선명하지가 않다. 피일이 파일로 표기되는 점, 간지가 일시 하간지로 표기되었다가 다시 간지(干支)로 되는 점[28] 등으로 볼 때 일금지는 아척의 모태 혹은 이칭(異稱)일 가능성이 매우 큰 것임은 분명하다. 어쩌면 양자가 같은 외위로서 공존하였을지도 모르지만 530년대 이후 간군외위(干群外位)가 급격히 분화되면서 다시 한 번 더 외위체계가 재정리되는 과정을 밟았을 때 아척으로 완전하게 정리되었을 것으로 추정해 둔다.[29]

그런데 5등급 외위체계가 갖추어지면서 그것이 어떻게 어떤 대상에게 주어졌을까가 궁금해지는 대목이다. 신라의 촌락지배체제가 강화되면서 외위가 그 수단으로 적극 활용되었음은 이미 드러난 사실이다.[30] 그리하여 외위를 받는 대상자가 차츰 늘어났을 뿐만 아니라 자연촌 깊숙이까지 확대되어 갔다. 그러나 처음에는 어떤 원칙 아래에 한정된 집단만을 대상으로 외위가 지급되었을 것 같다. 그런 사정의 일단을 반영하는 것이 비문의 말미에 보이므로 잠시 주목해 볼 필요가 있다.

C) - X 立石碑人喙部博士于時教之若此者獲罪於天　居伐牟羅異知巴下干支辛日智一尺世中了(子? 千?)三百九十八

사실 이 마지막 행은 몇 가지 점에서 분명한 특징적인 면을 보인다. 먼저 바로 앞 제 IX행의 아래 부분에 여백(餘白)이 비교적 많음에도 불구하고 굳이 행을 바꾼 점이다. 이는 의도적인 줄바꾸기를 함으로써 문단을 구분하려 하였음

28 朱甫暾, 「明活山城作城碑의 力役動員體制와 村落」 『금석문과 신라사』, 지식산업사, 2002, pp.199~203.

29 京位에 비추어 보면 外位에도 異稱이 존재하였을 법하다. 그러나 지금까지 간지와 하간지를 제외하면 확인되지 않는다. 비교적 이른 시기에 소멸되었기 때문인지 모른다.

30 그 과정에 대해서는 朱甫暾, 앞의 책, 1998 참조.

이 확실하다.[31] 앞서 지적하였듯이 그런 의도 아래 Ⅲ행, Ⅴ행에서도 줄바꾸기를 하였다. 다만 제Ⅰ행의 경우는 줄을 바꿈으로써 인명과 관등을 갈라놓았다는 점에서 그와는 전혀 다른 사정을 보인다. 여하튼 Ⅹ행에 이르러서도 줄을 바꾼 것은 앞 행의 내용과 구별짓고자 하는 의도가 강하게 깃들어 있는 것이다. 이 문단은 입석비인(立石碑人)인 탁부 출신의 박사(博士)가[32] 비를 세우면서 만일 다시 그런 일을 한다면 하늘이 죄를 줄 것이라고 엄중 경고하는 내용이다. 이를 각별히 강조함으로써 주민들로 하여금 강력한 시행 의지를 각인시키려 한 것으로 풀이된다.

그런데 그를 받아들이는 대상은 바로 아래에 열거된 거벌모라 출신의 하간지(下干支) 외위 보유자인 이지파(異知巴)와 일척(一尺)인 신일지(辛日智) 등일 것으로 짐작된다. 다만 천(天)의 아래에 몇 글자 들어갈 공간을 띄우고 거벌모라 이하를 쓴 것으로 보면 이 또한 매우 의도적인 조치였다. 이를 서인과는 상관없이 추기(追記)로 쓰인 것이라 추측한 견해도[33] 있다. 사실 제일 아래 글자를

31 武田幸男, 「新羅·蔚珍鳳坪碑の教事執行者と受刑者」『朝鮮學報』191, 2004 참조.

32 이 博士의 실체를 둘러싸고 논란이 많다. 그런데 주목되는 것은 인명이 보이지 않는다는 점이다. 직명과 출신부명이 기재되어 있는데 인명이 보이지 않는 사례로서는 유일하다. 의도적인 조치였는지 아니면 실수에 의한 것인지는 분명하지가 않다. 각자의 과정에서 실수한 사례는 제Ⅰ행에서 추정되는 바와 같이 수없이 많았을 터이다. 이름을 기재하지 않은 것이 실수가 아니라 의도적이라면 두 가지 가능성이 상정된다. 하나는 율령박사라는 직위 자체의 특이성 때문이다. 다른 하나는 이미 앞서 그 이름이 나왔으므로 의도적으로 되풀이하지 않기 위하여 생략하였을 가능성이다. 박사가 곧 立石碑人의 직함을 가졌으므로 문장의 작성과도 관련이 있을 터이다. 그렇다면 바로 書人에 해당하는 것으로 추정해 볼 여지가 생긴다. 서인은 두 사람인데 그들은 각각 탁부(?)와 사탁부로 소속을 달리한다. 따라서 그 가운데 소속부 서인이 바로 박사였을 것으로 보인다. 이름을 밝히지 않았던 것은 바로 서인 자신의 필법이었다. 가능하면 중복적으로 표현하지 않으려는 태도는 軍主를 넣을 때부터 고심한 모습이다. 그와 관련하여 봉평비에는 인명표기방식에 어떤 원칙이 마련되어 있었다. 박사의 인명을 생략한 것도 그런 과정에서 나온 흔적이 아닐까 싶다.

33 武田幸男, 앞의 논문, p.19.

앞의 다른 행 끝 글자와 나란히 맞춘 것은 매우 의도성이 깃든 것으로서 그렇게 볼 여지가 없지 않다. 게다가 의미가 불분명한 삼백구십팔(三百九十八)을 굳이 써넣은 것에서도 그런 점이 어렴풋이 느껴진다. 다만 전체 글씨가 다르지 않다는 점에서 원래의 문장에서 없었다는 점에서는 추기라 하더라도 거의 동시에 함께 쓰인 것으로 봄이 옳을 듯 싶다. 역시 그 글을 쓴 것은 서인으로 여겨진다. 몇 글자가 들어갈 공간을 띄운 것은 다른 한편으로는 천(天)이란 글자로 끝나 각별히 그를 강조하기 위한 필법일지도 모른다.

비문을 읽는 대상자는 거벌모라 출신자들이다. 이들 가운데 하간지와 일척의 외위를 보유한 두 인물이 대표로 되어 있어 주목된다. 거벌모라 출신자로 외위 보유자는 그들만이 아니다. 앞서 언급한 것처럼 도사를 보조한 3인을 합하면 관등을 지닌 사람은 전체 5인에 달한다. 이들 5인은 모두 각기 다른 관등을 보유한 점이 각별히 눈에 들어온다. 당시 성립한 5등급의 외위를 거벌모라 출신자들이 모두 지닌 것으로 나타난다. 그 가운데 가장 하위의 일금지가 있는 것으로 미루어 이보다 상급의 외위 소지자가 따로 존재한 데도 기록이 안 되었을 것 같지는 않다. 따라서 봉평비에는 거벌모라 출신자로서 당시 외위소지자는 거의 대부분 등장한다고 간주해도 무방할 듯 싶다. 이로 보면 거벌모라라는 도사가 주둔한 하나의 행정촌을 대상으로 삼아 당시 갓 마련한 다섯 등급의 외위가 원래 한 사람씩에게만 지급된 것일지도 모르겠다. 어쩌면 외위가 성립될 당초 설정한 기준이 그러하지 않았을까 싶다.

또 하나 지적해 두고 싶은 것은 봉평비 단계까지는 직명이나 인명 표기에 사용된 것으로 촌(村)은 보이지만 성(城)이 보이지 않는다는 점이다. 그 점은 중성리비와 냉수리비에서도 마찬가지로 확인된다. 말하자면 지방관이 파견된 뒤 봉평비 단계에 이르기까지 촌과는 달리 성은 아직 지방관 파견의 거점 지역으로는 나타나지 않는 것이다. 이로 보면 성촌 가운데 촌이 먼저 지방 편제의 기준으로 사용되었음은 확실시된다. 어쩌면 530년대 이후 11등 외위체계가 갖추어지고 지방관 파견 대상지가 한층 늘어나면서 성이 비로소 지방관이 파견되는 행정단위로 활용되었을지 모르겠다. 그 이전까지는 성이 단지 군사적 목적을 지닌 거점으로만 기능하지 않았을까 싶다. 신라 금석문상 최초로 등장한다고 여겨지는 성명(城名)인 이야계성(尒耶界城)은 어쩌면 바로 그런 실상의 일단을 반영하는 것인지도 모른다. 도사 등의 지방관이 파견되는 행정의 거점이 아니라 단지 군사 주둔지적 성격의 것이었다.

3) 성산산성(城山山城) 출토 목간(木簡)과 봉평비

1990년 이후 새로운 자료로서 상당한 수량의 목간이 출토되었다. 목간은 금석문에 견주어 단편적이라는 한계가 뚜렷하다. 비록 그러하지만 전혀 가공(加工)을 거치지 않은 자연 상태 그대로라는 측면에서 상대적으로 사료적 가치가 높다는 강점을 지닌다. 그래서 간혹 목간은 기존 사료의 새로운 이해에 큰 몫을 담당하기도 한다. 지금까지 출토된 목간 가운데 특히 봉평비의 이해와 관련하여 주목을 끄는 것은 경남 함안(咸安)의 성산산성에서 출토된 것들이다.

현재 알려진 목간은 전부 500여점을 상회하지만 성산산성에서 출토된 것이 반 이상을 차지한다. 그것도 560년 전후라는 한정된 시기의 것이어서 각별히 주목된다. 거기에는 놀랍게도 노인(奴人)이라는 봉평비에만 보이는 용어가 등장하는 것이다. 이로 말미암아 봉평비의 그것을 약간이나마 재검토해 볼 여지를 갖게 된 셈이다. 먼저 봉평비에 보이는 노인 관련 기사를 소개하면 아래와 같다.

D) - Ⅳ 別教令居伐牟羅男弥只本是奴人雖是奴人前時王大教法道俠阻隘尒耶界城失火遶城村大軍起若有

- Ⅴ 者一行△之△△△△王大奴村負共値五其餘事種種奴人法

위의 제 Ⅳ행과 Ⅴ행은 봉평비 중에서 본문이라 이를 만한 부분이다. 바로 앞의 제 Ⅲ행에서 의도적으로 줄을 바꾼 점, 그리고 위의 제 Ⅴ행에서 중간에

끝을 맺어 단락을 구분한 점 등에서 이는 널리 지적되어 왔듯이 각기 하나의 문단으로서 일단락됨이 확실시된다. 첫머리 별교령으로 시작하는 이 부분은 그 자체 하나의 단락으로 완결되었다. 이처럼 봉평비의 성격을 가늠할 핵심적 문단이면서 공교롭게도 판독하기 힘든 글자를 가장 많이 보유하고 있기도 하다. 그 까닭으로 내용 파악이 워낙 까다로워 많은 논란의 대상이 되어 왔던 것이다.

일단 대교법(大教法)이나 노인법(奴人法) 등의 용어로 미루어 본비가 율령의 시행과 관련한 성격의 것임을 쉽게 유추해낼 수 있다.[34] 특히 노인법은 과거 550년 무렵의 것으로 추정되는 단양신라적성비의 전사법(佃舍法)과 함께 신라 율령의 한 편목으로서 크게 주목받아 왔다. 전사법과 마찬가지로 노인법도 구체적인 내용 파악이 무척 곤란하다. 이 문장에 대한 필자의 기본적 입장은 이미 밝힌 바 있으므로[35] 여기서는 번잡함을 피하기 위하여 따로 재론하지는 않기로 하겠다. 다만 노인 관련 자료가 새로 증가하여 그 성격을 놓고 논란이 일고 있으므로[36] 이에 한정해 약간의 논의를 진행시켜 보고자 한다.

노인의 성격이나 노인법에 대해서는 다양한 견해가 제기되어 있다.[37] 필자는 봉평비의 노인에 대해서는 신라의 영역 확장 과정에서 주민으로 새로이 편

34 과거 그런 입장이 주류였다. 근자에 武田幸男은 전형적인 教事碑로 간주하고 나아가 教事刑罰碑라고 주장하였다(武田幸男, 위의 논문, p.27). 그러나 형벌 자체가 목적은 아니며, 또 教事가 일반적인 용어가 아니라는 점, 그것이 율령의 테두리에 포괄된다는 점 등에서 여전히 율령비로 봄이 적절하다고 여긴다.

35 朱甫暾, 「蔚珍鳳坪新羅碑와 法興王代 律令」『韓國古代史研究』2, 1989 ; 『금석문과 신라사』, 지식산업사, 2002, pp.93~99 ; 『新羅地方統治體制의 整備過程과 村落』, 신서원, 1998, pp.151~160 참조.

36 金德原, 「신라의 동해안 진출과 蔚珍鳳坪碑 -徙民政策과 '奴人'의 관계를 중심으로-」『금석문을 통한 신라사 연구』, 한국학중앙연구원, 2005 ; 朴宗基, 「韓國 古代의 奴人과 部曲」『韓國古代史研究』43, 2006 ; 金昌錫, 「新羅 中古期의 奴人과 奴婢」『韓國古代史研究』54, 2009 ; 李京燮, 「新羅 中古期 木簡의 研究」(동국대박사학위논문), 2009.

37 성산산성이 출토되기 이전의 奴人의 성격에 대한 논의에 대해서는 趙法鐘, 「蔚珍鳳坪碑에 나타난 '奴人'의 성격에 대한 검토」『新羅文化』13, 1996 참조.

입되어 전체 노예적 취급을 당한 존재로 보아 집단적(集團的) 예속민(隸屬民)이라 규정하였다.[38] 노인이 개별성이 아니라 집단성을 지닌 존재라는 점, 그리고 처음에는 자유롭지 못한 예속 상태였지만 점차 국가의 공민(公民)으로 전환되는 추세에 놓여 있었다는 점 등을 강조하였다. 언제부터 노인이라는 용어나 제도가 나온 것인지는 잘 알 수가 없으나 마침내 그를 위한 법령의 조항이 따로 마련되었음을 고려하면 시원은 적어도 신라가 복속 전쟁을 본격적으로 벌여가던 4세기 무렵까지로 소급될 터이다. 그러다가 법흥왕 7년(520)에 이르러 성문법인 율령이 반포되면서 노인에 대한 규정도 노인법의 한 편목(篇目)으로 정착되었다.[39] 어쩌면 율령을 반포하면서 노인법을 편목으로 마련한 것은 별교령의 '본시노인수시노인(本是奴人雖是奴人)'이란 구절에서 짐작되듯이 특정 집단을 노인으로 계속 묶어두려 하였다기보다는 오히려 해방시켜 주기 위한 의도에서였다고 풀이된다. 그것이 곧 부별(部別) 혹은 귀족관료의 사적 인신지배를 제한하여 널리 공지공민(公地公民)을 확보해 가려는 것과 맞물린 시책이었다고 풀이된다.

그런데 문제는 성산산성 출토 목간에서 노인이 집단성이 아니라 노비(奴婢)와 같은 개별성을 지닌 용어로 사용되고 있다는 점이다. 참고로 그를 소개하면 다음과 같다.

38 朱甫暾, 앞의 논문, 1989, p.96.

39 '前時王大敎'의 구체적인 내용이나 시점에 대해서 기왕에 율령의 시점을 봄이 대세였지만 근자에 이를 부정하려는 입장이 강하게 제기되어 있다(趙法鍾, 앞의 논문, p.390 ; 武田幸男, 앞의 논문, 2003, pp.26~31 ; 朴宗基, 앞의 논문, pp.138~141 ; 金昌錫, 앞의 논문, p.61). 하지만 별교를 내리면서 그 근거로 내세운 '大敎'라는 표현을 쓸 만한 구체적인 시점을 고려한다면 굳이 율령반포를 제외하고 달리 다른 근거를 찾으려는 것은 지나친 판단이라 생각한다. 이 율령반포가 신라 말인 眞聖女王대에 崔致遠이 쓴 경북 聞慶 鳳巖寺의 智證大師寂照塔碑에 梁武帝의 同泰寺 행차를 언급하면서 율령반포를 기년상의 기준으로 삼은 것과 같은 맥락이라 하겠다. 율령반포는 신라인들에게 그만큼 큰 의미를 갖는 일대사건이었던 셈이다. 따라서 大敎라는 표현도 그밖에 달리 설정할 명확한 대상은 찾기 어렵다.

다) -5　　　仇利伐　△德知一伐奴人 △

-35　　　內恩知奴人居助支 負

-07-8　　仇阤(?)△一伐奴人毛利支負

-07-27　仇利伐　 郝豆智奴人

△支負

-07-31　仇利伐 仇阤知一伐奴人 毛利支負

노인이 들어갈 만한 자리에 노(奴)라고만 표기되어 있는 경우도 여럿 존재한다. 그로 보면 노인(奴人)과 노(奴)는 공용한 용어라 짐작된다. 노라는 표현은 어쩌면 노인을 줄인 것일 수도 있겠다. 그것은 여하튼 이들 노인 관계 기사로 말미암아 봉평비에 보이는 노인에 대한 약간의 검토가 불가피하다. 그와 관련한 몇몇 주목할 만한 새로운 해석이 시도된 것도 바로 그 때문이다.

봉평비만으로 한정하여 보면 노인이 노인촌(奴人村), 대노촌(大奴村)이라 한 데서 드러나듯이 개별 노예라기보다는 집단적 예속민(隸屬民)으로서의 성격을 지님은[40] 확실하다. 그런데 같은 용어가 성산산성 목간에서는 집단성이 아니라 개별성을 지닌 존재로 나타나며, 그래서 그것이 사노비(私奴婢)일 것으로[41] 풀이되었다. 이로 보면 노인이 사적(私的)으로 소유한 노예일 가능성도 충분히 인정된다. 그러나 그렇다고 역으로 봉평비의 노인도 무조건 그렇다고 단정지을 수는 없겠다. 한편 봉평비의 노인을 애초부터 개별적 존재로 파악하고 그들이 한곳에 모여서[集住] 이룬 촌락을 노인촌이라 하였다고 본 견해도 있지만[42] 이는 거꾸로 접근한 것으로 보인다. 특히 당시 지방의 촌락이란 아직 공동체성이 강인한 상태였고 그 속에서 개별성이 점차 증대되는 과정에 놓여 있었기 때문

40　朱甫暾, 앞의 논문.

41　尹善泰, 「咸安 城山山城 出土 新羅木簡의 用途」 『震檀學報』88, 1999, p.86 ; 전덕재, 「함안 성산산성 목간의 내용과 신라의 수취체계」 『역사와 현실』65, 2007, p.243.

42　武田幸男, 앞의 논문, p.25.

이다. 따라서 노인이라는 용어는 원래 복속민 전체를 대상으로 삼은 집단성에서 출발하였지만 중앙정부가 공민화(公民化) 정책을 추구하면서 거기에 내재한 개별성(개인적 존재로서의 노인)이 점차 부각되던 도정에 있었던 것이다. 성산산성 목간은 바로 그런 실상을 보여준다고 하겠다. 그리하여 마침내 원래 노인촌이 아니었던 촌락의 주민까지도 사적 예속민을 노인 혹은 줄여서 노라고 부르기도 하였던 것이다.[43]

한편 진흥왕대의 성산산성 목간에서 노인이란 용어가 보인다고 하여 율령 반포를 통한 공민화 시책으로 말미암아 곧 노인의식(奴人意識)이 소멸되어 간다고 보는 필자의 해석을 비판한 견해도[44] 나왔다. 하지만 이는 노인의 집단성을 무조건 부곡(部曲)과 연결시키려는 데서 빚어진 약간의 오해일 따름이다. 진흥왕이 본격적으로 추진한 왕도정치(王道政治) 아래 지방통치가 진전되면서 집단적 예속민으로서의 노인이 점점 왕민(王民)으로 전환되어간 추세를 강조한 것이지 노인 속에 들어 있던 개별성까지 부정한 것은 아니었다. 기실 이 주장은 노인을 무조건 부곡과 곧바로 연결시키려 한 나머지 노인의 집단성만을 부각시켜 그 속에서 차츰 커져가던 개별성을 눈여겨보려고 하지를 않았다. 물론 노인 속에 내재된 공동체성은 쉽게 해체될 성질의 것이 아니며[45] 따라서 오래도록 잔존한 것은 분명하다. 그렇다고 율령이 반포된 이후에 국가에서는 지방민을 가능한 한 국가의 공민으로 삼으려 한 경향성까지 부정할 필요는 없다. 당시는 기본적으로 공민의 확대였고 그에 따라 집단적 노인의식 또한 소멸되

---

43 최근 발견되어 주목을 끈 고려 靖宗 4년(1038)의 佛國寺西塔重修形止記 86.87쪽에 '奴人壯爲五十余乙'이라 하여 奴人이란 용어가 보인다. 문서의 소개자는 이를 '奴人 건장한 50여를'이라고 풀이하였는데(국립중앙박물관, 『불국사석가탑유물2-重修文書』, 2009, p.73) 노인의 성격이 如何하든 여기서도 일단 개인을 지칭하는 것만은 틀림없다. 노인이라는 용어가 고려시대까지 사용되고 있었음은 놀라운 일이다.

44 朴宗基, 앞의 논문, p.140.

45 朴宗基, 위의 논문, p.143.

어 가는 추세였다. 다만 그런 속에서 노인 속에 깃든 개별성은 그대로 유지되어 성산산성 목간에서처럼 사노비와 같은 용어로서 여전히 존속하고 있었던 것이다. 그렇다고 노인촌이 그대로 유지되었다고 볼 근거는 어디에도 없는 것이다.

사실 부곡은 6세기까지 유지된 집단적인 예속민으로서의 노인의 후신으로 곧장 직결되는 것은 아니다. 점증하는 공민의식과 연관되어 새로이 형성되어진 것으로 보인다. 그것은 『신증동국여지승람(新增東國輿地勝覽)』에서 '금안신라건치주군시 기전정호구미감위현자 혹치향혹치부곡(今按新羅建置州郡時 其田丁戶口未堪爲縣者 或置鄕或置部曲)'이라 하여[46] 부곡의 발생을 군현제(郡縣制)의 시행과 연관지우는 데서 쉬이 유추되는 사실이다. 대규모의 전쟁을 치루고 난 뒤인 통일기에 이르러 전국토와 인민에 대한 재배치를 도모한 군현제(이른바 九州五小京制)의 정비 과정에서 새로이 발생한 것으로서 그 시점은 문제의 6세기가 아니라 7세기였다.[47] 그러므로 노인을 무조건 부곡의 전신이라 곧바로 연결시키기는 곤란하다고 하겠다.

요컨대 봉평비의 핵심이라 할 노인과 관련한 자료가 증가하고 있다. 그에 대해서는 장차 한층 깊은 검토가 요망되는 시점이다.

5. 신라의 동해안 경영과 봉평비

봉평비가 거벌모라 지역을 대상으로 노인, 노인촌 관련 내용을 주축으로 하는 법령[別敎令] 시행을 목적으로 세운 것임은 의심할 나위 없는 사실이다. 어떤 사태가 울진 지역에서 발발하고 이를 해결하는 마지막 처리 작업으로서 별

46 『新增東國輿地勝覽』 驪州牧 古跡 登神莊條.

47 朱甫暾, 『新羅 地方統治體制의 整備過程과 村落』, 신서원, 1998, pp.269~270.

교령을 발령하였다. 구체적 내용이 뚜렷하지 않지만 직전 해인 523년 어떤 큰 사태가 벌어져 대군을 동원하지 않으면 안 될 상황이었다. 그것을 울진 부근의 산성에서 실수로 일어난 이른바 실화(失火)로 풀이한 견해가 있다.[48] 하지만 대군을 일으키고 나아가 중앙에서 최고위급 유력자들이 모인 회의체를 통하여 확정된 결정에 따라 법령을 내리고 재발 방지를 위하여 비를 세웠다는 전반적 실상과는 별로 어울리지 않는 해석이다. 따라서 울진 일대에서 중앙정부를 겨냥한 대규모의 소요 사태가 발발하자 마침내 실지군주 휘하의 대군을 동원해서 해결하였다고 봄이 가장 순조로운 이해라 여겨진다.

소요 사태의 거점으로 이용된 것이 이야계성(尔耶界城)임은 확실하다. 이를 야사성(耶思城)으로 판독해 울진 지역이 아니라 한층 남쪽으로 멀리 떨어진 영덕읍(盈德邑)으로 비정하면서[49] 그로부터 거벌모라 지역까지 사태가 비화되고 마침내 남미지촌이 가장 적극적으로 가담하였다고 풀이한 견해가[50] 있다. 그 자체 판독이 그리 선명하지 않은 데도 이를 토대로 영덕이라 비정하는 것은 무리한 추정이다. 이야계성은 반발 집단이 주둔한 거점이라면 주도세력인 남미지의 부근 산성으로 봄이 타당할 듯 싶다. 그래야만 삼척까지 북상하였던 실지군주가 즉각 대군을 돌려서 그곳까지 내려온 데 대한 합리적 이해가 가능해지기 때문이다. 게다가 앞서 언급한 것처럼 당시 성은 군사적인 주둔지로서의 성격이 강하였고 따라서 이야계성(야사성이라 판독하여도 마찬가지이지만)도 행정성촌이 아니라 농성(籠城)의 거점으로 활용된 곳이라[51] 생각된다. 단순히 음운상으로 반란의 출발지를 영덕으로 비정하는 것은 불안하기 짝이 없다.

이야계성을 군사적 거점으로 삼아 반발한 세력의 중추는 앞서 보았듯이 장

48 강종훈, 「울진봉평신라비의 재검토」『東方學志』148, 2009, pp.21~22.

49 武田幸男, 앞의 논문, 2003, p.32.

50 武田幸男, 앞의 논문, 2003, p.18.

51 사태의 중심지였으면서도 尔耶界城 출신자가 전혀 없는 데서 그런 추정이 가능하다.

백형(杖百刑)을 받은 사인(使人)이 2인이나 속한 남미지촌(男彌只村)이다. 그 동조 세력은 사인이 각기 장육십형을 받은 아대혜촌(阿大兮村)과 갈시조촌 정도였다. 그런 실상을 엿보게 하는 것이 앞서 인용한 D)-Ⅳ의 '별교령거벌모라남미지본시노인수시노인(別敎令居伐牟羅男彌只本是奴人雖是奴人)'이라는 귀절이다. 여기서 문제는 별교령의 직접적인 대상자라 할 '거벌모라남미지(居伐牟羅男彌只)'를 어떻게 읽느냐이다. 기왕에 이를 '거벌모라의 남미지'로 읽는 주장과 '거벌모라와 남미지'로 끊어 읽는 주장으로 엇갈려 있었다. 사실 문장 자체만을 놓고 보면 어느 쪽도 가능하다. 그러므로 전후의 문맥을 따져서 실상을 추리할 수밖에 없겠다.

앞서 언급하였듯이 거벌모라는 도사가 파견된 행정거점이면서 처벌받은 사람은 아무도 없다. 따라서 거벌모라에게는 사태에 대한 직접적인 책임은 없는 것으로 봄이 순리이겠다. 대신 남미지 출신자는 특별하게 두 사람이 그것도 가장 높은 처벌을 받았다. 이것만으로도 남미지촌이 사태의 주동자 역할을 하였음은 명백하게 드러난다. 그런 사정만 한정해 보면 전자로 풀이하는 편이 일견 적절한 듯이 보이기도 한다. 그러나 바로 아래 문장 '부공치오(負共値五)'라는 부분의 '공(共)'이 '함께'라는 뜻을 가진다는 점을 고려하면 전후맥락상 대노촌(大奴村)을 복수로 설정함이 옳다고 판단된다. 그렇다면 후자로 풀이함이 타당하지 않을까 싶다. 전자처럼 남미지를 거벌모라의 예하에 소속하여 양자가 상하관계 혹은 배속관계를 갖는 것으로 보아서는 곤란한 것이다. 물론 거벌모라에만 도사가 파견되어 이를 매개로 주변지역을 통제하였을 터이므로 행정체계상으로 남미지가 거벌모라에 견주어 낮게 취급되었음은 분명하나 본질적 상하관계였던 것은 아니다. 오히려 둘 모두 대노촌이라 일컬은 것으로 미루어 원래는 동등하게 유력한 촌락으로서 서로 경쟁하는 관계였다고 추정된다. 유독 남미지촌에만 사인이 2인이나 두어졌다는 자체가 그를 방증해 준다. 따라서 이 부분은 긴급한 사태가 해결되고 난 뒤 비록 주동자인 사인들이 처벌을 받기는 하였지만 동시에 그들의 요구도 일정하게 수용되어 둘 다를 동등하게 대노촌으로서 '공치오'를[52] 부담하게 한다는 조치가 내려진 것이라 하겠다. 결국 문제의 기사는 '거벌모라와 남미지'로 읽는 것이 적절하다고 본다.

그런데 또 다른 의문은 사태의 요인이다. 남미지촌이 아대혜촌과 갈시조촌을 끌어들여 반기를 든 이유가 비문 자체에서는 선명하게 드러나지 않다는 점이다. 필자는 과거 '대노촌'과 '부공치오'를 근거로 남미지가 행정거점으로 지정된 거벌모라와 비슷한 규모의 세력이었음에도 정치적·경제적으로 차별받는 데 대한 불만이 작동한 것으로[53] 풀이하였다. 거벌모라의 외위 소지자가 무려 5인이나 되는 반면(기실 봉평비에 보이는 외위소지자는 모두 거벌모라 출신자들 뿐이다) 남미지촌은 사인이 2인이었던 데서 유추된다. 비슷한 처지인 데도 차별 당하였던 것이다. 비슷한 규모의 지방 거점 지역을 그처럼 차등적으로 대우하여 경쟁시키는 것이 신라가 지방관을 파견하지 않고 재지유력자를 활용하던 소위 간접지배 단계에서 취한 방책의 하나였다. 원래 기반을 함께 하고 있던 재지유력자들로 하여금 대립·갈등하게 함으로써 서로 결속력을 갖지 못하도록 유도하는 교묘한 정책을 취하였다. 그래서 촌락별로 지급하는 외위의 수준이나 인원에서도 차이가 났다. 이는 단지 정치적인 데에만 그친 것이 아니라 경제적 차별까지도 수반한 것이었다. 그런 차등적 시책이 결국 거벌모라와 남미지로 대표되는 두 유력 지역 간의 갈등에만 머물지 않고 여러 촌락들로 하여금 마침내 중앙정부를 대상으로 반발에 가담하게 하였다고 여겨진다.

이번 사태는 신라가 동해안 지역으로 영역을 확장해 가는 데에는 상당한 난관(難關)이 뒤따르고 있었음을 보여준다. 특히 이 지역은 원래부터 신라 영역에 속하였던 것이 아니라 고구려와 밀고 밀리는 싸움을 치열하게 전개한 쟁패지(爭覇地)였다.[54] 이로 말미암아 비록 일시적 영역으로 편입되더라도 차별 당하

52 共値에 대한 구체적인 논의는 金琪燮, 「蔚珍鳳坪新羅碑에 보이는 '共値五'의 의미와 計烟의 기원」『韓國史硏究』103, 1998 ; 『韓國 古代·中世 戶等制 硏究』, 혜안, 2007 참조.

53 朱甫暾, 앞의 책, 1998, pp.154~160.

54 이에 대해서는 金瑛河, 앞의 논문 ; 김덕원, 앞의 논문 ; 심현용, 앞의 논문 참조.

게 되면 언제라도 신라를 이탈해 반대편 고구려로 기울어질 가능성을 항상 갖고 있던 지역이다. 동해안은 6세기 중엽 경까지도 신라의 지배가 그만큼 안정적으로 구축된 상태가 아니었다. 그런 점에서 반란의 배후에는 고구려가 있었을지도 모른다는 추정도[55] 일견 성립 가능하다 여겨진다. 게다가 재지세력들 사이에도 평소 친신라적, 친고구려적 입장으로 엇갈리는 등 각기 향배(向背)를 달리하였을 경향도 상정된다. 이처럼 동해안은 남북을 잇는 주요 교통로로서 신라와 고구려가 경역을 맞닿은 특수성에서 기인한 측면이 있을 것으로 여겨진다. 신라의 동해안 진출과 경영의 문제를 따로 살펴볼 근거는 바로 여기에서 찾아진다.

신라가 4세기에 들어와 영역을 확장해 간 방향은 크게 몇 가지로 정리된다. 왕경을 기준으로 삼으면 동남해안을 따라 낙동강 하류에 이르는 방면, 낙동강 중상류 방면, 그리고 동해안 방면의 셋이다. 각각은 가야, 백제, 고구려와 영역이 맞닿아 있다. 그 가운데 낙동강 중·상류 방면은 다시 소백산맥의 외곽으로 나아가는 교통로를 기준으로 하면 추풍령(秋風嶺), 계립령(鷄立嶺), 죽령(竹嶺)의 셋으로 나뉜다. 이 방면으로의 진출이 최종적으로 마무리되는 것은 진흥왕 14년(553) 신라가 한강 유역을 완전히 장악하면서였다. 그를 상징하는 것이 바로 568년에 세워진 북한산비(北漢山碑)라 하겠다. 이 방면에서 거둔 성공이 신라가 뒷날 삼국통일을 달성하는 데 중요한 기반으로 작용하였음은 다 아는 사실이다.

비슷한 시기에 진흥왕은 동해연안을 따라 북상하며 마침내 568년 무렵에는 함흥(咸興) 지방에까지 도달하여 비록 일시적이기는 하나 그곳을 고구려와 영토상의 경계로 삼았다. 물론 경계(境界)가 이후 고정적으로 유지되지는 않았지만 신라가 추진해온 북진정책이 잠시나마 성공을 거두었음을 보여주는 사례

---

55 李泳鎬, 「蔚珍鳳坪新羅碑의 內容과 性格」『韓國古代社會와 蔚珍地方』, 蔚珍郡·韓國古代史學會, 1999, p.44.

이다. 그를 여실히 물증해주는 것이 568년에 세워진 황초령비(黃草嶺碑)와 마운령비(磨雲嶺碑)라는 두 개의 기념비적 척경비(拓境碑, 定界碑)이다. 두 비가 세워진 곳은 모두 높은 고개 마루라는 특징을 보인다. 아마도 진흥왕은 자신의 이름으로 비를 세워 그곳을 신라의 땅이라고 선언하고 싶었던 모양이다. 이는 신라가 이 방면의 영역 확장을 얼마나 염원하고 있었던가를 뚜렷이 보여주는 사실이다. 동해연안은 신라가 오래도록 선진문화를 입수하는 통로로서 기능하여 왔지만 특히 고구려와의 영역을 접한 곳이어서 각별한 의미를 갖는다. 봉평비에서 볼 수 있는 반발 사건이란 바로 그러한 신라의 동해안 진출과 영역화 과정에서 빈발(頻發)한 사례 가운데 하나로 보인다.

신라가 그 이름으로 동해안을 따라 영역을 확장하기 시작한 출발점은 분명하지가 않다. 앞서 파사니사금 23년조에 보이는 안강의 음즙벌국(音汁伐國)과 삼척의 실직곡국(悉直谷國) 사이에 벌어진 영토분쟁 사건으로부터 짐작할 수 있다. 이 사건이 일어난 시점을 특정(特定)할 수는 없지만 사로국이 진한 연맹체의 맹주로서 역할하였음을 미루어 4세기 전반 직전 무렵으로 여겨진다. 그것은 여하튼 삼척 방면이 신라 영역화된 시점이 비교적 이른 시기였음을 의미하는 것만은 분명하다고 하겠다.

그런데 영역을 직접 접속하기에는 비교적 먼 거리에 떨어져 있던 음즙벌국과 실직곡국이 서로 다투었다는 것은 쉽사리 이해가 되지 않는 부분이다. 이로 말미암아 그들의 위치나 성격을 둘러싸고 논란이 많지만 김해(金海) 금관국(金官國)의 수로왕(首露王)이 중재자로 초청 받아 간여한 데서 미루어 짐작하면 아마도 해상활동이나 해로(海路)를 통한 분쟁으로 비쳐진다. 이 까닭으로 음즙벌국의 관할을 내륙의 안강으로부터 바닷가의 흥해(興海)까지로 확대하여 설정하는 견해도[56] 제기되어 있다. 그것이 사실이라면 눈여겨볼 점은 동해안을 따라 북진하는 데는 해로가 대단히 중시되었을 것이라는 측면이다. 이는 신라가

56 李熙濬, 『신라고고학연구』, (주)사회평론, 2007, pp.192~194.

동해안의 영역을 경영하는 양상을 살피는데 유념해야 할 첫 번째 특징적 요소이다.

그런데 신라가 연안을 따라 북상하는 데는 고구려와의 관계가 무엇보다 주요한 관건(關鍵)이었다. 고구려가 지속적으로 남하해오지 않는다면 중간에는 옥저(沃沮)나 동예(東濊)처럼 그 예하의 반자치적(半自治的) 완충지대가 존재하여 별다른 큰 마찰이 빚어질 염려가 적다. 그러나 동해안을 장악한 고구려가 계속 남으로 눈을 돌릴 경우 사정이 크게 달라진다. 서로 영역을 접속하면 둘 사이의 지속적 충돌이 불가피해지는 것이다. 따라서 신라의 동해안 경영에 결정적으로 영향을 미치는 요소가 다름 아닌 고구려와의 관계 여하라는 데에 또 다른 특징이 있다. 따라서 신라의 동해안 진출을 점검하는 데 고구려와의 관계를 각별히 염두에 두지 않을 수가 없는 일이다.

한편 동해안의 주민 구성은 상대적으로 복잡하다. 이 방면에 등장하는 정치세력은 말갈, 낙랑, 예, 한 등으로 한결같지가 않다. 아마도 『삼국사기』, 『삼국지』 등의 문헌사료는 물론이고 광개토왕비문에서도 보이듯이 여러 종족 계통이 뒤섞여 있던 지역이 아닌가 싶다. 포항 신광면(神光面)의 마조리(馬助里)에서 출토된 '진솔선예백장인(晉率善穢佰長印)'에서 짐작되듯이 경주 부근까지도 일정 수의 예족이 진출해 거주하던 상황이었다. 동해안 방면에서 그와 같은 매우 복잡한 주민 구성이 곧 신라로 하여금 정책을 선택, 결정하도록 하는 데 크게 작용하였을 것으로 보인다. 신라의 동해안 경영을 생각하는 데 고려해야 할 세 번째의 특징적인 요소로 손꼽을 수 있다.

신라가 고구려와 본격적인 관계를 맺은 시점은 어떻든 4세기 초 낙랑과 대방이 소멸하고 난 뒤의 일임은 확실하다. 이후 신라는 낙랑에 대신하여 고구려를 줄곧 선진문물 입수의 주된 창구로 삼았다. 4세기 후반 고구려의 도움으로 전진(前秦)에 두 차례에 걸쳐 사절을 파견하였다거나 실성(實聖)을 볼모로 보낸 일 등은 그를 명백히 입증해 주는 일이다. 그런데 399년 신라가 백제의 사주를 받은 가야와 왜 연합세력의 침공으로 왕도가 함락 당하는 위기에 빠지자 급히 고구려에 구원을 요청하였다. 그 결과 광개토왕이 400년에 급파한 5만 병력의 남정이 이루어져 신라는 무사히 위기를 벗어날 수 있었다. 대신 고구려가 병력을 신라의 왕도와 요충지 몇몇에 주둔시켜 왕위 계승을 비롯한 정치적 주요 사안에 깊이 간여하기 시작하였다.[57] 이후 상당한 기간에 걸쳐 신라는 어쩔 수 없이 고구려의 영향력 아래 간섭을 받지 않을 수 없는 상황이었다. 그것은 한편으로는 신라가 도약할 기틀을 마련하는 데 중요한 계기가 되었지만 다른 한편으로는 어느 정도의 수준에 이르자 거꾸로 성장·발전을 제약하는 걸림돌로 작용하였다. 실성왕의 제거와 눌지왕의 즉위를 둘러싼 사건은 바로 그런 과정에서 빚어진 일이었다.

『삼국사기』 지리지 명주조를 그대로 받아들인다면 이 기간에 고구려가 흥해 이북의 청하(淸河) 지역에 이르기까지 영역을 확장하여 남하해 온 셈이 된다. 앞서 언급하였듯이 그 시점을 둘러싸고 논란이 많아[58] 확정짓기는 곤란하지만 여하튼 고구려의 간섭 아래에 놓여 있던 때를 가장 유력한 대상으로 손꼽을 수 있다. 어쩌면 신라가 불가피하게 고구려의 간섭 아래에 놓였을 때에는 꼭 외부적인 강제력에 의해서라기보다는 간접지배 하의 반자치적 상태였던 재지세력이 자발적으로 강자인 고구려 쪽을 선택함으로써 신라로부터 이탈하여 가려는 분위기가 전반적으로 형성된 것으로 여겨진다. 고구려의 간섭을 벗어난 시점의 일이기는 하여도 남미지가 신라 중앙정부에 반발한 것은 바로 그런 정황의 일단을 상징적으로 보여 준다. 신라 중앙정부의 지배력이 크게 약화된 틈을 타서 원심력이 크게 작동하는 소위 간접지배의 한계를 뚜렷이 보여 주는 실례라 하겠다. 그 점과 관련하여 주목해 볼 대상은 다음의 사료이다.

57 朱甫暾, 「高句麗 南進의 性格과 그 影響」 『大丘史學』82, 2006 참조.

58 金賢淑, 앞의 논문 참조.

라) 34년 가을 고구려 변장(邊將)이 실직(悉直)의 들판에서 사냥하자 하슬라성주(何瑟羅城主) 삼직(三直)이 병력을 내어 엄습해 죽였다. 고구려왕이 듣고 노해 사신을 보내어 이르기를 "내가 대왕과 우호를 닦은 것을 너무도 기뻐하였는데, 지금 병력을 내어 우리 변장을 죽인 것은 무슨 뜻인가." 이에 군사를 우리의 서변(西邊)를 침범하였다. 왕이 낮추어 사죄하니 이에 돌아갔다.(『삼국사기』3 신라본기 눌지마립간조)

눌지마립간 34년(450) 고구려의 변장이 실직(悉直)의 들판에서 사냥을 하다가 하슬라(何瑟羅)의 성주(城主)에 의해서 살해된 사건이 벌어졌다. 실직은 삼척이며, 하슬라는 강릉이다. 이를 액면 그대로 받아들이면 당시 신라는 강릉까지 진출한 반면 같은 시기에 한참 후방 지역인 삼척은 오히려 고구려의 영역으로 편입되어 지리적으로 일견 이상스럽게 여겨진다. 이로 말미암아 기왕에 다양한 해석이 시도된 바 있다.

그러나 변장(邊將)과 성주라는 표현을 잠시 새겨볼 필요가 있다. 이들이 달리 구체적 직명이나 관등을 갖지 않은 것으로 미루어 중앙에서 파견된 것으로 선뜻 단정짓기는 힘들다. 게다가 당시 고구려나 신라가 이 방면에 대해 지방관을 보내어 직접지배를 행하던 시기가 아닌 점을 아울러서 고려하면 그들은 간접지배 하의 재지세력일 가능성이 큰 것이다. 그러하다면 이는 간접지배 아래 재지세력 자체의 향배를 보여 주는 하나의 사례로 풀이할 수 있다. 강릉의 재지세력은 스스로 신라 쪽을 선택한 반면 삼척의 유력자들은 그와는 다르게 고구려 쪽을 우호적 배후세력으로 선택하고 있었던 것이다. 그런 상태에서 중앙정부의 파견관이 아닌 두 지역 재지세력들 사이에 싸움이 벌어졌던 것이다. 앞서 추정하였듯이 봉평비에서 거벌모라와 남미지가 보여주는 것과도 비슷한 양상이다.

이처럼 지역에 따라 신라 영역이라 하더라도 정치적인 입장이 한결같지는 않았을 터이다. 소지왕이 날이군(捺已郡, 경북 榮州)에 행차하였을 때 인근의 고타군(古陁郡, 경북 안동)이 노구(老嫗)의 이름을 빌려 비난하고 있는 모습은[59] 정치적인 입장에서 두 지역 간 차이가 크게 남을 보여 준다. 어쩌면 고구려의 문화 세례를 한결 많이 받고 있던 날이군이 신라로부터 이탈해 갈 우려가 감지되어 소지왕은 자주 그곳에 행차하였고 이로 말미암아 이웃하여 서로 경쟁관계에 있던 고타군이 그 점을 맹비난한 것이 아닌가 싶다. 변경지대란 신라에 편입된 영역이기는 하였어도 아직 안정적 지배체제가 구축되지 못한 탓이었다. 신라가 노인촌, 대노촌의 설정이 불가피한 사정도 바로 이런 데서 유추된다.

그런데 삼척의 고구려 변장 살해사건을 놓고 해석이 분분하다. 대체로 당시 신라가 고구려와 상당한 적대 관계였다고 보고 접근함이 일반적이다. 그 근거는 433년 나제동맹의 성립으로 신라가 고구려의 간섭을 벗어나 두 나라가 즉각 대립 관계로 전환했다고 본 데에 있다. 그러나 거기에는 오해의 소지가 적지 않게 엿보인다. 신라가 고구려의 일방적 간섭을 벗어나 자립화를 도모하면서 백제와 긴밀한 관계를 맺고자 하였음은 분명한 사실이다. 그 추이를 살피면 백제가 먼저 요구한 것이기는 하지만 신라가 그를 적극 수용한 셈이었다. 그렇다고 신라와 고구려의 관계가 즉각 완전히 파탄(破綻)난 상태는 아니었다. 그것은 위의 사료 다)에서 고구려의 왕이 신라왕을 대상으로 항의하면서 450년 무렵까지 '내가 대왕과 함께 우호를 닦았음을 너무도 기뻐하였다'고 한 데서도 알 수 있듯이 두 나라의 우호관계가 과거와는 어느 정도 차이가 나겠지만 적어도 외형적으로는 기존의 관계가 아직 그대로 유지되던 모습을 보인다. 신라는 나제동맹을 매개로 고구려를 점차적으로 견제할 생각을 갖고 있기는 하였지만 그렇다고 완전한 적대관계로 돌아선 상태는 아니었던 것이다. 그런 의미에서 위의 사료는 중앙세력 사이의 대결이 아니라 변경지대의 각 지역별로 친고구려와 친신라적 입장 사이의 싸움으로 이해하여도 그리 지나친 억측은 아닐 듯하다. 이런 과정이 되풀이 되면서 신라와 고구려 사이는 차츰 벌어져 갔다. 변

59 『三國史記』3 新羅本紀 炤知麻立干 22年條.

경에서 직접적 격돌이 있거나[60] 고구려가 백제를 공격하였을 때 신라가 병력을 파견해 준 일[61] 등은 그런 실상으로 잘 보여 준다. 그런 분위기가 한층 더 고조되어지자 마침내 464년 신라가 왕경에 주둔하던 고구려의 잔류 병력 백여 명을 일시에 몰살시킴으로써[62] 두 나라 관계는 완전히 파탄나고 말았다. 신라가 이후 변경의 요충지(要衝地)나 교통로상에다 활발하게 축성을 한 사실은[63] 그를 방증한다. 고구려로서는 신라가 그런 행동을 한 배후에는 백제가 작용하였다고 의심하여서 한성(漢城)을 공격해 함락시켰다. 소지왕(炤知王) 3년(481) 고구려가 말갈병을 대동하고 호명(狐鳴) 등 7성을 함락시키고 경주 인근 포항의 흥해읍으로 추정되는 미질부(彌秩夫)까지 진군해 오자 신라가 백제와 가야의 구원을 급히 받아서 물리치는 사건도[64] 있었다. 대체로 5세기 말까지 신라는 동해안을 따라 남하해 오는 고구려와의 싸움을 격렬하게 치루고 있는 형국이었다. 그런 상황에서 신라는 군주제를 시행하여 지방에 파견하면서 동해안 방면을 첫 대상으로 삼는 조치를 단행하였다.

마) 6년 봄 2월 왕이 친히 국내의 주군현(州郡縣)을 정하고 실직주(悉直州)를 두고 이사부(異斯夫)를 군주(軍主)로 삼았다. 군주란 이름은 이에서 비롯한다. 겨울 10월 처음으로 관청에 명해 얼음을 갈무리하도록 하고 또 주즙(舟楫)의 이로움을 제정하였다.(『삼국사기』4 신라본기 지증마립간조)

60 『三國史記』3 新羅本紀 訥祗麻立干 38年條.

61 동상 39年條.

62 『日本書紀』14 雄略紀 8年 春二月條.

63 『三國史記』3 新羅本紀 慈悲麻立干條에 의하면 10年(467) 戰艦을 수리하게 한 일을 신호탄으로 전국적인 축성 사업이 대대적으로 이루어졌음은 바로 그런 사정을 여실히 중명하여 준다.

64 『三國史記』3 新羅本紀 炤知麻立干 3年條.

앞서 본 신라의 진출 방향 가운데 군주의 파견 첫 대상지로서 삼척을 선정한 것은 동해안 방면을 얼마나 중시하였는가를 잘 반영하는 것이지만, 다른 한편 군사적인 조치가 그만큼 시급하고 긴요하였음을 의미하는 일이기도 하다. 아마도 동해안은 신라가 옛 진한의 영역을 처음으로 벗어나려는 대상지였기도 하였거니와 고구려와 적대관계로 돌아선 이후 이 지역이 불안정한 상태였기 때문이었을 것 같다. 사실 중성리비나 냉수리비에서 드러나듯이 안정적으로 신라의 영역이 되었다고 여겨지는 왕경 가까운 지역에서조차 지역 유력자간의 대립(냉수리비), 지방을 대상으로 한 왕경 6부 사이의 갈등(중성리비) 등이 횡행하고 있었다. 신라의 존립 자체를 위협하는 온갖 불안함이 노출되던 상황이었다. 그 가운데 가장 심각한 것은 바로 동해안 방면이었다. 그것은 강적 고구려와 일진일퇴하는 공방전이 치러지고 있었던 데서 비롯한 것으로 보인다. 군주제(軍主制)를 운영하기 시작하면서 가장 먼저 파견해 안정적으로 관리할 필요성이 제고된 것도 바로 그런 사정 때문이라 하겠다.

그런데 바로 같은 해에 '주즙(舟楫)의 이(利)로움'을 제정하였다는 대목이 눈길을 끈다. 주즙은 곧 선박을 뜻하므로 아마 선박 주조 및 활용과 같은 일들을 총칭한 표현으로 여겨진다. 그런데 그것이 군주를 파견한 바로 그해에 이루어졌다는 사실이 각별히 주목된다. 양자의 어떤 상관성을 짐작할 수 있기 때문이다. 이사부가 영역을 개척하여 삼척까지 나아가면서 반드시 육로만이 아니라 동시에 해로도 활용하였을 가능성이 엿보임은 그를 방증해 준다. 그런 사정의 일단을 보여주는 것이 다음의 기사이다.

바) 13년 여름 6월 우산국(于山國)이 귀복(歸服)하고 해마다 토산물을 바쳤다. 우산국은 명주(溟州) 정동쪽에 있는 바다 섬인데 혹은 울릉도(鬱陵島)라고 한다. 땅이 일백리로서 험함을 믿고 굴복하지 않았다. 이찬(伊湌) 이사부(異斯夫)가 하슬라주군주(何瑟羅州軍主)가 되어 우산국 사람이 어리석고 사나워 위세로서 굴복시키기 어렵고 계책으로 굴복시킬

> 수 있다고 하여 이에 나무 사자를 많이 만들어 전함에 나누어 싣고 그 나라 바닷가에 이르러 거짓으로 이르기를 "만약 너희들이 굴복하지 않으면 이 맹수들을 풀어 밟아죽이겠다"고 하였다. 나라사람들이 두려워하면서 항복하였다.(『삼국사기』4 신라본기 지증마립간조)

실직(삼척)을 주둔지로 삼고 있던 이사부는 북상하여 지증왕 13년(512)에는 하슬라(강릉)까지 나아간 상태였다. 아마도 이사부는 505년 이후 512년에 이르기까지 주로 삼척에 주둔하면서 그 아래 지역을 관장하여 안정적 영역으로 정착시키는 데에 치중한 것 같다. 강릉에 이르자 동해안의 우산국도 동시에 시야에 들어와 마침내 그곳까지 진출하고자 하였다. 아마도 강릉은 물론이고 우산국까지 공략하려면 상당량의 선박이 필요하였을 터이다. 위의 사료에 보이는 것처럼 전함(戰艦)이 적지 않게 소요되었다. 이는 신라가 동해안을 따라 북상하면서 육로만이 아니라 해로도 활용하였음을 뚜렷이 보여 주는 사례로 보아도 무방하겠다. 지형지세가 평탄한 곳은 육로가 이용되었겠으나 강릉과 삼척 사이, 삼척과 울진 사이의 지리적인 험준함을 극복하게 한 것은 바로 해로였을 것으로 짐작된다.

동해안의 군주는 하슬라까지 진격하였다가 523년 이전의 어느 시점에는 삼척까지 퇴각하였다. 아마도 이 방면을 놓고 이후에도 고구려와 밀고 밀리는 싸움을 진행하였을 것으로 보인다. 봉평비에 보이는 남미지촌 중심의 재지세력에 의한 반란은 바로 그런 정황을 활용하여 일어난 것으로 보인다. 이는 아직 동해안 방면이 완벽하게 신라의 영역으로 굳혀지지는 못하였음을 보여 준다. 유독 동해안 방면만 상주(上州), 하주(下州), 신주(新州)와 같은 광역의 주(州)를 따로 도입하지 않고 거점 지역명만으로 특별하게 관리한 것도 그 점을 방증하여 준다.

앞서 언급하였던 것처럼 동해안은 원래의 진한의 세력권이 아니었던 점, 종족상의 다양성, 고구려와 영토를 직접 맞닿고 있던 점 등의 여러 요소들이 작동하였다. 다만 고구려 내부의 정치 상황이 심히 불안정함을 보일 때에는 신라가 함흥까지 일시적이나마 북상할 수도 있는 지역이었다. 거기에는 고구려 영역화된 곳임에도 역으로 반(反)고구려적 움직임도 또한 있었으므로 가능한 일이었다. 봉평비는 그런 과정에서 빚어진 단면을 잘 보여주는 전형적인 사례의 하나라 하겠다.

6. 나가면서

진흥왕이 551년 친정(親政)하기 시작하면서 신라는 사방으로 영역을 크게 확장해 가거니와 전국을 크게 사방(四方)으로 나누어 각기 군사지휘관이라 할 군주를 파견하여 관리하였다. 사방은 낙동강 상류[上州], 중·하류[下州], 한강 유역[新州], 그리고 동해안을 가리킨다. 왕경을 중심으로 그처럼 사방을 설정하여 군주를 파견한 것은 당시 형성되고 있던 나름의 천하의식을 표방한 것으로 추정되거니와 그 가운데 동해안 방면만은 광역의 주명(州名)을 사용하지 않고 군이 거점으로 나타낸 특징을 보인다. 이는 동해안이 그만큼 고구려와의 관계에 따라 대단히 신축적(伸縮的) 성격을 띠었기 때문으로 여겨진다. 한때 고구려가 왕도 경주의 바로 코앞인 흥해의 북쪽까지 진출한 적이 있는가 하면 신라가 오랜 고구려 영역 깊숙이 함흥까지 북상한 적도 있다. 이처럼 두 세력이 오래도록 남북으로 밀고 밀리는 공방(攻防)을 거듭하였다는 데에 동해안이 갖는 주요한 특징이 있다. 가장 먼저 군주를 파견할 수밖에 없었던 것도 바로 그런 사정으로부터 기인한 것이었다.

울진 지역은 비교적 이른 시기에 신라의 영역으로 편입된 곳으로 6세기 초 무렵 도사가 파견되었으며 당시 최전선이 이미 한층 북쪽의 삼척에까지 올라간 상태이기는 하지만 아직도 그리 안정적이지는 못하였다. 이 방면 주민들도 밀고 밀려나는 오랜 경험을 통하여 그 결과가 갖고 올 이해관계를 익히 알고 있었다. 그래서 그들은 언제나 오직 하나의 입장만을 공통적으로 견지한 것은 아니었다. 뒷날 군(郡)과 군(郡) 사이는 물론이고 또 군 내부에서도 친신라적인 입장을 취하는 쪽도 있는가 하면 반대로 친고구려적 입장을 선택한 쪽도 있었다. 신라 중앙정부도 이런 사정을 간파하고서 포상(褒賞)과 징벌(懲罰)을 병행해 적절히 대처하였다. 하지만 그런 과정에서 때로는 일부 재지세력이 부당하게 받은 대우에 불만을 품고서 직접 반발하기도 하였다. 봉평비는 바로 그와 같은 실상을 그대로 보여주는 내용을 담고 있다. 그런 측면에서 아마도 비슷한 시기의 비슷한 내용을 가진 비가 발견될 소지가 대단히 크다고 여겨진다.

봉평비에 뒤이어 냉수리비가 발견되었고 근자에는 다시 포항에서 중성리비가 출현해 주목을 끌었다. 이들은 경주를 중심으로 보면 동해안을 따라 북상하는 길목이라는 공통점을 지닌다. 게다가 구체적 성격상에서는 뚜렷하게 차이점을 보이지만 어떻든 모두가 갈등하는 모습을 담고 있다는 점에서 특징적이라 하겠다. 이는 약간 기이하게 느껴지는 점이지만 여하튼 신라가 5~6세기 영역 팽창을 적극 추진해 가는 과정에서 무엇인가 밑(안)으로부터 커다란 변동을 동시에 겪고 있었다는 인상을 짙게 풍긴다. 적어도 분립적(分立的) 성격의 연맹체로부터 집권적 왕조국가인 신라로의 일대 전환에서 비롯한 것이겠지만 내부적으로는 공동체의 붕괴에 따른 가족 혹은 개인의 자립과 성장 등 엄청난 시련을 동반한 것으로 여겨진다. 신라는 노인법이나 전사법과 같은 특이한 율령의 편목을 설정하여 그와 같은 변동을 지배체제 속으로 수렴하는 데 성공함으로써 마침내 통합의 패자가 될 수 있었던 것이다. 그런 측면에서 동해안 경영의 경험은 장차 신라의 승패를 가름하는 중요한 시금석(試金石)으로 기능하였다고 평가하여도 무방할 듯 싶다. 모두(冒頭)에서 봉평비에는 엄청난 정보가 담겨져 있다고 여겼던 이유의 하나도 여기에서 찾아진다.

(『울진봉평리신라비와 한국고대금석문』, 2011)

4장

남산신성비南山新城碑의 구조와 의미

남산신성비(출처 신라 천년의 역사와 문화 자료집4)

1. 머리말

신라사에서는 흔히 6세기를 금석문의 세기라고도 일컫는다.[1] 이는 지금껏 이 시기에 세워진 비(碑)가 유난히 많이 발견되었기 때문이다. 바로 직전 세기의 비가 아직 발견된 사례가 없는 점에 견주면 유다른 측면이라고 단언해도 무방할 듯하다. 7세기 이후에도 비의 수는 그리 많지 않다.

최근 경북 포항시 흥해읍 학성리에서 발견된 신라 최고(最古)의 비를 포함해[2] 지금까지 알려진 6세기의 비는 줄잡아 20여점을 헤아린다. 이들에 담겨진 내용은 매우 다양하다. 그 유형은 크게 척경비(拓境碑), 사적비(事蹟碑) 등 몇 가지로 분류가 가능하다. 아직 묘비(墓碑, 墓誌도 포함)가 확인된 적이 거의 없는 점은 두드러진 특징이다. 사적비가 대부분을 차지한다고 단정해도[3] 무방하겠는데, 여기에서 문제로 삼는 남산신성비를 대표적 사례의 하나로서 들 수 있다. 사적비라도 6세기 당시는 신라가 새로운 지배체제를 적극 구축해 가면서 그 실상을 율령(律令) 속에 담아 집행하려는 강한 의지와 집착을 드러낸 시기였던 만큼 그에 부합하는 내용이 주류를 이룬다. 말하자면 이 비들은 율령 가운데 사안에 따른 특정 편목(篇目)의 시행 양상의 한 측면을 보여 준다고 하겠다. 이를 근거로 삼으면 6세기는 한걸음 더 나아가 율령비(律令碑)의 시대라 하여도 좋을지 모른다.

이들 비문 각각은 모두 일정한 형식을 갖춘 그 자체 완결된 문서(文書)로 기

1 朱甫暾, 「6세기 신라 금석문과 그 특징」 『금석문과 신라사』, 지식산업사, 2002, p.27.

2 이 비의 첫머리에는 辛巳라는 간지가 보인다. 辛巳는 전반적인 비문 구조가 503년의 냉수리비와 가깝다는 측면에서 일단 501년으로 추정함이 적절할 듯하나 내용상으로 미루어 441년으로 소급될 가능성도 없지는 않다. 면밀한 검토가 요망된다. 그것은 여하튼 지금까지 알려진 신라의 비 가운데 最古의 것임은 확실하다.

3 宋基豪, 「고대의 문자생활 - 비교와 시기구분」 『강좌 한국고대사 제5권(문자생활과 역사서의 편찬)』, 2003.

능하였다. 이처럼 문서를 작성하는 데에 재료로서 사용하기 편리한 종이가 아니라 굳이 각자(刻字)가 힘든 돌을 사용한 것은 일단 그것이 비교적 장기간 유효성을 갖기를 희구한 데서 비롯한 것이라 여겨진다. 단순한 일시적 용도였다면 굳이 그렇게 새기기 어려운 돌을 재료로서 활용하지는 않았을 터이다. 역으로 이는 아직 문서를 종이에 작성, 관리하고 보관하는 방법이나 능력을 제대로 갖추지 못한 데서 기인한 부득이한 조치였다고도 생각된다.

그것은 여하튼 6세기는 지배체제 정비 과정의 일환으로 520년 반포한 율령이 본격적으로 정착해간 시기로서 신라국가는 이와 관련한 많은 비문을 작성하였다. 그 가운데 591년에 세워졌음이 확실한 남산신성비는 각별히 주목해 볼 만한 대상이다. 이 비는 비록 남산신성을 위한 역역동원체제(力役動員體制)라는 한정된 내용을 보여주는 데 불과하지만 6세기 말기라는 시점의 측면에서뿐만 아니라 비문의 내용 자체가 당시 도달한 최고의 문서 수준을 보여 주기 때문이다. 어쩌면 신라 율령비의 완결판이라고 단정해도 지나치지 않을 정도로 문장이나 내용이 정연하다. 문서로서는 아주 세련된 모습을 취하고 있는 것이다. 게다가 내용은 다르지만 기본적으로 같은 용도와 양식으로 함께 작성된 비가 여럿 존재한다는 점도 남신산성비를 돋보이게 하는 측면이다. 그 까닭으로 이를 매개로 신라사회의 체계적인 이해를 위한 다양한 정보를 확보할 수가 있어 적지 않게 주목받아 왔던 것이다. 아래에서는 그동안 진행된 연구 성과를 나름대로 정리하면서 남산신성비가 갖는 의미와 의의를 종합적으로 정리하여 보고자 한다.[4]

4 지금까지 남산신성비를 본격적으로 다룬 논고들이 적지 않다. 여기서는 번잡함을 피하기 위하여 이들을 일일이 소개하지는 않으려고 한다.

2. 남산신성비문의 내용과 기재양식(記載樣式)

남산신성비는 1934년 이래 1994년에 이르기까지 전체 9기가 순차적으로 발견되었다. 그래서 발견된 시점의 순서에 따라 제1비에서 9비까지로 명명되었다.[5] 9기를 모두 남산신성비라 일컬을 수 있는 것은 모두 신라의 왕경인 오늘날 경주(慶州)에 소재한 남산신성을 축조하고 난 뒤 작성해[6] 그 연대가 동일한 점, 대상에 따라 내용만 약간 차이가 날 뿐 기본적 문장 구조가 거의 유사한 점 등등 때문이다.

비는 크기가 조금씩 다르지만 완형의 것을 기준으로 한다면 대체로 높이가 1미터 내외, 너비가 3~40센티 정도의 화강암제이다. 물론 당연히 그런 규모에서 약간 벗어난 것도 있다. 그리고 제7, 8, 9비의 경우처럼 남산신성의 안에서 발견된 사례도 있으나 대부분이 성 바깥의 여기저기에서 발견되어 지점은 한결같지가 않다. 그래서 원래 세워졌던 곳이 어디냐를 둘러싸고서 논란된 적이 있다. 남산신성의 내부에서 발견된 사례가 있으므로 일단 원래 세워진 위치는 성의 내부라고 보는 편이 온당할 듯하다. 성 바깥에서 발견된 것은 내부로부터 반출되었다고 봄이 옳을 것 같다. 이 경우에도 발견 지점이 남산신성으로부터 그리 멀리 떨어지지 않은 곳이라는 공통성을 보임은 그런 추정을 한층 보증해준다. 아마도 남산신성비가 보여주는 내용의 시효(時效)가 다한 뒤(내용상으로 미루어 비문의 유효 기간은 최소 3년이었다) 다양한 용도로 사용할 목적에서 성 바깥의 여기저기로 옮겨진 것으로 추정된다.

9기의 비 가운데[7] 원형을 거의 그대로 유지하고 있는 것은 제1, 2, 3비와 제 9비 뿐이다. 4비는 상단부(좌측 포함) 3분의 2가, 5비는 하단부 약 3분의 2가, 7비

5 이에 대해서는 韓國古代社會硏究所編, 『譯註 韓國古代金石文 제2권』, 1992 참조.

6 그 시점에 대해서는 논란되고 있지만 구체상에 대해서는 후술하겠다.

7 논자에 따라 남산신성비를 10기로 보는 경우도 있으나 9기로 봄이 일반적이다. 그와 관련한 문제에 대해서는 朴方龍, 「南山新城碑 제9비에 대한 檢討」 『美術資料』53, 1994 참조.

는 좌측 부분 약 3분의 2 정도가 결실되어 원래의 모습을 대부분 잃고 극히 일부만 남은 상태이다. 8비의 경우는 겨우 한 행(行) 뿐이며, 그나마 두 글자만 남아 있어 발견 지점을 전혀 고려하지 않고 오로지 내용만으로 따진다면 남산신성비라 단정하기도 곤란할 지경이다. 6비도 겨우 몇 글자만 남아 있는데 사실이 자체만으로는 남산신성비라 단정하기 어려운 측면도 엿보인다. 과거 안압지(雁鴨池, 月池)의 호안석축(護岸石築)에서 출토된 비[片]를 내용이 약간 비슷한 면모가 보인다고 해서 별다른 근거 없이 남산신성비의 하나로 쉽게 결론짓는 오류를 범한 적이 있었음을[8] 참고하면 전반적 재고의 여지는 남는다. 장래에도 몇 자만 남아 있는 비편이 발견될 경우 진단에 신중을 기해야 함을 보여 주는 대목이다.

남산신성비는 모두 모두(冒頭)에 신해년(辛亥年)이라는 간지를 공통적으로 갖고 있다. 지방민에게 주어진 관등인 외위(外位)가 존재하는 점, 도사(道使)라는 지방관명이 보이는 점 등에서 신라가 삼국을 통합하기 이전에 작성된 것임은 의심의 여지가 없다. 그런데 무척 다행스런 것은 신해년의 절대연대를 결정지을 만한 단서가 다음과 같이 『삼국사기』와 『삼국유사』에 각각 보이는 사실이다.

> (가) (ㄱ) 13년 가을 7월에 남산성(南山城)을 쌓았는데 둘레가 2850보(步)였다.(『삼국사기』4 신라본기 진평왕조)
>
> (ㄴ) 왕의 즉위 초에 남산(南山)에 장창(長倉)을 두었는데 길이가 50보(步) 너비가 15보였다. 미곡과 병기를 저장하였는데 이를 우창(右倉)이라 하였다. 천은사(天恩寺)의 서북쪽 산꼭대기에 있는 것을 좌창(左倉)이라 하였다. 별본(別本)에 이르기를 건복(建福) 8년 신해(辛亥)에 남산성(南山城)을 쌓았는데 둘레가 2850보이었으며 진덕왕(眞德王)대에 처음 축조하였다.(『삼국유사』 기이2 문호왕법민조)

8 朱甫暾, 「雁鴨池出土碑에 대한 고찰」『금석문과 신라사』, 지식산업사, 2002, pp.234~237.

위의 사료 중 앞의『삼국사기』 기사에 의하면 진평왕 13년(591) 남산성을 축조하였는데 그 둘레가 2,850보였다 한다. 남산신성이라 하지 않고 남산성이라 표현한 점에서 명칭상 비문과 약간의 차이를 보이지만 진평왕 13년이 바로 신해년인 점에서 양자는 그대로 일치한다. 따라서 비문에 보이는 신해의 절대연대는 기왕에 통용되어온 대로 591년임이 확실하다고 하겠다.

한편 위의『삼국유사』에는 그와는 약간 다른 내용이 보여 잠시 점검해 볼 필요가 있다. 문무왕이 즉위한 초기에 미곡과 병기를 저장하기 위하여 길이 50보, 너비 15보에 이르는 남산장창(南山長倉)이라는 창고를 만들었다고 한다. 천은사(天恩寺)라는 절의 서북쪽 산 위에 만든 것을 좌창(左倉)이라 한 데 견주어 남산의 장창을 우창(右倉)이라 불렀다 한다. 그런데『삼국사기』6 신라본기 문무왕 3년(663)조에는 그와 비슷한 내용의 '봄 정월에 남산신성(南山新城)에 장창을 지었다'라 한 기사가 보인다. 여기에서 명칭을 남산성이라 하지 않고 하필이면 남산신성이라 표현한 점에서는 남산신성비문에 한층 더 가깝게 여겨진다. 이로 보면『삼국유사』 찬자가 원전을『삼국사기』에 의거하였는지 아니면 또다른 사료에 근거하였는지는 선뜻 판단을 내리기 힘들다. 그런데 위의 기사 (가)(ㄴ)에는 다시 별본(別本)을 인용하여 건복(建福) 8년(591) 남산성을 축조하였는데 그 둘레가 2,850보라 하였다. 이 기사는 성의 둘레만 한정해 보면『삼국사기』에 의거하였다고 단정할 수 있으나 진평왕 13년이라 하지 않고 건복 8년으로 연대를 표기해 진평왕 4년(583)에 이르러 처음 사용하기 시작한 연호를 굳이 사용한 점, 남산신성이라 하지 않고 남산성이라 표현한 점 등에서 차이가 뚜렷하므로 또 다른 제3의 사료에 근거하였을 가능성도 전혀 배제하기 어렵겠다. 그것은 여하튼 위의 사료를 통해 볼 때 남산신성비에 보이는 신해가 진평왕 13년(591)임은 의심의 여지가 없다. 다만, 사료 (가)(ㄴ)의 말미에 건복 8년을 진덕여왕인 듯이 해석한 것은 명백히『삼국유사』 찬자의 착각일 따름이다.

남산신성비 9기의 기본적 문장 구조는 동일하지만 체제를 면밀히 검토하면 약간씩 차이를 보임이 확인된다. 따라서 이해의 편의를 위해 먼저 그 점을 구체적으로 살펴보기로 하겠다. 아래에서는 비문의 전문(全文)을 낱낱이 소개하고 내용을 간단하게 비교 점검한다.

㉠ 제1비

제1비는 1934년 남산의 서남쪽 끝자락 방면인 식혜골에서 발견되었다. 당시 어느 집 앞의 노석(路石)으로 사용되었다고 한다. 원래는 남산의 중턱에 있었던 것을 그곳으로 옮겨왔다고 전해진다. 비는 화강암으로서 자연석을 약간 물갈이하였으며 글씨는 육조(六朝)시대에 널리 유행한 해서체(楷書體)이다. 제1비는 발견된 시점이나 체제상으로 보아 9기의 남산신성비 전부를 이해하는 표준이 될 듯하다. 이를 기준으로 삼아 문장의 전체 구조를 조금 자세하게 살펴볼 필요가 있다. 전문을 제시하면[9] 다음과 같다.

① 辛亥年二月廿六日南山新城作節如法以作後三
② 年崩破者罪教事爲聞教令誓事之阿良邏頭沙喙
③ 音乃古大舍奴含道使沙喙合親大舍營沽道使沙
④ 喙夫△仪知大舍郡上村主阿良村今知撰干柒吐
⑤ △△知尒利上干匠尺阿良村末丁次干奴含村次
⑥ △△礼干文尺亻文知阿尺城使上阿良沒柰生上
⑦ 干△尺阿北ナ次干文尺竹生次一伐面捉上珎印
⑧ △門捉上知礼次深捉上首尒次小石捉上辱亍次
⑨ □□受十一步三尺八寸

남산신성비 1비의 문장은 크게 세 단락으로 나뉜다. 물론 후술하듯이 이는

9 이하의 釋文은 韓國古代社會硏究所編, 앞의 책을 기본으로 하면서 문화재청 홈페이지의 금석문 자료와 朴方龍, 「新羅 都城 硏究」, 동아대박사학위논문, 1997의 판독문을 참고하였다.

1비에만 국한하지 않고 전체에 걸쳐 통용되는 사실이다. 첫째 단락은(이하에서 사용하는 A는 이를 지칭) 첫머리의 신해년(辛亥年)에서 ②행의 14자인 지(之)까지이다. 여기에는 남산신성의 축조와 관련된 제반 핵심 사항이 함축적으로 표현되어 있다. 이를테면 축성을 위해 설정한 어떤 기준 시점이 신해년 2월 26일이라는 점, 축성 대상의 정식 명칭이 남산신성(南山新城)이라는 사실, 성이 완성된 뒤 3년 이내에 붕괴된다면 처벌을 받는다는 사실을 맹세하게 한 점 등이 주된 내용을 이룬다. 신해년에 대해서는 이미 앞서 언급하였으므로 되풀이하지 않겠다. 명칭 속에 내재된 의미에 대해서는 뒤에서 다시 구체적으로 검토해 보기로 하겠다. 여기서는 2월 26일이 갖는 의미를 대상으로 약간 깊숙이 다루어 보고자 한다.

이 2월 26일이 어떠한 날인가를 놓고 전혀 다른 견해가 제기되어 있다. 이를 남산신성의 착공일(着工日)로 간주하는 입장이 있는가 하면 그렇지 않고 준공일(竣工日)이라 주장하는 견해도 있다. 비문에는 그 점이 선명히 명시되지 않아 자체만으로는 어느 쪽이 정당한지 선뜻 판단이 서지 않는다. 이 점을 잠시 젖혀 두고 먼저 비문 자체에 보이는 '남산신성작절(南山新城作節)'이란 구절을 해명의 주요 실마리로 주목해 볼 필요가 있을 듯하다. 이를 '남산신성을 만들었을 때'로 풀이하면 당연히 그 날은 준공일이 되겠다. 그러나 이런 풀이는 뒤이어지는 문장과 연결하면 문맥상 좀 어색하다는 느낌을 떨치기 어렵다. 바로 뒤의 문장은 법(法)과 같이(이는 '법과 같이 쌓는다'는 뜻은 아니다. 그렇게 보면 율령에 쌓는 방법에 대한 篇目이 있는 셈이 되기 때문이다[10]) 축성 후 3년 사이에 무너지면 처벌하겠다는 뜻이다. 축성 작업을 모두 완료한 뒤 그런 맹세를 하게 하였다는 것은 별로 큰 의미가 없다. 왜냐하면 법에 따라 맹세를 하도록 유도한 것은 겉으로는 어디까지나 남산신성을 책임지고 굳건하게 만들도록 촉구하기 위한 데에 있기 때문이다. 그런 측면에서 맹세한 내용의 법적 효력이 유효한 기간은

10 朱甫暾, 「南山新城의 축조와 南山新城碑 제9비」 『금석문과 신라사』, 지식산업사, 2002, p.262.

비록 완공 후 3년이지만 2월 26일을 굳이 준공의 시점으로 단정할 필요가 없다. 따라서 위의 구절은 일단 '남산신성을 만들 때'로 풀이해 축성을 제대로 잘 하기 위해서 처음 맹세한 날로 인식하는 정도가[11] 적절할 듯하다.

그러나 그렇다고 그 자체가 곧바로 착공일임을 보장하여 주는 것은 아니다. 그렇게 보면 이 날이 모든 비문에 공통적으로 들어있어 그 아래에 열거된 인명들 모두가 다 함께 현장에 참석한 것으로 보아야하기 때문이다. 이는 현실적으로 불가능한 일로 보인다. 551년에 세워진 명활산성작성비(明活山城作城碑)의 사례로 미루어 짐작하면[12] 남산신성의 축조도 집단이 번갈아 가면서 축성에 참여한 것으로[13] 보이기 때문이다. 따라서 2월 26일은 축성을 위한 기초적 준비 작업을 진행하는 과정에서 설정된 특정한 날로서 내용상 착공일에 가까운 어느 시점으로 간주함이 온당할 듯하다. 물론 거기에는 당연히 축성 작업을 실제로 시작한 날도 포함될 수 있다. 아마 착공하기 위해 제반 기본적 준비 과정을 거쳤을 터이고 그것이 최종적으로 완료된 날이었을 것으로 보인다. 따라서 이 날을 비문이 작성되거나 혹은 세워진 특정한 날로 간주하는 것은 그리 적절한 편이 못된다. 이 날은 어디까지나 제대로 된 남산신성의 축성을 하겠다고 맹세한 날이기 때문이다. 그렇게 보면 2월 26을 준공일과도 일단 구별해 이해함이 좋을 것 같다. 그런 측면에서 앞서 본 『삼국사기』에서 남산신성이 완공된 날을 같은 해 7월로 잡은 사실을 주목해 볼 필요가 있다. 길게 잡아 축성은 2월 26일 시작하여 7월의 어느 날에 완공한 셈이 된다. 소요된 시일이 지나치게 짧다는 느낌이 들지만 기록을 그대로 따라 가면 일단 그렇게 간주할 수밖에 없다.

이처럼 보면 비를 세운 시점이 문제가 된다. 후술하듯이 같은 성격의 비가 200여개 세워졌다고 할 때 그것이 한꺼번에 행해진 일인가 아니면 시점을 달

11 河日植, 「6세기 말 신라의 역역 동원 체제」 『역사와 현실』10, 1993, p.205.

12 朱甫暾, 「明活山城作城碑의 力役動員體制와 村落」 『금석문과 신라사』, 지식산업사, 2002 참조.

13 河日植, 앞의 논문, p.216.

리 하였을까가 문제가 될 터이기 때문이다. 이를 착공일이나 혹은 준공일로 본다면 2월 26일보다 약간 지난 시점에 일시에 비를 세웠다고 보아야 한다. 그러나 그것이 비를 세운 시점과는 전혀 별개로 단지 맹세한 날이라고 한다면 비를 세운 시점에 대한 해석은 저절로 달라질 수밖에 없다. 비는 일시에 세워진 것이 아니라 하나의 분단(分團)이 담당한 작업 구간을 끝낼 때마다 세웠을 가능성이 높은 점 때문이다. 남산신성의 축조에는 전국적 규모로 차출된 특징을 보이는데 이들이 착공일부터 완공일까지 일시에 모두 함께 참여했을 리 만무하다. 따라서 당해 분단에서 주어진 담당 구간의 작업을 완료한 뒤 그때마다 참석자(책임자)의 이름을 새긴 비문을 작성하였다고 봄이 옳을 듯하다. 후술하듯이 비문 구조가 각기 크게는 별반 차이가 나지 않는 엇비슷하지만 규모나 재질 등에서 약간 차이를 보이는 것도 바로 그 때문이라 하겠다. 그런 측면에서 이미 예측되어 온대로 장차 200여 개가 더 발견된다면 전부를 유형에 따라 몇 개의 그룹으로 나눌 수 있을 터이다. 후술하듯이 이 점은 현재까지 알려진 비문만으로도 충분히 추정 가능한 사실이다.

요컨대 남산신성의 착공을 시작하기 직전 절차의 하나로서 2월 26일 어떤 모임이 있었고 이때 법에 따라 축성을 제대로 성실히 해내겠다는 맹세를 하였다. 이후 일정 거리를 책임진 분단이 주어진 작업 구간을 완료하고 난 뒤 각각 분단별로 비문을 작성한 것으로 보인다. 따라서 맹세한 날은 동일하지만 비가 작성되고 세워진 날은 각기 달랐을 것으로 추정된다. 아마도 전체 작업이 모두 이루어진 7월의 어느 날은 완공일로서 이때 그를 기념하는 큰 규모의 비는 따로 세워졌을 가능성이 크다고 여겨진다. 어쩌면 사료 (가)의 기사는 이에 근거하였을지 모르겠다.

다음의 둘째 단락은(이하는 B로 지칭) ②행 15자부터 ⑨행의 3자[受]까지이다. 여기에는 인명이 열거되어 있다. 그런데 이 단락은 지금까지의 분석에 의하는 한 크게 두 부분으로 나누는 것이 합리적일 듯하다. 전반부는(B-1) ②행 15자의 아량나두(阿良邏頭) 이하 ④행 7자에 이르기까지 3인의 지방관을 열거한 부분이다. 이들은 중앙에서 당해 지역에 파견되어 상주하던 지방관이었다. 지방관은 ④행 8자 이하에 보이는 지방 유력자들과는 수행한 역할이 달랐을 터이므로 당연히 이들과 구분하여 접근해야 마땅하다. 그에 대해서는 뒤에서 다시 언급하기로 하겠다. 다만 이들이 파견된 지역은 아량(阿良), 노함(奴含), 영고(營沽) 등으로 경남 함안(咸安)을 중심으로 한 일대로 추정되고[14] 있다. 아량을 아량촌(阿良村)이라 한 것으로 미루어 이들 지명의 말미에 각각 촌(村)이 생략되었을 것으로 짐작된다. 아래의 '군중상인(郡中上人)'이란 표현으로 미루어 아마 이들 몇 개의 지역이 모여 하나의 군(郡)이란 행정단위를 이루었음이 확실하다. 후반부(B-2)는 지방민들의 인명이 열거된 부분이다. 이들은 세부적으로 들여다보면 역할이 뚜렷하게 나뉘어 분담되었으므로 다시 몇 개의 소부분으로 분류가 가능하다. 세부 사항에 대해서는 뒤에 장을 달리하여 역역동원체제를 다루면서 언급하기로 하겠다. 역역동원의 직접적 책임을 진 것은 ⑥행 12자 성사상(城使上) 이하에 열거된 지방민의 출신지인 아량촌이다. 아량촌 출신자들이 주어진 이른바 수작거리를 직접 맡아 책임을 졌다. 그 점에서 앞서 열거된 사람들과는 같은 지방민이라 하여도 뚜렷이 구별된다.

마지막 단락은(이하에서는 C라고 함) ⑨행 4자인 수(受)부터 끝까지이다. 여기에는 전체 축성해야 할 대상 가운데 아량촌이 직접 분담한 거리로서 11보(步) 3척(尺) 8촌(寸)임이 드러나 있다. 가장 하위의 길이 단위인 촌까지 나타낸 것은 매우 치밀한 설계와 계획 아래 남산신성의 축성이 이루어졌음을 시사한다. 이는 주어진 축성거리에 대한 작업이 모두 끝난 뒤에나 비로소 측정 가능한 일로 여겨진다. 앞서 언급하였듯이 비문의 작성이 바로 그 시점이었음을 보완하여 주는 사항이다. 약간의 논란은 있지만 당시 1보는 대체로 6척으로서 길이 단위가 어떠하였는지를 짐작케 한다. '준다'는 뜻이 아니라 '받는다'는 의미인 '수

14 秦弘燮, 「南山新城碑의 綜合的 考察」『歷史學報』26, 1965 ; 『三國時代의 美術文化』, 同化出版公社, 1978 참조.

(受)'란 단어를 사용한 것으로 미루어 그 주체는 바로 앞의 집단임을 알 수 있다.

요컨대 1비는 오늘날 함안의 중심지로 비정되는 아량촌이 일정한 작업 구간을 할당받아 직접 축성하였음을 보여 준다. 여타의 비도 그를 기준으로 검토하면 비슷하다고 짐작할 수 있을 듯하다. 남산신성비의 전체 길이는 대략 2,850보라 한다. 이를 평균 축성거리를 기준으로 나눈다면 작업을 위한 분단이 대략 200여개나 동원되었을 것으로 추정되는 것이다.[15] 장차 남산신성비가 그만큼 발견되리라 예측되는 것도 바로 이에 근거한 것이다. 이는 왕경과 지방을 모두 합친 단위인 리(里)나 행정성촌(行政城村)이 바로 그와 같은 수치였음을 의미한다. 6세기 말 지방의 한 실태를 보여준다는 의미에서 주목되는 사실이다.

㉡ 제2비

2비는 어느 시점에 상하의 두 쪽으로 나뉘어졌던 것 같다. 하단부는 1956년 서남산(西南山)의 전일성왕릉(傳逸聖王陵) 부근에서, 상단부는 1960년 비슷한 장소에서 각각 시차를 달리하면서 발견되었다. 대체로 제1비와 비슷하지만 몇몇 부분에서 약간의 차이를 보인다. 전문을 소개하면 다음과 같다.

阿大兮村

① 辛亥年二月廿六日南山新城作節如法以淺三
② 年崩破者罪教事爲聞教令誓事之阿且兮村
③ 道使沙喙勿生次小舍仇利城道使沙喙級知小舍
④ 荅大支村道使牟喙所叱孔知吞郡中上人沙
⑤ 刀城平西利之貴干久利城首佽利之撰干匠
⑥ 尺沙戸城可沙里知上干文尺美叱△之一伐阿大
⑦ 兮村作上人所平之上干𠀋尺可尸△之一伐文尺

15 秦弘燮, 위의 논문.

⑧ 㝵毛亻之一尺面石捉人仁尒之一伐回石捉人

⑨ 首叱兮之一尺豖石捉人乙安尒之彼日小石捉人

⑩ 丁利之彼日受作七步四尺

2비의 전체 문단은 1비와 거의 비슷하다. 그래서 2비가 발견된 이후 오래도록 비문의 이런 구조가 남산신성비의 전형(典型)이라 여기게 되었다. 일견 정당한 이해로 보인다. 그래서 2비도 비문의 전면에 마치 제목처럼 의도적으로 먼저 내세운 아대혜촌(阿大兮村)을 잠시 제쳐두면 크게 세 단락으로 나눌 수 있다. 첫째 단락은 제②행 14자까지이고, 둘째 단락은 ⑩행 5자까지이며, 이하는 자연히 셋째 단락으로 분류된다.

2비를 제1비와 비교하면 구조상 몇 가지 특징적 사항이 지적된다. 우선 첫머리에 아대혜촌이라는 촌명을 먼저 내세운 점이다. 이는 지금까지 알려진 다른 남산신성비에서는 확인되지 않는 오직 2비만이 갖는 특징이다. 1비의 문단과 비교하여 보면 2비는 아대혜촌이 일정한 구간의 축성을 책임졌음이 확실하다. 그래서 이를 첫머리에 의도적으로 내세웠던 것이다. 이런 방식으로 작성된 다른 비가 장차 발견될 가능성이 없지 않다.

그 다음은 ①행의 서사(誓事) 부분 가운데 1비에서는 '여법이작후(如法以作後)'라 하였으나 여기서는 '작(作)'이 쓰이지 않은 점이다. 이는 다른 비문의 사례로 미루어 의도적 행위라기보다는 아마 작성 과정에서 빚어낸 실수로 빠트렸다고 봄이 적절할 것 같다. 비문 작성상의 실착은 간혹 다른 비문에서도[16] 확인된다.

셋째, 아차혜촌도사(阿且兮村道使)나 구리성도사(仇利城道使)처럼 지방관명의 앞에 붙은 지명에 성(城)이나 촌(村)을 명시한 점이다. 1비에서는 이들을 의도적

16 이를테면 561년의 昌寧碑 16행에는 沙尺干이라고 해야 할 것을 잘못하여 干을 빠트렸다가 옆에다 보완한 사례도 있다.

으로 빼고서 붙이지 않았다. 따라서 1비의 아량, 노함 등도 모두 촌이나 성임을 유추할 수 있다. 이는 찬문자(撰文者)의 필법에 의한 결과이다. 넷째, 동일한 지명이라도 표기상 조금씩 차이가 난다는 점이다. 가령 아대혜촌을 아차혜촌(阿且兮村), 구리성(仇利城)을 구리성(久利城), 사도성(沙刀城)을 사호성(沙戶城)이라 하였다. 이는 문장 작성자의 부주의함에 의한 것일 수 있고 아니면 당시 서법상의 특성에서 비롯한 것일 수도 있다. 후자라면 어쩌면 대(大)와 차(且), 도(刀)와 호(戶)가 오늘날과 달리 동일한 발음임을 보여주는 귀중한 사례라 여겨진다.

그밖에 지방민이 소지한 직명(職名, 또는 役名)의 표기방식에서도 약간씩의 차이를 보인다. 가령 1비에서 성사상(城使上)이라 한 것을 2비에서는 작상인(作上人)이라 한 점, 전자에서는 인(人)을 사용하지 않은 것을 후자에서는 인(人)을 반드시 붙여서 드러내려 한 점 등은 표현 방식상의 차이를 뚜렷이 나타낸 대목이다. 장척(匠尺)과 함께 공척(工尺)이란 용어를 동시에 쓴 것도 그런 사정을 이해하는 데 참고가 된다. 이는 문장 작성이나 용어상에 보이는 지역성에서 비롯한 것인지 아니면 단순한 실수 때문에 의한 것인지 좀 더 검토해 보아야 할 대상이다.

아대혜촌, 답대지촌 등 2비에 보이는 지명은 대체로 충북 옥천(沃川)과 경북 상주(尙州)의 서부 지역 일대로 비정되고 있다.[17] 이들은 모두 하나의 군(郡)을 이룬 하위 단위의 행정성촌으로 여겨진다. 셋째 단락에 보이는 수작(受作) 거리는 7보 5척으로서 이를 직접 담당한 것은 전면에 내세워진 아대혜촌이다. 이는 ⑥행 19자 이하 아대혜촌 출신의 지방민 이름이 열거된 비문의 구조상에서도 뒷받침된다. 1비의 아량촌이 담당한 거리보다는 약간 짧다. 양자의 차이에 대해서 단순히 축성 지역의 난이도(難易度)에 의한 것으로 보는 견해도 있으나[18] 인구(人口)나 경제력(經濟力) 등 행정성촌의 세(勢)의 차이에 따른 적절한 배분 때문일 수도 있다. 한편 왕경으로부터 이들 지역까지 떨어진 거리상의 원

17 秦弘燮, 앞의 논문.

18 秦弘燮, 위의 논문.

근(遠近) 등이 참작되었음직도 하다. 아마 여러 가지 사정을 고려해 종합적으로 판단함이 타당할 듯하다.

Ⓒ 제3비

3비는 1960년 경주시 배반동(排盤洞)의 사천왕사(四天王寺) 부근에서 발견되었다. 1비나 2비와는 달리 동남산(東南山) 방면이다. 다른 남산신성비에 비해 크기가 약간 작다. 그래서 그런지 행(行)을 비롯한 전체 글자의 수도 상대적으로 적은 편이다. 마모된 부분도 여기저기에 보인다. 비문의 전문을 들면 다음과 같다.

① 辛亥年二月卄六日南山新城作節如法以作
② 後三年崩破者罪教事爲聞教令誓事之喙
③ 部主刀里受作卄一步一寸部監△△△次大舍
④ 仇生次大舍文尺仇△△小舍里作上人只冬大舍△文知
⑤ 小舍文尺久匠臺面石捉上人△△△△△△△△
⑥ 大烏△石捉人△下次大烏小石捉上人△△小烏

3비도 앞서 소개한 두 비와 비교하면 행(行)이나 전체 글자 수가 크게 적지만 기본적 구조는 동일하다. 그러나 몇 가지 점에서는 차이가 나는 특징적인 면모를 보인다.

첫째, 크게 세 문단으로 이루어졌지만 세부 순서가 다르다는 점이다. 3비에서는 수작거리를 나타낸 부분이 인명을 열거한 부분의 뒤가 아니라 오히려 앞에 위치해 있다. 배치된 순서가 뒤바뀐 것이다. 이는 1비와 2비를 전형적인 문단 구성이라 한다면 3비는 그런 전형에서 약간 벗어나 있다. 아마 이런 형식이 꼭 3비에만 국한된 방식은 아닐 터이다. 그와 같은 양식으로 작성된 또 다른 비문들의 존재를 예상케 한다. 혹여 이런 양식이 전형적일지도 모른다. 그것은 잠시 뒤 소개할 9비의 경우가 그와 같은 양식으로 작성되어 있기 때문이다.

둘째, 축성을 책임진 집단의 소속을 수작 거리 바로 앞에 명시적으로 드러낸 사실이다. 이를테면 '탁부주도리(喙部主刀里)'라 하여 탁부 소속의 주도리가 이를 분담하였음을 구체적으로 적시(摘示)하였다. 이는 인명을 열거한 다음에 쓰지 않고 앞서 내세움으로써 취해진 데서 온 부득이한 방식이었던 듯하다. 2비에 아대혜촌을 내세운 것과 약간 비슷한 측면이 엿보이나 또 다른 방식이었다고 하겠다.

셋째, 직접 축성을 담당한 주체가 지방민이 아니라 왕경인(王京人)이라는 점이다. 다른 비들이 전부 지방민을 대상으로 역역동원을 한 점과 대조를 이룬다. 남산신성의 축조가 지방민에 국한되지 않고 왕경인까지도 포함한 전국적인 역역동원에 의하였음을 보여 주는 대목이다. 지방에서는 행정성촌, 왕경에서는 리(里)가 인력동원의 기초 단위였다.

넷째, 주도리가 수작한 거리는 21보 1촌으로 지금까지 알려진 남산신성비문 가운데 가장 길다. 앞서 언급하였듯이 지형의 난이도에 의한 할당으로 볼 여지도 있지만, 그보다는 왕경의 경우 축성 현장까지 왕복에 소요되는 기간이 상대적으로 짧고 또 인구나 경제력 등에서도 월등한 사실에 기인한 것일 수도 있으므로 유의해 보아야 할 대목이다.

다섯째, 4행의 가운데 '리작상인(里作上人)'이라 한 표현이다. 이때의 '리(里)'란 바로 앞에 나온 주도리(主刀里)를 지칭할 터이다. 그 아래의 역명(役名)에도 전부 인(人)을 붙였는데 이 점은 2비와 비슷한 면모이다. 제2비에서는 이 부분이 '촌작상인(村作上人)'으로 되어 있는데 이 촌(村)은 바로 아대혜촌일 것은 의심의 여지가 없다. 그에 견주어 1비에서는 아량촌이 분담을 책임졌음에도 '촌사상(村使上)'이라 하지 않고 '성사상(城使上)'이라 표현하였다. 어쩌면 이 '성(城)'은 아량촌이 아니라 남산신성을 가리킬 가능성이 크다. '촌작상인(村作上人)'의 '작(作)' 대신 '사(使)'를 사용한 것과도 맥락을 같이 한다. 직접 축성 거리를 담당한 역명에서는 지역적 차이를 현저히 보이는 것이다. 이는 분담 단위의 자율적 판단에 맡겨진 부분이 아닌가 싶다. 그것은 여하튼 이들 비문을 작성한 것은 중앙에서는 부(部)가 아니라 리(里)를 단위로, 지방에서는 군(郡)이 아니라 행정성촌을 단위로 하였음을 시사해 주는 대목이다.

㉣ 제4비

4비는 1960년 2비의 상단부와 함께 같은 지점에서 발견되었다. 이는 여러 남산신성비가 비슷한 곳에 함께 있다가 같은 용도와 목적에서 바깥으로 옮겨졌음을 시사해 주는 대목이다. 비는 깨어져 동강이 나 상단부는 없어졌으며 하단부만 남아 있다. 현재 확인되는 것은 10행 57자 정도이다.

① 節如法以

② 聞敎令誓事

③ 邏頭沙喙弩

④ 貝太舍一善支

⑤ 古生村珎

⑥ 利上干匠尺

⑦ 古一伐古生城上

⑧ 只一尺書尺夫

⑨ 次[illegible][illegible]石捉上人

⑩ △次[illegible]小石捉上人

4비는 상단부가 없어져버려 전모를 잘 파악할 수가 없다. 첫째 단락의 서사(誓事) 부분을 기준으로 잠시 전체 글자의 수를 헤아려 보면 대략 4분의 1정도만 남아 있는 것으로 추정된다. 현재는 10행으로 구성되어 있으나 ⑩행의 마지막 부분이 역명으로 끝나므로 그 사람의 이름과 관등만을 고려하더라도 적어도 한 행이 더 있었을 것임은 확실시된다. 따라서 전체는 2비처럼 11행으로 구성되었을 가능성이 크다. 전체 문단 구성도 그와 비슷하였을 것으로 짐작된다. 비문에는 수작 거리가 보이지 않으나 떨어져 나간 마지막 행의 위쪽에 있었으리라 추정된다.

4비는 완전한 상태가 아니므로 분명히 잘라 말하기는 어려우나 1비와 2비에 견주어 현존하는 비편만으로도 몇 가지 특징적 면모를 지적해 낼 수 있다. 먼저 축성을 직접 담당한 집단은 고생촌(古生村)이었다는 사실이다. 그것은 ⑤행에 고생촌이란 촌명이 보이는데 다시 ⑦행에 고생(古生)이란 지명이 다시 나타나는 점에서 그러하다. 후술하듯이 앞부분의 고생촌은 군(郡) 단위의 일을 담당한 고생촌 출신자를 나타낸 것이며 뒷부분은 그 이하의 인명이 모두 고생촌 출신자라는 사실을 드러내어 보인 것이다. 그런데 1비에서는 앞부분의 아랑에서는 촌이란 단어를 생략하고 오히려 뒷부분에서 촌을 명시하였으나 여기서는 그와는 반대의 모습이다. ⑦행의 고생을 바로 뒤의 성과 연결하여 고생성(古生城)으로 읽어 성과 촌의 관계를 나름대로 해석하려는 견해도[19] 있지만 1비에 비추어 보면 이때의 성은 차라리 뒤에 이어지는 역명이 시작하는 부분으로 봄이 올바르다. 그것은 여하튼 이 비는 고생촌이 축성 구간을 책임졌음을 보여 준다. 고생의 현재 지명은 잘 알 수가 없다. 다만 그 자체가 오늘날의 경남 고성(固城)과 비슷하여 이 지역으로 보는 견해, 4행에 보이는 일선지(一善支)를 근거로 경북 선산(善山) 일대로 보는 견해 등으로 나뉘어져 있어 확정적이지 않다.

둘째, 역명에 인(人)을 빠트리지 않고 꼬박 넣은 점은 1비와 다르며 2비와 비슷한 면모이다. 이는 이 비문 작성자의 취향을 읽을 수 있게 하는 대목이다. 셋째, 문장의 작성자로 보이는 서척(書尺)을 각별히 이처럼 표현한 점이다. 1, 2, 3비는 모두 서척이 아닌 문척(文尺)이라 표기하였다. 이는 4비만이 지닌 독특한 면모이다. 그밖에 뒷부분에 기재된 역명들도 앞서의 것들과는 약간씩 차이가 나는 용어가 사용되고 있다.

19 濱田耕策, 「新羅の城·村社會と州郡制の施行」『朝鮮學報』84, 1978.

ⓜ 제5비

5비는 1972년 경주시 사정동(沙正洞)에서 철거하기로 예정된 옛 집터에 쌓아 둔 돌무더기 가운데에서 출토되었다. 완전하지 못하며 상단부 우측 일부만 남아 있다. 참고로 제시하면 다음과 같다.

① 辛亥

② 崩破者罪教事爲聞△

③ 道使△△喙部古支大舍

④ 向村△△上干同村

⑤ 一尺城作上人加

⑥ 文尺一利△

⑦ 另△

신해와 함께 서사(誓事) 부분이 보이므로 현재 남아 있는 비면이 원비의 상단부임을 알 수 있다. 현존하는 ①행과 ②행의 잔존 양태로 미루어 짐작하면 대체로 한 행은 21자씩으로 구성된 것으로 보인다. 지금까지 발견된 남산신성비 가운데 한 행의 글자 수가 가장 많은 사례에 속한다. 촌명(村名)과 함께 ③의 첫머리에 도사란 지방관명이 보이는 것으로 미루어 지방민에 의하여 작성된 비문임이 확실시된다. 앞 인명의 출신 촌명과 뒤의 촌명이 동일한 경우 '동촌(同村)'이란 방식을 나타낸 것이 특징적이다.

ⓑ 제6비와 제8비

6비는 1974년 경주박물관에서 수습한 것으로서 과정은 불확실하다. 현재 세 행, 아홉 글자만 남아 있고 그 가운데에는 남산신성비로 추정할 만한 결정적 근거가 찾아지지 않는다. 8비는 남산신성의 북문지(北門址)로 추정되는 부근에서 출토되었다고 한다. 겨우 1행 두 자에 불과한 비편이지만 일단 성내(城內)

에서 발견되었다는 점에서 일정한 의미가 있다. 단정적으로 말하기는 어렵지만 발견 지점으로 미루어 남산신성비의 하나로 간주해도 무방할 것 같다. 참고로 현존하는 두 비문을 제시하면 다음과 같다.

제6비	제8비
①工尺同村△	①奈日
②尺豆婁兮	
③△豆	

ⓢ 제7비

7비는 1985년 남산신성의 내부 남쪽 성벽 가까운 곳에서 수습되었다. 발견 지점과 함께 공통적으로 보이는 서사(誓事)로 미루어 남산신성비의 하나임은 의심의 여지가 없다. 그런데 현존하는 ①행과 ②행에 대해 온전한 서사를 염두에 놓고 보면 한 행은 대략 13자씩으로 구성되었음이 분명하다. 이 점을 근거로 하면 몇 가지 추정이 가능하다. 만일 1비나 2비와 같은 유형이라면 가장 많은 행으로 이루어진 셈이 된다. 적어도 11행 이상이 되는 것이다. 그렇지 않고 행의 수가 비슷하게 10행 내외라면 3비와 같이 왕경인을 대상으로 한 역역동원일 수도 있겠다. ④행의 '사(舍)'가 관등인 대사(大舍)나 소사(小舍)일 가능성이 큼은 그를 방증한다. 만일 지방민을 대상으로 한 역역동원이라고 한다면 9비와 같은 구조로서 지방관이 보이지 않는 형식의 비문일 가능성도 전적으로 배제할 수는 없다.[20]

20 다만 ④행의 舍는 관등인 大舍와 小舍의 부분일 가능성이 높으므로 지방민 중심의 동원이라면 지방관이 파견되지 않았을 가능성은 낮다.

① 辛亥年二月卄六日

② 如法以作後三年

③ 　　　誓事之

④ 　　　 舍

◎ 제9비

9비는 1994년 남산신성 내에서 발견 보고되었다. 이 비는 완형의 비이면서 성내(城內)에서 발견되었다는 점에서 일단의 의의가 찾아진다. 그동안 원래의 모습 그대로를 간직하고서 남산신성의 내부에서 발견된 첫 사례이기 때문이다. 게다가 기왕에 내용 전부가 알려진 다른 비문의 구조와 크게 차이가 나서 주목받을 만한 측면이 엿보인다. 이로써 그동안 알려진 비문을 토대로 세워놓은 고정된 틀을 부분적이나마 수정하지 않을 수 없게 되었다. 어쩌면 이는 남산신성비 자체에 대한 우리의 이해도를 한 단계 높이는 데 일정 부분 기여한 것으로 평가된다. 말하자면 신라사에 대한 새로운 지견(知見)을 적지 않게 가질 수 있게 되었음을 의미하는 것이기도 하다. 그 전문을 소개하면 다음과 같다.[21]

① 辛亥年二月卄六日南山新城作節如

② 法以作後三年崩破者罪教事爲聞教

③ 令誓事之伋伐郡中伊同城徒受六步

④ 郡上人△安知撰干生伐△文上干匠

⑤ 尺同村内丁上干△谷村△利支文尺

⑥ △伐只次△伇城促上人伊同村毋尸兮

⑦ 上干工尺△大次村入夫△伇文尺伊同

21　제9비의 판독은 필자가 나름으로 작성해 본 것이지만 논자에 따라 異見이 있을 수 있겠다. 그에 대해서는 朱甫暾, 앞의 논문 참조.

⑧ 村△次兮阿尺△促伯干支村支刀尺面

⑨ 捉同村西△阿尺△捉人伊同村△△岩[illegible]

⑩ △△△△△△△

비문은 전체 10행으로 이루어져 있다. 매행(每行)의 글자 수는 대략 15자가 기준으로 된 듯하며 그를 넘어 16자 혹은 17자도 있으나 이는 단지 사용된 글자의 모양으로부터 비롯된 차이일 따름이다. 대체로 일정하게 규격화된 인상이 짙다. 앞서 본 것처럼 완형의 1비, 2비, 3비는 모두 20자 내외이다. 위에서 언급하였듯이 9비의 매행 글자 수가 다른 비와 비교하여 적은 것은 어쩌면 7비와 비문의 구조가 비슷한 데에서 기인한 듯하다.

9비도 비문이 세 단락으로 구성된 점에서는 다른 비와 차이가 나지 않는다. 그러나 구체적으로 들여다보면 9비는 그들과 크게 다른 몇 가지 독특한 특징적인 면을 가졌음이 확인된다. 첫째, 수작 거리가 9비에서는 둘째 단락에 기재된 점이다. 이는 지방민을 대상으로 한 1비나 2비가 말미에 수작 거리를 나타낸 것과는 뚜렷이 대조되는 사실이다. 수작 거리가 반드시 비문의 말미에 와야 한다는 원칙은 세워지지 않았던 것이다. 달리 말하면 문단을 세 단락으로 구분 짓는 것은 하나의 정해진 원칙이었지만 그 가운데 수작 거리를 나타낸 단락이 어디에 위치하는가는 전혀 상관이 없었던 것이다. 다만, 서사(誓事) 부분은 반드시라고 하여도 좋을 정도로 첫머리에 내세워지는 것만은 어떤 경우라도 변함없는 하나의 대원칙이었다. 이는 서사를 매우 중시하였음을 나타내어 준다.

둘째, 수작 거리가 두 번째 단락에 위치하는 점은 3비와 유사하면서 동시에 거기에 역역을 직접 담당한 이동성(伊同城)이란 구체적 지명도 함께 나타낸 사실이다. 이는 9비가 3비의 체제와 같음을 시사하는 대목이다. 1비와 2비는 수작거리를 나타내면서 주체를 드러내지는 않았다. 그러나 9비는 '급벌군중이동성도수육보(伋伐郡中伊同城徒受六步)'라 하여 역역동원되어 축성을 직접 담당한 분단을 이동성(伊同城)이라 구체적으로 적시하였다. 이는 '탁부주도리'라고 소속 부명과 그 하위의 이명(里名)을 동시에 밝힌 것과 지극히 유사한 서술 방식이다. 사실 군(郡)의 아래에 행정성촌이 소속으로 배치되어 있었음을 보여 주는 구체적인 실례이다. 기왕에는 선험적으로 그렇게 유추하여 왔을 뿐이지만 9비는 그 실상을 예증(例證)해 주었다.

셋째, 그러면서 3비와는 다르게 '도(徒)'라는 표현을 사용한 점이다. 이 '도'가 여기에서 글자 그대로 무리란 뜻을 내재하고 있음은 의심의 여지가 없지만 구체적인 실상은 셋째 단락에 보인다. 이 '도'가 남산신성을 위한 역역을 책임진 분단인 이동성을 구성한 여러 자연촌(自然村)을 총체적으로 지칭함은[22] 재론의 여지가 없겠다.

넷째, 수작 거리가 매우 짧다는 점이다. 지금까지 알려진 것 가운데 9비의 담당 거리가 가장 짧다. 이들에게 부과된 6보는 어쩌면 책임진 구간으로서는 최소 단위가 아닌가 여겨질 정도이다. 물론 2비의 경우에도 7보4척으로서 그리 많다고는 할 수가 없지만 9비보다 14척이나 많은 것은 부정할 수 없는 사실이다. 아마도 수작 거리는 단순히 지형상의 난이도보다도 현실의 (성)촌세(村勢)와 함께 왕경으로부터 떨어진 거리 등이 참작되었을 듯하다. 그렇게 보면 이동성은 거리도 멀고 또 (성)촌세 자체가 상대적으로 미약하여 배당된 수작거리가 가장 짧았다고 여겨진다.

다섯째, 지방관이 보이지 않는다는 사실이다. 1비나 2비를 비롯하여 4비, 5비에는 지방관명이 보인다. 그런데 그에 견주어 9비에는 지방관이 보이지 않는다는 점이 특징적이다. 이에 대해 원래부터 지방관이 파견되지 않았다고 보는 견해와[23] 지방관이 파견되었으나 표기방식 때문에 기재되지 않았다고 보는 견해로[24] 크게 엇갈린다. 이 지역에 상위의 군(郡)이 설정되어 있고 또 행정성

22 徒에 대한 논의는 朱甫暾, 「6세기 新羅 金石文에 보이는 力役動員」 『두레노동과 소리문화』, 에드파워, 2004, pp.20~25 참조.

23 姜鳳龍, 「新羅 地方統治體制硏究」, 서울대박사학위논문, 1994, pp.79~82.

24 朴方龍, 앞의 논문, pp.13~15.

촌으로 편재된 이상 지방관이 파견되지 않았다고 단정하는 것은 지나친 비약으로 여겨진다.[25] 이 지역이 신라에 편입된 것은 이미 오래 전의 일이다. 비문 작성 시점으로부터 적어도 백년 이상 지난 일이다. 물론 이동성 지역에는 595년의 어숙지술간묘(於宿知述干墓)나 대체로 539년으로 추정되는 순흥 읍내리벽화고분(邑內里壁畵古墳)에서 알 수 있듯이 고구려의 오랜 문화적인 영향이 강하게 남아 있었지만 이는 어디까지나 그 잔존 형태일 따름이다. 당시 신라는 그로부터 40년 전에 이미 한강 유역까지도 장악해 영역화시킨 상태였다. 따라서 이 지역을 지방관이 파견되지 않은 예외적인 특별한 곳으로 취급해서는 곤란하다. 지방관이 보이지 않는 이유는 단순히 비문의 표기 방식을 비롯한 내부적 사정에서 찾아져야 할 것으로 여겨진다.

여섯째, 마지막 단락에 보이는 역명 소지자들의 출신지가 낱낱이 기재된 표기 방식이다. 지방민을 동원한 1비, 2비, 4비 등에는 모두 행정성촌만 제시되어 있다. 그에 견주어 9비에서는 인명의 앞에 일일이 출신지명이 표기되어 있다. 그것도 성은 전혀 보이지 않고 오직 촌명만 기재된 것이다. 이들 촌은 이동성의 하위에 촌이 배치되어 있었다는 점을 보여 주는 중요한 사실이다. 이전에 남산신성비에 보이는 촌을 비롯하여 여타 중고기(中古期)의 금석문에 등장하는 촌의 성격을 둘러싸고 견해가 크게 엇갈려 논란이 많았다. 이를 모두가 동일한 성격의 행정성촌으로 간주하는 입장과 촌에는 행정성촌과 함께 자연촌도 촌명을 갖고 병존한다는 입장이 대립되었다. 사실 9비는 후자가 타당하였음을 여실히 입증해 준 명백한 사례였다. 이동성의 아래에는 촌명을 가지고 있기는 하였으나 지방관이 파견되지 못한 여러 자연촌이 배속되어 있었던 것이다. 이런 정황을 다시 결정적으로 증명해 준 것은 최근 경남 함안의 성산산성에서 많이 출토되고 있는 560년 무렵의 목간 자료이다. 여기에도 행정(성)촌의 하위에는 자연촌이 소속하였음을 보여 주는 사례가 적지 않게 확인되었다. 이로써 중

25 朱甫暾, 앞의 논문, p.277.

고기 촌의 성격을 둘러싼 논란은 사실상 종지부(終止符)를 찍게 되었다.[26] 중고기에는 행정성촌과 자연촌이 공존하였던 것이다.

요컨대 9비는 그 전까지 알려진 것과는 여러 가지 측면에서 다른 새로운 내용을 담고 있어 특별히 주목해 볼만한 대상이다. 이는 다른 비문을 좀 더 깊이 이해하는 데에도 적지 않게 도움을 준다. 축성을 직접 담당한 이동성의 상위 행정단위인 급벌군(伋伐郡)은 『삼국사기』 지리지에 보이는 급산군(岌山郡)의 전신인 고구려 급벌산군(及伐山郡)임이 분명하며 오늘날 영주시의 풍기읍 일원이다.[27] 아마도 그에 배속된 이동성도 확실하게는 알 수 없으나 인근으로 비정함이 옳을 듯하다. 9비는 이 지역의 실상을 부분적으로 반영하고 있지만 특히 몇 가지 두드러진 특징은 당시의 역역동원 체제 전반을 생각하는데 크게 참고가 된다.

3. 남산신성비문의 구조와 역역동원체제

앞 장에서 본 것처럼 여러 남산신성비의 문장 구조를 어느 경우라도 크게 세 단락으로 나뉘는 데에는 이론의 여지가 없다. 편의상 첫 단락인 이른바 서사(誓事)를 A, 인명(人名)이 열거된 단락을 B, 수작 거리를 나타낸 단락을 잠정적으로 C라고 명명하고 아래에서 논의를 진행하기로 하겠다.

가장 기본적인 경우를 A-B-C의 차례라고 한다면 앞서 보았듯이 그와는 다르게 A-C-B의 순서로 된 경우도 있다. 그밖의 경우도 충분히 설정할 여지가 있으나 지금까지 확인된 사례는 일단 위의 둘로 정리할 수 있다.[28] 전자에는 1비와 2비가, 후자에 속하는 사례로는 3비와 9비를 손꼽을 수 있다. 양자를 언뜻 대조

26 朱甫暾, 「新羅 中古期 村의 性格」 『慶北史學』23, 2000 참조.

27 朴方龍, 앞의 논문 참조.

28 필자는 과거 세 종류로 분류한 적이 있으나, 여기서는 편의상 크게 두 종류로 분류하는 입장을 취하였다.

하면 약간의 차이점이 발견된다. 전자는 지방관도 함께 열거되는 등 나올 법한 모든 내용을 거의 완전히 갖추고 있는 듯이 여겨진다. 행의 수가 상대적으로 많고 또 전체 글자 수도 대체로 많다고 여겨지는 것은 바로 그 때문이다. 후자의 경우는 그와는 달리 생략한 부분이 있으므로 아무래도 그렇지 못하다고 해야겠다. 특히 왕경인을 대상으로 삼은 3비는 부(部)에 직속한 관직 소지자는 물론이고 역직(役職) 소지자의 수도 전반적으로 적은 편이다. 지방민을 대상으로 한 역역동원인 9비의 경우는 지방관명이 아예 기재되지 않고 있다. 그래서 전자에 비하여 행의 수나 전체 글자의 수가 당연히 적을 수밖에 없는 것이다. 이처럼 분량으로나 생략된 부분이 있다는 측면에서나 전자 쪽을 아무래도 남산신성비문의 전형(典型)이라 잠정 설정하는 것이 옳을 듯하다. 후자는 이런 전형을 기본으로 하면서도 필요에 따라서 약간 축약한 것이므로 변형(變型, 또는 縮約型이라 할 수가 있음)이라 불러두기로 하겠다.

전형과 비교하였을 때 변형의 경우 수작 거리를 일단 중간 단락에 배치함이 또 다른 하나의 원칙이었던 것 같다. 작업해야 할 거리와 함께 분담 집단을 미리 앞에 명시적으로 내세웠다는 사실로 미루어 그 목적은 바로 직전 서사 부분에 대한 직접적인 책임 소재와 연결시키고자 한 데에 있다는 느낌이 든다. 2비의 경우는 전형이면서도 오히려 축성을 실제로 책임진 집단인 아대혜촌을 아예 전면에 내세우는 방식을 취하였다. 이는 그와 같은 책임 인식을 구체적으로 드러내는 또 다른 방식이었다고 하겠다. 이 점은 곧 변형 작성의 의도가 구체적으로 어디에 있었던가를 시사해 주는 대목이다. 따라서 남산신성비문의 세 문단 가운데 역시 가장 중시된 것은 두말할 나위 없이 모든 비문의 첫머리에 공통적으로 기재된 서사 부분이지만 다음으로 중시된 것은 순서상에 따른 B가 아니라 차라리 C이지 않았을까 싶다. 후술하듯이 A와 C가 직결되는 듯이 기록된 것도 그 때문이다. 사실 전형에서도 C가 비록 뒤에 배치되었지만 그와 같은 맥락으로 해석된다. 왜냐하면 B에는 C와 연결되는 부분이 있기 때문이다. 바꾸어 말하면 편의상 B로 통칭되어 있지만 그 말미에는 C와 직결되는 부분이 담겨 있으므로 그와 연결시키기 위해 배치를 그렇게 한 것으로 여겨진다. 이에 대해서는 다시 뒤에서 인명을 열거한 부분(B)에 대해 구체적으로 다루면서 언급하기로 하겠다.

그렇다면 전형과 변형의 두 방식으로 작성되었던 남산신성비는 각기 어떤 비율이었을까. 현재로서는 그를 단정하기가 무척이나 곤란한 실정이다. 비문 작성 때 예시(例示)로 주어졌던 전체적 구도는 같았겠지만 구체적 문장 작성을 실제로 담당한 것은 B집단에 보이는 문척(文尺)이나 서척(書尺)이었을 터이기 때문이다. 이들은 자신의 입장 여하에 따라 전형이나 변형을 선택하였을 법하다. 어쩌면 C를 앞에 배치하는 방식의 의도로 미루어 보면 축약형이 더 많았을지도 모른다. 이는 B집단의 역할을 좀 더 구체적으로 분석하면 드러나는 문제이다. 아래에서는 인명을 열거한 부분에 대해서 기왕에 제기되어 널리 수용되고 있는 하나의 원칙에 바탕하여 필자의 입장을 약간 가미해서 세분하여 정리하면 다음과 같다. 다만 논의의 편의상 완형 상태의 것만을 대상으로 삼는다.

비		직명	출신지	인명	관등
1비	B-a	阿良邏頭	沙喙	音乃古	大舍
		奴含道使	沙喙	合親	大舍
		營沽道使	沙喙	夊 △仪知	大舍
		郡上村主	阿良村	今知	撰干
			柒吐△	△知尒利	上干
		匠尺	阿良村	末丁次	干
			奴含村	次△△礼	干
		文尺		亻文知	阿尺
	B-b	城使上	阿良	沒奈生	上△
		△尺		阿北ナ次	干
		文尺		竹生次	一伐
		面捉上		珎卯△	
		門捉上		知礼次	
		深捉上		首尒次	
		小石捉上		辱于次	

2비	B-a	阿且兮村道使 仇利城道使 荅大支村道使	沙喙 沙喙 亇喙	勿生次 級知 所叱孔知	小舍 小舍 [illegible]
		郡中上人 匠尺 文尺	沙刀城 久利城 沙戸城	平西利之 首伉利之 可沙里知 美叱△之	貴干 撰干 上干 一伐
	B-b	作上人 互尺 文尺	阿大兮村	所平之 可尸△之 淂毛㐌之	上干 一伐 一尺
		面石捉人 回石捉人 夵石捉人 小石捉人		仁尒之 首叱兮之 乙安尒之 丁利之	一伐 一尺 彼日 彼日
3비	B-a	部監 文尺	喙部	△△△次 仇生次 仇△△	大舍 大舍 小舍
	B-b	里作上人 文尺 面石捉上人 □石捉人 小石捉上人	主刀里	只冬 △文知 久匠 △下次 △△	大舍 小舍 壴 大烏 大烏 小烏
9비	B-a	郡上人	生伐	安知 △文	撰干 上干
		匠尺 文尺	同村 △谷村 △伐	内丁 △利支 只次△	上干 一尺 一伐

	B-b	城促上人 工尺 文尺	伊同村 △大次村 伊同村	母尸兮 入夫△ △次兮	上干 一伐 阿尺
		△捉伯 面捉 △捉人 小石捉人	干支村 同村 伊同村 △△△	支刀 西△ △ △△	一尺 阿尺 △ △

문단의 형식을 불문하고 인명을 열거한 부분을 정리하면 크게 두 부분으로 나뉜다.[29] 하나는 큰 행정 단위에 소속한 인명을 열거한 부분이다(B-a). 이 부분은 다시 크게 둘로 나뉜다. 앞의 부분(B-a-1)은 큰 단위의 행정을 맡은 관직 소지자들이다. 이를테면 지방민을 역역동원의 대상으로 삼은 1비와 2비는 나두(邏頭)와 도사(道使) 등 지방관이며, 3비는 6부(部)의 행정을 관장한 부감(部監)이다. 나두와 도사는 행정성촌을 단위로 파견된 지방관이다. 이들이 하나의 집단으로 묶여진 것은 그보다 상위의 행정 단위가 역역동원과 관련되어 있었음을 의미한다. 그것이 곧 군(郡)이겠는데 군중상인(郡中上人), 군상촌주(郡上村主) 등의 존재는 그 점을 뚜렷이 방증하여 주는 사실이다. 이로 보면 지방에서는 역역동원을 책임진 가장 큰 행정단위가 군이었다고 하겠다. 3비처럼 왕경인을 동원한 경우에는 부감(部監)이 2인 보이므로 부가 큰 단위로 기능하였음을 미루어 짐작할 수 있다.

그런데 뒷부분(B-a-2)은 앞부분과는 약간 다르다. 1비와 2비에서는 외위를 소지한 지방민이 기록되어 있기 때문이다. 이들은 여러 행정성촌으로 구성되

29 남산신성비의 인명 분석에 대한 기본적인 틀은 李鍾旭, 「南山新城碑를 통하여 본 新羅의 地方統治體制」 『歷史學報』64, 1974에 제시되어 있다. 아래에서도 그 근간은 수용한다. 다만 나름대로 보완되어야 할 부분도 있다고 판단된다.

어 있다. 따라서 이미 지적되어 왔듯이[30] 이들은 지방민으로서 군의 행정에 관여한 유력자들이었다. 이들은 평소 군을 하나의 큰 단위로 하는 행정 업무를 담당하는 군사(郡司)의 구성원들이었다. 이들은 1비에서 보이듯이 여러 명의 촌주를 우두머리로 하는 조직체였다. 촌주는 2비에서 군(郡)의[中] 상인(上人)이라 한 데서 느껴지듯이 군 단위에서 가장 유력한 재지세력이었다. 그들을 보조하여 행정 업무를 담당한 직명으로서 장척(匠尺)과 문척(文尺)이 있었다. 명칭상으로 미루어 장척은 기술을, 문척은 제반 기록과 관련되는 행정서무(行政庶務)를 담당한 것으로 보인다. 여기에서는 몇몇만이 동원되었으나 평소의 군사에는 그들 외에도 다수의 외위 소지자가 배속되었을 터이다. 이들은 군의 장관 아래에서 그를 보좌하는 실제적인 임무를 감당하였을 것으로 보인다. 아마도 군정(郡政)은 군의 장관과 행정(성)촌에 파견된 도사 등이 함께 일정 부분을 공동으로 분담하였을 것으로 여겨진다. 한편 3비에서는 왕경을 대상으로 한 역역동원이었으므로 이 부분이 모호한 형태로 나타난다. 부감은 부 단위로 설정된 직책임이 분명하며, 문척도 당시 실시된 일반적 관행에 따라 부명만 표기할 뿐이고 이명(里名)을 표시하지는 않았지만 주도리(主刀里)일 가능성은 그리 높아 보이지가 않는다. 아마도 같은 탁부(喙部) 출신자이기는 하였으나 부감과 문척은 각각 다른 리(里)의 출신자였다고 보는 편이 옳을 듯하다. 명칭상으로 기술 자문역을 맡았을 장척이 보이지 않는 점도 특징적이다. 그것은 리의 장척이 기술적 문제를 스스로 처리한 것으로서 이는 결국 왕경의 부와 지방의 군 단위 운영이 비록 동일한 역역동원의 단위로 기능하기는 하였으나 평소의 구조에는 일정하게 차이가 났음을 뜻하는 사실이다.

인명을 열거한 뒷부분(B-b)은 앞부분(B-a)과는 다르다. 이를테면 1비와 2비를 근거로 하면 같은 지방민이라도 이들은 앞부분과는 달리 하나의 행정성촌 출신자들이다. 3비에서는 부의 하위로서 동일한 리의 출신자들이다. 특히 주

30 李鍾旭, 위의 논문 참조.

어진 수작 거리를 할당받아 직접 축성을 책임지고 실시한 집단에 소속한 유력자들이다. 편성의 단위가 지방에서는 행정성촌이었다면 왕경은 리였음을 알 수가 있다. 1비는 아량촌, 2비는 아대혜촌, 3비는 주도리가 남산신성의 주어진 구간을 책임지고 축성하였다.

이들 지방민은 다시 앞뒤의 두 부분으로 나누어진다. 앞부분(B-b-1)은 성작상(城使上, 村作上人, 里作上人), 장척(匠尺), 문척(文尺)으로서 행정성촌이나 리의 책임자들이다. 이들이 평시에도 그런 직명을 가졌는지는 알 수가 없으나 아마도 (성)촌사(城司, 村司)를 구성하여 그에 속한 제반 행정 실무를 담당하여 지방관을 보좌하는 임무를 맡았던 것으로 보인다. 이들의 직명을 설정한 기준은 B-a-2에 있다. 다만 그 명칭이 비문마다 약간씩 차이가 나는 것은 어쩌면 역역동원을 위해서 임시로 주어진 역명이었기 때문일 듯하다. 이처럼 임시적으로 주어진 역명의 기재 방식에서 차이가 나는 것은 행정성촌을 단위로 하여 소속된 문척이 그를 담당하였기 때문으로 보인다.

뒷부분(B-b-2)은 대체로 '△석착상인(△石捉上人)'의 형식으로 되어 있다. 아마도 이들은 남산신성의 축조 자체를 위하여 설정된 전형적인 역명들이다. 축성을 위해서는 여러 가지 형태의 돌[石材]이 소용되고 또 그를 가다듬기 위한 다양한 공정(工程)이 필요하였을 터이다. 이들 직명이 각기 다른 것은 그처럼 돌을 다루면서도 작업의 능률을 제고(提高)시키기 위해 분업한 데에 있었다. 이들은 곧 그 각각의 분야를 실무적 입장에서 책임진 사람들이었다.

요컨대 1, 2, 3비만을 기준으로 삼는다면 이상과 같은 이해는 현재 일반적으로 공유되고 있다고 하여도 좋을 듯하다. 남산신성을 축조하기 위하여 지방에서는 군, 왕경에서는 부를 큰 단위로 동원되었다. 실제로 수작 거리를 분담하여 축성을 책임진 것은 군 아래의 행정(성)촌과 부 아래의 리였다. 따라서 비문의 작성도 이들 실제적인 축성을 담당한 행정(성)촌과 리를 기본 단위로 하여 이루어졌다.

이미 지적하였듯이 남산신성의 전체 길이를 평균 수작 거리로 나눈 값을 근거로 기왕에 같은 구조를 가진 남산신성비가 200여기 이상 작성되었을 것으로 예측되었다. 그런 기대에 부응해 마침내 완형의 9비가 출토되었다. 그런데 위에서처럼 기왕에 알려진 것과 똑같은 기준에 입각하여 9비에 열거된 인명을 분석 정리하면 몇 가지 두드러진 특징적 현상이 찾아진다.

첫째, 이미 언급하였듯이 지방관이 보이지 않는다는 사실이다. 이는 전형의 비문만이 아니라 다른 형태의 변형 비문도 존재하였다는 사실을 알려 준다는 점에서 중요하다. 게다가 지방관의 역할을 짐작케 하는 사실이다. 지방관이 파견되지 않았기 때문에 보이지 않는다고 단정하기는 어렵다. 그럴 정도로 급벌군 지역을 특별히 다룰 만한 대상은 아니었기 때문이다. 따라서 9비는 전형에서 약간 벗어난 일종의 변형 비문이라 함이 적절할 것 같다. 다만 전형이 주류였을지 아니면 변형이 주류였을 지는 선뜻 가늠하기 어렵다. 전형이 주류라면 9비는 몇 안 되는 예외적 사례에 지나지 않는다. 그러나 오히려 변형이 주류라면 전형은 군 단위로 오직 하나뿐이었을 가능성이 높다고 점쳐진다. 그렇다면 전형은 변형의 몇 분의 일에 불과할 터이다. 그것은 여하튼 지방관이 모든 비문의 인명 나열 첫머리에 반드시 기재된 것이 아니라는 사실은 그들의 역할이 매우 한정적이었음을 유추할 수 있게 한다. 어쩌면 비문 자체에만 한정하여 본다면 모두(冒頭)에 공통적으로 보이는 서사(誓事)를 위해 왕경에 모였을 당시에만 한정적으로 관련되었을지 모른다. 물론 동원 전반에 대한 일정한 역할을 담당하였을 것임은 의심의 여지가 없지만 비문에 기록되기도 하고 그렇지 않기도 한 것은 서사로부터 비롯한 책임을 직접 부담하는 주체가 아니라는 사실을 시사한다.

둘째, 지방관이 보이지 않음에도 군 단위의 지방민은 동일한 형식으로 동원된 사실이다. 이는 이들이 지방관과는 별개로 조직되어 기능하고 있었음을 뜻한다. 그런데 촌주가 들어갈 자리에 군상인(郡上人)이라는 직명을 소지한 2인이 보임이 주목된다. 군상인은 글자 그대로 풀이하면 군의 윗사람을 의미한다. 제2비에 보이는 군중상인(郡中上人)과 똑같은 용법이다. 이미 널리 지적되어 왔듯이 군중상인은 촌주를 지칭함이 확실하다고 여겨지므로 군상인도 그에 준해서 생각하여도 무리하지는 않을 듯하다. 이는 역으로 촌주가 바로 군의 가장 윗사람에게 주어진 직책임을 보여준다. 촌주의 기능이 단순히 행정성촌 규모에서만 머문 것이 아니라 차라리 군 단위의 넓은 범위에서 역할하고 있었음을 뚜렷이 보이는 것이다. 그럼에도 촌주라고 칭한 것은 발생사적(發生史的) 배경과[31] 밀접히 연관될 듯 싶다.

셋째, 축성을 직접 책임진 집단의 인명을 열거한 부분에 모든 사람들의 출신지를 낱낱이 나타낸 사실이다. 이는 앞의 1비와 2비의 분석을 근거로 한다면 모두 이동성(伊同城) 출신자들이라 해야 마땅하다. 이를 부정하려는 견해가 없지는 않으나 앞서 설정한 기준이 타당하다면 성촉상인(城捉上人) 이하도 당연히 이동성 출신자라고 함이 올바른 접근이다. 수작 거리를 나타내면서 이동성도(伊同城徒)라 명시한 것도 그를 방증해 준다. 따라서 출신지인 이동촌(伊同村) 이하는 모두 이동성에 소속한 하위 단위로 봄이 적절하다. 기왕에 이를 부정한 것은 중고기에 보이는 모든 촌은 오로지 행정성촌일 뿐이라는 선입견에서 비롯한 잘못이다. 중고기에 사용된 촌의 용법에는 행정성촌과 자연촌의 두 가지가 있었다. 그에 대한 판별은 비의 성격과 용법에 따라서 이루어져야 한다. 이 부분은 급벌군 소속의 이동성 아래에 부속한 자연촌들이다. 거기에 성이 전혀 보이지 않는 점, 이동성이 아니라 이동촌(伊同村)이라 표현된 점 등은 그를 방증하여 주기에 충분한 실례들이다. 따라서 이동성의 하위 단위에는 여러 자연촌이 존재하였으며 이들을 총칭하여 이동성도(伊同城徒)라고 일컬었던 것이다.

이 9비의 출현으로 우리는 남산신성비의 역역동원체제에 대한 새로운 지견을 한층 더 확보할 수가 있었다. 특히 행성성촌의 아래에 자연촌이 존재하였다

31 행정(성)촌의 관할 영역 범위가 처음부터 끝까지 동일한 것은 아니었다. 처음에는 상당히 넓었다가 점차 지방관의 파견지가 늘어나면서 그 범위는 축소되어 갔다. 따라서 村主制가 처음 시행될 5세기 당시에 행정(성)촌은 뒷날 郡과 비슷하였던 것으로 짐작된다. 촌주가 郡 단위로 설정된 재지세력인 것도 이러한 행정(성)촌의 변모 과정과 밀접하게 연관될 것으로 여겨진다.

는 사실과 함께 그들은 축성에 책임을 직접 진 집단이 아니라는 사실이 확인되었다. 이들 자연촌은 어디까지나 행정성촌의 하위 단위로서 그에 부속된 존재에 지나지 않았던 것이다. 그래서 이들을 모두 '도(徒)'라고 총칭되었다. 그렇게 본다면 당시 지방행정은 군-행정성촌-자연촌의 체계를 갖되 실제적 기능을 감당한 것은 행정성촌이었다고 할 수 있다. 행정성촌이 지방 행정의 업무를 수행하는 데서 어떤 위치에 있었는지를 짐작케 하는 사실이다.

요컨대 남산신성비는 전국적인 역역동원을 통해 이루어진 그 실상의 대강을 잘 보여 준다. 당시 매우 조직적이고 체계적인 동원을 하였던 것이다. 이는 그만큼 왕경을 물론이고 지방민에 대한 지배가 도달한 수준을 그대로 반영해 준다고 하겠다.

4. 남산신성의 축조와 그 의미

지금까지 발견된 모든 남산신성비의 첫머리에는 다음과 같은 구절이 공통적으로 보여 크게 주목을 받아왔다.[32]

(나) 辛亥年二月卄六日南山新城作節如法以作後三年崩破者罪教事爲聞教令誓事之

이 기사는 신해년 즉 591년 2월 26일 남산신성을 만들 때에 법과 같이, 만든 후 3년 안에 붕괴하면 죄를 줄 것을 알리고 그를 맹세하게 하였다는 정도의 내용으로 풀이된다. 이는 흔히 서사라 불리며 현재로서는 오로지 남산신성비에만 보이는 독특한 구절로서 그것임을 판별하는 중심적 기준이 된다. 이로 미루

32 이하는 朱甫暾, 앞의 논문 제2장의 대부분을 약간 수정하고 보완한 것이다.

어 당시로서는 남산신성비 가운데 가장 중요시된 부분이라고 할 수 있다. 이런 형태의 구절은 남산신성비에만 고유한 것으로 여겨진다. 왜냐하면 이 서사에는 후술하듯이 진평왕대 당시의 특수한 사정과 관련된 정치적 의도가 강하게 깃들어 있다고 판단되기 때문이다. 그런 의미에서 중고기에 작성된 모든 비문 속에 그런 구절이 다 들어가 있다고 진단하기는 어려울 듯하다. 이보다 꼭 40년 앞서 551년에 세워진 명활산성작성비(明活山城作城碑)에는 그런 문구가 보이지 않는 점도 그런 추정을 방증해 주는 사실이다. 아마도 서사 구절은 남산신성비에 국한된 마치 고유한 표지(標識)와 같은 구실을 한다고 여겨진다. 그런 측면에서 거기에 내재된 의미는 단순히 보아 넘기기 어려울 정도로 깊다고 하겠다.

앞서 보았듯이 신해년이 진평왕 13년으로서 591년임은 재론의 여지가 없다. 기존 문헌이 보여 주는 내용이 금석문과 거의 그대로 합치되는 흔치 않은 사례에 속한다. 남산신성비의 절대연대를 확정지을 수 있음은 곧 사료적 활용도를 한층 드높여 주는 사실이다.

그런데 주목되는 것은 성의 명칭을 남산신성이라고 한 점이다. '신성(新城)'이란 명칭만을 놓고 보면 마치 그에 대비되는 '구성(舊城)'의 존재를 설정 가능하게 한다. 따라서 일단 남산신성이 축성되기 이전에 이미 남산성(南山城)이라 불리는 성이 존재하였고, 신성은 그를 토대로 새로이 만들어진 성이라는 느낌이 강하게 든다. 비문을 처음으로 면밀하게 종합적으로 분석한 진홍섭(秦弘燮)은 그런 입장에서 남산성이 이미 진평왕 13년 이전에 존재하였고 이때에 이르러 대대적으로 수축(修築) 내지 개축(改築)하여 그 전모가 일신(一新)되었으므로 '신성'으로 불리고 이후에는 두 명칭이 혼용되었다고 스스럼없이 주장하였다.[33] 이에 따른다면 두 성은 길이나 폭 등에서는 약간의 차이가 나겠지만 기본적으로 동일한 곳에 위치한 셈이 된다. 다만 씨는 본래 남산성의 상태가 어떠

33 秦弘燮, 앞의 논문, pp.153~154.

하였는지는 뚜렷하게 밝히지는 않았다. 이를 분명히 지적한 것은 박방룡(朴方龍)이었다. 씨는 역시 기존 남산성의 존재를 인정하면서도 현재 남산신성에 대한 현장 조사를 통하여 개축한 흔적이 전혀 발견되지 않는 점, 그 이전 시기에 축조된 토성(土城)이 불과 오백 미터 떨어진 거리에 위치한 점 등으로 미루어 양자가 동일한 것이 아니라 장소를 달리하며 구성(舊城)인 토성이 원래 남산성으로 불리었다고 논단하였다.[34]

일단 현장 조사에 근거한 후자가 한층 설득력이 있는 것으로 보이지만 그것은 어떻든 토성이 이미 존재하였는데 다시 그로부터 상당히 멀리 떨어진 곳에 석성(石城)을 축조하면서 하필 남산신성(南山新城)이라 명명한 것은 매우 의미심장한 일로 보인다. 굳이 '신성'이란 표현한 데에는 단순히 옛날의 성을 대신한다는 의미를 뛰어 넘어 그 자체 '새로운 성'이란 의미 이상을 표방하고 있다고 여겨지기 때문이다. 그것은 오직 남산신성만을 신성이라고 명명한 데서도 유추되거니와 다른 무엇보다도 축조가 완료된 시점인 바로 진평왕 13년은 예사로이 보아 넘기기 어려운 해였다는 데서도 짐작된다. 이를 해명하기 위하여 잠시 당시의 정치 동향을 살펴볼 필요가 있을 것 같다.

먼저 진평왕(579~631)은 순조로운 상황 속에서 즉위한 것이 아니라는 사실이 주목된다. 진평왕은 전왕인 진지왕(眞智王, 576~578)의 갑작스런 폐위라는 정변(政變)의 과정을 거쳐 즉위하였다. 다음의 기사에서 그 점을 어렴풋이나마 읽을 수 있다.

> (다) 나라를 다스린지 4년되던 해에 정치가 어지럽고 (국왕이) 지극히 음란하여 나라 사람들이 그를 폐위하였다.(『삼국유사』 기이2 도화녀 비형랑조)

진지왕이 나라를 다스린 지 4년만에 정치가 어지러웠고 왕이 음란하여 나

34 朴方龍, 「慶州 南山新城考」, 동아대석사학위논문, 1994, pp.11~12.

라사람들이 그를 폐위하였다고 한다. 빈약하기 짝이 없는 이 기록만으로는 진지왕의 구체적 폐위 내막을 알 길이 없는 형편이다. 그 까닭으로 그 요인과 배경을 둘러싸고 견해가 엇갈려 합치되지 못하고 있다. 그것은 여하튼 위의 기사에 근거하여 겉으로 드러난 사정만을 대충 짐작한다면 진지왕의 실정(失政)에 기인한 바가 컸던 듯하다. 폐위에 이르기까지 '정난(政亂)'의 과정을 거쳤던 것으로 미루어 단순히 개인적 실정보다는 6세기 초 이후 왕권을 정점으로 하는 지배체제의 강화에 대해 일부 귀족들의 반발이 뒤따랐던 것이 아닌가 싶다.

진평왕은 즉위한 뒤 2년 사이에 상대등(上大等), 갈문왕(葛文王), 병부령(兵部令) 등 중앙의 핵심 요직을 새로 임명하고 나아가 이후 전례 드물게 대대적으로 중앙행정 관부(官府)나 관직을 신설하거나 증설하는 등 관료 조직을 강화하는 특단의 조치를 단행하였다. 즉위 6년째인 584년에 이르러 건복(建福)이란 새 연호를 채택한 것은 마치 그 신호탄이었던 듯이 보인다. 아마도 이전 몇 년 동안은 진지왕의 폐위에 따른 혼란상을 수습하는데 심혈을 기울인 듯하며, 이제 건복이란 새로운 연호의 사용을 표방함으로써 그 전과는 차별화된 이른바 본격적인 '진평왕치세(眞平王治世)'가 열렸음을 선언하고자 기도한 것이라 여겨진다. 위화부(位和府, 581)의 설치를 필두로 선부서(船府署)의 대감(大監)과 제감(弟監, 583), 조부령(調府令, 584), 승부령(乘府令, 584), 예부령(禮部令, 586), 집사부(執事部)의 대사(大舍, 589), 병부(兵部) 제감(弟監, 589), 영객부령(領客府令, 591) 등등의 관부나 관직을 신설하거나 증치하였다. 바로 이 시기는 신라 관제 발달사에서 보아 제도적 정비가 가장 두드러지게 진행된 때였다.[35]

이런 제도 정비는 결국 국왕권의 강화와 직결된 조치였음은 의심의 여지가 없다. 신라 삼보(三寶)의 하나로서 왕권의 상징물로 기능하였을 천사옥대(天賜玉帶)가 진평왕대에 마련된 점이나, 국왕과 가까운 혈족을 석가족(釋迦族)으로 여기는 의식이 이때에 창출된 것도 그런 사정의 일단을 여실히 반영한다. 이런

35 朱甫暾, 「신라의 정치 경제와 사회 – 중앙통치조직」 『한국사7』, 국사편찬위원회, 1997.

지배이데올로기가 진평왕대에 만들어질 수 있었던 자체는 왕권이 그만큼 강화되고 안착된 결과로 풀이된다.

이처럼 진평왕 초기에 단행된 국왕 중심의 정치 개혁이 마무리된 시점은 바로 즉위한 지 13년째 되던 해였다. 진평왕의 재위 기간은 무려 54년에 이르거니와 13년 이후 다시 제도의 신설이나 증치가 다시 이루어지는 것은 말년에 이르러서의 일이다. 따라서 진평왕 13(591)년은 초기의 제도적 개혁이 일단락된 시점이었다고 보아도 무방하겠다. 이는 건복이란 연호의 개정으로 출발한 진평왕 체제 자체의 완성을 의미하는 것이었다. 그런데 이 해에 바로 남산신성의 축조가 이루어진 것이다. 양자가 묘하게도 일치하는 것은 그저 우연의 일치라고만 치부할 일은 아니라 여겨진다. 이 둘은 서로 밀접한 상관관계를 갖는 것으로 추정되기 때문이다.

이상과 같이 보면 그냥 남산성이라 하지 않고 굳이 '신성(新城)'이라 명명한 이면에는 단순히 기존에 있던 토성(土城)에 대신한다는 뜻을 뛰어 넘는 한층 깊은 의미가 깔렸다고 보아도 무리한 추정은 아니라 여겨진다. 바꾸어 말하면 남산신성이라고 이름 붙인 것은 진평왕 건복 원년으로부터 진행된 개혁의 일환이며 그 최종적인 마무리 작업으로서 새로워진 체제상의 면모(面貌)를 내외적으로 과시하려는 정치적 의도가 깃들어 있는 것이 아닐까 하는 것이다. 그와 관련하여 놓칠 수 없는 것이 사료 (다)의 서사(誓事)에 보이는 법(法)과 관련한 문제이다.

서사에서 가장 중심이 되는 것이 법의 준수와 그에 대한 맹세임은 두말할 필요가 없겠다. 이 법은 다름 아닌 율령을 지칭한다. 그런데 이 법의 실제적 내용에 대해서는 약간의 문제가 제기된다. 왜냐하면 이 사료의 '…남산신성작절여법이작후삼년붕파자(南山新城作節如法以作後三年崩破者)…'를 '…남산신성을 법대로 만듦에 있어서 만든 후 3년 이내에 붕파(崩破)하면…'이라고 풀이한 견해가 있기[36] 때문이다. 이렇게 이해하면 남산신성과 같은 성을 축조하는 방식이

36 秦弘燮, 앞의 논문, p.123.

법령에 규정되어 있는 듯이 처리된다. 그러나 상식적으로 보아 율령의 조문(條文)에 축성 방식에 대한 내용까지 들어 있다고 보는 것은 근본적으로 문제점을 내재하고 있다고 여겨진다. 게다가 '절(節)'에 대한 이해도 적절하지 못한 듯하다. '절(節)'은 이두(吏讀)로서 때(時)를 의미하기도 하는 만큼 그를 중심으로 전후의 두 문장으로 나누어지는 것으로 볼 수 있다. 그럴 때 위와 같이 마치 축성 방식이 율령의 편목이나 조문으로 설정되어 있는 듯이 보이는 오류를 피할 수 있을 것 같다. 그렇다면 '여법(如法)'에 곧바로 대응되는 구체적인 내용은 '이작후삼년붕파자(以作後三年崩破者)'가 된다. 말하자면 율령의 편목 속에 조문화(條文化)되어 있는 것은 만든 후 3년 사이에 붕괴되면 처벌한다는 내용이 되는 셈이다.

이상과 같은 이해를 근간으로 위의 문장을 다시 풀이하면 '… 남산신성을 만든다. 이때에 법대로 하여 삼년 뒤에 붕파되면…'처럼 되는 것이다. 이처럼 해석해야만 비로소 전후의 맥락이 닿는 것으로 여겨진다. 이로써 우리는 6세기 후반 당시 신라 율령 조문의 하나를 비록 편린이나마 확보할 수 있게 되는 것이다.

신라사회에서 3년을 서약(誓約), 수련(修練), 의무(義務) 등[37] 어떤 행위 이행의 단위 기간으로 삼는 전통은 오랜 연원(淵源)을 가졌으며 그것이 일반적 관행으로 정착되어 있었던 듯하다. 따라서 위의 사항은 그것이 어느 시점에서 율령의 한 조문으로 정리된 사정을 보여준다고 하여도 틀리지 않을 것 같다. 그렇다면 과연 3년을 하나의 단위로 삼는 그런 조문이 만들어진 시기는 언제쯤일까.

다 아는 바처럼 신라에서 율령이 반포된 것은 법흥왕 7년(520)이거니와 당시의 편목이나 성격을 둘러싸고서 크게 논란되어 왔다. 그런데 524년 작성된 울

37 李基東, 「新羅 花郎徒의 社會學的 考察」『歷史學報』82, 1979 ; 『新羅 骨品制社會와 花郎徒』, 한국연구원, 1980, pp.338~339.

진봉평신라비가 발견되고 그것에 노인법(奴人法)이라는 구체적인 편목과 함께 반포 사실까지 보여 이왕에 제기된 여러 견해들 가운데 17관등제를 비롯한 다양한 편목이 율령 속에 포함되었을 것이라는 견해가 타당함이 입증되었다.[38] 그러나 과연 반포 초기인 이때에 벌써 3년을 단위로 삼는 것과 관련된 세세한 조문까지 율령 속에 들어 있었을까는 의문이 든다. 왜냐하면 율령이 반포된 뒤임에도 불구하고 여전히 봉평비에는 잘못을 범하면 법에 따라 처벌하는 것이 아니라 하늘로부터 벌을 받을 것이라고 명시하고 있어 율령이 아직 곧바로 정착되지 못하고 여전히 전통적 인식이 강하게 작동하고 있음이 확인되기 때문이다. 따라서 위의 조문은 율령 반포 시점의 것이라기보다는 그로부터 상당한 시일이 경과한 뒤에 새롭게 들어갔을 것으로 여겨진다. 그럴 때 가능한 대상 시기로 부각되는 것은 진흥왕대와 진평왕대이다.

율령이란 본디 시대적 상황에 따라 끊임없이 변개(變改)되는 성질의 것이므로 법흥왕대에 반포된 그것이 고정불변한 상태로 지속되지는 않았을 터이다. 이후 격심한 정치사회적 변동을 겪으면서 기존의 편목에 새로운 내용이 가미되어 갔을 것임은 상상키 어렵지 않다. 예컨대 550년 무렵의 단양신라적성비에 확인되는 적성전사법(赤城佃舍法)은 그를 방증한다. 이와 같은 율령 편목의 새로운 정리는 영역의 확장과 그에 따른 제도적 정비와 밀접히 연동하면서 진행되었을 것이다. 위에서 설정한 3년 관련 조문을 진흥왕대나 진평왕대로 간주하려는 것도 그런 정황에서 기인한다. 그 가운데 아무래도 중앙행정제도의 정비가 전례 없이 두드러지게 이루어진 진평왕대일 가능성이 한결 높은 것으로 판단된다. 아마도 이런 제도적 정비에는 틀림없이 율령의 정비도 동시에 수반되었고 그럴 때 자연 그와 같은 조문도 만들어졌을 터이기 때문이다.

요컨대 남산신성비의 서사에 보이는 법이란 곧 3년을 단위로 하는 하나의

---

38 이에 대해서는 朱甫暾,「蔚珍鳳坪新羅碑와 法興王代 律令」『금석문과 신라사』, 지식산업사, 2002 참조.

율령 조문으로서 진평왕대에 성문화된 것으로 추정된다.

서사(誓事)에서 알 수 있듯이 역역에 동원된 민(民)들에게 법령(法令)의 내용을 알려주고 완공된 성벽이 3년 이내에 무너진다면 죄를 받는다는 사실을 분명히 주지(周知)시켜 이를 맹세토록 한 뒤 작업에 임하도록 하였다. 율령의 집행자는 다름 아닌 국왕이었으므로 그 맹세의 직접적인 대상도 곧 국왕이었다고 하겠다. 말하자면 서사하는 행위 자체는 일차적으로는 국법(國法)에 대한 복종이면서 한걸음 더 나아가 시행자로서의 국왕에 대한 충성의 맹세이기도 한 셈이었다. 역역에 동원된 민들은 곧 모두 국왕에 대한 서약을 하였던 셈이다. 이는 민들이 곧 왕민(王民)으로 인식되었음을 뜻한다. 그렇다면 남산신성의 축조 목적 자체도 그와 직접 연관될지도 모른다.

앞서 언급하였듯이 남산신성의 축조는 진평왕 13년 지배체제의 정비가 완료되는 시점에 이루어졌다. 굳이 '신성'이라고 이름을 붙인 것도 바로 새로운 시대의 출범을 선포하기 위한 것이다. 그런 의미에서 남산신성을 축조하면서 전국에 걸쳐 민을 골고루 동원하여 법에 맹세케 한 것 자체가 새로운 모습으로 출발하는 진평왕대 지배체제에 대한 충성의 서약이기도 하였다. 바꾸어 말하면 진평왕대 초반에 진행된 정치개혁을 마무리짓고 난 뒤 새로운 체제의 성립을 대내외에 선언 또는 과시할 목적에서 왕경인 뿐만 아니라 지방민을 전국에 걸쳐 동원해 신라국가와 국왕에 대한 충성을 서약시켜 축성하였던 것이다. 굳이 전국을 대상으로 너무도 치밀하게 짜인 조직적 역역동원 체제를 밑바탕으로 신성을 축성한 까닭도 여기에서 찾아진다.

이상과 같은 사실로 미루어 진평왕대에는 개혁의 일환으로서 지방민을 대상으로 한 대대적인 정비 작업도 함께 이루어졌을 것이라 짐작된다. 앞서 보았듯이 역역동원을 위한 조직에는 일정한 체계적 틀이 갖추어져 있었다. 이러한 조직이 단지 일시적인 필요성에 의해 임시로 만들어졌다고는 도저히 생각되지 않는다. 진평왕대 초기에 행해진 일련의 중앙행정조직 정비와 함께 전국에 걸쳐 지방 및 재지세력에 대한 재편작업도 동시에 이루어졌던 것이다. 남산신성의 축조를 위해 체계적, 조직적 역역동원이 가능하였던 것도 바로 그 때문이었다. 진평왕 당시 실시되었던 지방 재편의 방향은 남산신성비에 따르는 한 군-행정성촌이 일원적 지배질서 속에 운영되도록 체계적으로 정비하는 작업이었을 터이다. 사실상의 군현제적(郡縣制的) 운영의 출발이었다.

전국에 걸치는 지방 조직의 재편 작업 가능성은 진평왕 6년(584) 조부(調府)의 설치에서 찾아진다. 조부는 원래 집사부(執事部)의 전신인 품주(稟主)가 관장하던 재정 담당 기능 가운데 민으로부터 거두어들이는 수취(收取) 부분을 따로 떼어내어 이를 관장하도록 하기 위해 두어진 관부로 흔히 이해되고 있다.[39] 민에게서 거둔 조세수취를 직접 전담하는 기구로서 조부가 설치된 것은 곧 그와 관련이 있는 지방 재편이 이루어졌음을 방증하는 사실이다. 또는 조부 설치 이후 조세체계의 정비 과정에서 그와 관련성이 있는 지방 재편 작업이 함께 진행되었을 가능성도 높다.

이러한 지방 정비는 영토의 확장에 따른 행정성촌의 증가와 그에 대한 체계적인 관리의 필요성에서 찾아진다. 법흥왕대까지만 하더라도 『양서(梁書)』54 열전 신라전에 보이는 52읍륵(邑勒)에서 알 수 있듯이 지방관이 파견된 행정성촌의 수는 52개에 지나지 않았다.[40] 그러나 70년이 지나 남산신성이 축조되는 시점에서 보면 그 수는 대략 150개 정도로 증가하였다. 가야의 병합을 비롯하여 한강(漢江) 유역 진출 등 영역 확장에 기인한 당연한 증가도 있었겠고, 또 지방 지배의 진전에서 비롯한 지방관 파견 지역의 증가에 따른 경우도 예상된다. 이처럼 늘어난 지방에 대한 지배를 원활하게 하도록 끊임없는 지방 재편이 이루어졌을 터인데, 그 가운데 진평왕대에 이르러 대대적인 개편이 있었다고 보아도 그리 지나친 억측만은 아니리라 여겨진다.

39 李基白, 「稟主考」『李相佰博士回甲紀念論叢』, 1965 ; 『新羅政治社會史硏究』, 一潮閣, 1974, pp.141~143.

40 朱甫暾, 「新羅 中古期의 郡司와 村司」『新羅 地方統治體制의 整備過程과 村落』, 신서원, 1998 참조.

이상과 같이 진평왕대에 중앙 지배체제의 정비와 병행하여 지방 재편이 이루어진 뒤 구축된 새로운 지배질서를 과시하고 나아가 율령적 지배체제에 대한 전 지방민의 복종과 충성을 강요할 목적에서 남산신성을 축조하면서 전국적인 역역동원을 감행한 것으로 보인다. 그런 의미에서 서사는 곧 새로이 편제된 왕민(王民)의 국왕에 대한 충성의 맹세나 다름없었다. 진평왕 5년(583)에 국왕에 직속하는 군단으로서 통일 이후 신라 중앙군의 핵심군단이 되는 9서당(誓幢)의 시원이 되는 서당이 창설된 점도 그와 관련해 참고로 된다. 맹서(盟誓)의 대상이 국왕임은 이미 널리 지적되고 있는 터이다. 그리고 그 명칭으로 미루어 율령과도 관계되며 촌락에 기반을 두고 있는 것으로 보이는 법당(法幢)이 조직화되는 것도 바로 이 시점임을 고려하면 당시 법에 따른 지배와 국왕에 대한 충성의 확대 등의 사정과 밀접한 연관이 있을 것으로 여겨진다. 이러한 군단들은 진평왕 당시 체제 정비로 법에 의한 지배가 강화된 결과 국왕에 대한 충성을 보여 주고 있기 때문이다. 한편 약간 늦은 시기이기는 하지만 충효(忠孝) 등의 덕목(德目)을 각별히 강조하는 원광(圓光)의 세속오계(世俗五戒)가 나오게 된 것도 저간의 사정과 배경을 잘 반영하여 준다고 하겠다.

요컨대 진평왕대에는 중앙 뿐만 아니라 지방에 대한 재편도 아울러 진행되었고 그 결과 왕권을 정점으로 하는 새로운 율령적 지배체제가 본격화된 시기였다. 그것이 대략 일단락된 시점이 바로 진평왕 13년의 일이었다. 그런 의미에서 남산신성의 축조는 단순히 외적의 침입에 대비한 피난성(避難城)으로서의 방어적, 소극적 수준을 뛰어넘어 지배체제의 출발을 알리는 적극적인 의지를 내포한 상징이었던 것으로 볼 수밖에 없다. 전국에 걸쳐 민을 중앙으로 동원해 서약하게 한 것도 바로 그 때문이었다. 율령 반포 이후인 봉평비 단계까지 보이던 오랜 전통인 천(天)의 제약을 벗어나 이제 완전히 법(法)을 매개로 한 강력한 지배체제의 출발을 상징적으로 나타내어 주는 것이 바로 남산신성의 축조였다. 그런 의미에서 새롭다는 뜻의 '신(新)'이란 글자 속에는 새로운 중앙집권체제의 성립과 출발이란 뜻이 함축되어 있다고 풀이된다.

새 시대의 출발을 알리는 남산신성의 축조 이후 남산의 비중은 차츰 높아져 갔다. 남산에 대한 기록이 그 이전에는 거의 보이지 않다가 이후에 자주 등장하는 것은 그를 방증한다. 특히 7세기 이후 신라 왕경의 중심 지역으로 자리 잡아가면서 남산은 불법(佛法) 구현의 중심지로 기능하였다. 남산의 곳곳에는 절터와 불탑, 불상들이 즐비할 정도로 수많은 불사(佛事)가 이루어졌음을 알 수 있거니와 이들의 상한은 대체로 7세기 초 무렵이라고 한다.[41] 그렇다면 그것이 진평왕대의 남산신성의 축성과 결코 무관하지가 않을 터이다. 법(法)은 구체적으로는 율법(律法)을 의미하는 것이지만 더 넓게는 불법을 뜻하는 것이기도 하다. 당시 신라에서는 율법과 불법의 조화로운 구현체(具現體)가 국왕으로서 인식되고 있었다. 율령을 정비한 진평왕이 왕경을 중심으로 궁성(宮城)의 배후지라 할 남산을 선택하여 축성하고 이를 '신성'이라 명명함으로써 일신된 면모를 과시하려고 시도한 뒤에는 이를 불법 실현의 중심적 대상지로 삼으려는 의도가 강하게 깃들어 있었던 것이 아닐까 싶다. 이로써 남산은 신라 불교의 성지화(聖地化)하여 불국토(佛國土) 구현의 구심적 기능을 다하여 갔던 것이다. 그런 의미에서 남산신성의 축조에는 단순히 방어산성(防禦山城) 이상의 의미를 함축하고 있었다고 하여도 결코 지나친 억측은 아니라 하겠다.

5. 맺음말

남산신성비는 지금까지 9기가 발견되었다. 앞으로도 동일한 비가 상당수 발견되리라 예측되고 있다. 591년 경주의 남산(南山)에 소재한 새 산성을 축조하기 위하여 왕경인을 비롯하여 전체 신라 영역으로서 군현으로 편제된 지방민을 동원하였음을 보여 준다. 역역동원을 위한 체계적 편성은 곧 신라의 지방

41 文明大, 「慶州 南山 佛蹟의 變遷과 佛谷龕室佛像考」 『慶州南山의 考察』, 1994, pp.22~24.

통치체제가 도달한 수준을 여실히 드러내어 보인다.

신라는 5세기 후반 지방을 직접 통치하기 위해 정치적·군사적으로 중요시된 몇몇 거점지역으로부터 순차적으로 지방관을 파견하기 시작하였다. 지방관이 파견된 지역의 수는 차츰 늘어갔다. 이들 지역은 행정성촌이라 불리었다. 대체로 6세기 초반에는 52개 지역이 그 대상이었던 것 같다. 이런 행정성촌의 수가 늘어나자 체계적으로 관리하기 위해 그보다 상급의 행정 단위인 군(郡)을 설치하여 각각 몇 개씩을 관장하도록 하였다. 군이 처음 설치되기 시작한 시점은 잘 알 수가 없지만 처음부터 제 기능을 다한 것은 아니었던 것 같다. 그러다가 남산신성비가 작성되던 단계에 이르러서는 명실상부하게 행정성촌의 상급기구로서 기능을 제대로 행사한 것으로 보인다. 다만, 행정성촌을 단위로 파견된 지방관인 나두(邏頭)나 도사(道使)가 군정(郡政)에 일정 정도 관여한 것으로 미루어 보면 당시 군현제적 지배질서가 아직 완벽하게 확립된 상태는 아니었던 듯하다. 그렇지만 남산신성비로 볼 때 6세기 후반 지방민을 편제한 수준은 제일적(齊一的)이었다고 하여도 과언이 아닐 정도로 조직화되어 있었다. 이는 그동안 신라의 촌락 지배가 그만큼 진전된 결과라 하겠다.

6세기 신라의 역역동원과 관련한 제반 사항에 대한 윤곽은 그동안 남산신성비를 근간으로 하고 나아가 영천청제비(永川菁堤碑), 명활산성작성비(明活山城作城碑), 대구무술오작비(大邱戊戌烏作碑) 등의 자료를 치밀하게 분석함으로써 대체로 드러난 상황이라 단언하여도 무방할 듯하다. 그런데 근자에 경남 함안의 성산산성에서 560년 무렵의 것으로 추정되는 목간이 300여점 가까이 발견됨으로써 체계적인 연구를 한층 더 추동할 수 있는 계기가 마련되었다. 이제 이들 자료를 종합적으로 검토함으로써 6세기 신라의 역역동원이나 촌락지배 실태 등에 대한 우리의 이해는 장차 한 단계 더 진전될 것으로 기대된다.

(『경주 남산신성』, 2010)

| 제3편 |

한국 고대사 기본 사료와 목간

1장

금석문 자료와 한국 고대사

단양신라적성비(출처 신라 천년의 역사와 문화 자료집4)

1. 새로운 사료

역사학은 모름지기 기록을 매개로 삼아 과거 인간의 삶과 관련한 진실 추구를 본령으로 하는 학문이다. 역사학에서 다루는 기록을 흔히 사료(史料)라고 일컫는다. 따라서 역사를 복원하면서 사료에 근거하지 않는 주장이란 허구일 뿐이다.

그런데 지금껏 남아 있는 사료라고 하더라도 모두가 다 똑같은 무게를 지니는 것은 아니다. 순금이라도 불순물이 끼어들어 순도(純度)에서 차이가 나는 것과 마찬가지로 누가, 언제, 어떤 목적으로 기록을 남겼느냐에 따라 지니는 무게가 다르다. 그래서 다 같이 사료라고 불리더라도 모두 동등하게 취급되지는 않으며 굳이 등급을 매기고자 하는 것이다.

당대에 곧바로 남겨진 기록이 가장 기본적이며 일차적인 사료가 되겠다. 물론 당대의 사료라고 하여 언제나 순도가 반드시 100퍼센트에 이르는 것은 아니다. 기록으로 남겨질 바로 그때부터 어떤 특정한 목적 의식이 깊숙이 개입되기도 하기 때문이다. 이를테면 414년에 세워진 광개토왕비(廣開土王碑)의 비문 내용이라도 반드시 일어났던 사실 그대로 기술된 것은 아니다. 비를 세웠던 일차적 목적이 광개토왕이 세운 훈적(勳績)을 과시하기 위한 데에 있었던 만큼 당시에 일어났던 전투 전체가 아니라 그 가운데 오로지 승리한 사실만을 가려서 기록으로 남기고 있는 것이다. 게다가 시간이 한참 흐른 뒤, 정해진 어떤 기준에 따라 쓴 것이므로 사실과 다를 수도 있다. 그런 과정에서 일부 과장이 스며들기도 한다. 이로 미루어 짐작하면 당대의 기록이라고 하여 무조건 실제 그대로 받아들일 수 없음은 자명하다. 하물며 오랜 세월이 지난 뒤 다시 특정한 목적 아래 거듭 정리, 재정리의 과정을 거치고서 남겨진 사료라면 그 내용이 어떨지는 새삼 말할 나위가 없는 일이다.

이처럼 현재 남겨진 기존의 사료 속에는 어떠한 경우라도 안팎의 여러 요인으로 말미암아 실상과는 다른 내용이 저절로 끼어들게 마련이다. 그래서 옥석

(玉石)은 물론이고 옥 가운데 스며들어간 티[瑕疵]를 또다시 가려내는 작업을 거치지 않으면 안 된다. 이런 과정을 총칭하여 사료비판(史料批判)이라고 한다. 한때 크게 논란이 되면서 세간의 주목을 받았던 필사본『화랑세기』를 역사학계가 위서(僞書)로 진단을 내린 것도 그와 같은 엄정한 사료비판의 과정을 거친 최종적인 결과였다. 그렇지 않다면 빈약한 사료에 마냥 허덕이고 있는 한국고대사 분야로서는 마치 황금어장처럼 여겨지는 자료를 굳이 위서라고 배척할 이유가 따로 없는 것이다. 이는 결국 진실에 한결 더 다가가기 위한 노력의 일환이다.

다 아는 것처럼 한국고대사는 관련 사료가 매우 희소한 분야이다. 그래서 연구자들은 언제나 당대에 쓰인 자료의 출현을 손꼽아 기다린다. 이따금씩 그에 부응하기라도 하듯 이렇다 할 굵직한 자료들이 출현한다. 예컨대 돌이나 금속류에 새겨진 금석문, 나무나 대나무에 쓰인 이른바 목간(木簡)과 같은 사례들이다. 이들 자료가 때때로 출현하여 연구자들의 오랜 목마름을 해갈(解渴)시켜 주기도 하는 것이다. 그러나 새로운 자료가 출현한다고 해서 모든 의문이 저절로 풀리는 것은 아니다. 여러 가지 면에서 새로이 제기되는 논란거리가 다시 또 기다리는 것이다. 그런 측면에서 진실에 이르는 길은 어쩌면 험난한 고난의 연속이라고 말할 수도 있겠다. 아래에서는 한국고대사 분야에서 새로 출현한 사료들과 그를 발판으로 진실을 찾아가는 이야기를 해보고자 한다.

2. 금석문과의 첫 인연

필자가 금석문의 중요성을 깊이 느끼기 시작한 것은 1970년대 후반 석사학위 청구논문을 준비하면서였다. 당시 신라 중고기(中古期, 514~653)의 지방통치와 촌락이라는 논제를 구상하고 있었다. 그 초점은 당연하게도 지방통치보다는 촌락에 맞추어졌다. 그러나 그와 관련한 사료가 너무나 빈약해 오히려 지방통치 조직이나 방식을 통하여 촌락의 존재양상을 추적해보지 않으면 안 되겠다는 생각을 갖기에 이르렀다. 당시 삼국 가운데 가장 후발주자였던 신라가 마침내 삼국 통합전쟁에서 최후의 승리자가 될 수 있었던 요인 중 하나는 아마도 지방 문제를 성공적으로 다룬 데에 있었을지도 모른다고 막연히 추측하던 중이었다.

그때 먼저 눈길이 닿은 곳이 561년 건립된 창녕진흥왕비였다. 거기에는 진흥왕 당대 최고위직에 있던 유력자들의 이름이 거의 망라되다시피 하여 주목을 크게 받았거니와 필자에게는 특히 '군주당주도사여외촌주(軍主幢主道使與外村主)'라는 구절이 각별히 크게 다가왔다. '군주'와 '당주' 및 '(외)촌주'라는 직명은 이미 『삼국사기』에도 보이지만 '도사'만은 그렇지가 않았다. 물론 591년 건립된 남산신성비(南山新城碑)에는 지방의 성촌(城村) 단위에 파견된 지방관으로서의 '도사'란 존재가 적혀 있었지만 그럼에도 아직 지방통치조직이나 체계는 그리 확연하게 드러나지 않은 상태였다. 게다가 '당주'가 기존 사서(史書)에서는 '군관(軍官)'으로서만 보일 뿐 지방관으로는 확인되지 않았다. 그래서 군주·당주·도사의 상호 관계는 과연 어떠하였을까, 지방의 유력자인 '촌주'는 그런 구조 속에 어떤 위치에 놓였을까 등등이 매우 궁금하였다. 그를 추적해 가면서 결국 기존 사서는 너무 불완전하며 따라서 진실에 한 걸음 더 다가가는 데에는 먼저 당대의 기록이 필요하다는 사실을 절실히 느끼기에 이르렀다.

문제의 그 구절을 놓고 한창 고민을 거듭하고 있을 즈음인 1978년 1월 충북 단양에서 당시로서는 신라 최고(最古)의 비라 할 적성비(赤城碑)의 출현이라는 낭보가 날아들었다. 기억을 되돌려 보면 그때 신문지상을 통하여 보도된 비문의 내용을 대충 훑어보고서는 너무도 흥분감이 벅차오던 장면이 아련히 떠오른다. 거기에는 필시 밤낮으로 고심하고 있던 문제를 단번에 해결해 줄지도 모를 실마리인 '군주'와 '당주'라는 직명이 함께 보였기 때문이었다. 그때 마음 깊은 곳으로부터 치솟았던 것은 그 이전에 별로 가져 보지 못한 느낌으로서 실로 형언(形言)하기 어려울 정도였다. 사막을 걷다가 목이 너무 타서 곧 죽을 것만 같은 최악의 순간 오아시스를 만난 느낌이 바로 그런 것이 아닐까 싶다. 적절한 때에 맞추어 적성비가 출현해줌으로써 이후 작업은 순풍에 돛을 단 듯이 매우 쉽게 진행되었음은 물론이다.

그 결과 완벽하지는 못하였지만 아쉬운 대로 학계에 첫 발을 내디딜 수 있었다. 이때 맺은 적성비와의 첫 인연은 그 뒤에도 한동안 이어졌다. 어떤 연유로 그에 대한 관심의 끈을 놓칠 수가 없었다.

3. 적성비의 충격과 후유증

그런데 석사 과정을 마치고 난 뒤 얼마 지나지 않아 적성비를 본격적으로 다룬 일본 동경대학 다케다 유키오(武田幸男) 교수의 논문을 접하고서 깜짝 놀랐다. 거기에는 우리 학계가 미처 파악하지 못하고서 그냥 지나쳐버린 중대한 실착이 그대로 드러나 있었기 때문이었다. 이것이 필자로 하여금 적성비에 그대로 매달리게 한 계기로 작용하였다. 이제 다시금 적성비 전체를 면밀하게 살피지 않으면 안 되었다.

비의 발견 주체였던 단국대학교 박물관은 적성비를 본격적으로 다룬 학술회의를 열기에 앞서 현장을 발굴하여 전체 20여 자에 달하는 문자가 있는 10여 점의 비편을 확보하는 성과를 올렸다. 그 가운데 '성재(城在), 아간(阿干)'이라는 2행으로 이루어진 하나의 비편은 각별히 주목해 볼 만한 대상이었다. 다케다 교수는 치밀한 검토 작업을 통하여 그것이 5행과 6행의 첫머리에 해당한다는 결론을 내렸다. 높은 안목과 함께 꾸준한 노력이 일구어낸 성과였다. 그렇게 함으로써 온갖 억측으로 한창 논란이 일던 중요한 문제가 일시에 풀리게 된 것이다. 3행의 말미는 고두림(高頭林)이라는 단어로 끝나는데 그 실체가 과연 무엇일까를 둘러싸고서 견해가 엇갈려 있는 상태였다. 대체로 그 단어는 사람 이름으로서 원래 고구려인이었다가 신라로 귀화한 인물로 보는 견해가 우세한 편이었다. 그런데 그 다음 4행의 첫 머리가 '성재'라면 다음 문장과 이어져 '고두림성재군주'('고두림성에 있는 군주'라는 뜻)가 되어 고두림은 저절로 군주라는 직명에 붙은 지명이 된다. 이후 그에 대한 반론이 전혀 나오지 않은 것으로 미루어 보면 정설로 확정되었다고 해도 무방하겠다. 이 실착은 당시 우리 학계의 실상과 수준을 그대로 엿보게 한 대목이다.

당시 필자는 다케다 교수의 논문을 꼼꼼히 읽어가면서 밑에서부터 치며오는 참담함과 착잡함을 쉬이 떨쳐내기 어려웠다. 과연 우리 학계는 왜 이다지도 부족한가, 정말 이런 정도의 수준밖에 되지 않는가. 결과적으로 그 사건은 이제 막 공부를 시작하려던 필자에게는 커다란 교훈으로 작용한 셈이었다. 앞으로는 비문의 글자 하나라도 결코 소홀히 보아 넘겨서는 안 되겠다, 그런 우(愚)를 범하는 일이 절대 없으리라고 내심 굳게 다짐하고 있었다.[1]

자존심으로 말미암아 여러 해 동안에 걸쳐 적성비를 놓고 씨름하기 시작하였다. 아직 활용되지 않고 남아 있던 여러 비편들을 이리저리 끼워 맞추는 시도를 하면서 나름대로 석문(釋文)을 작성하는 데 고심하였다. 그러는 한편 전체 내용도 분석하고 논란되던 비를 세운 연대를 밝혀내려는 데 힘을 쏟기도 하였다. 그 결과를 1984년 논문으로 발표하였다.[2]

이런 과정을 통하여 금석문을 면밀히 따져 보는 습성이 저절로 몸에 밴 것 같다. 그동안 주로 석문 작성이 완료되었다고 여겨지는 비문을 대상으로 어떤 의문도 던지지 않고 오로지 활용하는 데에만 급급하였지 세밀하게 판독하고 동시에 구조를 낱낱이 따지는 작업을 소홀히 한 데 대한 나름의 반성도 뒤따랐다. 그로부터 한참 지난 뒤인 1987년에 이르러서 한국고대사연구회(한국고대사학회의 원래 명칭)란 학회가 출범하자 금석문에 관심을 가진 연구자들과 함께 현장으로 가서 판독하고 분석하여 성과의 대강을 당시 발간되던 회보에 꾸준히 실었던 데에는 그런 배경이 작용하였다.

1 그러나 최근 울진봉평리신라비에서 발견 후 20년 만에 새로운 글자가 확인되어 소동이 또 벌어졌다. 제1행 말미에 '五'로 추정되기도 하는 어떤 글자가 제법 선명하게 있었음에도 읽지를 못하였던 것이다. 수많은 연구자가 관찰하였는데 어떻게 그럴 수가 있을까?

2 주보돈, 「단양신라적성비의 재검토—비문의 복원과 분석을 중심으로」 『경북사학』7, 1984.

그러면서도 지금에 이르기까지 부끄럽고 아쉽기 짝이 없는 일이 문득 하나 떠오른다. 적성비 관련 논문을 발표하면서 당연히 시도했어야 할 비편 조사를 실행에 옮기지 못한 일이었다. 적성비 관련 논문을 완성하고 난 이후에는 차일피일 미루다가 언젠가는 볼 수 있으리라는 막연한 생각만을 가졌지 실행에 옮기지는 못한 채 시간만 흘렀다. 언제나 마음 한구석에는 무엇인가 표현하기 어려운 찜찜함이 자리하고 있었다. 그러다가 시일이 너무 지나게 되자 이제는 그 자체를 거의 완전히 잊고 지내다시피 하였다.

그런데 수년 전 한국목간학회의 이사회 석상에서 우연히 적성비에 관한 이야기를 하다가 누구라도 나서서 필자가 하지 못한 작업을 이어서 꼭 해주면 좋겠다는 제언을 한 적이 있다. 당장 그 자리에서 관심을 표명하고 나선 사람이 동국대학교의 윤선태 교수였다. 평소 당대의 일차 사료에 대해 누구보다도 깊은 관심을 기울이고 있던 그는 단국대학교 박물관의 도움을 받아 곧바로 비편(碑片) 조사에 나섰다고 한다. 마침내 비편에서 중대한 문제점을 찾아내어 2010년 8월 목간학회 주최의 하계세미나에서 그 가운데 일부를 보고하였다. 비편에서 '찬(撰)'으로 읽을 여지가 보이는 글자를 새로 찾아내고 나아가 그 글자가 들어갈 만한 자리까지 확보하는 개가(凱歌)를 올린 것이었다. 만일 그 추론이 성립된다면 적성비로부터 새로운 정보를 더 많이 확보할 수 있는 실마리를 얻게 되는 셈이었다. 한 걸음 더 나아가 어쩌면 적성비 자체를 전반적으로 새로 점검해 볼 수 있는 기회가 될지도 모른다는 것이 필자의 솔직한 느낌이었다. 조만간 기대에 부응하는 결과가 나오리라 기대해 본다. 여하튼 그 일은 조그마한 글자 하나라도 결코 소홀히 보아 넘겨서는 안 된다는 사실을 다시금 일깨워 주었다.

4. 새로운 금석문을 찾아서

앞으로는 금석문을 꼼꼼히 살펴 절대 그냥 지나치는 일은 없도록 해야겠다는 각오를 다짐하고서 적성비를 검토하기 시작한 뒤 언뜻 새로이 포착된 금석문이 있었다. 1976년 안압지 발굴을 통하여 처음 알려진 20여 자 남짓의 글자가 남은 비편이었다. 이는 원래 안압지의 호안석축(湖岸石築)으로 사용된 것이었다. 발견 당시 그것은 여러 남산신성비 가운데 하나로서 제7비란 이름을 달고서 소개되어 널리 받아들여지던 상황이었다. 이전에도 그 자료를 접촉한 적은 있으나 거기에 내재된 문제점을 간파하지 못하고 그냥 스쳐 지나가고 말았다. 그런데 새로운 시각과 자세로 꼼꼼하게 살피자 금방 문제점이 드러났다. 이른바 안압지출토비는 기존의 남산신성비와 비슷한 문장 구조였지만 기재방식에서 차이가 나고 외형 또한 분명히 달랐다. 게다가 모든 남산신성비에 공통적으로 보이는 서사(誓事)의 부분이 없었다. 그것은 앞부분이 떨어져 나가서 그렇다고 치더라도 일부 외위(外位) 관등의 표기 방식은 뚜렷하게 차이가 났다. 그래서 최종적으로 이 비는 남산신성비가 아니라는 결론을 내리기에 이르렀다. 그렇다면 과연 어떤 비일까 하는 의문이 자연스레 생겨났다.

그 점을 밝혀내기 위하여 안압지보고서를 면밀히 검토하였다. 거기에는 안압지의 호안석축에 사용된 돌들을 대상으로 지질학적인 분석을 시도하여 그 원산지가 명활산성(明活山城) 방면이라는 결론이 내려져 있었다. 그래서 그를 일차적인 근거로 삼고 한 걸음 더 나아가 명활산성의 축조와 관련된 기사를 추적해보았다. 그리하여 진흥왕 15년(554) 명활산성을 수축(修築)하였다는 기사를 찾아내었다. 여러 정황상으로 볼 때 안압지출토비는 바로 그때에 명활산성 축조를 위해 전국적인 역역동원을 하고 난 뒤 세워졌다고 보아 잠정적으로 명활산성비라고 명명해두었다. 아마도 남산신성비의 시원을 이루는 것으로 장차 같이 세워진 여러 개의 비가 출토되리라고 예측하였다.

당시 안압지보고서를 점검하면서 너무도 놀란 것은 비편과 관련하여서는 단 한 줄의 내용도 싣지 않았다는 사실이었다. 오직 도판 부분에서 아무런 설명도 없이 겨우 사진 한 장만을 달랑 올려놓고 있을 따름이었다. 혹여 주변을 면밀하게 조사하였더라면 같은 비의 다른 부분이나 아니면 동시에 건립된 다른 비들을 확보할 수 있었을지도 모른다는 큰 아쉬움을 남겼다. 안압지의 발굴이 시간에 쫓겨 졸속으로 이루어졌다고 오래도록 회자되었는데 문제의 비편을 취급한 자세만으로도 당시 발굴 수준이 어떠하였으리라 충분히 짐작할 수 있었다. 전반적인 경향이나 수준이 그러하였기 때문인지는 몰라도 지금 시점에서 돌이켜보면 정말 씻을 수 없는 과오를 저지른 셈이었다.

이상과 같은 내용을 1985년 안동대학교에서 열렸던 대구사학회의 정기학술회의에서 발표한 적이 있다.[3] 토론자로 나섰던 당시 영남대학교 이종욱 교수는 여전히 그 비편이 남산신성비 가운데 하나라는 주장을 고수하는 입장에서 명활산성비를 실제로 발견하여 사실을 증명해 보이라고 비판을 가하였다. 귀담아 들을 필요가 없는 억지였지만 나도 즉시 맞받아서 앞으로 정말 그러마고 공개적으로 답변하였다. 그 뒤 필자는 무모하게도(?) 여러 차례에 걸쳐 혼자서 새로운 명활산성비를 찾아 나섰다. 성벽이 붕괴되어 산더미처럼 쌓이고 흩어져 있는 현장에 가서 혹시 새로운 비가 나오지나 않을까를 기대하면서 이곳저곳을 훑고 다녔다. 그러나 워낙 돌의 수량이 많은 탓에 전면적 발굴 작업을 진행하지 않는 한 도무지 기대난망한 일로 여겼다. 몇 차례 조사를 하다가 먼 장래에 발굴을 통하여 출토되리라 막연히 희망하면서 포기하고 말았다.

그런데 하늘은 스스로 돕는 자를 돕는다고 했던가. 그로부터 3년쯤 세월이 흐른 뒤에 마치 기적과도 같은 일이 벌어졌다. 1988년 8월 말 경주 지역에서 큰 홍수가 났는데 당시 명활산성의 북문이 자리한 곳의 잔존 성벽 일부가 무너져 내렸다. 위로부터 흘러내린 물에 휩쓸린 여러 성돌들이 성 밖 계곡의 이곳저곳에 어지럽게 널렸다. 때마침 그곳을 경작하던 포도밭의 주인이 지나다가 우연히 글자가 있는 비석을 발견해 경주박물관에 정식 신고함으로써 세상에 알려지게 되었다. 만약 그때 글자가 적힌 쪽이 윗면으로 놓이지 않았더라면 자칫 영구히 빛을 보지 못하였을지도 모른다. 천우신조라고나 할까.

3 주보돈, 「안압지출토 비편에 대한 일고찰」 『대구사학』27, 1985.

필자는 때마침 서울 국립문화재연구소가 그 해 초에 발견된 신라 최고의 비인 울진봉평리신라비의 모형을 뜨는 작업을 한다고 해 거기에 잠시 참관하였다가 새로운 비의 발견 소식을 접하였다. 대구로 내려오자마자 다음 날 당장 경주박물관으로 달려가 비문을 조사하기 시작하였다. 그 결과 비석의 외형이나 문장상의 구조 및 표기 방식 등이 안압지출토비와 매우 비슷하다는 사실을 확인하였다. 그때의 환희를 어찌 말로 표현하겠는가. 이로써 안압지출토비가 여러 개의 명활산성비(내용에 입각하여 작성비라고 명명됨) 가운데 하나임이 뚜렷하게 증명된 것이다. 안압지출토비는 명활산성비라는 정식의 새 이름을 갖기에 이르렀다. 다만 원래 관련 기사에 근거하여 554년일 것으로 추정하였는데 새로 발견된 비문에 '신미(辛未)'라는 간지가 보여 551년임으로 확인됨으로써 연대가 일치하지 않았다. 『삼국사기』에 별다른 오류가 개재되지 않았다면 명활산성은 551년에 축성 작업을 시작하여 554년에 이르러 끝냈을 가능성이 높은 것으로 풀이된다. 그렇지 않다면 『삼국사기』의 기년에는 중대한 잘못이 있으므로 그 자체 수정되어야 마땅하다.

여하튼 이로써 6세기의 일정한 기간 동안 왕경의 토목건축사업에는 전국의 지방민이 동원되어 진행되었다는 사례를 또 하나 확인하는 성과를 올렸다. 아마도 그것은 당시 지방을 지배하는 방식과도 연관된 일이라 여겨진다. 이미 6세기에 지방민을 대상으로 한 체계적인 역역동원이 이루어질 정도로 지방지배가 강화되고 있었다. 그것을 통하여 다시 지방에 대한 지배를 더욱 조직화해 갔을 것이다.

5. 또 다른 새 자료 - 목간

1988년은 정말 뜻 깊은 해였다. 그해 봄, 마치 한국고대사연구회 창립 1주년을 기념하기라도 하듯 울진봉평리신라비가 발견되었기 때문이다. 그 이듬해에는 봉평비보다 20여 년 앞서는 503년 건립된 포항냉수리신라비가 출현하였다. 신라 최고의 비라는 지위는 또다시 경신되었다. 여하튼 한국고대사 특히 신라사 방면에는 큰 경사가 이어졌던 셈이다. 이들 비문 속에는 기존의 사서에서는 보이지 않던 새로운 내용이 많이 담겨 있어 신라사 연구의 수준을 한 단계 높이는 데 기여함이 대단히 컸다. 신라사 연구가 아연 활기를 띠고 진행되었음은 물론이다.

그런데 바로 뒤이어 1990년 경기도 하남시 이성산성(二聖山城) 내부의 연못에서 목간 출현 소식이 전해졌다. 잇달아 1991년부터는 경남 함안의 성산산성에서 목간이 연차적으로 출토되기 시작하였다. 마치 비문의 시대는 지나가고 이제부터는 바야흐로 목간의 시대가 도래한 듯한 느낌이 들 정도였다.

그 이전 1970년대 중반 안압지에서 다수의 목간이 출현함으로써 바야흐로 한반도에서도 목간 시대가 열리게 될 날이 그리 멀지 않았음이 예고되던 참이었다. 그런데 1980년대에 약간씩 발견되던 목간이 1990년대에는 집중적으로 출토되기 시작하였다. 특히 그 가운데 가장 주목을 끈 것은 함안 성산산성(城山山城) 출토의 목간이었다. 그 뒤 최근에 이르기까지 도합 수십 차례의 발굴이 이어졌고 그 결과 삼백 수십 점의 목간이 나왔다. 우리나라 전체에서 출토된 목간 육백 여점의 반 이상에 이르는 수량이 성산산성에서 출토된 것이다. 이처럼 성산산성은 목간의 수량에서 단연 압도적인 위치를 차지한다.

원래 성산산성은 오래도록 가야의 산성일 것으로 추정되어 왔다. 그런데 목간의 출현으로 신라가 축조한 성이라는 사실이 새로이 밝혀졌다. 이는 문자 자료가 차지하는 힘이 어떠한지를 극명하게 보여준 일대사건이었다. 만약 목간이 출토되지 않았다면 성산산성은 영구히 가야가 축조한 산성으로 잘못 여겨졌을 터이다. 한편 내용 분석을 통하여 목간이 작성된 연대가 560년 무렵이라는 사실이 밝혀진 것도 큰 성과였다. 바로 그 시점에 축성된 사실이 저절로 드러났기 때문이다. 발굴이 진행되면서 목간이 출토되는 일정한 층위가 존재한다는 사실이 확인된 것도 주목할 만하다. 그동안 발굴 수준이 크게 향상되었음을 증명해 보였다. 여하튼 목간 출현으로 고고학이 문헌사학과는 뗄 수 없는 관계를 맺고 있다는 점을 입증해 주었다.

목간의 내용 분석을 통하여 성산선성 축성을 위하여 경상북도 북부지역 일대의 주민이 동원되었음이 드러났다. 당시 설치된 상주(上州) 관할 하의 지역들이다. 하주(下州)나 혹은 신주(新州) 지역의 주민들이 보이지 않는 이유를 알 수 없으나 다른 구역을 담당하였을 가능성도 있다. 아니면 전혀 다른 역할을 맡았을 수도 있겠다. 여하튼 새로이 영토로 편입된 지역에 축성하면서도 인근의 주민이 아니라 전국적인 동원을 통하여 축성한 점은 앞서 본 명활산성이나 남산신성의 축조와 비슷한 면모이다. 앞으로 그런 시각에서 내용을 새롭게 정리할 필요가 있을 듯하다.

그런데 각별히 주목할 것은 성산산성에서 목간이 대량으로 출토된 것을 계기로 한국목간학회가 정식으로 출범하였다는 사실이다. 이미 1999년 한국고대사학회는 최초로 성산산성 출토 목간을 대상으로 한·중·일 삼국의 학자들이 참가하는 국제학술회의를 열었다. 그 뒤 성산산성에서는 물론이고 다른 지역에서도 주목할 만한 목간자료가 계속 출토되면서 그를 전적으로 취급할 학회의 필요성이 고조되고 있었다. 그런 분위기 속에서 필자는 몇몇 젊은 연구자들과 함께 2006년부터 학회 결성 작업을 시작하여 2007년 1월 마침내 정식으로 기치를 내걸었다.

한국목간학회는 학제적(學際的)·국제적(國際的) 지향성을 표방하고서 출발하였다. 문자를 매개로 여러 학문 분야가 참여하고 나아가 안목을 넓혀 문자문화의 확산과 교류실태를 국제적으로 밝혀보자는 생각에서이다. 따라서 그것이 설정한 목표대로 정착되기만 한다면 장차 한국고대사에도 새로운 장이 크게 열리리라 확신한다.

(『한국사시민강좌』49, 2011)

2장

한국 목간 연구의 현황과 전망

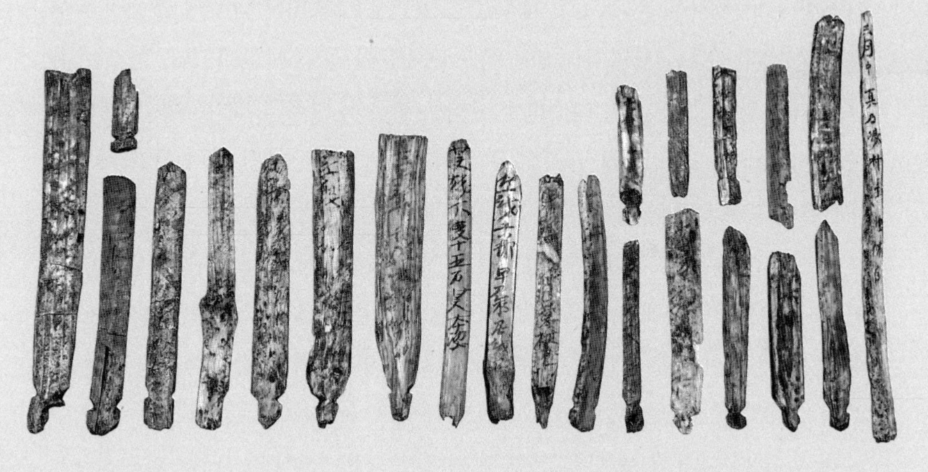

함안 성산산성 17차 발굴조사 출토 목간

1. 목간학(木簡學)의 제창(提唱)과 정립(定立)

1975년 신라 왕도였던 경주(慶州) 소재의 안압지(雁鴨池) 발굴로 수십 점이 처음 선을 보인[1] 이래 전국적으로 수많은 발굴 조사가 이어지면서 한국고대사 관련 목간 자료는 꾸준히 추가되어 왔다. 30년 남짓한 세월이 흐른 현재까지 확인된 목간 출토의 유구(遺構)는 전체 십 수 곳에 이르며 총량도 대략 5백 수십 점을 헤아릴 정도이다.[2] 이런 추세대로라면 앞으로도 목간은 지속적으로 증가하리라 예단해도 무방할 듯하다. 이는 그동안 발굴조사 건수가 엄청나게 늘어난 데에서 비롯된 당연한 결과이겠지만 다른 한편 발굴 자체의 수준 향상에서 기인한 바도 작지 않은 것으로 여겨진다. 지난날 소홀히 취급하여 별달리 관심을 기울이지 않았던 저습지(低濕地) 쪽으로도 눈을 돌린 덕분이었다. 이제는 목간이 나올 만한 곳을 미리 예측해 접근하는 학술적 성격의 기획(企劃) 발굴조사까지 시도해 볼 날도 그리 멀지 않은 듯하다. 그렇게 된다면 장차 목간 자료는 대단할 정도로 축적되어 가리라 기대해도 좋을 듯하다.

돌이켜 보면 안압지 발굴이 이루어진 이후 적지 않은 세월이 흘렀으나 정작 연구자들이 이에 대해 본격적 관심을 기울인 시점은 그리 오래되지 않는다. 그렇게 된 데에는 몇몇 요인이 작용한 것으로 보인다. 물론 당연하게도 출토 목간의 수량이 별로 많지 않았던 탓이기도 하였으나 하나의 목간에 쓰인 글자 수가 적은 탓에 그것이 보여 주는 내용 자체가 극히 단편적(斷片的)·파편적(破片

---

1 그 전후 사정에 대해서는 李基東, 「雁鴨池에서 出土된 新羅 木簡에 대하여」 『慶北史學』1, 1979 ; 『新羅骨品制 社會와 花郎徒』, 韓國硏究院, 1980 참조.

2 현재로서는 수치가 상당히 유동적이다. 어떤 형태와 내용의 것을 목간으로 규정하느냐에 따라 수치에서는 약간의 차이가 나기 때문이다. 앞으로 목간의 외형을 갖추고 있더라도 墨書가 확인되지 않는 것은 제외함이 바람직하다. 그리고 사용한 목간을 재활용하기 위하여 잘라낸 부스러기인 削屑의 경우도 어떻게 처리하는 것이 좋을지 미리부터 심각하게 고민해 봄 직하다.

的)인 데다 판독(判讀) 또한 무척 까다로웠던 점도 크게 작용한 것 같다.[3] 그러다가 1990년대에 들어와 목간 자료가 크게 주목을 받기 시작한 것은 당시 그럴만한 여건이 어느 정도 성숙되었기 때문이다. 특히 적외선(赤外線) 사진 촬영이나 컴퓨터 활용 등 첨단과학(尖端科學)의 기법이 동원되면서 목간 판독의 능력이 크게 향상된 사실을 먼저 들 수 있다.[4] 육안(肉眼)으로는 판별하기 매우 곤란한 글자까지 읽어낼 수 있게 됨으로써 목간에 대한 관심이 비로소 고조되기 시작한 것이다. 한편 때맞추어 목간 자료 자체가 증가한 것도 그를 추동(推動)하는 데 큰 몫을 차지하였다.

두루 알다시피 목간에는 수많은 정보가 내장(內藏)되어 있다. 우리가 어떤 코드를 갖고 어떻게 송(送)·수신(受信)하느냐에 따라 그것이 토해내는 정보의 양이 결정되게 마련이다. 마치 컴퓨터가 지닌 엄청난 기능과 성능이 사용자의 능력 여하에 따라 전혀 다른 모습으로 나타나기 마련이듯이 하나의 목간에 내재된 정보도 그와 매우 비슷한 속성을 지닌 듯하다. 그러므로 목간은 관심과 능력의 여하에 따라 우리에게 알려주는 정보의 양이 정해진다고 하겠다.

목재(木材)에 옛 글자가 쓰여 있다는 면에서 목간을 흔히 역사 자료로만 한정해 인식하는 경향이 짙다. 그렇지만 거기에 담겨진 정보 모두를 추출해 내는 데에는 역사학의 힘만으로는 뚜렷한 한계를 지닌다. 모름지기 판독과 함께 그 의미를 제대로 분석해 내는 데에는 역사학과 함께 국어학(國語學) 및 서예학(書藝學) 방면은 물론이고 심지어는 고목재학(古木材學) 등의 도움까지도 요구된다.

3 지금과 비교하여 보면 초기에는 어려움이 매우 많았을 듯하다. 목간에 스며있는 습기가 증발하면 黑化가 진행되어 육안으로는 판독이 곤란해진다. 이런 기초적인 사정도 제대로 알지 못한 채 목간을 다루는 등 여러 가지 실착도 범하였다. 게다가 당시에는 赤外線 사진이나 컴퓨터 등 첨단과학의 활용은 꿈꾸기 어려웠다. 그 까닭으로 판독이 제대로 이루어지지 않아 목간을 연구에 이용하지 못하였던 것이다.

4 최근 국립가야문화재연구소에서 일본의 와세다대학 조선문화연구소와 함께 공동으로 함안성산산성 출토목간을 고화질의 디지털카메라로 촬영하여 정리한 보고서를 간행한 것은 목간학이 첨단과학과 밀접한 연관관계를 가져야 함을 입증하여 준다(『함안 성산산성 출토목간』, 2007).

특히 목간이 문자 자료이기에 앞서 전형적인 고고(考古) 자료이기도 한 사실은 결코 빠트릴 수가 없는 측면이다. 발굴의 진행 과정과 그 결과는 목간에 담겨진 풍부한 기초적 정보를 읽어내는 데 종종 결정적 역할을 하기 때문이다. 거꾸로 목간은 유구의 성격이나 유물의 편년(編年) 설정과 같이 발굴 자료의 해석에 절대적 영향을 끼침은 물론이다.

이처럼 목간은 단순히 역사학의 자료로만 한정되지 않는다는 데에 가장 중요한 특징이 있다. 말하자면 하나의 목간 분석에는 여러 학문 분야가 접목(接木)되어야만 비로소 전체 정보가 확연히 드러나는 것이다. 그런 측면에서 목간은 학제적(學際的) 연구가 크게 요망되는 새로운 특수한 분야에 속하는 자료라 하겠다. 목간을 매개 고리로 삼아 여러 학문 분야의 접합이 이루어져야 한다는 의미에서 이를 따로 목간학(木簡學)이라 이름 붙여도 무방하지 않을까 싶다. 한국목간학회의 출범은 앞으로 그와 같은 학제적 성격을 강하게 지닌 목간학을 정립(定立)해 가는 데 일조(一助)하는 계기가 되었으면 하는 바람이다.

우리의 목간 연구는 이제 갓 걸음마를 시작하였다. 어떤 새로운 조직의 탄생에는 자연스레 잘 커나가리라는 기대와 희망이 함께 섞이게 마련이다. 다만 그것이 장차 어떤 모습으로 어떻게 키워질지는 오직 연구자들의 관심과 자세 여하에 달려 있을 따름이다. 비록 인근의 중국이나 일본에 비하여 유관 자료가 극히 부족한 형편이고 또 출발이 매우 늦지만 앞서 간 그들의 전철(前轍)은 곧 우리가 어떤 방향으로 어떻게 자리 잡아 나가는 것이 바람직한 지를 가리켜 주는 길잡이 역할을 하리라 기대된다. 한국목간학회가 첫 선을 보이면서 굳이 국제학술회의의 형태를 취하여 모습을 드러낸 것도 바로 그 때문이다. 이와 같은 과정의 꾸준한 축적을 통하여 한국목간학은 빠른 시일 내에 높은 수준으로 성장할 수 있으리라 확신한다.

2. 목간과 한국고대사 연구

1945년 이후 진행되어 온 한국고대사 연구의 흐름을 특별히 동원된 자료의 성격을 기준으로 삼아 추적하여 보면 크게 세 단계로 나누어 이해해 봄 직하다.

먼저 기존에 널리 알려진 사서(史書)와 같은 문헌을 바탕으로 삼은 연구가 진행된 단계이다. 대체로 70년대까지가 그에 해당한다. 관련 기초 자료 전반을 정리·분석하는 작업을 발판으로 한국고대사의 기본적 틀을 갖춘 시기이다. 이런 과정을 통해 한국고대사의 큰 체계(體系)가 잡혔다고 평가해도 좋을 듯하다. 다만 기왕에 알려진 문헌 자료는 당대에 쓰인 원전(原典)이 아니라 한참 세월이 흐른 후대에 재정리된 것이어서 그 자체 뚜렷한 한계를 지닌 것이었음이 여실히 드러났다. 문헌상에는 한국고대사의 복원에 긴요한 많은 부분이 전혀 공백(空白)인 채로 남겨지거나 혹은 후대의 지배이데올로기에 입각한 윤색과 왜곡이 스며든 곳도 적지 않음이 판명되었다. 당시 연구자들은 그를 극복해 내는 방편으로 사료 하나하나에 대한 치밀한 고증 작업을 시도하고 나아가 비교사학적(比較史學的)이거나 혹은 인근 학문 분야를 원용(援用)하는 등 다양한 새로운 방법론을 동원하기도 하였다. 이를 통해 큰 성과를 거두었음은 두말할 나위가 없겠다. 그러나 그것만으로는 기존 사료가 지닌 근본적 문제점을 뛰어넘기에는 명백한 한계를 드러내었다. 이로 말미암아 새로운 자료의 출현이 크게 고대(苦待)되던 상황이었다.

그러한 기대에 대한 부응은 대체로 1970년대 들어와 나타나기 시작하였다. 이 시기에 두 방면에 걸쳐 신선한 자료가 출현하여 한국고대사 복원에 널리 활용되었기 때문이다. 그 중 하나는 고고 자료를 손꼽을 수 있다. 활발한 발굴 작업으로 확보된 유구(遺構)와 유물(遺物)의 엄청난 증가는 한국고고학 분야의 괄목할 만한 진전을 가져 왔다. 그것이 결국 한계 상황에 봉착해가던 문헌 중심의 한국고대사 연구를 극복하고 크게 진척시키는 데 촉매제 역할을 다하였던 것이다. 이후 문헌사가들은 고고학 분야의 연구 결과를 적극 수용·접목함으로써 기존 문헌 중심의 연구 결과를 수정·보완하기도 하고 때로는 그를 배경으로 삼아 문헌 읽기를 새롭게 시도함으로써 전례 드물게 다대한 성과를 쌓아갈 수 있었다. 문헌이 지닌 한계와 공백을 메우는 데에 고고 자료는 크게 기여하였던 셈이다. 한국고대사의 연구 수준은 이로써 그 전에 비해 한 단계 높아졌다고 평가하여도 무방할 듯하다.

이 시기에 고고 자료와 함께 새로 발견된 금석문 자료는 한국고대사 연구 전반에 활력을 크게 불어넣어 주는 또 하나의 주요 계기로 작용하였다. 이를테면 1970년대 말의 중원고구려비(中原高句麗碑)와 단양신라적성비를 비롯하여 80년대 말의 울진봉평신라비, 영일냉수리신라비, 명활산성비 등 이렇다 할 굵직한 금석문의 발견은 타는 목마름을 크게 해갈(解渴)시켜 주는 기능을 하였다. 70년대 이후 한동안은 금석문 중심의 한국고대사 연구 시대라 일컬어도 지나치지가 않을 정도로 크게 붐을 이루었다. 이들 금석문이 지닌 예기치 못한 수많은 참신한 정보는 대단한 위력을 발휘하였다. 기존의 문헌에 내재한 한계점을 보완해 줌은 물론이고 커다란 과제를 새로이 던짐으로써 한국고대사 연구를 엄청나게 진전시켰던 것이다. 그동안 문헌 자료의 미비(未備)와 모호함으로 논란이 분분하던 난제(難題)를 말끔히 정리해 주기도 하고 때로는 다시 새로운 논쟁을 유발시키기도 하였다. 이후 한국고대사와 관련하여 진행된 주요 쟁점(爭點)들은 거의 대부분 이들 금석문이 제공한 정보로부터 출발하였다고 하여도 과언이 아니다. 이를테면 율령제, 관등제, 지방통치체제, 역역동원, 부체제 등을 대표적 사례로 손꼽을 수 있다. 7~80년대는 정말 예기치 않게 다수의 굵직한 금석문 자료가 유행처럼 잇달아 발견되면서 일시에 한국고대사 연구 붐을 조성하는 데 크게 기여하였던 것이다. 그 결과 한국고대사 분야가 이 시기 동안 양적, 질적으로 크게 성장하였음은 두 말할 나위가 없다. 이 분야만을 특별히 대상으로 삼은 학회인 한국고대사연구회(현재의 韓國古代史學會 전신)가 바로 이 시기에 결성된 것도 바로 그런 분위기와 결코 무관하지 않다.

그러나 최근에 이르러 어쩌면 한국고대사는 긴 침체기를 맞아가고 있다는 느낌이다. 이는 금석문 자료를 활용한 연구가 어느 정도 한계를 노정(露呈)하고 있는 데서 비롯된 것으로 보인다. 양적인 측면에서는 연구 자체가 여전히 활발하게 이루어지고 있는 듯이 보이나 실제적으로는 관심을 끌 만한 커다란 문제 제기가 별로 있는 것 같지가 않기 때문이다. 이미 널리 알려진 거의 동일한 자료를 놓고서 논자에 따라 창의적 견해가 아니라 겨우 약간의 부분적 해석만 달리함으로써 마치 공전(空轉)을 거듭하는 듯한 인상을 짙게 풍기기도 한다. 때로는 기존의 수준을 크게 밑돌아 퇴보하였다고 하여도 좋을 부분이 엿보이기까지 한다. 특히 90년대를 거치면서 거대담론(巨大談論) 일변도에서 탈피하여 미시사적(微視史的) 연구가 적극 추진되는 경향 속에서 새로이 강조되고 있는 생활사, 일상사, 문화사 등의 분야를 메울 만한 자료상의 한계는 뚜렷하였다. 더 이상 새로운 금석문 자료의 출현을 기대하기 어려운 상황에서 그와 같은 경향성에 부응하기란 쉽지가 않은 일이다. 여기에 연구상의 침체가 불가피해진 측면이 엿보인다.

그런 저간의 힘든 여건에서 마치 가뭄의 단비처럼 기능한 것이 바로 목간의 출현이 아닌가 싶다. 최근 목간을 매개로 한 연구가 급속하게 증가하고 있는 추세는 그를 뚜렷이 입증해 준다. 이제 한국고대사는 목간을 주된 자료로 활용한 새로운 연구 단계로 진입하였다고 단언(斷言)해도 좋을 듯하다. 이를 계기로 한국고대사는 새로운 도약의 단계를 맞고 있다고 평가된다. 목간을 활용한 연구를 그 전과 구별하여 하나의 독립된 단계로 설정할 수 있는 것도 바로 그 때문이다.

3. 성산산성 출토 목간과 학회(學會)의 결성(結成)

사실 한반도에서 목간이 처음 출토된 것은 1931년 평안남도 대동군 소재의 채협총(彩篋塚) 발굴에서의 일이지만[5] 그것이 다름 아닌 낙랑(樂浪) 시기의 것이고, 또 1점에 지나지 않아 별다른 관심을 끌지 못하였다.[6] 그러다가 1975년에 이르러 경주의 안압지에서 수십 점의 목간이 출토되었다.

당시에는 아직 목간이 세인(世人)의 관심을 끌기에 여러 가지 측면에서 그리 충분한 상황은 아니었다. 수량상으로도 그러려니와 그때의 안목(眼目)으로는 목간에는 그럴 만큼 비중 있게 다룰 만한 내용이 들어 있다고 인지하지를 못하였다. 여전히 기존의 문헌 연구가 중심이었고 금석문조차 이제 막 적극 활용되려던 참이었으므로 극히 단편적일 뿐 아니라 또 판독상의 애로점이 많은 목간에 눈 돌릴 겨를은 별로 없었던 것이다. 당시 목간의 내용 가운데 겨우 세택(洗宅)이라는 동궁(東宮) 소속의 관서가 주목받는 정도였다. 다만 이는 앞으로 중국이나 일본처럼 목간의 수량이 늘어나고 또 높은 비중을 차지할 날도 그리 멀지 않았다는 사실을 예보(豫報)한 것이라는 측면에서 매우 주목되는 사건이었다. 흔히 목간 자료의 첫 출발이자 연구의 개시 시점을 이로부터 삼고 있는 것도 바로 그 때문이라 하겠다.

---

5 李基東, 앞의 논문, p.394.

6 이후 북한에서는 1990년 평양에서 논어 習書用의 죽간을 비롯하여 낙랑 목간(죽간)이 다수 발견된 바 있으나 널리 소개되지 않았다. 평양 중심의 낙랑 문화 해석에 지극히 인색한 북한의 입장으로서는 일견 당연한 일이었다. 그러나 낙랑의 목간이 한국의 그것에 끼친 영향 관계를 고려하면 앞으로 중요하게 다루어야 할 대상으로 여겨진다. 특히 최근 平壤 樂浪區域의 목곽묘에서 '樂浪郡初元四年縣別戶口多少△△'라는 제목의 목간이 발견되었다는 소식이 전해진 사실은(손영종, 「낙랑군 남부지역의 위치 – '락랑군 초원4년 현별호구다소△△' 통계자료를 중심으로」 『력사과학』198, 2006 ; 「료동지방 전한 군현들의 위치와 그 후의 변천(1)」 『력사과학』199, 2006) 그와 관련하여 각별히 주목해 볼 만하다. 국내 학계에도 尹龍九에 의해 처음 소개되었으며 (「새로 발견된 낙랑목간 – 樂浪郡 初元四年 縣別戶口簿」 『한국고대사연구』47, 2007), 그 내용을 둘러싸고 한창 논란이 진행 중에 있다(김병준, 「樂浪郡初元四年縣別戶口多少△△ 木簡과 秦漢時代 戶籍」 『新出土 木簡의 饗宴』(한국목간학회 제2회 학술대회 발표요지, 2007 참조). 다만 아쉬운 것은 실물이 전부 소개되지 못하였다는 사실이다. 조만간 자료의 출토 현황과 함께 실물 자체가 그대로 소개되기를 학수고대한다.

이듬해인 1976년 전남 신안(新安)에서 해저(海底) 유물이 발굴되면서 다수의 하찰목간(荷札木簡)이 출토된 바 있으나 이것 역시 중국 원(元)나라 때의 것이어서 별반 주목을 끌지 못하였다.[7] 이로써 목간은 관심의 여하에 따라 더욱더 많이 출토되고 그 비중이 차츰 높아져 갈 분위기가 형성되어 갔다. 그런 기대와 예측을 증명이라도 하듯이 1980년대에 들어와서 익산 미륵사지(彌勒寺址)를 필두로 이후 지금까지 30년 동안 여기저기에서 목간이 잇달아 출토되기 시작하였다. 2006년 12월에는 경남 함안(咸安)의 성산산성(城山山城)에서 30여 점이 새로 추가된 것으로 알려져 크게 관심을 끌었다.

지금까지 목간이 나온 곳을 일별하면 경주나 부여 등 신라나 백제 등 고대국가의 정치적·문화적 중심지인 왕도를 비롯하여 이성산성(二聖山城)이나 성산산성과 같은 군사적 거점이었음을 알 수 있다. 이들은 평시에 문자가 자주 사용될 만한 곳이다. 이는 장차 어떤 곳에서 목간이 출토될 지를 암시해 준다. 그들 가운데 현재까지 수량적으로는 물론이고 내용상으로도 가장 크게 주목받은 곳은 아무래도 함안의 성산산성이라 하겠다.

성산산성을 대상으로 1991년부터 2006년 말에 이르기까지 11차례에 걸친 발굴이 이루어졌는데, 그 중 3번이나 상당량(?)의 목간이 출토되었다. 근자의 발굴로 목간이 반출되는 일정한 층위(層位)가 확인됨으로써 앞으로도 같은 곳에서 계속 출토되리라 예견되고 있다.[8] 11차 발굴이 크게 의미를 갖는 점은 앞서의 발굴을 통해 추정된 것과는 다른 점에 있다. 목간이 단순히 낮은 저습지

---

7 그러나 그것이 우리의 것이 아니어도 장차 목간이 바다에서 출토될 수도 있을 것이란 사실을 암시해 주었다는 점에서 나름의 의미가 내재되어 있는 것으로 보인다. 그를 입증하듯 2007년 10월에 충남 泰安에서 발견된 難破船에서 12세기 중반으로 추정되는 다량의 靑磁에 부착된 荷札木簡이 30여점 출토되었다. 구체적인 내용에 대해서는 임경희·최연식, 「태안 청자운반선 출토 고려 목간의 현황과 내용」『新出土 木簡의 饗宴』(한국목간학회 제2회 학술대회 발표요지), 2007 참조.

8 2007년에는 제12차 발굴을 통하여 다시 76점의 목간이 출토되었다. 이에 대한 개략적 소개는 국립가야문화재연구소, 「함안 성산산성 제12차 발굴조사」(현장설명회 자료집), 2007 참조.

대로 휩쓸려 들어가 자연 상태에 퇴적된 것이 아니라 인위적이며 한꺼번에 퇴적이 이루어졌던 것으로 확인되었기 때문이다. 이는 동문지(東門址) 출수구(出水口)의 낮은 지역을 의도적으로 다져 기반을 단단하게 하기 위한 조치의 일환에서 행해진 것으로서 목간 자료는 이때에 일시에 폐기(廢棄)되었음을 뜻한다. 따라서 목간을 비롯하여 함께 출토된 수많은 목제품(木製品)들은 대부분 같은 시기에 사용되다가 버려졌음이 드러난 것이다. 기실 몇 차례에 걸쳐 출토된 목간의 내용 자체가 대부분 유사하다는 점도 그를 방증해 주기에 충분하다. 그 결과 목간의 폐기 시점이 축성과 거의 같았음을 확인한 사실도 얻어낸 나름의 큰 성과였다고 하겠다. 이로써 목간의 용도와 함께 성산산성의 확실한 축성 시점을 설정해 볼 수 있게 되었다. 한편 성산산성의 발굴로 목간이 단순히 문자 자료만이 아니라 기본적으로 고고 자료임을 뚜렷이 보여 주었다는 점도 특기(特記)해 둘 만한 사항이다. 발굴 과정에서 획득된 여러 정보는 목간의 내용을 분석하는 데에도 크게 유용하리라 믿어지기 때문이다.

성산산성 출토 목간은 한국목간학회의 출범과도 밀접한 관련이 있다. 처음 그곳에서 출토된 목간 자료를 대상으로 한국고대사학회가 1999년 창원문화재연구소의 지원을 받아 김해박물관에서 국제학술회의를 개최한 바 있다. 마치 2007년 1월 9일 목간학회의 출범과 동시에 치러진 국제학술회의의 예비적(豫備的) 성격을 띠었던 셈이다. 다만 당시에는 다룰 대상이 성산산성 출토의 목간에만 국한된 것이 다를 뿐이었다. 필자는 그때 학회장으로서 회의를 준비하고 진행해 나가면서 목간 연구를 위한 모임이 따로 필요함을 절감하였다. 그리하여 머지않아 한국목간학회를 결성해야겠다고 마음먹고 반드시 그렇게 되어야 마땅하다고 힘주어 말하였던 기억이 생생하다. 그것이 7년이 지난 시점에서 비로소 성사되었으므로 당시 너무 섣불리 성급하게 예단한 감이 없지는 않지만 여하튼 한국목간학회가 출범하게 된 계기가 되었으므로 성산산성의 목간은 각별한 의미를 지닌다고 하겠다. 한편 창원문화재연구소(2007년에 가야문화재연구소로 개명)에서는 2002년 다시 다량의 목간이 비슷한 지점에서 출토되자 그것을 공동 판독·정리하면서 2004년까지 국내에 알려진 목간 자료를 거의 망라한 『한국의 고대목간(古代木簡)』이란 의욕 넘치는 책자를 한국어판과 일어판으로 동시에 발간하였다.[9] 당시까지 소개된 목간 전부를 포괄·정리하였다는 점에서도 일정한 의미가 있지만 근접 사진과 함께 적외선 사진까지 게재함으로써 연구자에게 편의를 제공하였다는 점에서 크게 기여하였다. 이 작업은 실로 한국 목간 연구사상 하나의 획을 긋는 업적이라 평가하여도 지나치지가 않을 듯하다. 최근 극히 짧은 기간에 한국의 목간 관련 연구 논문이 급증(?)한 것도[10] 따지고 보면 이 자료에서 기인한 것으로 짐작된다. 이 책의 간행은 필자에게 이제 목간학회의 창립을 서두르지 않으면 안 된다는 압박용으로 작용하기까지 하였다.

2007년 1월 초 개최 예정의 국제학술회의가 기획되고서 한참 시일이 지난 뒤인 2006년 12월에는 성산산성에서 다시 목간이 30여 점 출토되어 마치 국제학술회의를 열렬히 축하해 주는 듯한 느낌이었다. 성산산성 출토 목간은 이래저래 한국목간학회와 대단히 깊은 인연을 맺고 있었다.

4. 목간의 활용을 위한 전제(前提)

목간 자료는 장차 상당 기간 침체되어 온 한국고대사에 새로운 활기를 불러 넣는 데 큰 활력소 역할을 다할 것으로 기대된다. 그를 위하여 모름지기 유념해야 할 몇 가지 기본적 사항이 있다.

9 국립창원문화재연구소, 『韓國의 古代木簡』, 2004.

10 이와 관련한 구체적 내용에 해서는 다음의 글을 참조 바람. 윤선태, 「목간연구의 현황과 전망」 『한국고대사연구의 새 동향』, 서경문화사, 2007 ; 이용현, 『韓國木簡基礎硏究』,신서원, 2006 ; 朝鮮文化研究所編, 『韓國出土木簡の世界』, 雄山閣, 2007 ; 윤선태, 『목간이 들려주는 백제 이야기』, 주류성, 2007.

우선 이미 언급하였듯이 기왕에 목간을 문자 자료로만 인식하여 접근한 것은 근본적인 문제를 내재한다는 사실이다. 목간은 문자 자료이기에 앞서 발굴을 통하여 출토된 고고 자료이기 때문이다. 그렇다면 발굴 과정에서부터 시종일관 관심을 가져야 마땅하겠다. 만약 목간이 다른 유물이나 유구와 동떨어진 상태에서 따로 출토된다면 그것이 지닌 정보나 사료적 가치는 반감(半減)될 수밖에 없다. 목간은 출토 상태와 함께 층위는 물론이고 공반(共伴) 유물과의 상관관계 등이 상세하게 밝혀져야만 제 기능을 최대한 발휘할 수가 있다. 최근 층위가 확인된 함안 성산산성의 발굴은 그를 여실히 입증하여 준 명백한 사례이다.

과거 안압지 발굴은 당시 수준이나 형편상으로 어쩔 수 없는 측면이 있기도 하였지만 일부 목간의 경우 어느 지점에서 출토되었는지도 그리 명확하지가 않아 혼동을 초래하였다. 최근 정확한 출토 지점을 둘러싸고 약간의 논란이 제기된 것도[11] 바로 그 때문이다. 목간의 출토 지점은 내용 파악에도 일정하게 영향을 미칠 수 있는 것이다. 목간의 정확한 출토 상황은 때로는 예기치 못한 정보를 확보하는 단서가 되기도 한다. 그 점은 이미 부여 나성(羅城)의 동문지 발굴을 통하여 충분히 입증된 바가 있다.[12] 흔히 그곳에서 출토된 목간 관련 자료들이 554년 성왕(聖王)이 불의에 사망한 이후 조영(造營)된 능묘(陵墓)나 능사(陵寺)와 관련이 있지 않을까 짐작하여 왔으나 면밀한 발굴을 거치면서 그 이전 어느 시점의 것으로 밝혀졌다. 이로써 목간의 연대는 538년 백제가 부여로 천도하기 이전으로 소급하는 것으로 추정 가능하게 되었다. 이는 결국 목간의 내용까지도 새롭게 풀어내는 주요 단서가 되었다. 예기치 않게 부여 천도나 나성 축조와 관련하여서도 중요한 정보로 기능한 셈이다.

그와 비슷한 사정은 이미 언급하였듯이 11차 함안 성산산성 발굴에서도 확

11 이용현, 앞의 책, pp.223~231.

12 윤선태, 「扶餘 陵山里 出土 百濟木簡의 再檢討」『東國史學』40, 2004 참조.

인된 바 있다. 당초의 발굴을 통하여 목간이 동문 입구로 저절로 휩쓸려 들어갔을 것이라는 막연한 선입견을 갖고 있었다. 그러다가 면밀하고 체계적인 발굴을 통하여 목간이 특정한 층위에서만 출토된다는 사실을 확인한 것은[13] 괄목할 만한 값진 성과였다. 목간은 용도가 다하여 폐기된 이후 동문지 축성 시 낮은 곳을 메우기 위한 공정 과정에서 의도적으로 버려진 것이었다. 이로써 목간이 폐기된 시점은 축성과 밀접하게 연관된다는 사실이 저절로 입증되었다. 그동안 내용 분석을 통하여 목간의 연대가 대체로 560년 전후임이 확인되었는데 그렇다면 그것은『일본서기』19 흠명기(欽明紀) 22년조(561)에 '그런 까닭에 신라는 아라파사산에 성을 쌓아 일본에 대비하였다[故新羅築城於阿羅波斯山以備日本]'라고 하는 기사와 곧바로 일치할 가능성이 더욱 높아진다. 설사 성산산성이 곧 파사산성(波斯山城)은 아니라 할지라도 함안에 정치적 중심부를 둔 안라(安羅)를 멸망시키자마자 신라는 특정한 지역 즉 낙동강 상류 유역의 상주(上州) 관내의 주민을 동원해 축성하는 조치를 취하였음을 알게 되었다. 그리고 성산산성이 기왕의 추정처럼 가야 시기에 축조된 성이 아니라 신라에 의해 축성되었다는 사실을 확인한 것도 목간을 통하여 얻어낸 값진 성과라 할 만하다.

이처럼 유물이나 유구의 연대나 성격을 결정짓는 데에는 목간으로부터 상당한 도움을 받을 수가 있는 것이다. 이 점은 안압지 출토 목간에서 세택(洗宅)이란 관서명이 보이는 데서도 이미 입증된 바가 있다. 사실 안압지라는 이름은 고려 이후에 이르러 시인묵객(詩人墨客)들이 편의상 붙인 것으로서 축조 당시의 원래 명칭은 아니었다. 그 이전 어느 시기에 이미 이름을 잃어 버렸고 그에 따라 자연히 성격도 분명하지 않게 되었다. 그런데 목간의 출현으로 안압지가 태자(太子)의 거주 공간인 동궁(東宮)으로서『삼국유사』에 보이는 월지궁(月池宮)과 밀접한 관계가 있다는 사실이 드러나게 되었던 것이다. 목간이 나오지 않았더라면 안압지의 실체는 추정으로만 그칠 뿐 영원한 수수께끼로 남을 뻔하였다.

13 국립창원문화재연구소,「함안 성산산성」(11차 발굴조사 현장설명회 자료), 2006.

이는 목간이 어떤 기능을 할 수 있는 지를 여실히 보여 준 사례의 하나이다. 경주 황남동(皇南洞) 376번지에서 출토된 1점의 목간을 통해서도 마찬가지의 사정이 확인된 바 있다. 거기에는 하경(下椋), 중경(仲椋) 등의 용어가 보이는데 이를 통하여 상경(上椋)의 존재를 유추해 낼 수 있거니와 나아가 그 유구가 바로 국가 관리 아래에 있던 창고(倉庫)였음을 확인할 수 있게 된 것도[14] 그런 사례의 하나로 손꼽을 수 있다.

이상의 몇몇 실례들은 목간이 유구의 성격을 결정짓는데 중대한 몫을 담당하였음을 보여 주기에 충분하다. 그밖에도 목간은 연대를 결정짓는데 크게 참고가 되기도 한다.

다음은 목간은 성격상 첨단과학의 도움이 절대적으로 필요한 대상이란 사실이다. 목간은 땅속에서 오랫동안 습기를 머금은 상태로 바깥 공기와의 접촉이 차단된 탓에 목재라도 쉽게 썩어 없어지지 않고 보존이 가능하였다. 따라서 공기와 햇빛에 급작스럽게 노출되면 곧바로 흑화(黑化)가 진행되기 때문에 판독이 대단히 어렵게 된다. 그러므로 발굴 즉시 가급적으로 과학적인 처리와 조사 등의 응급처치(應急處置)를 우선적으로 실시하여 최대한 원상(原狀)이 그대로 보존, 유지되도록 힘을 기울여야 한다. 그러고는 화상도 높은 적외선 사진 촬영과 함께 컴퓨터를 적극 활용한 접근이 필요하다. 정확한 판독이 제대로 행해지지 않으면 자료가 지닌 의미가 감쇄(減殺)될 수밖에 없기 때문이다. 어쩌면 목간을 매개로 한국고대사 연구도 이제 과학화의 길로 접어들었다는 느낌이 든다.

한편 목간은 고목재학(古木材學)과도 깊이 연관되어 있다. 나무의 분석을 통한 재질 파악이 가져다주게 될 결과와 관련하여서는 과거 무령왕릉(武寧王陵)에 쓰인 관재(棺材)가 일본산의 금송(金松)이란 사실을 통하여 널리 입증된 바 있다. 부여의 궁남지(宮南池)에서 출토된 목간의 재질이 일본에서만 자라는 삼나

14 김창석, 「황남동376 유적 출토 목간의 내용과 용도」 『신라문화』19, 2001.

무라는 사실도 밝혀졌는데 그것이 가지는 의미나 의의에 대해서는 물론 따로 추적해 보아야 하겠지만 고목재학의 도움이 절실하다는 사실을 여실히 보여준다. 목간은 물건이나 사람과 함께 이동하는 성질의 것이다. 그래서 제작지와 출토지가 다른 것이 일반적이다. 이처럼 내용뿐만 아니라 목질(木質)의 분석을 통하여서도 그런 점에 대한 일단의 추적이 가능하다.

이상과 같은 사례처럼 목간은 주변 학문 분야의 도움에 입각한 기초 조사가 가장 우선적으로 진행되어야 한다. 새로운 자료의 출현을 너무나 학수고대한 나머지 기초적 정지작업(整地作業)을 게을리 하는 경우도 왕왕 찾아진다. 게다가 너무 성급하게 오독(誤讀) 혹은 무리하게 추독(推讀)된 석문을 근거로 자칫 자의적 해석을 시도해 너무 멀리 나아감으로써 큰 과오를 범할 우려도 예상된다. 이미 제기된 자설(自說)을 고집해 그 방면으로 글자를 읽어내려는 일도 흔히 있을 수 있으므로 당연히 경계해야 할 대상이겠다. 붓으로 쓰여 때로는 읽기가 무척 까다롭고 또 속필(速筆)한 탓에 판독이 쉽지 않으므로 신중에 신중을 거듭해야 마땅하다. 그렇지 않으면 다른 형태의 왜곡과 조작으로 귀결될 위험성이 항상 뒤따른다. 예컨대 이성산성에서 출토된 목간의 경우 현재로서는 욕살(褥薩)로 읽기가 극히 어려운 상황인 데도 어떤 선입견에 입각하여 그렇게 판독한 것은 너무 지나친 추정이었다고 여겨진다. 그것으로 목간은 물론이고 이성산성 자체 및 출토 유물 등에 대한 전체적 해석이 크게 달라지기 때문에 아무리 신중해도 지나치지가 않다. 모쪼록 정확한 석문(釋文) 작성에 부단한 노력을 기울여야 함을 각별히 강조해 두고 싶다.

사실 목간을 역사 복원에 활용하기 위해서는 석문 작성과 연대 및 내용 파악이 선행되어야 한다. 그와 동시에 목간 자체에 대한 연구도 함께 진행할 필요가 있다. 가령 형태와 기능의 관계, 서풍(書風), 제작 방법, 목간만의 용자법(用字法), 문서행정의 체계 등에도 관심을 기울이는 것이 바람직하다. 그 위에 그를 활용해 역사를 복원하려는 연구가 이루어져야 한다. 물론 양자가 엄격히 구별되는 것은 아니므로 작업을 병행해야 한다. 목간은 한꺼번에 다수가 출토되는 경우가 많으므로 그 용도를 분류하고 상관관계를 파악하는 일도 또한 긴요하다. 때로는 기존 연구 성과와의 비교 검토도 필요하다.

위에서는 목간을 자료로 활용하기에 앞서 기초적 정지작업이 선결과제임을 강조하였다. 그동안 그런 작업을 상대적으로 게을리 한 측면이 엿보이기 때문이다. 다 아는 바처럼 사실 아직 무엇을 목간이라 부를 것인가라는 개념조차 제대로 정립되어 있지가 못한 실정이다. 이따금씩 목간의 수량을 헤아리는데 약간의 혼란이 유발되는 것도 바로 그 때문이다. 외형과 함께 묵서(墨書)가 뚜렷한 것은 물론 당연하지만 외형이 목간과 유사하지만 묵흔(墨痕)이 전혀 확인되지 않는 경우 혹은 묵서는 보이는데 형태가 이상한 경우는 과연 어떻게 분류하는 것이 타당한가. 그 가운데에는 미사용(未使用)의 목간도 있겠으나 혹여 다른 용도의 것일 수도 있다. 과연 어떤 것을 목간의 범주에 넣을 것인가. 먼저 목간에 대한 개념 규정은 반드시 이루어져야 한다.

그와 함께 용어상의 문제점도 지적해야겠다. 중국에서는 목간을 간독(簡牘)이라 하여 죽간과 목간을 다 함께 지칭한다. 한편 일본에서는 목간이란 명칭을 사용한다. 일본의 경우 아직 책서(冊書)로 된 목간이나 죽간(竹簡)이 발견된 사례가 없으므로 현재로서는 그를 염두에 둔 표현은 정작 불필요한 상황이다. 그런 의미에서 일본과 비슷한 양상을 보이는 우리도 목간이라는 용어를 쓰는 편이 대체로 무난할 듯 싶다. 다만, 그렇다고 목간 관련 모든 용어를 아무런 고려 없이 무조건 일본식으로 따라 가는 것은 신중을 기해야 마땅한 대목이다. 장차 한·중·일 삼국 간 목간 자료의 공통성과 차이점 및 특성을 염두에 둔 용어 사용이 필요하다고 판단되기 때문이다. 그 점과 관련하여 최근 제첨축(題籤軸, 이는 일본에서만 특별히 사용되는 용어인 듯하다. 우리의 경우 그에 대체할 적절한 단어가 없으므로 편의상 이를 따른다.)을 둘러싼 논란은[15] 주목된다.

15 이경섭, 「함안 성산산성 출토 題簽軸과 고대 동아시아세계의 文書標識木簡」『역사와 현실』65, 2007.

성산산성에서 제첨축으로 보이는 목제품이 여러 점 출토되었다. 그러나 이를 놓고 일각에서 제첨축이 아니라는 반론을 제기해 약간의 논란이 일고 있다. 그 주된 근거는 일본과는 달리 머리 부분에 묵서가 보이지 않는다는 사실에 있다. 이는 일본의 상황을 절대적인 기준으로 삼은 것으로서 대단히 신중하게 접근해야 할 대상으로 여겨진다. 일본의 경우 현재까지 자료에 의하는 한 목간은 7세기 전반을 상한으로 하며 중심 연대는 대체로 8세기로 알려져 있다. 반면 성산산성의 목간은 6세기 중엽의 것이므로 양자 사이에는 상당한 시차가 존재하므로 변화·발전의 가능성도 충분히 고려되어야 마땅하다. 어떤 판단에 무조건 일본의 사례를 절대적 기준으로 삼아서는 곤란하다. 게다가 성산산성의 목간이 특정 장소에서 한시적인 용도로 사용되었다는 사실을 참작하면 묵서가 없는 제첨축도 나올 수가 있는 것으로 봄이 적절하다(사실 초기의 판독으로는 여러 개 가운데 하나의 제첨축에는 묵서가 있는 것으로 되어 있기도 하다). 이는 일본의 사례를 지나치게 염두에 둔 접근을 하면 신라나 백제 목간 나름의 특성을 제대로 추출해 못하는 결과를 갖고 올 위험성이 내재함을 보여 주는 사실이다.

5. 한국 목간 연구의 전망(展望)

한국의 목간에 대한 연구는 바야흐로 출발하려는 지점에 서 있다. 그 까닭으로 기실 목간학이라 이름 붙이기에도 부담스런 측면이 있기도 하다. 인근의 중국이나 일본에 비해 연구 출발 시점이나 수준이 늦고 또 낮다. 그렇더라도 앞서간 연구의 장단점을 가려서 전범(典範) 혹은 타산지석(他山之石)으로 삼는다면 비교적 짧은 시간 내에 수준을 드높일 수가 있을 터이다. 다만 이는 장차 연구자들의 관심이 어떠하냐에 달린 문제이다. 목간은 앞으로도 지속적으로 추가될 여지가 있는 거의 유일한 문자 자료이다. 따라서 우리의 관심 여하에 따라 목간은 역사복원을 위한 자료의 보고(寶庫)로 기능할 수도 있는 것이다. 앞으로 목간에 대해 크게 기대를 거는 것도 그 때문이다. 그럴 때 몇 가지 측면이 예상된다.

첫째, 앞으로 기존의 연구에서 논란이 많았던 부분을 말끔히 정리해 줄 수 있을 것으로 기대된다. 그런 사례들은 중국이나 일본의 경우에서 많이 찾아진다. 이를테면 중국의 경우 진시황(秦始皇)의 문자 통일이 당시 나라마다 다양하던 문자 체계를 전부 소전체(小篆體)로 정비한 것이라 해석되어 온 통설에 대해 1975년 운몽수호지진간(雲夢睡虎地秦簡)의 출현을 계기로 그것이 문서행정에 사용된 문자의 통일을 뜻하는 한정적 의미로 수정된 바 있다.[16] 일본의 경우 지방 행정단위인 군(郡)의 사용 시점 및 평(評)과의 관계를 둘러싼 오랜 논쟁인 이른바 대화개신(大化改新)의 평가나 군평논쟁(郡評論爭)을 깨끗이 정리해 준 것도 바로 새로 출현한 목간이었다.[17] 우리의 경우 6세기 신라의 말단 행정단위인 행정성촌과 그를 구성한 자연촌(自然村)의 관계를 둘러싼 논란이 있어 상당 기간 의견의 합치를 보지 못하였는데 성산산성 목간으로 완전히 해결되기에 이르렀다.[18] 이처럼 목간은 비록 단편적이기는 하지만 기존의 논란을 종식시켜 줄 수 있는 힘을 가진 자료로 하겠다.

둘째, 전혀 예기치 못한 새로운 문제를 제기할 가능성이 있다는 점이다. 목간에는 기존의 문헌과 다르거나 또는 새로운 사실이 포함될 가능성이 높다. 목간은 문헌의 미비점을 크게 보완하여 주는 기능을 할 것으로 보인다. 가령 부여 능산리 출토 백제 목간의 경우 6부(部) 5방(方)이란 묵서명이 확인된다. 이 점은 기존에 백제의 왕도와 지방이 각각 5부와 5방으로 구성되어 있다는 문헌 기록과 뚜렷하게 차이가 나는 사실이다. 대체로 백제의 왕경 5부가 부여[泗沘]로 천도한 이후 어느 시점에 이르러 6부로 바뀌었음을 나타낸다. 그렇게 된 배경

16 富谷至, 『목간과 죽간으로 본 중국고대문화사』(임병덕역), 사계절, 2005, pp.144~151.

17 東野治之, 『木簡が語る日本の古代』(岩波書店, 1997) ; 이용현역, 『목간이 들려주는 일본의 고대』, 주류성출판사, 2008, pp.122~123.

18 朱甫暾, 「韓國 古代 村落史硏究의 進展을 위하여」 『韓國古代史硏究』48, 2007, pp.34~36.

및 내용과 의미 등을 둘러싼 논의가 앞으로도 더욱 깊게 다각도로 진행되어야 마땅하다.[19] 한편 부여 궁남지 출토의 목간에 보이는 '서부후항(西部後巷)'의 사례는 왕도의 행정구획인 부의 아래에 항(巷)이란 기초 단위의 존재를 그대로 입증하여 준 사례이다. 경주 월성(月城)의 해자(垓字)에서 출토된 목간의 경우 왕경 6부 가운데 하나인 모탁(牟喙)의 아래에 중리(仲里), 신리(新里), 상리(上里) 등의 리명(里名)이 확인된다. 이는 신라 왕경의 구조와 그 변화를 이해하는 데 중요한 실마리가 될 수 있다. 남산신성비 3비에 보이는 탁부 주도리(主刀里)처럼 전통적인 리명이 어느 시점에 이르러 부명과는 다르게 새로운 명칭으로 일제히 정리된 듯한 인상을 풍기기 때문이다. 한편 전혀 예상하지 못하였던 분야에 대한 새로운 정보를 제공받을 수도 있다. 이를테면 부여 궁남지에서 출토된 목간에는 소구(小口)나 중구(中口) 등 인구의 연령에 따른 구분이 존재하였음을 추정케 하는 기록이 보인다. 백제에서 호구와 관련한 제도가 상당히 발달한 사실은 이미 중앙의 22부(部) 가운데 점구부(點口部)가 존재한 데에서 추정된 바 있으나 그 구체적 실체를 편린이나마 당대 기록인 목간을 통하여 더욱 뚜렷이 확인할 수 있게 된 셈이다.

셋째, 흥미로운 분야가 개척될 여지가 보인다는 사실이다. 이를테면 당시 사용된 약재(藥材)나 식료(食料), 궁문(宮門)의 수비와 의식주와 관련된 실상 등 기존의 문헌사료에 보이지 않던 내용이 이따금씩 찾아진다.[20] 이들은 생생한 생활상을 복원하는 데 유용한 자료로 활용될 수가 있다. 장차 전혀 예기치 못한 내용의 목간 자료가 출현하여 새로운 영역이 다시금 개척될지도 모른다.

넷째, 국제적인 문화 교류를 구체적으로 짐작케 하는 내용이 확인되는 점이다. 한문이란 공통된 문자의 사용을 매개로 그 점을 확인할 수가 있다. 어떤 내

19 김영심, 「백제의 지방통치에 관한 몇 가지 재검토 – 木簡, 銘文瓦 등의 문자자료를 통하여–」 『한국고대사연구』48, 2007, pp.253~257.

20 이용현, 「안압지와 東宮 庖典」 『新羅文物研究』창간호, 2007 참조.

용인지가 충분히 해명되지 못한 안압지 출토 목간 자료 일부에 대해 일본 평성궁(平城宮) 궁문지(宮門址) 출토의 자료와 유사함을 근거로 해명할 만한 실마리를 포착하였던 사례가[21] 그것을 단적으로 보여 주는 사실이다. 그리고 이성산성 출토의 목간에 보이는 '전(前)'이 이두문(吏讀文)으로서 '앞'이란 뜻으로 해석된다는 사실이[22] 밝혀진 것도 그 점을 시사하여 준다. 이밖에 고구려 백제 신라뿐만 아니라 일본에서도 부(部)를 '우부방'[邑]만으로 약자(略字) 표기한 사례가 공통적으로 확인되는 사실은 문자 교류를 보여 주는 유력한 사례이다. 이를 통하여 동아시아 세계를 하나의 연동(連動)하는 단위로 설정할 단서를 확보할 수 있게 된 셈이다.

우리나라와 일본의 경우 대체로 지금까지 알려진 목간이 제작된 시점에는 이미 종이 사용이 어느 정도 이루어지고 있었다. 그것은 『논어』를 습서(習書)한 목간이 보이는 반면[23] 책서(冊書)가 출토되지 않는 점, 종이 문서와 깊은 관련이 있는 제첨축이 출토된 점 등에서 충분히 유추되는 사실이다. 그렇다면 목간은 문서행정에 사용되었으면서도 어디까지나 종이로 된 문서의 보조적인 자료로서 기능한 것으로 해석되어야 마땅하다. 그 점을 방증하여 주는 것이 695년 작성된 것으로 추정되는[24] 신라촌락문서이다. 그렇다면 점차적으로 종이 문서로 대체되어 가는 경향이었다고 추정해도 무방하리라 여겨진다. 이는 문화사적으로 깊이 추적해 보아야 할 대목이다.

목간은 이동이 용이한 자료이다. 그래서 생산지와 폐기처가 다른 경우가 일반적이다. 가령 문서목간은 수신자에 의해 폐기되며 하찰목간(荷札木簡)은 창

21 윤선태, 「안압지 출토 門戶木簡과 신라 동궁의 경비」 『한국고대사연구』44, 2006 참조.

22 李成市, 「韓國出土の木簡について」 『木簡研究』19, 1997.

23 釜山大博物館, 『金海 鳳凰洞 低濕地遺蹟』, 2007 ; 선문대 고고학연구소, 「인천 계양산성 동문지유적 보고회자료」, 2005.

24 윤선태, 「新羅 統一期 王室의 村落支配-古文書와 木簡의 분석을 중심으로-」, 서울대박사학위논문, 2000 참조.

고를 거쳐서 마침내 폐기된다. 이런 사정을 염두에 두고 내용과 관련지어 생성에서 소멸까지 목간의 일생을 추적하면 예기치 못한 많은 부분을 생생하게 드러낼 수가 있다. 이것이 곧 한국고대사를 한결 더 풍부하게 만드는 길이기도 하다.

6. 맺음말

얼마 전까지 한국고대사 연구에서 금석문이 차지하던 위치를 이제는 목간이 이어받아 대신하게 된 느낌도 든다. 이를 적극 분석하여 활용한다면 한국고대사 분야의 연구는 장차 새로이 도약하여 중흥기(中興期), 흥륭기(興隆期)를 맞게 될 것으로 기대된다. 다만 그것은 다른 분야와의 적극적인 학제적 연구가 전제될 때만이 비로소 가능한 일이라 여겨진다. 문헌이 한국고대사의 큰 틀을 짜는 기본의 역할을 하였다면 금석문은 그를 연결하고 내용을 채우는 데 기여하였고 이제 목간은 세세한 부분을 마무리하는 기능을 다할 것으로 생각된다. 그렇게 함으로써 한국고대사 연구는 새로운 차원으로 진입해 갈 터이다.

문헌자료는 당대의 시각으로 상당히 정리된 것이어서 윤색되거나 혹은 왜곡·과장된 부분이 적지 않다. 당대의 기록이기는 하지만 금석문도 일차적으로 정리하여 기록되었다는 측면에서 일정 정도의 손질이 미리 가해진 것은 분명하다. 그런 점은 광개토왕비문이나 충주고구려비, 진흥왕순수비 등에서 뚜렷이 확인되는 사실이다. 이들에 대한 사료 비판에 철저하지 않으면 실상과 전혀 다른 결론을 이끌어 낼 위험성이 항상 뒤따른다. 그에 비하여 목간은 전혀 가공(加工)되지 않은 있는 사실 그대로를 생생하게 보여 준다는 의미에서 사료로서의 가치가 대단히 높다고 하겠다. 다만 내용이 대체로 단편적이어서 보조적인 자료로서밖에 기능하지 못한다는 뚜렷한 한계를 지니는 것도 숨길 수 없는 사실이다. 그리고 판독상의 어려움으로 말미암아 엉뚱하게 오용(誤用)될 소지가 많다는 점이 문제로 지적된다. 연구자들은 항상 그런 점을 명심하고 신중하게 접근하는 태도를 견지해야 할 것이다.

지금까지 알려진 분량은 얼마 되지 않지만 그것만이라도 완벽하게 정리되도록 혼신의 노력을 기울여야 한다. 이를테면 한중일 삼국의 목간이나 금석문에 보이는 문자를 함께 대비(對比)하거나 문자의 시대적인 변화를 파악할 수 있는 사전류의 제작, 혹은 개별 목간에 대한 주석(註釋) 작업, 용어상의 통일성 문제 등이 긴요하다. 이들은 혼자만의 힘으로는 벅찬 대상이므로 판독 조사와 함께 공동으로 진행하는 것이 바람직할 듯하다. 목간학회가 굳이 따로 설립되어야 할 필요성의 하나도 바로 이런 데에서 찾아진다. 그럴 때 한국의 목간학 분야는 비교적 짧은 시간 안에 제대로 정립(定立)되리라 확신한다.

(『木簡과 文字』1, 2008)

3장

한국의 목간연구 30년, 그 성과와 전망

함안산성 4면 묵서목간

1. 머리말

지난 2008년 8월 화려함의 극치를 보여준 북경(北京) 하계올림픽의 개막식을 잠시 시청하고 있을 때 예기치 않게 중국 고대의 목간(木簡, 簡牘)을 소재로 연출된 장면을 목격하고서 깜짝 놀랐다. 잠깐 동안 장면이 스쳐 지나갔을 뿐이지만 그로써 중국 목간의 존재는 세계인의 뇌리에 깊이 새겨졌으리라 짐작된다. 새로운 시대를 열어가려는 야심찬 행사에서 목간이 주제의 하나로 선정되었다는 자체는 매우 의미심장한 일로 여겨졌다. 그 뒤 한때 개막식 행사의 밑바탕에 깔린 기획 의도가 크게 논란되기도 하였으나 그것은 여하튼 한자문화(漢字文化)나 그와 연관된 다양한 문화 양상의 소개를 통하여 중국 고대문화의 우수성을 과시하려는 목적에서 목간까지 동원한 점은 크게 눈여겨 볼 대목이었다.

목간 문화를 최초로 일구어낸 중국에 물론 비할 바는 아니지만 근자에 우리나라에서도 목간 자체에 대한 관심이 부쩍 늘고 있는 추세이다. 과거 한국고대사 연구를 위한 기본 사료로서 사서(史書) 이외에 비문(碑文)이 차지하는 비중이 매우 높았으나 이제는 배경이야 어떠하든 중심축이 점점 목간으로 옮겨지는 듯한 정황이 감지된다. 바야흐로 목간의 시대가 활짝 열리고 있지 않는가 하는 느낌조차 강하게 든다.[1]

지금까지 한반도 전역에서 출토된 목간은 전부 합쳐도 겨우 400여 점에 불과한 형편이다.[2] 출토 지역도 겨우 20곳이 채 되지 않는다. 수십만 점에 달하는 목간을 보유한 인근의 중국이나 일본과 견주면 미미하기 이를 데 없다. 그러나

1 李基東, 「韓國古代木簡の發見による新羅百濟史研究の新たな進展」『韓國出土木簡の世界』, 雄山閣, 2007.

2 목간의 수를 헤아리는 데에는 외형만을 고려하여 파악하는 방법도 있고 묵서가 확인되는 것만을 대상으로 삼는 경우도 있다. 그래서 논자마다 혹은 자료마다 전체 수치가 달리 나타나는 것이다. 이 점에 대한 견해가 하루빨리 합치되어 혼동이 해소되기를 기대한다.

비록 수적으로는 그러하지만 내용을 구체적으로 들여다보면 대단히 고무적이라 진단하여도 좋을 듯하다. 왜냐하면 목간과 연관된 웬만한 사례들이 거의 모두 드러난 것으로 보이기 때문이다. 따라서 현재의 자료만으로도 한국 고대 목간의 외형적인 유형(類型) 분류가 어느 정도 가능하고 나아가 그에 기반해 성격까지 유추할 수 있게 되었다고[3] 여겨진다. 현재의 추이대로라면 자료의 축적이 급속히 이루어지리라 예측되는 점도 장래를 희망적이게 하는 또 다른 요소이다.

이처럼 목간 관련 연구에 대한 전망이 비교적 밝은 까닭에 그를 전문적으로 다루는 목간학회(木簡學會)가 2007년 1월 출범해 이른바 목간학(木簡學)의 정립(定立)을 선언하기에 이른 것이다. 목간학회에서는『목간과 문자(文字)』란 이름의 두터운 기관지를 간행하여 이 방면 연구를 선도해 가고 있는 중이다. 기실 현시점에서 목간의 시대가 열렸다고 자신할 수 있는 것도 바로 그런 정황에서 기인한다. 아래에서는 지난 30년간 진행되어온 목간 관련 연구 동향을 나름대로 간략히 정리하고 나아가 앞으로의 진행 방향을 대충이나마 가늠해 보고자 한다. 연구의 역사가 일천(日淺)하기 이를 데 없지만 목간학의 정립에 약간이나마 기여할 수 있었으면 하는 바람으로 지난 30년을 되돌아본다.

2. 30년 연구의 흐름

한반도에서 목간이 처음 그 모습을 드러낸 것은 1931년 발굴된 채협총(彩篋塚)을 통해서였다. 그러나 이는 낙랑의 것으로 그나마도 내용이 불분명한 1점에 지나지 않아 이후 별반 크게 주목을 받지 못하였다. 1942년에는 경주 구황동의 황복사지(皇福寺址) 3층 석탑에서 편철죽간(編綴竹簡)이 몇 점 출토되었다

3 尹善泰,「한국고대목간의 형태와 종류」『역사와 현실』65, 2007.

고 알려졌으나 구체적 내용이 소개되지는 않았다. 이후 오래도록 별다른 소식이 없다가 1975년에서 이르러 경주(慶州)의 안압지(雁鴨池)에서 다량(?)의 목간 출토 사실이[4] 알려져 크게 주목을 끌었다. 이것이 제대로 형식과 내용을 갖춘 사실상 최초의 목간으로서 연구사상 기념할 만한 일이었다. 그에 대해 본격적으로 내용을 파악한 결과가 1978년의 보고서 간행을 통하여 처음 알려졌으며,[5] 다시 논문의 형식을 갖추어 학계에 정식 소개된 것은[6] 1979년에 이르러서의 일이다. 2009년으로부터 꼭 30년 전에 해당하므로 한국목간 연구사상에서 특기(特記)해도 좋을 만한 매우 뜻깊은 해가 되는 셈이다.

1980년대에 들어와서는 부여(扶餘)의 관북리(官北里)를 비롯한 이곳저곳에서 이따금씩 목간의 출현 소식이 전해지기 시작하였다. 1985년 경주의 월성해자(月城垓字)에서는 수십 점이 출토되고 또 그 가운데 중요한 내용이 담겨졌다고 알려져 일찍부터 관심을 크게 끌었으나 판독 작업이 늦어졌을 뿐만 아니라 보고서가 즉각 공간(公刊)되지 않아[7] 연구자들의 애를 적지 않게 태우기도 하였다. 그러다가 1990년대에 이르러서는 널리 지역 개발이 활발히 진행된 탓인지 전국에 걸쳐서 목간이 다량(多量)으로 출토되기 시작하였다. 전반적 양상으로 미루어 아무래도 목간이 나오는 지역은 신라와 백제의 왕도였던 경주(雁鴨池, 月城垓字 등)나 부여(陵山里, 官北里, 雙北里, 宮南池)가 중심적 위치를 차지하지만 지방에서까지 출토된 점은 눈여겨 봄직하다. 그 가운데 산성(山城)이 주축인 사실은 각별히 관심을 끄는 대목이다. 이를테면 하남(河南)의 이성산성(二聖山城, 1990~2000)을 비롯하여 창녕(昌寧)의 화왕산성(火旺山城, 2005), 인천(仁川)의 계양

4 당시 肉眼으로 확인하여 50여 점만이 존재하는 것으로 알려졌으나 최근 적외선 촬영을 통하여 墨書가 있는 목간만 69점에 달하는 것으로 확인되었다.

5 문화공보부 문화재관리국, 『雁鴨池』, 1978.

6 李基東, 「雁鴨池에서 出土된 新羅木簡에 대하여」 『慶北史學』1, 1979.

7 근자에 이르러서여 비로소 발굴보고서가 간행되었다. 국립경주문화재연구소, 『월성해자』, 2006.

산성(桂陽山城, 2005), 함안(咸安)의 성산산성(1991~2008) 등이 구체적인 사례들이다. 이는 산성이 아무래도 삼국시기 지방의 정치·군사·행정의 중심적 역할을 한 데서 오는 지극히 당연한 결과로 여겨진다. 한편 나주(羅州) 복암리(伏岩里, 2008)나 김해(金海)의 봉황동(鳳凰洞, 2000)의 사례처럼 간혹 산성이 아닌 특이한 유구(遺構)에서 출토되기도 하였다. 이로 미루어 보아 목간이 장차 전국에 걸쳐 다양한 유구에서 지속적으로 출토되리라는 예상도 저절로 해 볼 수 있게 되었다. 목간 연구의 장래를 크게 밝게 해주는 대목이다.

이들 가운데 함안의 성산산성은 특별히 주목해 볼 만한 대상이 되는 유적이다. 왜냐하면 지금까지 2백 수십 점에 달하는 수량에서도 그러려니와 오랜 기간 여러 차례에 걸쳐 진행된 발굴을 통하여 목간이 매장된 층위(層位)를 뚜렷이 확인하게 되었기 때문이다. 이로 말미암아 앞으로도 발굴 여하에 따라 목간의 출현을 지속적으로 예견(豫見)할 수 있는 성과를 올렸던 것이다. 이후 실제로 예측한 결과를 얻어냄으로써 그를 명확하게 입증하기도 하였다.[8] 이는 목간이 단순히 문자학(文字學, 歷史學을 포함한 國語學 등 문자를 연구 수단과 대상으로 삼은 여러 학문 분야)의 자료에만 머무는 것이 아니라 고고학(考古學)의 중심적 연구 대상의 하나가 됨을 단번에 일깨우는 일대 사건으로 부각되었다.

사실 그 전까지만 하더라도 지하로부터 출토되는 유물 가운데 유독 문자가 쓰인 목간에 대해서는 약간 지나치게 말하면 고고학의 대상으로 삼기를 주저하는 경향이 지배적이었다.[9] 그래서 고고학 연구자들은 목간에 대해서는 별반 관심을 기울이지 않았다. 어쩌면 애써 외면하려 하였다는 것이 좀 더 적확한 표현이 아닐까 싶다. 그러나 이제는 성산산성의 발굴로 고고학이 목간학의 중심에 서지 않으면 안 되게 된 것이다. 후술하거니와 목간의 출토 지점을 둘러

8 국립가야문화재연구소, 『함안성산산성 12차발굴 현장설명회 자료』, 2007.

9 그렇다고 아직 그런 인식을 완전히 벗어났다고 여겨지지는 않는다. 그런 의미에서 장차 고고학계의 폭넓은 관심과 분발이 기대된다.

싸고 연대와 성격이 크게 논란되고 있는 것도 그를 뚜렷이 입증하여 주는 사실이다. 목간이 출현하기 직전까지 성산산성은 의심의 여지없이 가야(加耶)의 것으로 여겨져 왔다. 그러나 거기에서 다량의 신라목간이 출토됨으로써 그런 선입견의 오류가 확연히 드러났다. 성산산성은 가야의 것이 아니라 신라가 쌓은 것이었다. 목간이 고고학에서 어떤 위치를 차지하는지를 그대로 보여 주었다. 그와 관련하여 이성산성의 경우도 발굴이 진행되기 이전에는 대체로 백제의 산성으로 여겨져 왔으나 목간의 출토로 신라에 소속하였음이 밝혀졌다. 이것 역시 목간이 고고학 방면에서 어떤 기능을 할 것인지를 너무도 명백하게 입증한 또 다른 사례이다.

한편 목간에 쓰인 문자의 분석을 통하여 성산산성이 560년 무렵에 축조된 것으로 확인한 점도 또한 더 말할 나위없는 두드러진 성과였다. 문자가 없는 순수한 고고자료만으로는 어떤 경우에라도 유구나 유물의 절대연대가 결코 확정될 수 없음은 다 아는 바와 같다. 그런 의미에서 성산산성의 목간은 고고학과 관련하여 어떤 역할을 할 수 있는 지를 극명하게 보여 주었다. 목간은 단순히 문자자료로만 그치는 것이 아니라 동시에 고고자료의 절대연대나 유구의 근본 성격을 판가름하는 주요한 기능을 하는 것임이 확실해진 셈이다. 달리 말하면 목간은 특정한 학문 분야만의 대상이 아니라 여러 다양한 분야가 함께 공동의 관심을 기울여 다루어야 할 대상이다. 그런 측면에서 목간은 학제적(學際的) 연구가 요망되는 전형적인 분야라 하겠다.[10] 목간 자체를 주된 연구 자료로 삼는 목간학은 그런 의미에서 종합적 성격을 띤 학문 분야라 정의할 수 있을 것 같다.

그와 관련하여 성산산성의 목간을 대상으로 삼은 국제학술회의가 창원문화재연구소(현재의 가야문화재연구소)의 지원 아래 한국고대사학회 주관으로 1999년 국립김해박물관에서 처음 열렸던 점도 30년을 돌이켜 보면서 각별히 지적

10 朱甫暾, 「한국 목간 연구의 현황과 전망」 『목간과 문자』 창간호, 2008, pp.32~34.

해 두고 싶은 사항이다. 이를 계기로 한국 목간은 비로소 국제적인 관심을 끌게 되었기 때문이다. 그 전까지만 하더라도 사실 목간을 주제로 한 국내학술회의조차 열렸던 적이 없었다. 목간은 단지 연구자 개인이 필요시 잠시 약간의 관심을 가져볼 대상이라고만 인식되었을 따름이다. 그러다가 국제학술회의를 거치면서 함안 성산산성의 존재가 국제적으로 알려지게 되고 그와 더불어 이제 한국의 목간 전반이 관심사로 떠올랐던 것이다. 당시 성산산성목간의 유형(類型)이나 내재한 내용상의 중요성이 새삼 확인되었을 뿐만 아니라 중국과 일본 목간과의 비교연구가 긴요하며 필수적이라는 사실이 널리 지적되었다. 이로써 한국 목간은 중국 목간의 영향을 받아 성립하였으며 나름대로의 스타일을 창출하여 일본 목간의 시원이 되는 위상을 차지한다는 지적이[11] 가능해지게 되었던 것이다. 이는 목간 연구가 결국 국제적 차원에서 수행되지 않으면 안 됨을 입증해 준 것이다. 그와 함께 한국 목간을 전문적으로 다루게 될 독립된 학회가 시급하게 결성되지 않으면 안 된다는 사실이 인지(認知)된 것도 바로 김해의 국제 회의를 통해서였다. 이후 오랜 준비 과정을 거쳐 2007년 1월 초가 되어서야 비로소 한국목간학회가 정식 출범함으로써 마침내 그 결실을 보기에 이르렀다. 학회 출범과 함께 국제학술회의가 개최된 것도 그런 배경이 작용한 결과였다.

지난 30년간을 두루 훑어보면 한국 목간 연구는 1999년을 기점(基點)으로 크게 전후 두 단계로 나누어 이해할 필요가 있는 것으로 여겨진다. 전반기 20년간은 사실상 본격적인 연구를 추진하기 위한 토대 마련의 준비기였다. 이는 자료상으로도 그러할 뿐 아니라 실제 진행된 연구의 양적·질적 수준에서 드러난다. 새로운 목간이 여기저기에서 출토되면서 연구자들이 초보적이나마 개별적 관심을 기울이기 시작한 시기이다. 그에 비해 1999년 이후 지금까지 10년은 목간의 수량은 물론이고 연구자의 수도 두드러지게 급증하였다. 게다가 역사

11 平川南, 「日本古代木簡 研究의 現狀과 新視點」『韓國古代史硏究』19, 2000, p.128.

학·고고학 뿐만 아니라 국어학·서예학(書藝學)·중국사·일본사 등 다양한 방면의 연구자들이 이에 가담함으로써 명실상부하게 학제적 연구가 본격화되기에 이른 것이다. 이 기간 동안 한반도 출토의 목간이 국제적인 관심을 크게 끌었음은 물론이다. 그 결과 극히 짧은 기간이었음에도 장족(長足)의 발전을 하였다고 자부해도 좋을 정도라 하겠다. 국립창원문화재연구소가 주관하여 2004년 발간한 『한국의 고대목간』은 그동안 출토된 자료를 전반적으로 정리·소개한 것으로서 목간 연구를 크게 추동하는 데 크게 기여한 업적이라 평가됨도 그와 관련해 특기(特記)해 두어야 할 사항이다. 한편 이용현의 『한국목간기초연구』(신서원, 2006), 와세다대학(早稻田大學) 조선문화연구소편의 『한국 출토 목간의 세계(韓國出土木簡の世界)』(雄山閣, 2007), 윤선태의 『목간이 들려주는 백제 이야기』(주류성, 2007) 등 목간만을 전적으로 다룬 단행본이 간행된 것도 이 시기의 연구가 비약적으로 발전한 저간(這間)의 사정을 웅변하여 준다.

이상과 같이 개괄적으로 파악된 정황으로 미루어 앞으로도 한국목간학은 학제적 연구를 통해 종합 학문으로 자리매김하고 나아가 국제적 관심사 속에서 꾸준하게 발전하리라 기대하여도 좋을 터이다.[12] 다만 그간 행해진 연구 성과를 더듬어 보면 몇 가지 뚜렷한 문제점도 노출되어 있다. 이는 한국의 목간학이 제자리 잡기 위해서는 반드시 극복해야 할 과제라 여겨지므로 아래에서는 먼저 그 점에 대해서 간단히 점검해 보기로 하겠다.

3. 판독(判讀)의 난점(難點)과 성급한 해석 문제

목간이 자료로서 지닌 특징을 제대로 이해하기 위한 방편으로서 비문과 대강이나마 대비(對比)해볼 필요가 있을 듯하다. 그렇게 함으로써 목간에 내재된

12 朱甫暾,「韓國木簡學會の出帆と展望」『木簡研究』30, 2008.

장단점이 저절로 드러날 터이기 때문이다.

첫째, 비문의 경우는 긴 문장으로 이루어져 내용이 비교적 풍부한 반면 목간은 그것이 문장이건 아니건 상관없이 지극히 단편적 내용이 일반적이다. 이는 양자 사이에 보이는 가장 두드러진 차이점이 아닐까 싶다. 그래서 일단 비문에 대해서는 전체적 내용과 성격의 파악이 상대적으로 용이하여 이에 관한 한 별로 큰 이견(異見)은 없는 편이다. 그러나 목간은 그렇지 못한 경우가 대단히 많아 내용과 의미를 둘러싼 논란이 비교적 잦다.

둘째, 비문에는 많은 내용이 담겨져 있기는 하지만 당대적(當代的) 윤색이 적지 않게 가해져 있는 반면 목간에는 과장이나 윤색이 거의 들어 있지 않다는 점이다. 이를테면 6세기 중엽의 진흥왕순수비에는 유교적 분식이 상당히 많이 가미되어 있다. 심지어는 고구려 광개토왕비문에서조차 국왕의 업적을 과시하기 위해 사실을 실상보다 부풀려서 과장되게 표현한 부분이 적지 않다. 비문은 그를 읽는 사람을 의식하여 의도적 목적에서 작성한 것이므로 자연히 일정한 과장과 윤색이 스며들게 마련이다. 그래서 이를 사료로서 활용하려면 철저한 비판과 검증의 과정을 반드시 거쳐야 한다. 그에 비하여 목간은 비록 단편적이기는 하지만 의도적 가공이나 윤색이 가해질 여지가 별로 없어 당시의 실상 그대로를 전해준다. 말하자면 생생한 자료를 전혀 가감(加減) 없이 보여주는 속성을 지닌 것이 목간 자료의 중요한 특성이라 하겠다. 따라서 이 점에 관한 한 논자들 사이에 별다른 논란의 여지가 있을 수 없는 것이다.

셋째, 비문은 대체로 공식적이며, 특히 정치적 목적이 강하게 스며든 것이 대부분이어서 정치나 제도와 관련된 내용이 주류를 이루는 반면 목간에는 비록 세세하지만 일상적인 것이나 그와 관련한 행정적 사항이 주로 담겨지게 마련이다. 따라서 비문이 사서의 내용을 보완하는 거대담론(巨大談論)에 유용한 자료라고 한다면 목간은 그보다는 사서 편찬 과정에서 흔히 제외되기 쉬운 미시담론(微視談論)의 틈새를 매우는 데 활용할 만한 내용을 담고 있다고 하겠다. 이를테면 생활사, 일상사(日常史)와 같이 최근 유행처럼 번지고 있는 연구 경향에 부합하는 내용들이다. 이는 목간에 단순히 기존 연구를 보완하는 수준을 뛰어넘어서는 새로운 내용이 담겨져 있기도 함을 의미한다.

그밖에 비문은 단단하여 영구 보존을 목적으로 제작됨으로써 한곳에 그대로 머물러 있도록 기획된 특성을 가진 반면 목간은 가벼워서 이동하기 쉽고 또 하찰목간(荷札木簡)처럼 애초부터 제작의 목적 자체가 이동을 전제로 한 것까지 있다. 따라서 목간을 통하여 물자의 흐름이나 유통, 사람의 이동 양상 등을 살펴 볼 수 있는 단서(端緖)로 활용 가능한 것이 또 다른 특징이다. 이 자체만으로도 새로운 분야라 하겠다.

이상과 같이 목간을 비문과 비교하여 볼 때 내재한 약점 또한 적지 않으나 여러 가지 측면에서 그를 훌쩍 뛰어넘는 장점도 아울러 갖고 있음은 분명한 사실이다. 다만 그를 자료로서 적극 이용하는 데에는 조심해야 할 몇 가지 문제점이 뚜렷하게 엿보인다.

첫째, 목간은 흘림체를 많이 사용하여 흑화(黑化)가 약간만 진행되어도 판독상 어려움이 뒤따른다는 사실이다. 아무리 해상도 높은 최신 사진장비를 동원하여도 겨우 묵흔(墨痕)만 확인될 뿐 판독이 용이하지 않은 경우가 많다. 판독의 문제는 때때로 목간 전체의 이해에 근본적 영향을 미쳐 심각한 결과를 초래하기도 한다. 이를테면 안압지 185호의 경우 '□ 送急使牒(?)高城壅(驢?)走(武, 一疋?)'의 경우 괄호 안팎의 어느 글자를 선택하느냐에 따라서 전체의 내용은 전혀 다르게 해석되고 있다.[13] 일부 논자들은 때론 자설에 유리한 쪽으로 판독함으로써 의도적인 보강을 시도하기도 한다.

사실 판독상의 논란이 많다는 것은 비문도 물론이거니와 목간의 경우에도 당연히 치명적 약점으로 작용한다. 이를테면 성산산성의 경우 제첨축(題籤軸)을 둘러싼 논란을 그런 사례의 하나로 손꼽을 수 있다. 58호 목간은 외형으로 보면 제첨축일 가능성이 높은데 머리에 쓰인 글자를 한때 '이두촌(利豆村)'으로

13 이에 대해서는 이용현, 『韓國木簡基礎研究』, 신서원, 2006, pp.294~316 참조.

판독하여 6세기 중엽 당시 고도의 문서 행정의 실현을 상정하고[14] 나아가 문서가 자연촌 단위로 작성되었다는 근거로 삼아 선뜻 자연촌이 지방 지배의 기본 단위였다고 해석하는 주장까지 나왔다.[15] 그와는 달리 아무런 묵흔이 보이지 않는다고 하여 제첨축이 아니라고도 진단하는 견해도[16] 제기된 상태이다. 적외선 사진을 면밀히 관찰하면 약간의 어떤 묵흔은 엿보이지만 당장 그것이 글자인지 어떤지조차 가름해내기란 기대난망이다. '이두촌'을 읽어낼 수 없음도 물론이다.

같은 성산산성목간 2호의 경우 첫머리를 기왕에 흔히 '감문성하기(甘文城下幾)'로 판독해서 그 중 '하기(下幾)'를 下枝와 같은 것으로 보고 현재의 안동시(安東市) 풍산(豊山)으로 비정하였다. 그러나 06-1호 목간의 출현으로 하기(下幾)는 하맥(下麥)의 잘못임이 드러나면서 목간 전반을 전혀 달리 해석하지 않으면 안 되게 되었다.[17] 과거 한때 이성산성 출토 목간의 경우 '욕살(褥薩)'로 판독하여 그를 고구려의 것으로 간주하고 나아가 산성 자체를 고구려성이라 판단한 적이 있다.[18] 그러나 이를 언뜻 살펴보아 '욕살'로 판독할 가능성이 전혀 없는 것으로 여겨진다. 자료가 공개된 뒤 강한 선입견에서 비롯한 해프닝이었음이 판명된 것이다.[19] 판독 오류가 엉뚱한 결과를 가져 올 수 있음을 뚜렷이 보여 준 실례라 하겠다.

둘째, 목간의 내용 자체가 극히 단편적임에도 이를 근거로 너무 심하게 추

14 윤선태, 「한국고대목간의 출토현황과 전망」『韓國의 古代木簡』, 창원문화재연구소, 2004.

15 이를 둘러싼 논란에 대해서는 全德在, 「함안 성산산성 목간의 연구 현황과 쟁점」『新羅文化』31, 2008, pp.25~27.

16 이경섭, 「함안 성산산성 출토 題籤軸과 고대 동아시아세계의 文書標識 목간」『역사와 현실』65, 2007, pp.203~207.

17 전덕재, 「함안 성산산성 목간의 내용과 중고기 신라의 수취체계」『역사와 현실』65, 2007, pp.241~243.

18 한양대박물관, 『二聖山城』(제8차 발굴조사보고서), 2000.

19 이용현, 앞의 책, pp.435~436.

론에 추론을 거듭하거나 거기에서 몇 걸음 더 나아간 해석을 시도하는 위험성이 있음에도 연구자 스스로가 별다른 부담을 느끼지 않은 상태에서로 실수를 너무나 자주 감내한다는 사실이다. 이를테면 성산산성목간 5호의 경우 마지막 글자를 '염(鹽)'으로 읽고 이를 바로 앞의 노인(奴人)과 연결, '노인염(奴人鹽)'이라 풀이함으로써 그와 관련한 온갖 해석이 난무(亂舞)한 실정이었다. 설사 '염'이라 판독되더라도 좀 더 신중하게 접근하는 자세가 요구되었다. 일단 같은 자료의 다른 사례로 미루어 볼 때 이는 인명으로 봄이 가장 적절하다는 느낌이다.[20] 필자도 성산산성목간을 처음 접하였을 때 인명 다음에 관등이 당연히 와야 한다는 선입견으로 말미암아 수다히 보이는 패(稗), 또는 패일(稗一)을 잠시 피일(彼日)과 발음이 비슷하다고 판단해 외위라 간주하는 우(愚)를 범한 적이[21] 있다. 성산산성목간 2호에 보이는 '감문본파(甘文本波)'의 경우 본파(本波)를 특정 지명으로 보고 경북 성주(星州)로 비정하였으나 그 뒤 다른 지역명에 따라 붙는 본파의 사례가 많이 나와서 특정한 지명으로는 비정할 수 없게 되었다. 그밖에 낱낱이 열거하기 어려울 정도로 많은 사례가 보인다.

이상은 당시의 자료로서는 부득이한 측면이 없지는 않겠으나 어떻든 목간을 다루는 데는 꾸준한 자제(自制)와 인내가 함께 요구됨을 보여 준 사례였다. 목간을 다룰 때에는 아무리 신중해도 지나치지 않다는 경구(警句)를 언제나 되뇔 필요가 있는 것이다. 특히 성산산성의 경우 계속적으로 자료의 추가가 이루어져 오류는 즉각 드러나므로 한층 신중하게 접근해야 함을 일깨워 준다. 달리 말하면 이는 다른 목간에 대한 해석의 경우에도 즉시 확인만 되지 않을 따름이지 본의 아니게 많은 잘못을 저지르고 있을지 모른다는 사실을 시사해 주는 좋은 사례이다. 목간을 다룰 때 너무 쉽게 주장을 펴는 것이 아니라 자료에 근거한 논증(論證)을 치밀하게 시도해야 마땅하다. 그것이 역으로 목간학을 제대로

20 鹽이라면 그렇게 써놓고서 부를 때에는 소금이라 訓讀하였을 가능성이 높다.

21 朱甫暾, 「함안 성산산성 출토 목간의 기초적 검토」 『한국고대사연구』19, 2000.

정립하는 첩경임을 명심해야 한다.

셋째, 목간이 보여주는 연대(年代)의 폭이 너무 넓으므로 비문과는 달리 활용에 각별히 신중을 기해야 한다는 점이다. 비문의 경우 전체가 하나의 내용 속에 들어 있으므로 아무런 문제가 없지만 목간의 경우는 사정이 다르다. 같은 지역에서 다량(多量)으로 출토되었더라도 모두 동일한 시기에 같은 목적과 내용으로 제작된 것이라 단정할 수는 없기 때문이다. 가령 함안 성산산성의 경우 똑같은 층위에서 비슷한 내용의 목간이 나왔으므로 그 연대나 성격 판별에 별다른 큰 이견은 없다. 그러나 모든 목간이 반드시 같은 시기의 것이 함께 묻히는 것은 아닐 터이므로 문제로 될 때가 적지 않다. 동일한 장소에서 출토되더라도 시기와 성격을 달리하는 경우가 많은 것이다. 이를테면 안압지 목간의 경우 출토 당시의 상황이 구체적이지 못하여 수십 점 가운데 몇몇 목간에 보이는 연호(年號)나 간지(干支)를 매개로 대략 8세기 중엽경으로 비정함이 일반적이었다. 그러나 최근 출토 지점을 면밀히 분석한 결과 연대 폭이 한층 넓을지도 모른다는 새 견해가 조심스럽게 제기되었다. 이는 발굴 당초 한층 더 신중했어야 했다는 비판이었다.[22] 비슷한 양상은 부여의 능산리사지(陵山里寺址)에서 출토된 목간의 경우에서도 확인된다. 그 가운데 소위 「지약아식미기(支藥兒食米記)」라 불리는 사면목간(四面木簡)에 대해서는 내용과 성격에 대해서까지도 견해가 크게 엇갈리고 있는 상황이다.

능산리의 사지에서 출토된 이십여 점의 목간들이 어떤 성격의 것인가에 대해서 서로 다른 견해가 제기되어 크게 논란하고 있다. 맨 처음 보고되었을 때 능사(陵寺)의 축조와 관련된 것으로 여겨 그 연대도 저절로 창왕명석조사리감(昌王銘石造舍利龕)의 567년을 주된 근거로 삼아 비슷하게 추정함이 일반적이었

22 橋本繁, 「雁鴨池 木簡 判讀文의 再檢討」 『新羅文物硏究』創刊號, 2007에서도 목간 자체의 연대표기법을 검토한 결과 8세기 중엽으로 한정할 수 없고 연대 폭을 넓혀 보아야 한다는 견해를 조심스럽게 개진하였다.

다. 목간의 성격 자체도 그와 관련지어 이해하였음은 물론이다. 이후 이를 부정하고 부여 나성(羅城)의 축조와 관련지어 538년 이전으로 보는 설,[23] 나성의 통행(通行)과 관련된다고 보아 538년 이후 567년 사이로 보는 설,[24] 능사의 조영과 관련지어 554년 이후 567년 사이로 보는 설[25] 등 실로 종잡기 어려울 정도로 다양한 견해가 제기된 실정이다. 그에 따라 사면목간의 내용이나 성격에 대한 이해도 완전히 달라졌다. 이처럼 똑같은 자료를 놓고서 여러 가지 점에서 확연하게 의견의 편차가 큰 것은 일차적으로 발굴 당시 목간 출토지가 건물지(建物址)나 능사와 어떤 관계에 있는가를 세밀히 관찰하지 못한 데에서 기인한다. 그 위에 한 걸음 더 나아가 목간에 실려 있는 내용을 자신의 입장과 관련지어 달리 이해한 것이다. 이것 또한 발굴 당초부터 세심하게 배려하지 않으면 안 된다는 사실을 그대로 일깨워준 대표적 사례라 하겠다.

그런데 연대 설정 여하에 따라 소속한 국가가 달라지는 목간도 있다. 가령 인천의 계양산성(桂陽山城)에서 출토된『논어』목간에 대해 발굴보고자는 5세기대로 간주하고 당연히 백제의 것으로[26] 진단한 반면 일반적으로는 7세기의 것으로 봄으로써 신라의 것이라 여기고 있다. 한편 김해 봉황대(鳳凰臺)에서 출토된 목간에서도[27] 그와 유사한 측면이 엿보인다. 만약 시기를 올리면 가야에 소속한 목간이 되는 반면 내려잡으면 신라의 것으로 귀속되기 때문이다. 이들의 연대를 확실하게 판단할 근거가 달리 없다면 공반유물(共伴遺物)을 통해 잠정적으로 결정내릴 수밖에 없으므로 발굴 과정에 극히 세심한 주의가 요망되는 부

23 近藤浩一, 「扶餘 陵山里 羅城築造 木簡의 研究」『百濟研究』39, 2005 ; 「扶餘 陵山里 羅城築造 木簡 再論」『韓國古代史研究』49, 2008.

24 尹善泰, 「百濟 泗沘都城과 '嵎夷' – 木簡으로 본 泗沘都城의 안과 밖 –」『東亞考古論壇』2, 2006.

25 李炳鎬, 「扶餘 陵山里 出土 木簡의 性格」『木簡과 文字』창간호, 2008.

26 鮮文大考古研究所, 『桂陽山城』, 2008.

27 釜山大博物館, 『金海 鳳凰洞 低濕址遺蹟』, 2006.

분이라 하겠다.

넷째, 다면목간(多面木簡)에 대한 해석을 둘러싼 논란이다. 윤선태는 중심 연대가 줄잡아 백년 이상 차이가 나는 경주의 월성해자목간(月城垓字木簡)과 안압지목간(雁鴨池木簡)의 형태를 대조해 전자에는 원주형목간과 3각 혹은 4각의 다면목간이 많이 보이는 반면 후자에는 그것이 소수인 점에 착목해 목간의 형식 변화 양상을 추적하였다. 거기서 한 걸음 더 나아가 일본목간에도 다면목간이 희소한 점과 관련지어 한반도의 지목병용시대(紙木竝用時代)의 것이 전해진 결과라 추정함으로써 주목할 만한 견해를 제시하였다.[28] 다면목간은 대체로 문서목간이므로 문서행정의 발달과 관련하여 관심을 끌었지만 그를 활용하는 데는 신중을 기해야 하는 측면이 여실히 드러났다. 이를테면 앞서 소개한 능산리 지약아식미기 목간만 하더라도 4면의 내용 전부가 매끄럽게 연결되지가 않는다. 현재 1면과 2면으로 추정되는 부분은 내용이 서로 이어지지만 3면이 1면과 직결되는지 아니면 전혀 다른 내용인지도 불분명한 상태이다. 4면은 글씨가 다른 세 면과 달리 거꾸로 작성되고 또 내용상 습서(習書)이므로 1-3면과는 성격이나 작성 시점이 다름은 확실하다. 따라서 이 목간은 원래의 모습 그대로가 아니라 몇 차례인지는 단정할 수 없으나 재사용되었음이 분명하다.[29] 여기에서 목간 껍질이나 혹은 이른바 삭설(削屑), 즉 목간부스러기로 불리는 목재 편(片)이 여러 점 출토되었음은[30] 그를 입증해 준다. 그렇다면 원래는 어떤 내용이었으며 현재의 상태와 그것이 어떻게 상호 연결되는가에 대해서는 신중한 접근이 요망된다. 그와 비슷한 면모는 월성해자목간에서도 확인되는 사실이다.

수십 점에 달하는 월성해자 목간에 다면목간이 많은 점이 특징적임은 이미

28 尹善泰, 「월성해자 출토 신라 문서목간」『역사와 현실』56, 2005.

29 이 목간을 둘러싼 논란에 대해서는 윤선태, 앞의 논문(2006)과 이병호, 앞의 논문 참조.

30 국립부여박물관, 『百濟木簡』, 2008, pp.46~53.

지적된 바 있거니와 그 가운데 많은 논란을 불러일으키고 있는 것은 149호 목간이다. 이해의 편의상 잠시 이를 소개하면 다음과 같다.

(A) (Ⅰ) 大烏(鳥?)知郎足下万拜(引?)白(白了?, 白 l ?)

(Ⅱ) 經中入用思買白不踓(雖)紙一二个(斤?)

(Ⅲ) 牒垂賜教在之後事若命盡

(Ⅳ) 使內(官?)[31]

이 목간은 내용으로 미루어 마치 어떤 집행의 결과를 전달하는 보고서와 같은 성격이라는 느낌이다. 그것은 여하튼 그 자체로서 하나의 완결된 문서라 보는 점에서는 의견이 일치한다. 그러나 기본적 핵심 사항에 대한 판독이 다르고 또 그 자체 이두문과 함께 한국어식 문장[俗漢文]으로 구성되어 해석이 까다로워 논자들 사이에 상당한 편차를 크게 보인다. 한편 문장의 배열 순서에 대한 기초적 이해가 달라 전혀 엉뚱한 결론이 내려지기도 한다. 이를테면 사면목간을 위에서 내려다 볼 때 시계 방향으로 읽는 것이 적절하다는 견해가[32] 있는가 하면 그와는 반대 방향으로 읽어야 한다고 주장하는 논자도[33] 있다. 그리고 문장의 출발이 되는 제1면을 위의 예시(例示)와는 다르게 (Ⅳ)로 보기도 하고 때로는 (Ⅲ)이라 보기도 한다.[34] 어떤 쪽을 제1면으로 보느냐, 그리고 그 순서를 어느 방향으로 잡느냐에 따라 해석상 근본적 차이가 야기됨은 두말할 나위가

31 이는 윤선태가 작성한 석문(앞의 논문, 2005, p.134)으로서 설명의 편의상 잠정적으로 제시해 본 것이다.

32 윤선태, 위의 논문.

33 李成市, 「한국목간연구의 현황과 함안성산산성 출토의 목간」 『한국고대사연구』19, 2000.

34 이런 전반적인 사정에 대해서는 이용현, 앞의 책, pp.148~152 및 鄭在永, 「月城垓子 149號 木簡에 나타나는 吏讀에 대하여 –薛聰 當代의 吏讀 資料를 중심으로 –」 『木簡과 文字』 창간호, 2008, pp. 98~104 참조.

없다. 그렇지 않아도 판독상은 물론이고 그 자체 이두문(吏讀文)과 훈차(訓借)가 뒤섞여 혼란이 일기 쉬운 상황에서 순서조차 다르므로 이는 이 목간 자체의 해석에 근본적 문제를 야기한다. 좀 더 신중하게 접근해야 함을 보여준다.

이상 목간 연구 30년을 되돌아보면서 조심스러워야 할 사항에 대해 몇 가지 실례를 바탕으로 지적하여 보았다. 목간 연구의 진전을 위해서는 다양한 연구자가 공동으로 대처해야 함을 보여 주는 대목이기도 하다.

4. 새로운 과제의 제기 (1)

예기치 못하게 출현한 목간은 오래도록 논란되어 온 과제를 일시에 해결하는 결정적 단서가 되기도 하고 때때로 흥미로운 문제를 유발시키기도 한다. 특히 후자와 같은 사례들이 최근 적지 않게 생겨나고 있어 주목해 볼 만하다.

일본의 경우 한때 크게 논란되었던 군평(郡評)의 구체적 시행 시기와 같은 미묘한 문제가 목간의 출현으로 말끔히 해결된 사실은 널리 알려져 있다.[35] 우리의 경우에도 비슷한 사정이 중고기의 행정촌과 자연촌 문제에서 찾아진다. 6세기 신라의 금석문에 많이 등장하는 촌의 성격이 전부 행정촌이냐 아니면 자연촌도 거기에 포함되어 있느냐의 문제를 둘러싸고 상당한 기간 논란되어 왔다. 591년의 남산신성비에는(9비를 제외하고) 분명히 행정촌으로 규정할 만한 촌(성)명이 보이므로 이를 주된 기준으로 삼아 흔히 중고기의 촌을 전부 행정촌이라고 단정하였다. 한편 그와는 달리 695년 작성되었다고 추정되는 일본 정창원(正倉院) 소장 신라촌락문서에는 오직 자연촌만이 보이므로 중고기의 행정촌이 어느 시점에 현(縣)으로 바뀌게 되고 그에 따라 통일 이후의 중대(中代)에는 촌으로 명명되던 모든 지명이 하위의 자연촌(地域村 포함)으로 바뀌어졌다는

35 舘野和己, 「日本 古代의 木簡」 『韓國의 古代木簡』, 창원문화재연구소, 2004, p.406.

것이다. 이에 대해 필자는 중대에는 자연촌 뿐임이 확실하지만 중고기에 나타나는 모든 촌을 무조건 행정촌으로 단정하기에는 일단 그 수치가 너무도 많고, 특히 촌명이 많이 나타나는 578년의 대구무술오작비 사례처럼 여러 가지 측면에서 행정촌을 구성하는 자연촌으로 보아야 합리적이라는 점 등에 근거하여 당시 행정촌과 자연촌이 모두 촌이라 불리면서 함께 공존한 것으로 풀이하였다. 이런 논란은 얼마 뒤 남산신성비 제9비가 발견됨으로써 후자의 입장으로 일단 정리된 추세이지만 최근 함안 성산산성목간의 출현으로 재차 입증됨으로써 이제 논란은 거의 종식되기에 이른 것이다.[36] 이는 목간이 어떤 기능을 하는지를 여실히 보여준 사례의 하나에 속한다. 한편 목간은 비교적 광범한 분야에서 새로운 문제를 다양하게 제기하기도 한다.

첫째, 이미 어느 정도 정리된 과제에 대해 새롭게 재검토해 볼 실마리를 제공하는 경우이다. 과거 524년의 울진봉평신라비에 노인(奴人)이란 용어가 보여 문장의 전후맥락으로 미루어 그것은 대체로 집단 예속민을 지칭하는 것으로 정리되었다. 그런데 성산산성에서도 노인이란 용어가 여러 차례 보여서 주목을 받았다. 이에 대해 역시 동일하게 집단 예속민일 것이라는 입장이 제기되었다. 비슷한 시기에 사용된 같은 용어가 비교적 짧은 시간에 그렇게 확 달라지지는 않았을 것이란 견해이다.[37] 한편 그와는 달리 노인을 개인 소유의 노비일 것으로 풀이하는 견해도[38] 제기되었다. 노인이란 용어는 최근 공개된 고려 정종(靖宗) 4년(1038) 작성의 이른바 '불국사서탑중수형지기(佛國寺西塔重修形止記)'

36 이 문제의 전반적인 사정에 대해서는 朱甫暾, 「新羅 中古期 村의 性格」 『慶北史學』23, 2000 참조.

37 李京燮, 「城山山城 출토 荷札木簡의 製作地와 機能」 『韓國古代史硏究』37, 2005 및 金昌錫, 「新羅 中古期의 奴人과 奴婢 – 성산산성 목간과 봉평비의 분석을 중심으로 –」 『한국 고대의 신분제』(제22회 한국고대사학회 합동토론회 요지문), 2009.

38 尹善泰, 「咸安 城山山城 出土 新羅木簡의 用途」 『震檀學報』88, 1999 ; 全德在, 앞의 논문, 2007.

에도[39] 보이므로 그와 관련지어 이해할 필요가 있다. 이로 보면 노인은 적어도 6세기 이후 고려시대까지 비교적 장기간에 걸쳐 사용된 용어인 셈이다. 여기에서는 노비와 같은 개념으로 쓰였음이 확실하다. 그렇게 보면 노인이란 용어 자체에는 애초부터 집단과 개별 노비의 두 가지 개념이 함께 내재한 것으로 봄이 적절할 듯하다. 원래 인(人)이란 단어가 따라붙으면 개인과 집단 양자의 의미를 동시에 갖게 됨이 일반적이기 때문이다. 따라서 노인을 굳이 어느 한 쪽의 뜻만 가진다고 고집할 필요는 없을 것 같다. 언제나 사안에 따라서 용법이 어떻게 사용되었는지를 판별해야 마땅하다.

둘째, 통설의 재검토를 위한 실마리를 제공하는 경우이다. 이를테면 능산리 목간 301호의 육(六)부(部)오방(五方)의 사례를 손꼽을 수 있다. 기왕의 연구에 의하면 백제의 왕경은 5부, 지방은 5방으로 편성되었다. 그런데 이 목간에서는 5부가 아니라 6부라고 명기한 것이다. 자연 이를 둘러싸고 논란이 다양하게 전개될 수밖에 없게 되었다. 6세기 후반의 사정을 전하는 『주서(周書)』 백제전에는 5부가 보이므로[40] 일단 그 이후 어느 시기엔가 6부라는 용어가 사용된 것으로 봄이 올바르다. 이를 천도 예정지인 익산(益山)과 같은 별부(別部)로 보아야 할 것인가,[41] 와편(瓦片)에 보이는 신부(申卩)를 곧장 5부에 더해 6부에 포함시킬 것인가,[42] 6부 자체를 행정구역이 아니라 단지 능산리 축조와 관련지어 모든 세계를 지칭하는 불교의 관념에서 유래한 범칭(汎稱)으로 볼 것인가를[43] 둘러싸고 논의가 다양하다. 장차 논의가 더 진전된다면 백제의 왕도 문제에 대해서는 다대한 성과를 거둘 수 있으리라 기대된다. 부명이 보이는 기와 명문이 많

39 국립중앙박물관 · 대한불교조계종, 『불국사 석가탑 유물2– 重修文書』, 2009.

40 『周書』41 異域傳 百濟條.

41 金周成, 「백제 무왕의 즉위과정과 익산」 『마한 · 백제문화』17, 2007 ; 朴仲煥, 「百濟 金石文 研究」, 전남대박사학위논문, 2007.

42 이다운, 「百濟五部銘刻印瓦について」 『古文化談叢』43, 1999.

43 김영심, 「백제의 지방통치에 관한 몇 가지 재검토」 『한국고대사연구』48, 2007.

이 발굴되고 있음은[44] 그 점에서 퍽이나 고무적 현상이다. 과거 부여의 궁남지(宮南池)에서 '서부후항(西卩後巷)'의 목간이 출토되어 잠시 주목을 끈 적이 있다. 왕도 5부의 하위 행정단위로서 기왕에 항(巷)이 문헌상으로만 확인되었으나 이로써 그 실재가 증명되었기 때문이다. 목간의 또 다른 기능을 보여 주는 사례이다.

이처럼 왕도에서 목간이 많이 출토되면서 그와 관련한 자료가 부쩍 늘어났다. 이로 미루어 정차 백제 왕도의 구조와 구성 등의 문제는 전반적으로 새로이 논의되어야 할 사안으로 여겨진다. 비슷하게 신라의 경우에도 왕도 6부를 구성하는 리(里)에 관한 목간이 출토되어 주목을 받은 적이 있다. 기존 문헌에 따르면 신라 왕도는 6부로 나뉘고 그 아래에 35리 혹은 55리가 소속한 것으로 되어 있다. 이미 남산신성비 제3비를 통하여 탁부(喙部) 소속의 주도리(主刀里)가 알려져 있었으나 최근 월성해자 151호 목간에서 리명이 적지 않게 발견되었다. 이 목간에는 습비(習比)와 모탁(牟喙)의 아래에 여러 형태의 리가 열거되어 있는 것이다. 리명이 붙은 지명은 신라식을 음차(音借)한 것과 훈차(訓借)한 것의 두 종류로 나뉘는데 전자가 고유한 리라 한다면 후자는 새로 설정된 리로도 보인다. 이는 어떻든 왕도의 발전상을 부분적이나마 반영하고 있는 것으로 추정된다. 리의 하위 단위인 방(坊)은 보이지 않는데 목간이 보여 주는 연대인 7세기 무렵에는 실제로 존재하지 않았는지 아니면 당시 실재하였으나 행정적인 단위로 기능하지 않았기 때문에 전혀 모습을 드러내지 않는 것인지 등등은 장래 해명되어야 할 숙제로 남겨져 있다.

한편 앞서 소개한 능산리 4면목간에 보이는 '저이(猪耳)'를 '돝+ㅿㅣ'로 보아 현대어로 도치 혹은 돼지로 풀이하면서 석독자(釋讀字, 猪)+음독자(音讀字, 耳)가 결합된 고유어이며 이는 전형적인 향가식 차자어휘(借字語彙)라고 주장하

44 명문와에 대한 전체적인 소개는 김영심, 위의 논문 및 박중환, 앞의 논문 참조.

는 견해가[45] 제기되었다. 이를 근거로 한 걸음 더 나아가 어쩌면 향가(鄕歌)의 시원은 신라가 아니라 백제일지 모른다고 과감하게 추정하기도 하였다. 그렇다면 이는 기존의 인식을 완전히 뒤엎는 것이어서 주목해 볼 만하다. 다만, 이에 대한 반론도 제기되어 있는 만큼 모름지기 신중하게 다루어야 할 문제일 듯하다.

셋째, 목간이 기왕에 전혀 알려지지 않은 새로운 문제를 제기하는 사례도 있다. 가령 안압지목간에서 볼 수 있듯이 문호(門戶)나 수위(守衛)와 관련한 모습이라든지 젓갈이나 해산물을 비롯한 궁중(宮中) 식생활상의 일면을 더듬어 볼 수 있는 사례, 한약재 처방전으로 보이는 사례 등은 사서나 비문에서는 보기 힘든 생생한 생활사 자료로서 자료상의 공백을 메워주는 중요한 기능을 함을 잘 보여 준다. 그밖에 백제에서는 정(丁), 중(仲), 하(下)의 호구등급제가[46] 시행되고 있었다거나, 귀화(歸化)해 온 주민으로 추정되는 귀인(歸人)과 같은 제도가[47] 시행되고 있었던 사정을 짐작할 수가 있게 되었다. 한편 성산산성에 보이는 본피(本彼)를 비롯한 아나(阿那), 말나(末那) 등은 신라의 촌락 구조를 새롭게 추적해 볼 단서가[48] 된다. 한편 능산리 4면목간에 보이는 탄야방(彈耶方)은 5방(方)과 관련하여 많은 문제점을 던진다. 『일본서기』에 보이는 우두방(牛頭方)이나 니미방(尼彌方)과도 어떤 연관성이 있어 보이는데 이들이 가지는 의미를 면밀하게 추적해 볼 필요가[49] 있을 듯하다.

이처럼 새로 출토되는 목간은 예기치 못한 수많은 정보를 제공하여 당해 분야의 연구에 활기를 불어넣어 준다. 장차 이를 둘러싼 활발한 논전의 과정을

45 김영욱, 「고대 한국목간에 보이는 釋讀表記에 대하여」 『한국고대목간과 고대 동아시아세계의 문화교류』(한국목간학회 제1회 국제학술회의 발표논문집), 2007.

46 윤선태, 앞의 논문, 2006.

47 이용현, 「궁남지 출토 목간의 내용과 성격」 『궁남지』(부여문화재연구소), 1999.

48 전덕재, 앞의 논문, 2007.

49 김영심, 앞의 논문, 2007.

거친다면 한국고대사의 내용은 지금보다 한결 풍부해지리라 기대된다.

5. 새로운 과제의 제기 (II)- 문자(文字)의 교류(交流)

목간은 재료가 나무이어서 가벼우므로 이동하기가 쉽다는 특성을 갖고 있다. 게다가 때로는 이동 자체를 목적으로 제작되기도 한다. 그 까닭으로 목간의 제작지와 출토지가 전혀 다른 경우도 왕왕 발견된다. 이를 추적하면 사람이나 물류의 흐름을 대충이나마 간취해 낼 수가 있다. 이동이 한 나라의 내부에서 특정 지역과 지역 간에 이루어짐이 일반적이지만 간혹 국가와 국가 사이를 범위로 할 때도 있었다. 이를 통하여 한문자(漢文字)의 영향관계가 성립하기도 할 터이다. 따라서 목간에 쓰인 문자가 모두 한문자인 만큼 넓게는 동일한 문화권이라 할 동아시아세계를 하나의 교류권역(交流圈域)으로 설정하여 그 흐름을 살펴볼 필요까지 제기된다.

한문자는 한족(漢族)의 언어체계에 맞추어진 것이므로 다른 민족이 그를 받아들여 사용하는 데에는 여러 가지로 불편함과 어려움이 뒤따랐다. 고구려를 비롯한 한반도 삼국도 마찬가지였음은 물론이다. 그로 말미암아 당시 한문자를 자기의 언어체계에 맞도록 사용하기 위해서는 깊이 고심하고 부단한 노력을 기울이지 않으면 안 되었다. 그 결과 지명이나 인명 등의 고유명사를 표현하기 위하여 음차(音借)와 함께 훈차(訓借)를 병용하여 채택하거나 이두(吏讀)를 창안하여 문장을 나타내기도 하였다. 필요할 경우에는 때때로 나름의 글자를 스스로 만들어 쓰기도 하였다. 이런 사례를 실마리로 하여 동아시아 세계의 문화 교류와 함께 그 변용(變容)의 흐름을 추적해 볼 수도 있을 터이다. 그 가운데 여기서는 목간에 나타난 몇몇 한문자 사용 실태를 근거로 문화의 흐름과 변용에 대해 간단하게나마 점검하여 보고자 한다.

최근 백제 능산리와 쌍북리에서 각각 '경(椋)'자가 쓰여진 목간이 출토되어 논자들의 주목을 크게 받았다. 이미 백제의 중앙 22부(部) 가운데 주로 왕실 사무를 전담하는 내관(內官) 12부(部) 중 내경부(內椋部)와 외경부(外椋部)의 실재를 입증하여 주었다. 이 글자는 이미 경주 황남동(皇南洞) 376번지에서 출토된 목간에서도 '경식(椋食)', '하경(下椋)', '중경(仲椋)'과 같은 형식으로 몇 사례가 확인된 바 있다.[50] 그보다 앞서 안압지에서는 '경사(椋司)'란 글씨가 묵서된 벼루가 출토된 바 있다. 이로써 '경(椋)'이란 글자는 백제와 신라가 공용하였음을 알 수 있게 되었다. 한편 일본에서도 이 글자가 7세기에서 8세기 초에 걸쳐 한정적으로 사용되었음이 몇몇 자료를 통하여 드러났다.[51]

그런데 한반도에서 '경(椋)'이란 글자의 가장 빠른 사례는 백제나 신라보다 고구려에서 찾아진다. 408년의 덕흥리(德興里) 벽화고분의 묵서명에 이 글자가 보이는 것이다. 이는 무덤의 주인공이 고구려 문화에 깊이 물들어 있었음을 방증하여 주는 사례이거니와 '경(椋)'이란 글자는 거의 예외가 없다시피 '식(食)'이나 '도(稻)' 등 음식과 관련된 글자와 함께 보이므로 이제 창고를 뜻하는 것임은 의심의 여지가 없게 되었다. 그 점은 삼국이나 일본이 모두 똑같은 상황이다. 자전(字典)에 의하면 원래 이 글자는 '푸조나무 량'으로서 창고와는 무관하다. 그런 측면에서 이는 고구려에서 창안해낸 조자(造字)였던 것으로 짐작된다.[52] 그를 추정케 하는 것은 다음의 사료이다.

(B) 無大倉庫 家家自有小倉 名之爲桴京 (『三國志』30 魏書 東夷傳 高句麗條)

---

50 李成市, 「韓國出土の木簡について」 『木簡研究』19, 1997 ; 「古代朝鮮の文字文化」 『古代日本 文字の來た道』, 大修館書店, 2005.

51 三上喜孝, 「일본 고대 목간의 계보 – 한국 출토 목간과의 비교검토를 통하여 –」 『木簡과 文字』 창간호, 2008, pp.193~196.

52 불국사서탑중수형지기에도 上椋의 사례가 보인다. 이를 소개한 노명호와 이승재는 사전적인 의미대로 푸조나무를 바친 것으로 풀이하였으나(p.70) 앞 부분이 멸실되어 꼭히 그렇게만 단정지을 수는 없다. 창고로 풀이될 가능성도 엿보이기 때문이다.

이 사료가 보여 주는 3세기 단계의 고구려에서는 큰 창고가 없고 집집마다 창고가 있었으니 그것을 부경(桴京)이라 하였다는 것이다. 여기에서 주목되는 것은 창고를 하필 부경이라고 불렀는가 하는 점이다. 그것이 '경(椋)'과 상통하기 때문이다. 그래서 창고를 뜻하는 '경(椋)'이란 글자가 '부(桴)'의 '목(木)'변과 '경(京)'을 합친 글자이며 뜻은 부경의 의미를 그대로 이어받아 창고로 풀이하는 논자가 있다.[53] 그것이 사실이라면 '椋'은 원래의 한자가 아니며 고구려에서 의도적 목적에서 만들어낸 글자라 하겠다. 따라서 발음도 '량'이 아니라 '경'으로 읽는 것이 정당하다.

이 글자가 고구려의 조자로서 백제와 신라는 물론이고 일본에서까지 사용하였다는 것은 동아시아의 문자문화 교류사에서 상당한 의미를 지니는 것으로 풀이된다. 하필 글자 그것만이 흘러든 것이 아니라 그와 연관된 온갖 문화요소가 함께 들어갔을 터이기 때문이다. 그것은 여하튼 고구려가 문자 사용상에서 가장 선진국이었음을 짐작케 하는 대목이다. 고구려에서 '중(中)'이란 글자가 이두로 사용되고[54] '지(之)'가 문장의 종결사(終結詞)로 사용된 용례가 백제나 신라에서는 물론이고 일본에서 발견된 것은 그를 방증하여 준다. 고구려에서 지명에 사용된 흔적이 보이는 '수(迂)'의 경우 통행문(通行門)을 지킨다는 뜻의 조자로 보이거니와[55] 신라의 안압지목간에서도 바로 그런 의미로 사용되었음이 확인되어 일정한 영향관계를 알게 한다. 이밖에도 면밀히 관찰하면 많은 사례를 확인할 수 있을 터이다.

'경(椋)'처럼 고구려에서 두 글자를 합하여 하나의 새로운 한자를 만드는 방식은 백제나 신라의 경우에도 왕왕 보인다. 가령 수전(水田)을 의미하는 답(畓)이 561년의 창녕신라진흥왕척경비(昌寧新羅眞興王拓境碑)나 부여의 궁남지 백제

53 李成市, 앞의 논문, 2005, pp.42~43.

54 그런 탓에 정작 원래 중의 뜻인 가운데를 의미하는 단어에 대해 신라에서는 그와 구별하기 위하여 仲里, 仲椋처럼 仲자를 의도적으로 사용하였던 것 같다(이용현, 앞의 책, p.119).

55 이용현, 「목간으로 본 신라의 문자와 언어」『구결연구』, 2007.

목간(297번)에서도 찾아진다. 최근에는 나주 복암리 출토의 목간에서 처음으로 밭을 의미하는 '전(畠)'이란 글자가 나와 주목을 끌었다. 이 글자는 '백(白)'과 '전(田)'을 합친 것으로서 창녕비에서는 그대로 '백전'이라고만 하였다. 이를 두고 지금껏 흔히 '畑'과 마찬가지로 일본 고대에서 만들 글자로 알려져 있었다. 이로 보면 일본 조자로 여겨져 온 상당수는 한반도에서 만들어진 것임이 거의 확실시되었다. 한편 8세기 말에 쓰인 김천(金泉)의 갈항사석탑기(葛項寺石塔記)에 보이듯이 '여(女)'와 '남(男)'을 합쳐서 나온 '娚'이란 글자도 그런 용례의 하나로 손꼽을 수 있다. 부여 능산리 사지에서 출토된 토기에 보이는 '와(瓦)'와 '천(天)'의 합자도 그런 뚜렷한 사례에 속한다. 비슷한 예들은 신라의 관등 표기에서도 흔히 찾아지는데 이런 방식은 거의 대부분 고구려에 그 시원을 둔 것으로 여겨진다.

이와 같이 조자의 경우 두 글자를 합쳐서 하나의 글자로 만드는 것이 일반적이었던 것 같다. 한편 기존의 글자를 쓰기 쉽게 약자(略字)로서 만들어 통용하는 사례도 종종 보인다. 가령 여(與)를 '与'로 간략하게 사용한 것이 부여 관북리(官北里) 출토 25번 목간이나 쌍북리 출토의 좌관대식기(佐官貸食記) 목간에서 확인된다. 이 글자는 이미 창녕비에서 확인된 사례이며 이후 신라에서는 줄곧 사용되었음은[56] 물론이고 일본에서까지 확인된다. '등(等)'을 'ホ'으로 쓴 것도 그런 사례의 하나로 손꼽을 수 있겠다. 그런데 약자의 사용과 관련하여 각별히 주목해 봄직한 것은 '部'를 '卩'라 쓴 사례이다.

이 글자는 고구려에서는 일찍이 6세기 후반의 평양성성벽석각(平壤城城壁石刻)에서 발견되어 널리 알려졌으나 최근 백제에서는 와당(瓦當)을 비롯하여 여러 목간 자료에서 확인된다. 부(部)의 약자는 7~8세기의 일본 목간에서도 여러

56 2009년 5월 13일 경북 포항시 흥해읍에서 신라고비가 발견되었다. 첫머리에 보이는 辛巳는 내용이나 문장 및 표기방식상 501년에 건립된 것으로 추정되는데 여기에도 '与'자가 두 차례나 보여 주목된다.

형태로 많이 보인다. 이로 미루어 보면 고구려에서 처음 사용되기 시작하여 백제를 거쳐 일본에까지 전해진 것으로 여겨진다. 그런데 이상스러운 것은 신라의 경우 6세기 이후 금석문상에서 부(部)란 글자가 그렇게 많이 나타나면서도 아직 확실하게 그를 약자로서 '卩'로 표기한 사례가 발견되지 않는다는 사실이다. 함안의 성산산성 목간에 보이는 몇몇 사례를(7호나 9호) 그렇게 읽으려는 견해도 있으나[57] 다른 몇몇 사례들을(31, 39, 43, 84 등등) 참고하면 이 글자는 지명이나 인명에 주로 많이 사용되는 시(尸)로 봄이 올바를 듯하다. 그렇다면 지금까지의 자료에 의하는 한 특이하게도 신라에서만은 부의 약자를 수용하지 않은 셈이 된다. 왜 그런 현상이 나타났는지 판단할 수가 없지만 외부로부터 문자를 무조건 받아들이는 것이 아니라 내부적 필요성에서 문화와 함께 선별적으로 수용한 것으로 봄이 타당하겠다. 이는 장차 문자교류상에서 면밀히 검토해 보아야 할 대상이다.

한편 원래의 글자와는 전혀 다른 의미로 사용되는 경우도 찾아진다. 가령 '일(鎰)'을 대표적인 사례로 손꼽을 수 있다. 이는 원래 무게의 단위를 나타내는 글자이지만 안압지목간에서는 자물쇠의 뜻으로[58] 사용되고 있다. 일본의 목간에서 찾아지는 이 글자도 그와 마찬가지의 뜻이다. 이로 미루어 보면 신라의 열쇠 관리와 관련된 문화가 글자와 함께 일본에 전해졌음이 명백하다. '金'이 쇠란 뜻과 동시에 열쇠의 의미를 가짐도 신라식의 용법으로 지적되고 있다.[59] '食'이란 글자는 최근 출토되는 목간에 자주 보이는데 삼국이나 일본에서 비슷한 용법으로서 곡식(穀食)의 뜻으로 사용되고 있다. 아직 어떤 곡식을 구체적으로 지칭하는지 확실하게 알 수 없으므로 장차 밝혀져야 할 과제이다. 앞서 소

57 孫煥一, 「咸安 城山山城 출토 木簡의 書體에 대한 고찰」『韓國의 古代木簡』, 창원문화재연구소, 2004, p.385.

58 윤선태, 「雁鴨池 出土 '門號木簡'과 新羅 東宮의 警備 -國立慶州博物館 촬영 赤外線 善本寫眞을 중심으로-」『新羅文物硏究』 창간호, 2007, p.77.

59 윤선태, 위의 논문.

개한 불국사서탑중수기에서도 비슷하게 사용된 용례가 보인다. '食'은 곡식의 의미로도 오랜 기간 사용되었음을 보이는 사례이다. 도량형에서는 실질적인 양(量) 자체는 아직 명확하지가 않지만 석(石)이나 두(斗)처럼 백제와 신라가 공용하였다. 그러나 바로 그 아래의 단위에 대해서는 백제가 대승(大升)과 소승(小升)으로 구분한 반면 신라에서는 훈차하여 도(刀)란 글자를 사용하여 나타내었다. 이 신라의 '도(刀)' 용법은 불국사서탑중수기에서도 그대로 이어지고 있다. 이처럼 국가 간 수용 양상의 차이에 대해서도 장차 주목해 볼 필요가 있을 듯하다.

이상의 몇몇 사례들은 앞으로 세밀하게 검토해 보아야 할 대상들이다. 한자를 수용하면서도 계통이 다르고 용법도 차이가 나서 일률적으로 규정하기 어렵기 때문이다. 따라서 하나하나에 대해서 그 계통관계와 용법을 그와 관련된 문화와 함께 철저하게 점검해 볼 필요가 있는 것이다.

6. 맺음말 – 전망

한국의 목간연구는 최근에 이르러서야 본격적으로 진행되고 있는 편이지만 그 성과를 되돌아보면 정말 비약적으로 발전하였다고 단언하여도 지나치지 않을 정도이다. 거기에는 자료의 급속한 증가, 최첨단 과학과의 접합, 다양한 분야 연구자들의 지속적인 관심이 적절하게 결합된 결과로 보인다.

목간은 어느 특정한 학문의 대상이기보다는 각별히 학제적인 연구가 요망되는 특수한 분야에 속한다. 인문학에서는 여러 학문간의 학제적인 연구가 그리 쉽지가 않은 상황인데 목간을 매개로 한 연구가 제대로 진척(進陟)된다면 결과적으로 목간학이라는 새로운 학문 영역이 정립되는 셈이 된다. 목간 자체와 함께 문자는 옮겨지기 쉬운 성질의 것으로서 그 유동(流動)에는 그와 관련된 문화가 동시에 움직이기 마련이다. 따라서 목간은 국제적인 교류의 양상까지 추적해 볼 수가 있는 단서로 기능한다. 그러므로 국제적인 관심의 대상으로도 될 수가 있는 것이다. 과연 그런 분위기가 최근 크게 고조되어 가고 있는 양상이다.

동아시아는 흔히 중국에서 만들어진 한문자를 공유한 이른바 한자문화권을 일컫거니와 그를 매개로 율령, 유교, 불교문화가 주변지역으로 전파됨으로써 형성된 하나의 세계이다. 다만 그 실정은 대세(大勢)로서는 적절하다고 하겠으나 확산되는 측면만을 유달리 강조하다 보면 수용 과정에서 각국마다 어떻게 받아들여 정착시켜 갔으며 따라서 어떤 특성을 갖게 되었는가가 구체적으로 드러나지가 않게 된다. 말하자면 큰 시야에서만 한문자의 교류를 살피게 되면 수용자(受容者)의 입장은 완전히 몰각되어버리는 쪽으로 귀결되는 것이다. 그렇다면 이는 심각한 문제가 된다. 그런 의미에서 목간은 한문자의 흐름과 문화의 정착 양상을 제대로 파악할 수 있는 좋은 수단이 되는 것이라 하겠다.

기실 한자 그 자체만 하더라도 중국과 꼭 같이 그대로 사용한 것은 아니며 개별 국가의 현실에 맞게 변용(變容)한 사례가 많다. 그런 측면이 다양한 목간 자료에서 뚜렷하게 확인된다. 따라서 우리의 고대 목간의 외형이나 거기에 실린 내용이 중국의 그것과는 어떻게 다르고 또 일본과는 어떤 점에서 어떻게 같고 차이가 나는지를 추적하는 것은 매우 흥미로운 대상이 될 수가 있는 것이다. 중국과 일본의 연구자들이 우리의 목간에 대해 최근 부쩍 관심을 갖는 것도 바로 그 때문이겠다. 우리의 목간이 갖는 특징을 제대로 구명하기 위해서라도 일단 동아시아 세계라는 큰 시야에서 연구가 진행될 필요가 있는 것이다.

목간에는 다양한 정보가 내재되어 있다. 그를 어떻게 읽느냐에 따라 당연히 정보의 양은 달라지기 마련이다. 신중을 기하지 않으면 사실을 전혀 잘못 이해하거나 왜곡함으로써 차라리 없느니만 못한 결과를 가져올지도 모른다. 따라서 목간에 대해서는 언제나 신중하게 접근하는 자세가 필요하다. 목간은 그 자체 대단히 단편적인 자료들이므로 이를 다루는 일은 마치 퍼즐게임과 같은 느낌을 갖게 한다. 아직 전반적으로 자료가 부족하고 또 경험이 일천한 상태이므로 연구자는 이 점을 언제나 명심하고 인내하는 기본적 자세가 요망되는 시점이다.

(『고대의 목간 그리고 산성』, 2009)

부편

1장

목간과 문서

안압지 출토 목간(출처 국립가야문화재연구소, 『한국의 고대목간』, 2005)

1. 문자의 사용과 목간

컴퓨터는 물론이고 아이폰(스마트폰)이나 아이패드 등 최근 최첨단 분야에서 전개되는 양상을 지켜보면 정보의 축적과 전달 및 활용 정도는 과거 인간이 상정하여 왔던 상상의 수준을 훨씬 뛰어넘고 있다는 느낌이다. 머지않아 일상생활조차 가히 혁명적이라 할 만큼 급속히 바뀌리라 단언하여도 지나치지 않을 듯하다. 이런 저간의 사정으로 미루어 먼 훗날에는 틀림없이 컴퓨터의 존부(存否)를 기준으로 삼아 전후를 전혀 다른 시대로 설정하리라 예측된다.

컴퓨터 문화의 연장선상에서 과거를 되돌아보면 곧장 문자의 발명이란 데에까지 생각이 미치게 된다. 일반적으로 지적되듯이 문자는 지식과 정보를 축적하고 전달하는 기능을 하는 중요한 수단이다. 인간은 자신들이 알고 있는 그리고 평소 실생활에서 꼭 필요로 하는 지식의 양이 얼마 되지 않았을 때에는 대부분을 기억에 의존하려 하였지만 분량이 일정한 수준을 넘으면서 그것만으로는 불가능하다는 사실을 인식하게 마련이다. 그럴 때 줄곧 새로운 수단과 방편이 모색되었으니 문자는 바로 그런 필요성으로부터 자연스럽게 창안된 인류 최대의 발명품이라 하겠다. 물론 처음에는 문자가 단순히 기억을 보조해 주는 장치 정도로서 기능하였을 따름이지만 점차 보존하고 전승해야 할 정보의 양이 늘어나면서 자연히 그 중심적 역할을 차지하여 갔다.

문자는 단지 지식과 정보를 일정한 공간적 범위에서만 저장하고 확산시키는 데에 머무는 것이 아니라 이후 오래도록 전승시켜주는 기능을 담당하였다. 그와 같은 과정을 통하여 마침내 문명의 탄생과 발전까지 가능하도록 하였던 것이다. 그런 의미에서 문명의 발전은 곧 문자의 출현을 통하여 비로소 이루어졌다고 하여도 과언이 아니다. 흔히 문명의 발상지라 일컬어지는 곳에서는 어떤 예외도 없다고 하여도 좋을 정도로 문자가 반드시 존재하는 사실은 바로 그런 실상을 여실히 입증하여 준다. 역으로 아무런 정보 집적의 방법을 달리 창안해내지 못한 곳에서는 이렇다 할 문명이 움트지 않았다고 단정할 수도 있겠다. 어쩌면 문자가 컴퓨터를 능가하는 역할을 한 발명품이라는 생각도 든다.

그런데 문자를 기록해 두기 위해서는 모름지기 여러 수단이 반드시 필요하다. 현재에는 문자를 기록하는 수단이 너무도 다양하지만 문자가 출현하였을 당시부터 오랜 기간 그렇지를 못하였다. 말하자면 종이, 먹(잉크), 붓(펜)과 같은 기록 수단의 발명은 하루아침에 이루어진 일이 아니라 무척이나 오랜 시일이 걸렸던 것이다. 그 사이에는 지역에 따라 혹은 환경에 따라서 사용하는 기록의 수단도 크게 차이가 났다. 바로 곁에서 구하기 손쉬운 나뭇잎이나 껍질은 물론이고 때로는 동물의 가죽이나 옷감까지도 활용되었다. 인지가 점차 발달하고 그와 함께 도구를 다루는 기술도 차츰 발전해 가면서 단단한 돌[石]이나 혹은 금속(金屬)이 사용되기도 하였다. 가장 보편적인 기록의 수단인 종이가 발명된 것은 그로부터 다시 한참의 세월이 흐른 뒤의 일이었다.

종이가 발명되어 일반화되기까지 가장 손쉽게 구할 수 있는 기록의 대상은 아무래도 나무였다. 여러 기록의 수단들은 재질상 각기 나름의 특징을 지니고 있었다. 그 가운데 나무는 자체만으로는 견고성과 내구성이 그리 강하지 못하다는 뚜렷한 약점은 있지만 다른 유기질과는 달리 습기와 결합하거나 극도로 건조한 사막지대와 같은 곳에서는 잘 썩지 않는 특징을 갖는다. 게다가 나무와 매우 잘 어울리는 붓이 발명되고 또 그와 어우러져 오래도록 유지될 수 있는 좋은 먹[墨]이 결합하면서 오늘날에 이르기까지 많은 자료가 남겨지게 된 것이라 하겠다. 이처럼 문자가 기록되거나(새겨진 것까지도 포함) 그림이 그려진 나무를 총칭하여 일반적으로 목간(木簡)이라고 일컫는다.

2. 목간의 출토 현황

목간은 대체로 붓과 먹이 나무와 환상적으로 결합하여 나온 산물로서 다른 데서는 보기 힘든 동아시아세계만의 특이한 서사문화(書寫文化)라 할 수가 있다. 가장 먼저 목간을 사용하기 시작한 중국에서는 원래 나무를 잘라서 사용한 것을 독(牘)이라 이름하고 대나무를 잘라서 쓴 것을 간(簡)이라 불러 구분하였다. 그 둘을 합쳐서 일반적으로 간독(簡牘)이라 칭하고 있다. 그러나 일본에서는 대나무를 소재로 한 이른바 죽간(竹簡)이 발견된 사례가 전혀 없어 대체로 그냥 나무로 된 것만을 지칭하여 목간이라고 이름한다. 다만, 그 속에는 잠정적으로 죽간을 아우른 한층 넓은 개념도 들어 있음은 물론이다. 우리나라의 경우 과거 죽간이 출토된 사례가 있기는 하지만 일본과 마찬가지로 대부분은 목간이다. 따라서 간독보다는 죽간이라는 용어 쪽을 한층 더 선호하는 경향이 짙다. 장차 죽간 자료가 증가된다면 그때에는 양자를 구분할 필요성이 저절로 제기될 터이므로 용어가 당연히 재검토되어야겠다.

이웃 중국과 일본에서는 지금까지 수십만 점에 달할 정도로 많은 목간이 출토되었다. 특히 중국의 경우 간혹 『논어』나 『손빈병법(孫臏兵法)』을 비롯한 여러 책자까지 목간으로 묶어져 나오기도 하였다. 원래 책(冊)이란 글자도 목간을 여럿 묶은 모습을 형상화한 데서 비롯된 것이다. 그리고 책 가운데 비교적 오래도록 보존하면서 언제나 소중하게 다루어야 할 경전이나 법전과 같은 귀중한 책을 뜻하는 전(典)이라는 글자는 목간을 묶은 책을 다시 선반에 얹어 놓은 모습을 형상화한 것이다. 이로 보면 목간은 본디 서책(書冊)의 발달과도 밀접하게 연관되었음을 짐작할 수가 있다.

그런데 한반도에서는 아직 목간의 출토 사례가 별로 많은 편이 아니다. 지금까지 전부 합쳐 20곳이 채 되지 않는 곳에서 겨우 500여점 정도를 헤아릴 수 있을 뿐이다. 한국고대의 목간이 처음 출토된 것은 1930년대의 일이지만 비교적 다량으로 출토되기 시작한 것은 1975년 신라 왕경이었던 경주의 안압지(雁鴨池) 발굴을 통해서였다. 거기에서는 묵흔(墨痕)이 희미하게나마 확인되는 것까지 합쳐 69점이며, 글씨를 쓴 흔적이 거의 보이지 않는 것까지 포함하면 백점이 넘는다. 이는 장차 한반도에서도 다량의 목간 출토를 예보한 것이나 다름없는 일대사건이었다. 그런 예측을 입증이라도 해주듯 1980년대에 들어와 전국에 걸쳐 지역개발이 활발하게 추진되면서 수많은 발굴이 이루어지자 여기저기에서 목간이 나오기 시작하였다. 그 결과 과거 경주나 부여와 같은 고대국가의 정치적 중심지인 왕도는 말할 것도 없고 그로부터 멀리 떨어진 지방에서까지 목간이 출토되었다. 왕궁으로 추정되는 곳에서는 물론이고 성터나 절터, 관아 건물지의 저습지나 연못 및 우물 등 다양한 지점에서 목간이 나왔다. 그 가운데 특히 경남 함안의 성산산성(城山山城) 내에서는 1991년부터 최근까지 일정한 층위(層位)에서 수백 점에 달하는 6세기 중엽의 신라 목간이 출토되어 크게 주목을 끌었다.

지금까지의 출토 현황을 일별하면 비록 중국과 일본에 견주어 전체 수치는 말할 수 없이 현격하게 차이가 나지만 내용이나 형태 등에서 보아 나올 만한 것은 이미 거의 다 나온 상태가 아닐까 여겨진다. 재질은 가장 가까이서 손쉽게 구할 수 있는 소나무를 주종으로 하며 벚나무 및 참나무와 함께 일부 삼나무까지 있는 것으로 알려져 있다. 길이는 수 센티에서 1미터가 훨씬 넘는 것도 있다. 한 면이나 앞뒤의 두 면에만 글자가 쓰인 것이 주류이지만 원주형 혹은 방형으로서 3면 이상의 소위 다면(多面, 혹은 觚라고도 부른다)의 것도 적지 않다. 특히 일본과는 달리 전체에서 다면목간이 차지하는 비중이 상대적으로 높다는 점이 중요한 특징으로 지적되고 있다. 이밖에 기존의 목간을 다시 사용하기 위해 깎아내면서 나온 부스러기[削屑]나 두루마리 모양의 종이 문서 제목을 쓴 이른바 제첨축(題籤軸)도 출토되었다. 후자는 종이 문서가 상당히 널리 작성되고 있었음을 입증하여 주는 중요한 사실이다. 당시가 지목(紙木)을 함께 사용하던 시기였음을 뜻하는 것이기도 하다.

지금까지 출토된 목간을 용도에 따라 대충 정리하면 크게 장부를 비롯한 행정문서, 전적(典籍), 출입증과 같은 휴대용, 물품에 매다는 꼬리표, 습서용(習書用) 목간 등으로 분류되며 따라서 매우 다양한 양상을 띤다고 하겠다. 한반도에서 출토되는 목간은 대체로 6세기에서 9세기에 걸치지만 수량상으로 미루어 아무래도 6~7세기의 것이 주종을 이루므로 중심연대는 이때로 봄이 적절하다.

그렇다고 목간이 이 시기에 처음 사용되었다는 의미는 아니다. 이를테면 창원의 다호리(茶戶里)에서는 기원전 1세기의 목관묘(木棺墓)에서 목간을 작성하는 용도로 사용되었으리라 추정되는 칼[削刀]과 함께 5자루의 붓이 출토된 사실이 주목된다. 초보적이나마 당시 이미 목간이 사용되고 있었음을 추정케 하는 대목이다. 그때의 목간은 여러 정황상으로 보아 행정문서용이라기보다는 주로 낙랑군 등과 교통하기 위한 통행증이나 신분증 혹은 물품꼬리표의 용도였을 것으로 짐작된다. 초기 목간의 도입기에는 낙랑군의 영향도 일정하게 작용하였을 것 같다. 최근 북한의 평양에서 『논어』 목간과 함께 기원전 45년에 작성된 전한(前漢)의 낙랑군 소속 전체 25개 현의 호구와 인구를 기록한 호구부(戶口簿)가 출토되어 크게 주목을 받았다. 이를 통하여 낙랑군과 관할 영현(領縣)의 호구 구성 상태를 대략이나마 알 수 있게 되었다. 여하튼 한반도의 토착사회에서도 기원 전 1세기 무렵에는 한자가 사용되었음이 확실하므로 당시의 목간이 출토될 가능성까지 예상된다. 고구려의 경우 늦어도 3세기에는 문서 관리 담당을 뜻하는 주부(主簿)란 직명이 보이며 특히 357년 축조된 안악3호분(일명 冬壽墓)의 정사도(政事圖)에는 주인공의 좌우에 서 있는 인물에 기실(記室)이란 직명이 붉은 글씨로 쓰여 있는데 그 가운데 왼쪽 관인의 경우 왼손에는 목간을, 오른손에는 붓을 들고 글씨를 쓰는 자세를 취하고 있다. 이로 보면 고구려에서도 목간 사용이 늦어도 4세기에는 일반화되어 있었다고 추단하여도 무방할 듯 싶다.

그처럼 한반도에서 목간이 사용되기 시작한 시점은 기원전으로 거슬러 올라가지만 현재까지 발견된 목간으로 미루어 중심연대는 6~7세기이다. 목간은 필요에 따라 여러 가지 용도로 사용되었으나 특히 주목을 끄는 것은 아무래도 행정문서와 함께 일상생활과 관련된 것들이다. 이들은 기존의 사서(史書)나 금석문 등에서는 거의 보이지 않던 내용을 담고 있기 때문이다. 이러한 새 목간 자료의 출현은 종종 역사 연구를 강력하게 추동하고 촉진하는 계기로 작용하기도 한다.

3. 목간의 내용과 민속자료

일반적으로 전근대의 역사서는 대부분 정치 관련 자료를 중심으로 일정한 기준에 입각해 체계적으로 재정리된 것이다. 그 까닭으로 오늘날 입장에서 당시 사회를 제대로 이해하는 데 절실한 대상이 빠진 경우가 많다. 한편 후대에 어떤 특정한 시각과 입장에서 정리된 것이므로 강한 편향성을 지니기도 한다. 그리고 비록 후대의 인식이 스며들지 않은 당대의 것이기는 하지만 금석문과 같은 경우는 애초부터 정리된 형태의 자료이기 때문에 자연히 당시의 시각과 인식이 작동하여 일정 부분 분식되기도 하므로 한계를 지닌다. 그러므로 역사 복원의 사료로 활용하기 위해서는 무조건 보여 주는 그대로를 받아들여서는 안 되며 모름지기 철저한 사료비판의 과정을 거쳐서 옥석을 가려내어야 한다.

그런데 목간 자료만은 비록 단편적이라는 명백한 약점은 있지만 의도적인 가공(加工)의 과정을 전혀 거치지 않은 '날것' 상태 그대로를 생생하게 보여 준다는 점에서 큰 장점을 지니고 있다. 게다가 기존 사서나 금석문 자료에서 거의 다루지 않은 일상생활과 관련된 생경한 내용이 많이 담겨져 있다. 이로 말미암아 연구를 촉진시키거나 새로운 분야를 개척하는데 크게 도움을 주기도 한다. 말하자면 지금까지 발견된 목간은 당대 사회를 이해하는 데 대단히 유용한 자료로 활용될 여지가 큰 것이다. 예컨대 안압지에서는 왕궁의 수비나 출입과 관련된 내용을 비롯하여 동해안으로부터 왕경까지 날라다 먹은 젓갈류의 이름까지도 보인다. 이들은 기존 사서에서는 찾기 어려운 생소한 내용이다. 백제의 왕경인 부여에서는 50%의 이자로 곡식을 대여해 준 사실을 기록한 장부를 비롯하여 호구 및 토지 이용에 관한 것, 한약재 처방이나 통행증 등등의 다양한 내용이 담긴 목간이 출토되었다. 이들은 전혀 색다른 내용으로서 대부분 그동안의 역사 서술에서 공백으로 남겨져 있다시피 한 것들이다. 그래서 그런 공란을 메우거나 아니면 새로운 문제를 제기하는 자료로서 활용될 가능성이 매우 높다고 하겠다. 한편 기왕에 논란의 여지가 있던 '椋'(경으로 읽으며 창고를 뜻함)을 비롯하여 '畠'(전으로 읽으며, 白과 田을 합한 글자로서 밭을 의미함) 등과 같은 새 글자가 나온 것은 크게 주목해 볼 만한 사실이다. 이들이 수전을 뜻하는 답(畓)처럼 한반도에서 만들어진 조자(造字)가 확실하여졌기 때문이다. 장차 삼국의 한자 사용 실태 및 문자 발달사 뿐만 아니라 동아시아세계 속에서 문자문화의 교류 현상을 추적하는 데 요긴한 실마리로 활용될 터이다. 이런 사정을 매개로 하면 문화 교류와 관련한 국제적이며 학제적인 공동 연구가 본격적으로 추진될 여지도 엿보인다.

목간의 내용과 관련하여 각별히 주목되는 점은 고대의 민속과 관련되는 특이한 자료가 출토되었다는 사실이다. 먼저 부여 능산리의 능사(陵寺)에서 출토된 남근형 목간을 손꼽을 수 있다. 그동안 나무로 제작된 남근이 발견된 사례는 있지만 그곳에 글자가 쓰인 경우는 처음이다. 그것도 글자가 4면에 걸쳐서 먹으로[墨書]만이 아니라 새기기[刻書]까지도 하였다. 한편 4면 가운데 제 3면(뒷면)에 쓰인 핵심적 글자인 '천(天)'은 여타 글자와는 다르게 거꾸로 쓰였고 그것도 묵서한 것이 아니라 새겨진 상태이다. 전반적인 사정으로 미루어 보아 주술용이었던 것은 의심의 여지가 없다. 글자의 판독이나 해석을 둘러싸고 약간의 논란은 있으나 대체로 바깥 지역에서 왕경으로 들어오는 데에 역병(疫病)과 같은 유행병이나 나쁜 기운의 퇴치를 기원하는 도제(道祭)를 실시할 때 사용된 소위 신물(神物)의 성격으로 추정되고 있다.

다른 하나는 창녕 화왕산성(火旺山城)의 내부 연못에서 출토된 목간을 들 수 있다. 여기에서는 전체 6점의 목간이 나왔는데 그 가운데 사람의 얼굴 모양을 한 목간이 특히 주목된다. 이 목간은 단면이 타원형으로서 인체 모양이며 길이가 49.1센티, 너비가 10.6센티로 국내에서 발견된 목간 가운데 비교적 대형에 속한다. 앞면에는 목각 인형 자체가 여성임을 나타내기 위한 그림을 묵으로 그렸고 뒷면에는 그와 관련된 글씨를 썼다. 게다가 특이하게도 정수리를 비롯한 인체의 특정 몇몇 부위에다가 여섯 개의 못을 박았다. 아마도 어떤 특별한 목적성을 띤 제의 행위를 진행하면서 일련의 의식적 절차를 밟았음을 뜻하는 것으로 풀이된다. 묵서 가운데 '용왕(龍王)'이란 표현이 가장 선명하게 보이는데 이것이 목간에 내재한 성격을 뚜렷이 드러내어 준다고 생각된다. 특히 그것이 연못에서 나왔다는 점도 그를 판단하는 데 참고가 된다. 하여튼 이는 용왕제와 비슷한 어떤 제의를 치루는 용도로 사용된 것만은 확실하다. 다만 그 제의의 구체적 내용을 기우제라 보기도 하고 어떤 유력한 여성의 치병(治病)을 용왕에게 기원하는 것이라 보는 견해도 제기되어 있다.

이상과 같이 지금까지 발견된 목간에 보이는 내용은 매우 다양한 편이다. 이를 통하여 우리는 많은 새로운 정보를 얻을 수 있게 되었다. 특히 최근 크게 관심의 대상으로 부각되고 있는 일상생활사나 혹은 기왕에 별로 알려지지 않은 민속 행위 등과 관련되는 목간이 출토된 것은 크게 주목되는 사실이다. 그런 측면에서 목간은 기왕에 지적되어 왔듯이 역사학(한중일 삼국의 역사학)을 비롯하여 고고학, 국어학, 서예학, 고목재학(古木材學) 분야뿐만 아니라 나아가 민속학과도 깊이 연관되는 자료라 할 수 있다. 목간은 단순히 어느 특정 학문 분야의 전유물이 아니며 따라서 여러 학문 분야 간의 긴밀한 학제적(學際的) 연구가 절대적으로 요망되는 성격의 자료라 하겠다. 그런 의미에서 목간을 기본 자료로 하여 종합성을 지향하는 하나의 독립된 학문 분야 정립 요망되며, 그것을 바로 목간학이라고 이름할 수 있다. 그처럼 목간학의 정립이 가능하게 된 것은 사실 판독과 정리 과정에 적외선사진이나 컴퓨터 등 첨단과학이 접목된 덕분이다. 이와 같이 목간학은 최첨단분야와도 연결된 새 학문 분야이므로 장차 무궁하게 발전할 수 있으리라 여겨진다.

4. 문서

문서는 글자 그대로 문자를 이용하여 일정한 형식을 갖추어 쓴 것 전체를 총체적으로 표현한 용어이다. 따라서 문서의 판별 기준으로서 기록의 수단이 어떤 것인지는 전혀 상관이 없는 일이다. 그것이 때로는 금속이나 돌과 같이 단단한 것일 수도 있겠고, 아니면 비단을 비롯한 옷감 같은 유기물질의 부류일 수도 있는 것이다. 당연히 앞서 언급한 것처럼 목간이나 종이와 같은 종류의 것일 수도 있다. 다만 금석문이나 목간 등을 다루는 분야가 따로 존재하므로 흔히 이들과를 구별하여 대부분 종이로 작성된 것만을 문서라고 설정하여 논의의 대상으로 삼는 것이 일반적이다.

그런데 종이에 작성된 문서라고 하더라도 구체적으로 들여다보면 내용 또한 매우 다양하여 일률적으로 말할 수는 없다. 다만 서책(書册)의 형태로 정리된 경우는 굳이 문서라고 일컫지는 않는다. 그런 의미에서 보면 문서는 대체로 단편적이며 체계적으로 정리되지 않은 성질을 지니고 있는 자료라 하겠다. 이를테면 개인의 장부나 토지 보유 현황, 재산 상속과 분여, 일기류 등 일상생활과 관련된 사적인 목적에서 만들어진 문서도 있고 행정기관을 비롯한 국가의 공적 기관에서 작성한 관문서도 그 속에 포함된다.

종이로 된 문서는 시기가 내려오면 많이 남게 되는 편이지만 고대사회로 올라갈수록 대단히 희소한 자료에 속한다. 언제부터 종이로 된 문서가 작성되기 시작한 것인지는 명백히 확정하기 어려운 상황이다. 목간이 창안되고 난 뒤 처음에는 제반 문서나 서책이 그것으로 쓰였다. 그러나 목간은 무겁고 또 부피를 너무 많이 차지한다는 데에 커다란 약점이 있다. 그래서 그런 문제점을 절감하고 극복하려는 노력을 기울인 끝에 마침내 만들어낸 발명품이 바로 종이이다. 종이는 가벼울 뿐만 아니라 적은 분량으로도 많은 글씨를 써넣을 수 있다는 큰 장점을 갖고 있다. 그런 측면에서 종이의 출현은 문서의 발전을 획기적으로 촉진시킨 계기가 되었다고 하겠다. 가장 먼저 종이를 사용한 중국에서는 고고학 발굴을 통하여 늦어도 기원전 2세기 무렵에는 존재가 확인되며 기원후 105년에 이르러서는 질이 매우 높은 종이가 대량 생산되는 수준에 도달한 것으로 추정되고 있다. 이제 기록의 수단이 목간으로부터 종이로 대체되어 갈 것은 자명해진 이치였다. 일정 기간 지목병용의 과도기를 거쳐 마침내 대부분의 문서는 종이로 작성되기에 이른 것이다. 그 과정은 곧 문서행정이 발달과 궤를 같이 한다고 여겨진다.

비교적 이른 시기부터 사용되기 시작한 목간이 우연하게 습기나 물과 결합하는 등의 과정을 거쳐 의외로 많이 잔존하게 되었다면 종이에 작성된 문서의 경우 의도적으로 보존하려고 힘쓰더라도 오히려 오래도록 유지·관리되기가 힘든 속성을 지니고 있었다. 그 자체 자연적으로 부식이 진행되어 오래 보존되지 못하였을 뿐만 아니라 물과 불 등 외부적인 충격이 가해지면 쉽게 훼손·파괴되어지게 마련이기 때문이다. 그것은 목간과 비교하여 종이로 작성된 자료가 그리 많이 올라가지 못한다는 점에서 뚜렷이 증명된다.

우리 고대사회의 경우에도 비슷한 양상이다. 종이로 작성된 문서는 매우 희소한 자료에 속한다. 지금까지 알려진 전부라고 해야 겨우 손가락으로 헤아릴 정도에 불과하다. 그것도 상당한 노력을 쏟은 정상적 보존 과정을 거쳐서 전해진 자료는 단 한 건도 없으며 모두가 우연한 기회에 남겨진 것들이다. 게다가 가장 이른 시기의 것도 8세기 중엽을 상한으로 한 그 이후의 것이다. 그나마 몇몇 자료는 국내에 없으며 일본에 소재하고 있다. 이를테면 일본의 동대사(東大寺) 정창원(正倉院)에 남겨진 신라촌락문서(일명 신라장적)를 비롯하여 제2의 촌락문서로 불리는 좌파리가반부속문서(佐波理加盤附屬文書), 첩포기(貼布記), 매신라물해(買新羅物解) 등등이 그러하다. 한편 국내에 소장된 것은 불국사의 서탑(이른바 釋迦塔) 내에서 출토된『대방광불화엄경(大方廣佛華嚴經)』을 사경(寫經)하면서 쓴 발문 2점(두 점 모두 동일한 내용이며 약간의 出入은 있다) 정도에 불과하다. 이 가운데 사료로서 널리 활용되는 것으로는 신라촌락문서와 사경 발문을 손꼽을 수 있을 듯하다.

이두문으로 작성된 신라촌락문서는 오늘날 청주로 비정된 서원경(西原京) 소속의 촌을 비롯한 전체 4개 자연촌의 범위와 호구, 인구수의 현황 및 3년 동안의 변동, 우마와 전답 그리고 작목 상황 등을 세세하게 기록하고 있다. 이를 통하여 특정 시기 신라 촌락사회 및 그 지배실태에 대한 대강을 전반적으로 유추할 수 있어 크게 주목되어 왔다. 당시 문서행정이 어느 정도의 수준에 도달하였는지를 여실히 가늠할 수 있게 하므로 대단히 귀중한 자료로 평가된다. 기왕에 문서가 작성된 연대를 둘러싸고 크게 755년, 815년의 두 설로 나뉘어 대립되어 왔으나 최근 새로운 각도에서 일본으로 유출된 경위나 사용된 문자의 실례를 근거로 삼아 그보다 60년 앞서는 695년설이 제기되어 주목을 받았다. 여하튼 이미 신라 통일기에는 지방 촌락을 대상으로 엄청나게 정교한 문서 작성이 행해지고 있었음을 뚜렷이 입증해 주는 자료이다.

화엄경 사경의 발문도 역시 이두문으로 작성된 점에서는 신라촌락문서와 동일하다. 당시 이두문이 문서작성에서 일반적으로 통용되고 있었음을 짐작케 하는 대목이다. 이는 그만큼 이두 자체가 체계화되어 있었기에 가능한 일이겠다. 내용은 경주 황룡사의 승려 연기법사(緣起法師)가 발의하여 754년 8월 1일부터 익년(755) 2월 14일까지 사경을 완료하기까지의 과정과 절차를 매우 상세하게 기술한 것이다. 사경을 하면서 그를 위한 의식에 어떻게 치루어졌는지, 어떤 절차를 밟았는지를 알 수 있게 하는 점에서 매우 중요한 자료이다. 그 말미에는 거기에 참가한 사람들의 인명이 출신지 및 관등과 함께 열거되어 있다. 거기에는 승려는 물론이고 일반민도 참여하고 있어 사경 작업이 승속(僧俗)의 합작으로 이루어졌음을 보여 준다. 6두품 신분을 보유한 동지(同智)라는 왕경인이 전반을 주도하였으나 지방민도 적지 않게 참여하였다. 그리고 당시 지방민의 지식도 상당한 수준에 이르렀음을 보여 주기도 한다.

아직 한국고대사회에 종이에 작성된 문서는 매우 드물다. 신라 통일기 이후에는 목간보다 종이가 문서 작성의 중심적인 위치를 차지하였을 터이고 따라서 생산된 수량도 한층 많았을 것으로 짐작된다. 그러나 여러 가지 여건상 별로 남아 있지 않아 아쉽기 그지없는 실정이다. 장차 우연한 기회를 통해서라도 자료의 증가가 잇따르기를 기다려 본다.

(『한국역사민속학강의』1, 2010)

역사와 픽션

역사소설

1. 드라마 '선덕여왕'의 교훈

다 알다시피 근자에 드라마 가운데 유독 사극(史劇)이 시청자들로부터 크게 인기를 얻고 있다. 과거 '연개소문(淵蓋蘇文, 흔히 이를 연개ˇ소문으로 발음하지만 이는 옳지 못하다. 연이 성이므로 반드시 연ˇ개소문이라고 읽어야 한다.)', '세종대왕(世宗大王)', '왕건(王建)', '대조영(大祚榮)' 등이 그러하였고 최근 방영된 '선덕여왕(善德女王)'에 이르러서는 가히 그 절정에 이르렀다고 이를 만하다.

당시 보도된 바에 따르면 '선덕여왕'의 경우 평균 시청률이 40%대를 훌쩍 넘어서 한때 50% 전후까지 육박하였다는 소문도 들렸다. 일반적으로 인기가 매우 높다고 평가받는 드라마 프로그램의 시청률이 대략 30% 내외라는 점을 감안하면 그 수치가 어느 정도였던지를 쉽게 가늠할 수가 있겠다. 과거 2002년 한일월드컵에서 한국팀과 외국팀과의 시합이 벌어졌을 때 60%를 약간 상회하였다는 사실도 아울러 떠올리면 '선덕여왕'의 인기도가 어떠하였는지를 충분히 짐작 가능할 터이다.

드라마가 인기리에 방영되면서 선덕여왕의 발자취를 찾아나서는 관광객의 수가 급증하였다는 소식도 들려온다. 국립경주박물관에서 곧바로 동쪽으로 가까이 바라다 보이는 낭산(狼山)에 자리잡은 선덕여왕릉의 주변은 주말이면 관광객들로 붐벼 야단법석이라고 한다. 종래 비교적 한적한 곳에 위치한 탓으로 별로 거들떠보지 않고 방치되다시피 한 상태였던 선덕여왕릉이 이제 드라마의 영향으로 크게 각광을 받기 시작한 것이다. 아울러 국가사적(國家事蹟)으로 지정된 신라 왕릉을 정리하여 세계문화유산으로 등재할 계획도 갖고 있다는 소문까지 들렸다. 그 바로 아래 선덕여왕의 사망과 연루된 설화와 함께 흥미를 끄는 창건 설화를 간직하였으며 현재 발굴이 진행 중인 사천왕사(四天王寺)에도 발길은 거의 끊이지 않는다고 한다. 근자에 경주시가 이 기회를 이용해 지난날 거의 돌보지 않던 낭산의 개발에 적극 나섰다는 소식도 접하였다. 장차 본격적 관광지로 활용할 모양이다.

이런 저간의 사정에 비추어 보면 드라마의 위력이 어떠한지를 새삼 느끼게 된다. 평소 강의나 강연의 기회를 통하여 역사를 반드시 알아야 할 필요성을 소리 높여 외쳐 보았지만 별로 신통치 않게 반응하여 마음을 허전하게 만들곤 하던 일반 대중들이 진정 역사의 참맛을 깨닫고서 스스로 현장을 찾아나서는 것도 바로 드라마 덕분이 아닐까 싶다. 그런 의미에서 한 편의 드라마가 전체 국민의 역사 교육을 가장 많이 시키는 장(場)이라 장담해도 결코 과장된 표현은 아니겠다. 평소 아무리 역사의 중요성을 소리 높여도 별반 움직임을 보이지 않던 사람들조차 뭘 궁금하게 여겼는지 때론 드라마 이야기를 물어오기도 하는 것이다. 역사 연구에 종사하는 한 사람으로서 그 점에 대해서 대단히 기쁘고 그저 감사하다는 의사만 표할 따름이지만 다른 한편으로는 정말 부끄럽고 씁쓸한 느낌조차 든다.

이쯤에 이르고 보면 장차 수준 있는 드라마가 제작·방영되어야 함은 의심의 여지가 없게 되었다. 그것이 전체 국민적인 역사 교육에 미치는 효과가 워낙 크기 때문이다. 그러나 지금까지 방영된 우리의 역사 드라마는 과연 만족할 만한 수준인가 어떤가. 여기서 만족할 만한 수준이라는 표현은 그 속에 얼마만큼의 역사적 진실성이 내재되어 있는가를 뜻한다. 이 점에 관한 한 필자는 매우 부정적인 입장을 아직껏 떨치지 못하고 있다.

사실 드라마의 인기도는 그 속에 담겨진 사실성의 유무, 혹은 내용의 질적 수준과 꼭 상관관계를 갖는 것은 아니다. 시청률이 높거나 평판이 좋다고 해 그것이 곧 수준 높은 드라마라거나 역사성이 있다는 의미는 결코 아닌 것이다. 시청자들의 인기 정도가 그것의 질적 수준과 반드시 비례하지는 않는다. 좀 심하게 말한다면 오히려 그 역(逆)일지도 모른다는 느낌이다. 재미가 느껴지는 드라마일수록 사실성보다는 허구성이 그만큼 높고 따라서 역사성이 크게 부족할 터이기 때문이다. 이는 일단 '선덕여왕'을 통해서도 여실히 증명되는 사실이다.

방영 중에 있던 드라마 '선덕여왕'을 얼핏 몇 차례 들여다보고 너무나 많은 문제점을 안고 있음을 확인하였다. 필자는 평소에 이따금씩 우연찮게 한두 번쯤은 드라마를 보지만 즐겨 찾는 편은 아니다. 물론 전공과 유관한 사극(史劇)이라고 하여도 예외는 아니다. 다만 이번 '선덕여왕'의 경우에는 이례적으로 여러 차례에 걸쳐서 시청해본 적이 있다. 그렇게 하지 않으면 안 될 부득이한 사정이 생겼었기 때문이다. '선덕여왕'이 갑자기 인기를 끌자 몇몇 기관 단체로부터 그와 관련한 강의를 해 달라는 주문을 받았다. 그래서 이야기를 쉽게 풀어 갈 실마리를 마련하기 위하여 잠깐 짬을 내어 몇 회 시청하여 본 것이다. 그렇지 않아도 과연 내용이 어떠해서 시청자들이 그처럼 열광하는가도 무척이나 궁금하게 여기던 차였다. 그런데 막상 들여다보니 정말 시청자들이 재미를 느끼겠구나 하는 생각이 들었다. 연기자의 수준은 물론이고 이야기를 전개시켜 가는 템포가 무척 빠르고 구성이 치밀하며 또한 상상력을 자극하는 내용으로 흘러 흥미를 대단히 유발할 것 같은 느낌이 들었다.

그렇지만 그처럼 재미를 느끼게 하는 전개와는 정반대로 그 자체 역사적 근거가 별로 없는 내용으로 일관하여서 실망스럽기 그지없었다. 이 방면 전문가의 입장으로 바라보았을 때 짜증스러울 정도로 사실성이 결여되었을 뿐만 아니라 매우 왜곡된 내용이었다. 과연 국민을 대상으로 저런 드라마를 방영하여도 좋을까 싶었다. 좀 심하게 표현하면 사극이 아니라 마치 사기극(詐欺劇)이라는 느낌마저도 들었다. 그만큼 역사적 사실로부터 너무도 비껴나 있었기 때문이다. 대충의 흐름을 보아가니 극본은 전문가들 사이에서 이미 위서(僞書)로 판명이 난 이른바 필사본『화랑세기(花郎世紀)』를 근간으로 여러 종류의 유관 소설들이 동원되어 짜깁기한 데에 지나지 않은 듯하였다. 전문성의 빈곤이나 결여로 당시의 역사를 오해할 수 있다고 하더라도 어느 정도 지켜져야 할 정도와 경계선(境界線)을 한참 넘어선 상태였다. 시대상에 대한 근본적인 이해가 물론 결여되어 있었으며, 같은 시기에 결코 함께 활동할 수 없는 인물들까지도 등장하였다. 흥미로움을 유발시키는 데 비추어 내용은 한마디로 한심하기 이를 데 없는 엉터리였다.

그럼에도 국민이 그처럼 일시적이나마 열광하였다는 것은 일차적으로 시청자의 역사의식이나 상식의 수준이 그리 높지 못함을 방증해 주는 사실이다. 아직 비판적으로 바라볼 식견을 갖추지 못한 탓에 그런 틈바구니를 교묘히 이용하여 상업적인 목적을 띤 수준 낮은 사기극이 횡행하는 것이다. 한마디로 흥미 위주로 전체 국민을 우롱한 셈이었다. 그런데 시청자들이 그와 같은 수준에 머물게 된 데 대한 일말의 책임은 진정 우리 연구자들에게도 있는 것으로 여겨졌다. 아니 어쩌면 그 책임이 결코 작지 않다고 해야 올바른 표현일지도 모르겠다. 그동안 일반인들이 역사에 흥미를 가질 만한 역사서를 저술하지 못하였을 뿐만 아니라 그렇게 생각하도록 유도하는 노력을 기울이거나 잘 가르치지도 못하였기 때문이다.

연구자들은 대중들이 읽기 힘든 논문을 쓰는 데만 급급해 이것만으로 주어진 소임을 다한 것인 양 착각한다. 대부분의 논문들은 전문가들끼리만 돌려가면서 읽는 탓에 일반 대중들이 접근하기는 무척 힘들다. 문장과 문체는 물론이고 내용 또한 어렵기 그지없다. 그럼에도 연구자들은 일반 대중을 대상으로 삼아 쉽게 풀어쓴 역사서 편찬에 대해서도 별로 엄두를 내려고 하지 않는 모습이다. 일반적으로 그런 시도가 자신과는 아무런 상관이 없다고 여겨 마치 강 건너 불구경하듯 해왔다. 그러니 이제 와서 새삼 대중들이 역사의식과 소양이 부족하다고 전적으로 나무랄 일만은 아닌 것이다.

과거 그런 틈새를 노려서 소위 재야사학자(在野史學者)들이 준동해 한국고대사 분야에 깊숙이 파고들어 근간을 뿌리 채 뒤흔든 적이 있다. 이로 말미암아 한국사 연구자들은 정말 터무니없게도 혼쭐이 났다. 단군(檀君)이 역사적으로 실존한 인물이라거나 고조선이 광대한 영토를 보유한 고대제국(古代帝國)을 건설하였다거나 오늘날 중국 영토가 본래 조선의 것이라거나 하는 등등의 허무맹랑한 주장을 하면서 그를 따르지 않는 강단사학자(講壇史學者)들을 식민주의 사학자 혹은 그 아류(亞流)라는 비난을 마음대로 퍼부은 적이 있었다. 특정 개인을 대상으로 직설적인 인신공격도 서슴치 않았다. 한때 그들의 주장을 군

사정권이 받아들여 중등학교용 역사교과서를 억지로 일부 수정하도록 만들기도 하였다. 우리 역사학계로서는 참으로 서글프기 짝이 없는 결코 되새기고 싶지 않은 뼈아픈 사태를 경험하였다. 그럼에도 과연 이후 깊이 반성한 적은 있는가. 학계 차원에서 대중 속으로 다가가려는 노력은 얼마나 기울였는가. 과거 당하였던 정도만큼 그렇게 노력하였다고는 평가되지 않는다. 여전히 대중과 유리된 역사 서술이 주류를 이루어 왔던 것이다.

그로 말미암아 이제 다시금 새로운 형태의 도전을 맞고 있는 상황이다. 그것은 드라마를 주축으로 한 역사소설과 같은 픽션으로부터의 도전이다. 최근 남의 것을 적당하게 표절하면서 때로는 어중간한 형태의 역사서를 써서 대중에게 다가가려고 노력하는 사례들도 적지 않게 발견된다. 대부분 컴퓨터의 도움 덕분이다. 그런 가운데 팩션(faction)이라는 새로운 장르까지 출현한 사실은 크게 주목된다. 이는 역사를 대중에 한층 다가가기 위한 몸부림 속에서 창안된 것으로서 팩트와 픽션의 결합으로 만들어진 신조어(新造語)이다. 역사적 사실을 쉽게 전달하는 수단으로서 그에 근거하여 픽션을 일정 정도 가미한 형태라 하겠다. 어쩌면 팩트를 근간으로 한다고 하면서 상상력을 동원하여 외형을 그럴듯하게 포장한 장르라고 진단해도 좋을지 모르겠다. 팩션이 역사의 대중화에 기여하는 측면도 물론 크겠지만 그 자체는 어디까지나 픽션에 불과한 속성을 지닌다. 다만 그런 장르가 탄생해 성행할 정도로 대중은 흥미로운 역사에 목말라 하고 있다는 사실은 꼭 가슴깊이 새겨 두어야 할 대목이다. 평소 역사 연구자들이 그런 사정에 제대로 부응하지 못한 데서 빚어진 결과인 것이다. 이는 앞으로 연구자 스스로 역사 교육이나 서술의 방법을 근본적으로 바꾸지 않으면 안 된다는 교훈과 시사를 던지는 일이기도 하다.

과연 역사를 쉽게 서술하여 대중의 흥미를 끌게 하는 것이 불가능한 것인가. 진정 픽션이라 하여 역사 이해에 아무런 도움이 되지 않고 또 의미도 없는 일인가.

2. 역사와 픽션의 차이

전반적인 추세로 보아 픽션을 대표하는 장르는 아무래도 드라마가 아니라 역사소설(歷史小說)이라고 해야겠다. 따라서 역사와 픽션의 관계를 살펴보기 위해서는 역사소설을 대상을 삼는 것이 가장 적절한 방법일 듯하다.

역사소설과 역사는 엄연히 다른 분야이다. 역사소설의 경우 사실에 충실하건 그렇지 않건 간에 작가는 일단 (잇속을 먼저 염두에 두어) 흥미와 재미를 추구하려는 데 일차적 목표를 두게 마련이다. 그래서 작가는 끊임없이 상상력의 나래를 펼쳐 일어나지 않았던 것도 마치 실재한 사실인 양 그럴듯하게 포장해 이야기를 꾸려 간다. 따라서 아무리 뛰어난 역사소설이라 평가받더라도 그 자체는 어디까지나 허구일 수밖에 없다. 다만, 픽션이기는 하나 우수한 역사소설일 경우 왕왕 나름의 긍정적인 순기능을 하기도 한다는 점이 주목된다. 그 가운데 대중들로 하여금 역사에 대한 관심을 불러일으키고 올바른 역사의식을 갖게 하는 쪽으로 이끄는 몇몇 사례도 손꼽을 수 있다. 다만 질적인 수준이 상대적으로 높다하여 그것이 대중적인 인기와 곧바로 직결되지 않음은 물론이다.

수준 높은 역사소설을 쓰는 일은 어디까지나 작가의 능력과 노력 여하에 달려 있는 것이다. 작가는 좋은 작품을 만들어내기 위해서는 역사학 방면에서의 연구 성과를 철저하고 꾸준하게 탐색하고 이해해야 한다. 그렇지 않는다면 수준의 정도를 떠나서 그 자체 제대로 된 역사소설이 되지 않는 것이다. 많은 역사소설이 그런 허울을 쓰고 있기는 하지만 사실상 처음부터 끝까지 사실과는 관련 없는 오직 상상적 허구로 점철된 경우를 종종 접한다. 이들은 탈을 썼을 뿐 진정한 역사소설이 아닌 것이다. 적어도 역사소설이라 이름을 붙이려면 기본적 역사 사실은 바탕에 깔고 있어야 한다. 그러나 그것조차 제대로 지키지 못하면서 역사소설이라 이름 붙이는 것이 부지기수이다. 특히 그런 현상은 다른 어떤 시대보다도 한국고대사 분야를 다룬 대상에서 두드러지게 나타나는 현상이다.

다 아는 바처럼 한국고대사 분야는 사료가 매우 영성(零星)하고 희소하다. 그래서 이 방면 연구자들은 늘상 서술 과정에서 픽션과 역사의 경계를 마치 살얼음을 밟듯이 아슬아슬하게 넘나든다고 자조적 표현으로 농담을 주고받는다. 이는 결코 겸양이나 과장이 아니다. 이 분야에서는 아차 하는 순간 자칫 픽션의 영역으로 떨어질 우려가 있기 때문이다. 그렇다고 무조건 허구를 사실로 포장하려는 시도를 하는 것은 아니다. 사료가 영성하다 보니 어쩔 수 없이 부분적으로 상상력을 동원해 메워야 할 빈 자리가 많은 데서 비롯한 부득이한 조치일 뿐이다. 물론 상상력이라도 기본적으로는 논리적인 바탕 위에 서 있어야 하지만 그것이 거듭 동원되고 나아가 정도를 지나치게 되면 마침내 허구화할 위험성이 항상 뒤따르는 것이다.

그런데 한국고대사를 다루는 역사소설의 경우 대부분 사실에 충실하지가 못한 데서 수준이 너무 낮은 것으로 비쳐진다. 조선시대를 비롯한 근·현대사 등 사료가 많은 분야를 대상으로 하는 경우에는 뛰어난 대하역사소설(大河歷史小說)이 적지 않게 발견되는 것과는 좋은 대조를 이룬다. 이를테면 벽초 홍명희의 『임꺽정(林巨正)』, 황석영의 『장길산(張吉山)』, 박경리의 『토지(土地)』, 조정래의 『태백산맥(太白山脈)』, 김원일의 『불꽃의 제전』 등을 대표적인 사례로 손꼽을 수 있다. 이 분야에서는 소설의 주제와 연관된 직접적 사료들이 많은 탓에 뛰어난 역사소설이 생산되는 것만은 아니다. 이 시대를 다루면서도 때로는 엉성하기 짝이 없는 작품도 적지 않은 것이다. 게다가 주제와 직결된 사료가 극히 희소하거나 단편적으로만 보이는 대상도 있다. 이를테면 임꺽정이나 장길산과 관련한 직접적인 사료는 매우 드물다. 그럼에도 그처럼 뛰어난 작품이 나오는 것은 작가가 당시의 시대상, 정치사회상을 충분히 이해하려고 노력한 데에서 비로소 가능한 일이었다. 그들이 대상으로 삼은 중심인물이 그리 널리 알려지지 않은 도적을 비롯한 이른바 억압받는 민중들이다. 오히려 이런 인물들은 오래도록 물밑에 잠복하여 있다가 소설을 매개로 물 위로 부상한 사례이다. 소설의 기능이 어떠한가를 가늠케 하는 대목이다.

이처럼 제대로 된 좋은 역사소설로 평가받으려면 대상으로 삼은 시대 상황에 대한 이해가 충실하지 않으면 안 된다. 작가는 자연히 시대적 배경을 파악하기 위하여 엄청난 노력을 기울여야 하는 것이다. 말하자면 사료가 많은 분야라고 반드시 우수한 작품이 저절로 나오는 것이 아니라 작가의 노력과 안목 여하에 달린 것이다. 역사적 배경과 내용을 다룬 연구 결과를 착실히 읽고 파악하는 데에 작가가 엄청난 공력을 들인 결과인 것이다.

그런데 이들과 비교할 때 한국고대사 방면에서는 뛰어난 작품들을 접해 본 기억이 거의 없다는 느낌이다. 왜 그런 현상이 일어날까. 일반적으로 고대사 분야의 작품 주제는 거의 대부분 역사 속의 유력한 인물들을 다루는 것이 특징적이다. 이는 밑바탕의 삶을 다루지 않는다는 것을 뜻한다. 밑바탕의 삶을 다루려면 당연히 그와 관련한 연구 동향을 충분히 파악하여야 한다. 그러나 연구 자체가 너무 드물거니와 있어도 그 수준이 그리 높지가 못한 형편이다. 이로 말미암아 작가들은 시대상을 제대로 파악할 기회조차 별로 없다. 그래서 대체로 두드러진 인물을 대상으로 시대상을 그리려고 한다. 그나마 사료 부족으로 깊은 연구가 진행되지 못한 것이 실상이다. 그러다 보니 작가들은 자칫 멋대로 상상력을 동원하더라도 무방하다는 인식을 갖는 것이 아닌가 싶다. 그들에게는 어쩌면 한국고대사 연구 결과 자체가 마치 픽션처럼 비쳐졌을 지도 모른다. 고대사와 관련한 수준 높은 작품이 나오지 않는 것은 반쯤은 물론 연구자들의 책임이다(자료를 남기지 않은 조상 탓?). 그러나 그렇더라도 작가는 언제나 최대한 연구 경향을 따라잡으려는 노력을 기울여야 마땅하다. 상상력을 제대로 발휘하려면 이미 오랜 연구를 통하여 전반적 동의를 얻고 있는 기본적 사항을 애써 무시해서는 안 된다. 작가들에게는 상상력을 발휘하는 자체에 문제가 있는 것이 아니라 이미 널리 공인된 기본적인 사항을 잘못 이해하거나 애써 무시하는 데에 문제가 있는 것이다.

수준 있는 역사소설로서 평가받으려면 적어도 가장 기본적인 사실(연구 결과 합의된 통설적 사실)을 존중해야 한다. 이를테면 개울(川)을 건널 때 이미 놓인 사실이라는 징검다리를 작가가 아무데나 옮겨 멋대로 써먹어서는 안 되는 것이다. 한국고대사 분야를 대상으로 삼은 대부분의 작가들은 흔히 사실이라는 말목(또는 징검다리)조차 자기 마음대로 옮겨다가 아무 곳에나 심으려고 시도한다. 이는 기본적인 역사 사실을 무시한 행태이다. 이러고서는 포장만 역사소설일 뿐이지 실상은 그렇게 이름 붙일 수가 없는 일이다. 역사소설 작가에게 부여된 권한이나 역할이란 징검다리나 말목을 마음대로 옮기는 것이 아니라 그들 사이에 놓인 공간에 한정해 멋지고 그럴싸한 상상력을 동원하여 채우는 일일 따름이다. 그 사이의 간격을 직선으로 바로 건널 수도 있고 다른 곳을 거쳐 에둘러서 갈 수도 있다. 그것은 작가가 알아서 결정할 수 있는 일이다. 그렇지만 다리 자체를 다른 곳으로 멋대로 옮기는 권한은 그것이 역사소설인 한에서는 작가에게 주어져 있지 않는 것이다. 이를테면 신라의 역사를 배경으로 한 작품을 쓰면서 골품제(骨品制)가 어떤 것인지조차 전혀 모르고서 그 시대상을 마치 오늘날 혹은 조선시대와 다를 바 없다는 인식으로 이야기를 전개하는 것과 같은 경우이다. 다른 장르와는 달리 역사소설에서는 작가에게 무한정한 상상력이 허용되어 있지가 않는 것이다. 모름지기 기본적 사실에 충실해야 한다. 역사소설이라는 장르이기에 그처럼 일정한 제약이 뒤따르는 것인 어쩔 수 없는 일이다.

역사는 때때로 혹여 그렇게 보이더라도 그 자체가 결코 픽션일 수는 없다. 일단 우리가 사용하는 역사라는 용어에는 여러 가지 뜻이 내재되어 있다. 인간의 삶에서 과거 발생하였던 것 가운데 극히 일부분만이 기록으로 남는다. 일어난 사건과 사실 자체를 총칭해서 역사라 부르기도 하고 다시 그 중 기록으로 남겨진 것만 역사라 부르기도 한다. 이들을 넓은 의미에서 역사라고 일컫는다. 역사 복원에 활용되는 기록을 흔히 사료(史料)라고 한다. 사료 자체는 분산적이고 파편적이라는 기본적 속성을 지니고 있다. 게다가 같은 사실을 대상으로 한 기록이라도 누가 기록하느냐에 따라서 때로는 같은 사실이라도 전혀 다르게 기술되어 있기도 한 것이다. 역사가는 이들을 서로 앞뒤 맥락이 닿게 일관된 시각과 입장을 갖고 낱낱이 따져 사실의 인과관계를 추출해 내는 작업을 시도한다. 이렇게 역사가의 작업을 통하여 걸러지고 정리된 사실이 우리가 일반적으로 말하는 역사이다. 말하자면 역사가의 눈을 통하여 기록이 새롭게 정제(整齊)된 형태로 나타나는 것이다.

그럴 때 역사가의 현재적 관점이 가미되기 마련이므로 오직 하나의 정답만이 나오는 것은 아니다. 하나의 같은 사실이라도 성질상 다양한 각도에서 다르게 바라 볼 수 있는 것이기 때문이다. 역사가의 현재적 가치 판단이 사실을 추출하고 해석하는 데 절대적으로 영향을 미친다. 때로는 사실조차 입장에 따라 달리 비쳐지기도 한다. 그래서 과연 객관적인 역사 서술이 존재하는가 하는 문제를 둘러싸고 논란되기도 하는 것이다. 예컨대 구로자와 아끼라(黑澤明)라는 감독의 유명한 「라쇼몽[羅生門]」이라는 작품을 통하여 그런 양상을 유추해 낼 수가 있다.

「라쇼몽」은 1951년 베니스영화제에서 금사자상을 수상함으로써 일본인 구로자와 아끼라를 세계적 감독의 반열에 올렸던 뛰어난 작품이다. 35세의 나이로 자살한 유명한 소설가 아쿠다카와 류노스케의 단편소설인 「라쇼몽」과 「숲속에서」를 합쳐서 새롭게 각색한 것이다. 하나의 사건을 여러 시각에서 바라볼 때 명확한 사실조차 전혀 다르게 보일 수가 있다는 점을 제시한 것으로서 크게 주목을 끌었다. 장면은 일본 중세의 헤이안(平安)시대이며 어느 하급무사가 자신의 여인을 데리고 산길을 가다가 도적을 만났는데 그에 의해 여성은 겁탈 당하고 무사는 살해되는 사건이 벌어졌다. 지나가던 나무꾼이 사건을 목격해 관청에 신고함으로써 도적은 체포되어 재판이 벌어졌다. 그런데 사건 자체의 전개 과정과 결과에 대해서 당사자인 여인과 도적의 이야기는 물론이고 나무꾼의 목격담도 엇갈리게 진술된다. 무당의 몸을 빌려서 등장하는 피살된 하급무사가 주장하는 내용조차 그와는 또 다르다.

이처럼 하나의 사건을 두고 각기 처한 현실적 입장과 이해관계에 따라 다르게 비쳐질 수 있으므로 어쩌면 영원한 진실, 완전한 객관성이라는 것이 과연 존재하는가에 대한 회의를 던진 작품이다. 이 작품이 세계적으로 관심을 끌게 된 것도 바로 그런 인식론적 문제 제기 때문이다.

사실 불완전한 존재인 인간의 눈에 비쳐지는 사물이란 어떤 경우라도 완벽하게 그대로 재현·묘사되기는 어렵다. 어느 각도에서 어떻게 보느냐에 따라 각기 다르게 다가오기 때문이다. 더욱이 인간이 남긴 기록은 그 자체 출발부터 객관성을 의심받을 만한 속성을 지니고 있다. 하물며 오늘날 그런 단편들을 조합해 하나의 완성체로 탄생한 역사가 과연 온전하게 객관적일 수 있겠는가. 이에 대해 그렇다고 장담할 수 있는 역사가는 아무도 없을 터이다. 다만 완벽한 객관성 담보는 영원히 힘들다고 하더라도 역사가는 언제나 거기에 근접하려는 노력을 게을리 해서는 안 된다. 앞서 언급한 것처럼 우리가 흔히 역사라고 일컫는 것은 바로 역사가의 눈을 거쳐서 최종적으로 정리된 혹은 합의된 사실을 의미한다. 다만 이조차 만고불변의 사실로서 영원히 고착되는 것은 아니며 끊임없이 재해석되어야 마땅한 대상일 따름이다. 그래서 역사는 모름지기 그렇게 되지 않으면 안 된다고 말한다.

작가들이 작품을 쓸 때 제대로 이해해야 하는 기본적 사항이란 일정한 방법에 따라 여과 과정을 거친 바로 정제된 결과적 사실이다. 물론 그와는 다른 해석도 얼마든지 가능하다. 작가라고 사실에 대해 자기의 목소리를 드러낼 수가 결코 없는 것이 아니다. 당연히 자신의 입장을 밝힐 수 있다. 그러나 그것은 반드시 기록에 근거한 해석으로서 일정한 방법에 입각한 일관된 논리 위에 나온 것이어야 한다. 달리 말하면 사실을 주장하기에 앞서 일정한 방법과 원칙 및 순서에 따라 어떤 정제의 과정을 필히 거쳐야 하는 것이다. 그런 여과(濾過)의 과정이 없는 이야기를 우리는 흔히 픽션이라 일컫는 것이다. 역사가는 작가와는 다르게 현전(現傳)하는 사료에 근거하여 논리적으로 사실을 확인하고 그를 맥락이 닿도록 인과관계를 추적하는 작업을 시도하는 사람이다. 그 근저에는 반드시 기록이라는 사료가 깔려 있는 것이다. 사료에 근거하지 않으면 그것은 언제라도 픽션일 뿐이다.

역사는 본디 사료에 근거해 추출된 사실이므로 상상력을 기본으로 한 역사소설과 비교할 때 그 내용은 어쩔 수 없이 흥미가 떨어질 수밖에 없는 속성을 지닌다. 반면 역사소설은 기본적으로 흥미로움을 지향하고 결과적으로 엄청난 능력을 발휘할 수도 있고 또 종종 그러기도 하는 것이다. 이를테면 조선왕조실록(朝鮮王朝實錄)에 겨우 몇 줄밖에 보이지 않는 임꺽정이란 인물은 소설을 매개로 부각되어 우리의 역사교과서에 자리하게 된 대표적인 사례로 손꼽을 수 있다. 그보다 한결 더 극적인 사례는 일본의 역사교과서에 실리게 된 사카모도 료마(坂本龍馬)란 인물의 경우이다. 그와 관련된 작품은 역사소설이 어떤 기능을 할 수 있는 지를 극명하게 보여 주기 때문에 잠시 주목해 볼 필요가 있다.

3. 관점(觀點)의 차이와 픽션의 기능

1) 역사를 보는 관점의 차이

이미 10년이나 더 지난 일이다. 되돌아보면 1999년 12월 말 전 세계인이 떠들썩하였던 기억이 새롭다. 2000년을 어떻게 맞이하는 것이 정말 바람직할까 하는 소망에서 비롯한 것이었다. 그 자체가 과연 21세기인가 아닌가 하는 비교적 사소한(?) 일로부터 새해에는 컴퓨터가 오작동을 일으켜 혹여 커다란 혼동 속으로 빠져들지 않을까 하는 극심한 우려까지 나와서 전 세계가 시끌시끌하였던 때였다. 그런 가운데서도 언제나처럼 묵은해는 저물고 새해가 힘차게 솟고 있었다.

기실 2000년은 엄밀히 따지면 새로운 세기는 아니다. 20세기는 1901년으로부터 시작되었으니 2000년까지로 잡아야 비로소 100년이 되므로 2001년이라야 사실상 21세기의 출발이 되는 셈이다. 그럼에도 세계인들 대부분은 그보다는 숫자가 달라지는 쪽을 한층 선호하여 2000년을 새로운 밀레니엄의 시작으로 보는 데에 비중을 두는 입장을 취하였다. 그래서 지난 밀레니엄을 청산하고 새로운 밀레니엄을 맞는 쪽으로 초점이 모아져 행사를 벌렸다. 그 일환으로 우리나라는 말할 것도 없고 인접한 일본이나 중국에서는 물론이고 세계적으로도 1천년 동안 역사적으로 가장 크게 영향을 미쳤던 인물을 선정하는 여론 조사를 실시하였다. 그 결과 국내에서는 누구라도 쉽게 예상하듯이 세종대왕이 부동의 1위였고 뒤이어 이순신 장군이 2위를 차지하였다. 세종대왕의 한글 창제라는 업적은 우리 민족이 소멸되지 않는 한 앞으로도 영원히 그렇게 자리매김될 터이다.

당시 서구인의 눈에 지난 천년 동안 세계사적으로 가장 크게 영향을 미쳤던 인물로서는 놀랍게도 독일인 쿠텐베르크가 제1위로 선정되었다. 이 인물은 15세기에 금속활자를 포도주 짜는 기계와 결합시켜 서적을 대량으로 인쇄하는 길을 열었던 바로 그 사람이다. 그런데 최초의 금속활자라면 누구라도 우리의 고려시대를 저절로 떠올리게 되는 것이 아닌가. 우리는 이미 쿠텐베르크보다 200년이나 앞서서 금속활자를 만들어 사용하였다는 기록이 있고 또 그것으로 인쇄하여 세계적으로 공인받은 실물인 이른바 『직지(直指)』(정식 명칭은 『白雲和尙抄錄佛祖直指心體要節』)도, 매우 가슴 아프게도 현재 우리가 소유한 상태는 아니지만, 프랑스에 남아 전해지고 있다. 그런데도 우리는 오히려 최초의 금속활자 발명을 별로 큰 사건으로 여기지 않고 오로지 가장 일찍 창안하였다는 사실만을 내세우는 반면 그를 뒤늦게 수용해 인쇄한 사실 자체를 서구인들은 지난 1천년 동안 일어난 가장 큰 사건으로 평가하고 있는 것이다. 이처럼 보는 시각이 매우 대조적인데 왜 그런 일이 일어났을까.

거기에는 그것이 갖는 의미에 대한 중대한 시각의 차이가 가로 놓여 있다. 그동안의 진행 과정과 자세를 살펴보면 우리는 주로 금속활자가 최고(最古)라는 점에만 비중을 둘 뿐 이를 통해 역사 속에서 일구어낸 사회적·정치적 의미를 애써 염두에 두지 않으려는 경향이 강하였다. 바로 여기에 커다란 문제가 내재되어 있는 것이다. 사실 우리 방식의 밀랍을 활용한 금속활자로는 한 번에 겨우 수십 권의 책만을 찍어낼 수 있다고 한다. 따라서 금속활자로 간행한 서

책은 귀중본으로서 너무도 고가(高價)였으므로 아무나 소장할 성질의 것이 못된다. 따라서 희귀본이라는 점 외에 그것이 가지는 사회적 의미나 의의는 그렇게 높지 못한 편이었다. 비록 가장 일찍 금속활자를 발명하였지만 그것이 한국사 혹은 인류사에서 끼친 영향이나 차지하는 비중도 그리 높지 않은 결과를 가져 왔던 것이다.

그에 견주어 쿠텐베르크의 금속활자는 사정이 전혀 달랐다. 한꺼번에 수천권씩의 대량 인쇄가 가능해짐으로써 마침내 서책이 매우 싼 가격으로 널리 공급될 수가 있었다. 이로 말미암아 정보와 지식이 폭넓게 공유될 수 있었다. 고급의 지식이나 정보가 소수 귀족 신분의 독점적 특권의 영역에 머물지 않고 그를 넘어서기 시작한 것이다. 이는 곧 신분적 기반을 벗어던지게 되는 발판이 마련되었음을 뜻한다. 달리 말하면 오랜 신분 구조의 철폐에 기반한 대중화, 민주화의 토대가 구축되기 시작한 것이다. 이로써 서구에서는 근대사회로 진입할 여건도 갖추어갔다.

대량 인쇄가 실행되기 이전까지만 하여도 성경(聖經)은 사제나 귀족을 비롯한 소수의 전유물이나 다름없었다. 거기에 들어 있는 내용에 대해서 일반 신도들은 잘 알지를 못하였다. 따라서 사제(司祭)들이 입으로 떠들어 대는 그 자체를 곧 성서에 기록된 예수의 말씀 꼭 그대로라 여겼던 것이다. 그러나 성경이 가장 먼저 대량으로 제작 유포됨으로써 사정은 달라졌다. 사제의 이야기가 성경의 내용과 반드시 일치하지 않는다는 사실을 알기에 이르렀다. 여기에 종교개혁의 계기가 주어졌던 것이었다. 이제 새로운 시대가 열렸다. '아는 것이 힘'이라는 구호가 전면에 내걸릴 수 있게 되었다. 때마침 신(神) 중심 사고로부터 인간 중심의 시대로 전환되면서 성경의 유포는 마치 기름에 불을 붙인 것이나 다름없는 양상이었다. 서양에서는 이제 과학의 발달에 토대한 산업사회로 나아갈 기반이 갖추어진 것이었다. 쿠텐베르크 이후 16~7세기를 거치면서 동양과 서양의 제반 분야에서 역량과 현상이 역전되기 시작하였다. 그 추진력의 원천은 인쇄술의 발달에 있었다고 하여도 과언이 아니다. 축적된 힘은 신분제 사회 자체를 해체하여 민주사회로 나아가게 한 반면 바깥의 세계를 향해서도 분출되어 갔다. 그들은 동양의 4대 발명품이었던 인쇄술, 종이, 나침반, 화약을 앞세워 오히려 동양을 비롯한 세계무대를 주름잡고 식민지배 하려 나섰던 것이다.

이상과 같이 보면 금속활자는 세계를 서양 중심사회로 재편하는 데 일등 공신의 역할을 하였으므로 쿠텐베르크는 예수 이래 가장 큰 영향력을 가진 인물로 부각되었던 것이다. 그런 시각에서는 쿠텐베르크가 지난 천년 동안 가장 커다란 사건으로 영원히 기억될 만하였다. 그러나 우리를 비롯한 동양은 그와 같지 않았다. 과연 무조건 가장 이른 시기에 만들었다는 것만 앞으로도 자랑할 것인지. 우리는 앞으로 어떤 입장과 자세를 가져야 하는가. 역사를 바로 보는 관점을 어떻게 갖는 것이 바람직한가를 생각해 보게 하는 대목이다.

2) 픽션의 기능

당시 일본에서도 지난 천년 동안 자신들의 역사에 가장 크게 영향을 끼친 인물을 뽑는 작업을 진행하였다. 대체로 여론을 통하여 10위까지를 가려 뽑았는데 그 가운데 5위까지는 국내에도 매스컴을 통하여 알려졌다. 다섯 사람 모두 17세기의 이른바 에도(江戸)시대 초기 전후의 인물이라는 점, 모두 무사(武士)라는 점에서 공통성을 보인다. 이는 일본사회가 에도시대를 어떻게 바라보는 지, 무사를 어떻게 생각하고 있는지를 극명하게 보여 주었다. 우리가 일반적으로 조선시대를 생각할 때 가장 먼저 성리학으로 대표되는 문(文)을 떠올리는 사실과는 퍽이나 대조되는 측면으로서 일본사회의 특징적 면모라 하겠다.

다섯 사람 가운데 세 사람은 부정, 긍정이란 가치 판단 여부를 별도로 하고 우리 역사교과서에까지 등장할 정도로 관련이 깊다. 16세기 후반의 오다 노부나카(織田信長), 토요토미 히데요시(豊信秀吉), 도꾸가와 이에야스(德川家康)가 바로 그런 사람들이다. 이들은 역사교육을 웬만큼 받았다면 언뜻 떠올릴 정도로 우리에게도 익히 알려진 인물들이다. 그밖에 미야모토 무사시(宮本武藏)라는 인물이 3위에 랭크되었던 것으로 기억된다. 이 사람은 일본 역사에서 제일의 검객이라고 여겨져 온 인물이다. 무사시가 역사 속의 인물로 부각된 것은 요시가와 에이치(吉川英治)라는 소설가가 쓴 동명(同名)의 작품을 통해서였다. 그와 관련된 기록도 출신지가 논란될 정도로 극히 단편적으로밖에 남아 있지가 않다. 다만 그가 지었다는 병법의 저서가 전해질 뿐이다. 그럼에도 작가가 당시의 시대상을 제대로 파악해 작품 속에서 그를 역사 속의 인물로 부상시키고 나아가 일본의 일천년 동안 영향을 끼친 다섯 손가락의 서열에 들도록 하였던 것이다. 거기에 역사소설이 크게 위력을 발휘하였던 셈이다.

그런데 그보다도 더 이상스런 인물로서는 사카모도 료마(坂本龍馬)를 들 수 있다. 이 사람은 여론 조사에서 1위에 올랐던 바로 그 인물이다. 일본에서와는 달리 국내에서는 별로 알려져 있지 않아 당시에도 별로 큰 주목을 받지 못하였다. 사카모도 료마에 대해서는 극히 소수의 일본사 혹은 문학 연구자들을 제외하고는 잘 알지 못한 상태에서 1위를 차지하였으니 그 소식을 접하고서 필자도 의외라 여겨져 깜짝 놀랐다. 왜냐하면 국내에서는 역사소설을 통해서만 그 존재가 알려졌기 때문이다. 1990년 무렵 국내에서는 10권으로 된 『제국의 아침』이라는 제목의 역사소설이 번역·소개되었는데 그 주인공이 바로 사카모도 료마였다. 그래서 당시 일본의 고등학교 교과서를 검토하였더니 그 속에는 단지 이름만이 등장할 뿐 그 활약상에 대해서는 별다른 것이 소개되지 않은 상태였다. 그런데도 그와 같은 인물이 지난 1천년 동안 일본 역사에 가장 크게 영향을 끼친 인물로 평가되었으니 놀랄 수밖에 없었던 것이다.

사카모도 료마가 그런 위치를 차지하게 된 것도 무사시와 비슷하게 소설을 통해서였다. 그를 쓴 소설가는 일본에서 국민작가로 불리게 된 유명한 시바 료타로(司馬遼太郎)이다. 이 사람은 국내에도 소위 친한파로 널리 알려져 있다. 재일한국인 작가들과 친하게 지낼 뿐만 아니라 국내의 여행기인 『제주기행』을 통하여 그처럼 여기게 한 것이다. 그러나 깊이 들여다보면 그는 철저한 일본 중심주의자임이 드러난다. 사카모도 료마를 주인공으로 삼은 그의 소설도 그러러니와 러일전쟁을 다룬『언덕 위의 구름』이라는 소설도 제국주의 일본을 찬양한 내용으로 점철되어 있다. 따라서 겉만으로 작가의 본성을 평가해서는 곤란한 측면이 엿보인다. 그것은 여하튼 그가 쓴『료마가 간다』라는 책은 역사와 역사소설의 관련성을 보여주는 것이어서 주목해 볼만한 작품이다.

1963년에서 1966년까지 4년 이상 동안 일간지에 인기리에 연재되었으며 70년대에 10권으로 간행되어 1억권 이상 판매되어 일본사람으로서 읽어보지 않은 이가 없다고 하여도 과언이 아닌 작품이다. 이 작품은 시바 료타로를 일본국민작가의 반열에 오르게 하였던 것이다.

내용은 사카모도 료마라는 조그마한 다이묘(大名)세력인 도사번(土佐藩) 출신의 하급무사가 존왕양이(尊王攘夷)의 입장에서 도쿠가와막부(德川幕府) 타도를 외치면서 메이지유신(明治維新)의 성공을 위한 기반을 마련해 갔다는 것이다. 당시 이웃하여 언제나 서로 우열을 놓고 대립 갈등하던 강대한 다이묘인 죠슈(長州)와 사쓰마(薩摩) 두 세력을 천황의 편에 서게 하고 나아가 시대 양상을 고려해 장차 해군의 중요성을 인식하여 그에 앞장서서 성공을 거두어 일본해군의 아버지로도 불리는 인물이다. 메이지유신이 성공을 거두기 직전 해인 1867년 30대 초반의 젊은 나이로 암살당하였다.

사실 메이지 유신의 성공 직전에 사망하였으므로 이후 그와 관련된 기록이 그렇게 많이 남았을 리가 없다. 따라서 그는 원래 역사 속에 영원히 묻힐 뻔한 인물이었다. 실제 70년대 이전의 역사서에서는 그의 이야기가 제대로 등장하지 않는다. 그런데 그런 인물을 수면 위로 올려 역사 속의 인물로 부각시켰으며 마침내 지난 1천년 동안의 일본 역사에 가장 크게 영향을 끼친 인물로 자리매김한 것은 역사소설 덕분이었다. 이를 통해 역사소설이 어떠한 역할을 할 수 있는지를 극명하게 보여 주었다. 작가는 당시의 시대상에 대한 철저한 이해의 토대 위에 내용을 전개하여 마치 그 자체가 역사인양 느끼도록 이끌어 갔던 것이다. 어쩌면 역사소설이 역사보다 더 역사적 사실을 충실히 담고 있는 듯이 보이게 한 것이었다. 이는 픽션을 추구하는 작가가 역사적 사실에 충실할 때 어떤 힘을 발휘할 수 있는가를 잘 보여 준 대표적인 사례로 손꼽을 만하다. 물론 거기에는 일본의 특수성이 자리하고 있을 가능성도 배제할 수는 없지만 그러나 그렇게만 볼 일은 아니다. 마치 중국의 『삼국지(三國志)』나 『수호지(水滸誌)』를 그 자체 역사인양 여기는 것과 마찬가지의 양상이다.

사실에 충실할 때 픽션도 역사 이상의 큰 역할을 할 수가 있는 것이다. 그러나 자칫 실제와는 너무도 멀리 동떨어져 있으면서 사실로 위장한 픽션은 독자로 하여금 사실과 착각하게 함으로써 결과적으로 너무나 크게 해악적일 수가 있다. 따라서 장차 역사소설을 쓰려면 모름지기 사실을 제대로 이해하는 방법부터 터득해야 마땅하다. 그렇지 않으면 그 자체는 역사소설의 탈을 쓰고 국민을 기만하는 행위로 귀결되기 때문이다.

한편 역사가에게도 반드시 해야 할 일이 있다. 무엇보다도 역사를 재미있고 쉽게 서술하는 방법을 반드시 배워야 한다. 자신의 견해를 제대로 전달하는 방법에 대해 무관심하거나 게을리 한다면 그런 역사는 마침내 아무도 귀를 기울이지 않는 죽은 역사가 되기 십상이기 때문이다. 그럴 때 전반적으로 역사 자체가 아무짝에도 쓸모없는 학문 분야라고 인식될지 모른다. 그로부터 초래될 결과는 너무도 뻔하다.

4. 나오면서

호접몽(胡蝶夢) 혹은 장주지몽(莊周之夢)이라는 말이 있다. 『장자(莊子)』에 나오는 이야기에서 유래한 것이다. 어느 날 장자가 나비의 꿈을 꾸었는데 깨어보니 이제 나비가 자신의 꿈을 꾸고 있는 것인지 자신이 나비의 꿈을 꾼 것인지 헷갈린 모습을 나타낸 용어이다. 흔히 현실과 비현실의 모호성을 풍자하는 의미로 사용되고 있다. 역사와 픽션의 관계도 자칫 그렇지 않은가 하는 느낌을 가질 때가 종종 있다. 역사도 기본적 작업인 실증을 소홀시할 경우 픽션화할 우려가 항상 뒤따른다. 반면 역사소설도 사실에 충실할 경우 픽션을 뛰어 넘어 그를 사실로서 인식할 가능성도 있는 것이다. 전자가 부정적인 측면을 강조한 것이라면 후자는 긍정적인 쪽에서 바라본 측면이다.

이제 역사가는 딱딱한 논문을 뛰어넘는 글로서 대중에게 친근하게 다가가지 않으면 안 되는 시점에 이르렀다. 홍수 같이 쏟아지는 대중의 요구에 어떤 형태로든 반응을 보이지 않는다면 장차 그들로부터 유리되어 고립무원의 상황에 직면할지 모르기 때문이다. 이것이 다름 아닌 역사학의 위기라 하겠다. 근자에 그런 틈을 노려 발 빠르게 장사 속으로 움직이는 흐름이 적지 않게 간취된다. 그들이 사실에 충실하다면야 나무라고 외면할 일은 아니지만 자칫 마음대로 역사인 듯이 겉만을 그럴 듯하게 포장하고 속은 허구로 가득 찬 상태라면 위험스럽기 그지없는 일이다. 그 가운데 가장 적극적으로 달려드는 것이 드라마와 역사소설이 아닌가 싶다.

공인된 사실에 토대한다면 픽션도 크게 기능을 할 수가 있다. 그것이 곧 역사를 대중과 공유하는 데에 기여하기도 하는 것이다. 그런 측면에서 연구자와 작가는 공존할 여지가 있다. 따라서 전문 연구자는 작가를 마냥 비난만 하지 말고 수준 높은 좋은 픽션이 나올 수 있도록 여건을 마련하는 데 최선의 노력을 다해야 할 듯하다.

작가들은 헝가리의 유명한 문학이론가인 G. 루카치가 1937년 간행한 『역사소설론』에서 "역사소설이란 역사적 사건을 다시 기술하는 것이 아니라 거기에 참여한 사람들의 모습을 예술적 수단으로 재현한 것"이라는 말을 늘 되새기며 음미해 볼 일이다.

(『복현사림』28, 2010)

3장

고령高靈 지산동池山洞 44·45호분의 발굴과 가야사

고령 지산동 고분군

1. 머리말

얼마 전 오늘의 발표 요청을 받고서야 비로소 지산동 44, 45분의 발굴이 이루어진 후 벌써 30년이 흘러갔음을 문득 깨닫고는 세월의 빠름과 무상함을 새삼 느꼈다. 이제야 세월을 느끼다니, 나 자신의 둔감함을 탓할 뿐이다.

청탁에 따라 요지문을 작성하기 위해 머리를 30년 전으로 돌려 당시의 실상을 떠올리려고 무진 애를 써 보았지만 뜻대로 되지 않았다. 오래 전의 사실을 기억해 내기란 여간 힘든 일이 아님을 또 다시 느꼈다. 어쩔 수 없이 가물가물하게 떠오르다 말다 하는 현장의 모습을 억지로 되살리면서 그 시절 발굴에 참가하게 된 배경 및 진행 과정, 그리고 당시의 제반 사정을 실제 그대로 그려내어 보고자 시도하나 뜻한 대로 될지 걱정스럽기만 하다.

하나의 사실을 두고도 입장과 시각에 따라 그 자체가 다르게 기억, 기록되는 것은 항용 있는 일이다. 거기다가 관찰자의 해석까지 덧붙이게 된다면 더욱더 엉뚱한 모습으로 나타나기도 한다. 여기서도 거의 전적으로 필자의 기억과 시각에만 의존해야 하는 탓으로 정확하지 않을 가능성이 대단히 높다. 이 점을 미리 솔직하게 고백해 둔다. 장차 확연히 잘못으로 드러난 것으로 판단되는 부분에 대해서는 다른 사람의 기억이나 기록과 대조하여 고치도록 하겠다.

2. 발굴 참가의 배경과 과정

1977년 당시 필자는 경북대 대학원의 석사과정에 재학 중이었다. 이미 대학원에 진학할 당초부터 한국고대사를 전공하기로 미리 정해 둔 상태였으나 졸업논문의 구체적 주제를 무엇으로 삼으면 좋을까를 이리저리 찾아 헤매고 있던 중이었다. 원래 학부 재학 시절 뜻한 바 있어 주로 가야(加耶)에 대한 관심을 가졌으며, 한때 임나일본부(任那日本府) 문제에 빠져 그와 관련한 잡문류의 글을 써보기도 하였다.

그러다가 학부를 졸업할 때에는 가야 멸망 문제를 다룬 정식의 논문을 쓴 적이 있었다. 졸업논문을 작성하면서 국내의 가야 관련 사료는 극히 빈약하기 짝이 없으며,『일본서기』등 일본 측 사서는 비교적 풍부한 내용을 담고 있기는 하지만 사료 자체에 근본적 문제가 내재되어 있다는 사실을 알게 되었다. 그래서 일단 대학원에 진학하면 먼저 연구 분야를 상대적으로 자료가 많은 신라사로 돌려 사료 비판의 능력을 제대로 갖추고 나서 언젠가 다시 원래의 출발점으로 반드시 되돌아가겠다고 굳게 마음을 먹고 있었다. 그래서 신라사 가운데에서 구체적인 논문의 주제를 찾기 위해 고심하던 중이었다. 물론 당시 대충의 주제는 신라의 지방통치와 촌락에 관련되는 정도로 잠정 잡아 두었지만 아직 확정적이지는 않은 상태였다. 과연 그것이 주제로서 충분할까, 또 그를 주어진 시간에 제대로 소화해 낼 수 있을까 하는 고심과 함께 망설임이 뒤따랐기 때문이다.

그렇게 대학원 졸업논문 작성을 고민하면서 시간을 보내던 차 77년 11월 중순쯤의 어느 날 본 사학과에서 조선시대사를 전공하시던 한영국(韓榮國) 선생님(얼마 뒤에는 인하대학으로 전출가셨다가 몇 해 전에 퇴임하셨다.)께서 나를 부르시더니 당신의 동료이신 윤용진(尹容鎭) 선생을 좀 도와드리도록 명령(?)하시는 것이었다. 당시 윤선생님은 바로 직전까지 경북대의 교양학부에 근무하셨는데 교양학부가 해체되면서 막 사학과로 옮겨오신 중이었다. 그런 까닭에 사학과 내의 강의를 맡은 적이 한 번도 없어 학부 학생들은 물론이고 나 자신도 개인적인 친분을 쌓지 못한 상태였다. 나는 학부 시절 교양학부의 인류학 강좌나 사회학과에 개설된 사회인류학 강좌를 수강한 바 있어 윤선생님을 익히 알고 있기는 하였으나 직접 도움을 부탁을 받았다면 어쩌면 쉽게 거절하였을지도 모른다. 그러나 평소 가까이 접하면서 존경해 마지않던 한선생님께서 특별히 당부하신 일이라 선뜻 마다할 수 없는 처지였다. 사실 학기말도 점차 다가오는 데다가 졸업논문의 주제 선정에 고심하고 있어 내심 정말 곤란한 입장이었지만 일손을 구하지 못한 윤선생님의 당면한 사정 또한 딱하게 여겨져 도와드리지 않을 수 없었다. 그리하여 어쩔 수 없이 거절하지 못하고 또 해야 할 과제가 어떤 것인지 제대로 알지도 못한 막연한 상태에서 윤선생님을 따라 학교 바깥으로 나서게 된 것이었다.

당시 나에게 떨어진 첫 번째 과제는 학교로부터 그리 멀지 않은 불로동고분군(不老洞古墳群)을 조사하는 작업이었다. 아마 당시 대구시에서는 오래도록 그냥 방치해 두다시피 해서 거의 황폐화된 불로동고분군의 현황을 조사·정리해 이 일대를 고분공원으로 조성하려는 계획을 세웠던 것 같다. 나는 사전에 그와 같은 계획의 구체적 실태에 대해서는 아무것도 들은 바가 없는 상태였다. 단지 나에게 부과된 것은 봉분(封墳)의 외형을 제법 또렷이 갖추고 또 어느 정도 규모가 있는 고분을 대상으로 대략의 크기를 실측하고 현황을 낱낱이 기록해 정리하는 정도의 일이었다.

처음에는 윤선생님의 주도 아래 이제 갓 계명대학 사학과에 전임으로 부임해 박물관장직을 맡고 계셨던 김종철(金鍾徹) 선생님과 인부 1인 이렇게 4사람이 한 조가 되어 일을 진행하였다. 김선생님은 일면식이 없는 분으로 그때 처음 만났다. 학기말이어서 강의로 바빠 두 분 선생님께서 매일 오시지 못하여 내가 인부와 함께 일하기 일쑤였다. 단순한 일이었기 때문에 내가 쉽게 요령을 터득하자 두 분께서는 맡기고 다른 일(?)로 잘 참석하지 않으셨다. 얼마 뒤 계명대 학부생에 재학 중인 학생 한 명이 일시 동참해 일을 도와주었다.

주어진 과제는 대략 11월 20일 무렵부터 시작해 보름 정도면 마무리되리라 예측되었다. 나는 이 기간만 참고 지나면 자연히 학교로 돌아가게 될 터이니 빨리 주어진 일을 마무리 지으려고 열심히 노력하였다. 그런데 작업을 막상 시작하고 보니 추위가 점점 매서워지기 시작해 무척 고생스러웠다. 불로동고분군에는 바람을 막아줄 장치가 별로 없고 또 작업 특성상 봉분의 꼭대기에 올라 일을 해야 하였으므로 정말 나날이 고달프고 괴로웠다. 당시 추운 겨울을 맞을 준비도 채 하지 못한 상태였다. 그럼에도 하루라도 빨리 작업을 마쳐야 학교로 돌아갈 수 있겠다는 일념으로 열심히 일을 진행해갈 수밖에 없었다. 작업을 하던 기간 중 점심과 저녁식사는 불로동의 어느 식육식당을 정해 놓고 해결하였다. 사실 당시 참고 견디었던 것은 매일 쇠고기를 양껏 먹을 수 있었기 때문이었다. 오로지 그 시간만이 기다려질 뿐이었다. 가난한 형편이었으므로 평소 쇠고기를 먹어볼 기회가 별로 없었기 때문에 식사시간은 너무도 큰 기쁨이고 행복한 순간으로 여겨졌다. 작업 기간 동안 먹었던 쇠소기는 이전까지 먹어본 총량을 훨씬 능가하였던 것 같다.

그런데 작업이 거의 막바지로 치닫던 12월 4일인가 5일쯤에 두 분 선생님께서 현장에 오셔서 갑자기 나에게 남은 일을 전부 마무리하면 곧장 고령(高靈)으로 달려오라 지시하시는 것이 아닌가. 나는 당시 고령에 어떤 일이 벌어졌는지에 대해 아무것도 알지 못한 상태였다. 하루 빨리 불로동 일을 마무리하고 학교로 돌아갈 날만을 학수고대하던 중이었다. 불로동 일을 끝내고 무조건 고령으로 와서 새로운 일을 도와달라니 정말 청천의 벽력처럼 앞이 캄캄하였다. 그때까지 대가야(大加耶) 중심지였던 곳으로만 알고 있었을 뿐 어디인지 어느 방향인지조차 잘 모르는 고령으로 찾아오라고 하다니? 전혀 예상치 못한 뜻밖의 요구에 무척 난감해 하던 기억이 새롭게 다가온다. 솔직히 근 보름 동안 함께 일하면서 그에 대한 논의를 한 적이 단 한 번도 없는 상태에서 갑작스런 요구를 받자 정말 황당하게 느껴졌다. 그동안 밀쳐둔 졸업논문이 선뜻 머리에 떠올라 쉽게 응할 수가 없어 망설이기 시작하였다. 그렇다고 한동안 한 솥의 밥을 먹은 처지라 이제는 마치 공범(共犯)이라도 된 듯한 생각도 들어 의리상 나만 중간에 뿌리치고 학교로 돌아가야 한다고 고집피우기도 어려웠다. 나는 평소 크게 부당한 일이 아니라 판단하면 도움을 요청 받을 경우 웬만해서는 잘 뿌리치지 못하는 성미라 그때에도 결국 요구를 받아들이게 되었다. 당시 조금 망설이기는 하였지만 '에라 모르겠다, 죽기 아니면 까무러치기겠지 뭐'라는 심정으로 모든 것을 운명에 맡겨둔 채 무조건 부닥쳐 보자고 마음먹게 되었다.

그래서 일단 알았다고만 간단히 대답하고 사정의 추이나 형편에 대해서는 단 한 마디도 묻지 않았다. 다시 보름 정도만 고생하면 된다고 하므로 참고 견디자는 생각을 갖기에 이르렀다. 얼마 뒤 보름 정도를 예상하고 시작한 고령 지산동의 발굴 기간이 자꾸 늘어지면서 무한정 길어져 가자 그때 속으로 얼마나 후회하였는지 모른다. 정작 요구를 받았을 때 단호하게 잘라 거절하고 돌아서지 못한 것을 못내 아쉬워하고 자책하였다. 어느 누구를 탓할 일도 아니고 오로지 냉정하고 단호하지 못한 나 자신이 원망스러웠다.

아무런 구체적 내용도 듣지 못하고 또 별달리 묻지도 않은 채 2~3일 동안 인부 1인을 데리고 불로동의 나머지 일을 끝까지 마무리한 바로 다음 날인 12월 7일쯤 즉각 고령으로 달려갔다. 물론 약속한 일이기도 하였지만 한편 고령에서 과연 어떤 일이 벌어지고 있는지 궁금하기도 하였다. 고령 배후지의 정상인 주산성보다 약간 낮은 중턱에 위치한 지산동 44호분의 현장으로 가보니 봉분에 무차별적 공격을 당한 흔적이 여러 군데나 있어 처참하기 이를 데 없는 모습이었다. 파여진 구멍에 들어가 보니 갖가지 도굴에 사용된 장비들과 담배, 과자 봉지 등이 발견되어 도굴이 몇 차례나 거듭되었음을 확인할 수 있었다. 발굴을 끝까지 해도 별로 건질 유물은 없겠다고 쉬이 예상할 수 있을 정도였다. 정말 참혹하다고 표현하여도 지나치지 않을 정도로 44호분은 엉망진창이었다. 현장을 보고는 전체가 도굴 당하였으므로 그냥 파헤치면 며칠 걸리지 않아서 끝나리라 기대되어 무척이나 다행스럽게(?) 여겨졌다. 마침 발굴 예상 기간도 15일쯤이라 하니 이왕 내친 김에 좀 더 참고 기다려 보자는 심정으로 스스로를 달래었다. 그러면서도 마음 한 구석에서 밀려드는 걱정은 이만저만이 아니었다. 나는 몇 해 전 이미 힘든 현장 경험으로 말미암아 원래 고고학을 전공하기로 마음먹었다가 중도에 포기한 적이 있었기 때문이다.

학부 재학 시절인 1975년 7월 22일부터 8월 6일까지 보름 동안에 걸쳐 경북대박물관이 주관한 경주 황남동 37호분의 발굴에 참가하였다. 그것은 현재의 소위 쪽샘 지구 내에 있는 중소형급의 전형적인 적석목곽분(積石木槨墳)이었다. 당시는 혹서기(酷暑期)로 발굴과 관련한 제반 사정이나 여건이 별로 좋지 못한 탓에 무척이나 애를 먹었다. 당시 새마을 임금이란 명분으로 책정된 최저 임금

1,030원을 일당으로 받아 겨우 하루하루를 연명해 나가면서 직접 괭이와 삽을 들고 인부들과 꼭 같은 일을 하였던 것이다. 사실 임금은 하루 밥값인 1,050원(한끼는 350원)으로 충당하였으므로 나머지 비용은 자비(自費)로 해결할 수밖에 없었다. 발굴 기간 동안 막걸리 한 잔 제대로 마음 놓고 마셔볼 여력이 있을 리 만무하였다. 비가 약간이라도 내려 잠시 휴식을 취하거나 아니면 점심시간 동안 얼마간 여유라도 생기면 가까이에 한창 진행 중이던 황남대총(皇南大塚) 발굴 현장으로 뛰어가서 보고는 얼마나 부러워하였는지 모른다. 그곳에는 비를 막고 햇빛을 가리기 위해 하늘을 전부 덮는 듯한 거대한 구조물을 설치해 두고 편안하게 작업을 진행하고 있었다. 비나 햇빛을 피해가면서 전천후로 작업을 진행할 수 있는 상태였다. 연구원들이 앉아서 돌을 하나씩 닦아내는 모습을 먼발치에서 목도하고는 너무도 부러웠다. 우리의 발굴 현장과는 마치 하늘과 땅 차이로 느껴졌다. 우리는 인부들과 비슷한 수준의 노동을 직접 하고 저녁에는 좁은 방에 단원 셋이서 함께 십여 일을 생활하게 되니 그 고충은 이만저만 아니었다. 37호분 발굴에 참가할 즈음해서는 물론 당연히 고고학을 전공으로 삼아야겠다는 마음가짐으로 나섰지만 마칠 무렵쯤에는 다시는 발굴 현장에 얼씬거리지 말아야겠다고 다짐하였던 것이다. 사실 발굴을 마치고 돌아와서는 박물관을 가능하면 멀리 하고 가지를 않았다. 고령의 현장에 도착해 살펴본 뒤 오래전 기억 속에 잠재되어 있던 그때의 일이 생생하게 떠올랐다. 이제는 12월의 혹한기(酷寒期)가 시작되므로 산 중턱에서 추위를 어떻게 견딜수 있을까 하는 걱정이 앞섰다. 그 소리를 듣자 윤선생님께서 50년대 초 6·25시절부터 입던 미군 군복이라 하시면서 내부에 두툼한 털이 붙어 있는 옷 한 벌을 주셨다. 외양은 오래되어 좀 허름하고 묵직하기 이를 데 없었으나 추위를 막기에 충분하였다. 오직 그것만을 입고 한겨울을 현장에서 견뎌내었다.

지산동 44호분은 고령에서 합천으로 나가는 고개에서 내리면 별로 힘들지 않고도 발굴 현장까지 올라갈 수가 있었다. 먼저 당도하는 곳이 44호분이므로 그로부터 채 100미터도 떨어지지 않은 45호분까지 다시 오르려면 힘이 더 들 수 밖에 없었다. 그래서 발굴에 들어갈 당초 연령을 기준으로 삼아 더 많이 잡수신 윤선생님이 44호분을 맡기로 하였고 45호분은 저절로 계명대 김선생님의 몫으로 돌아갔다. 일단 고유제(告由祭)나 사전 측량(測量) 등 본격적 발굴을 진행해 가기 위한 기초적 작업을 마치자 윤선생님께서 장차 인력이 필요할 터이므로 학생들을 좀 조달할 수 없겠느냐는 제의를 해 왔다. 나 자신의 참여조차 마음에 썩 내키질 않은 상황인데 하물며 고고학이 무엇인지 모를 뿐더러 아무런 관심도 없는 학부 학생들을 얼마나 불러 모을 수 있을까. 과연 얼마나 호응(呼應)해 줄까 무척 걱정스러웠다.

어쩔 수 없이 학교로 돌아가서 이제 막 학기말 시험을 마치고 귀향하려는 사학과 3~4학년 몇 명을 붙들고 열심히 간곡하게 부탁하고 설득하였다. 고향에 가서 빈둥거리면서 방학 동안을 허송하는 것보다는 차라리 고령의 발굴 현장에서 아무리 길어도 보름 정도이니(사실 이것은 설정된 사실상의 기간이면서 동시에 나의 바람이기도 하였다.) 참여하면 그 자체가 색다른 경험이어서 좋을 것이고, 또 그리 많은 액수는 아니겠지만 일정 정도의 수당도 받을 터이니 이번 연말을 정말 즐겁고 유쾌하게 보낼 수 있지 않겠느냐는 등 온갖 감언이설(甘言利說)로 달래고 겁박하였다. 그 결과 마침내 8명이나 부응해 주었다. 그때의 고마움이란 이루 다 말로 표현하기 어려울 정도였다. 자칫 참여도가 낮으면 내 몫으로 돌아올 일감이 많게 되고 그만큼 책임도 커질 터이고 또 자칫 인원이 적으면 작업이 밀리고 밀려 기간이 더 연장될 지 모른다고 우려하고 있었다. 이제 인원이 채워져 이를 덜게 되었다고 생각하니 기쁘기 이를 데 없었다. 처음 8명이 참가하였는데 3학년이 주축이었으며, 군 입대 예정인 2학년 학생 1명과 ROTC 4학년 학생이 중도에 하차하였고 나머지 6명은 끝까지 참여하여 일을 도왔다. 중간 중간에 며칠씩 참여하고 간 학생도 몇몇 있었던 것으로 기억된다.

발굴이 점차 진행되어 가는 동안 참으로 곤란한 일이 일어났다. 단지 하나뿐일 것이라고 추측한 주석실(主石室)은 당연히 도굴 당하였을 것이라고 애초부터 예상한 일이었으나 발굴을 진행해 가면서 고분의 내부 구조가 그리 간단치 않다는 사실이 점점 드러나기 시작했기 때문이다. 하나씩 껍질을 벗겨갈수록 석실도 한 개가 아니라 몇 개나 된다는 사실을 알게 되었다. 게다가 주석실(主石室)을 중심으로 주변 둘레에 적지 않은 수의 석곽(石槨)이 질서정연하게 둘러쳐진 사실도 드러났다. 그 가운데 극히 일부 석곽은 가장 바깥에 돌려진 호석(護石)의 가까이에 위치해 봉분의 일부가 소실(消失)되면서 저절로 노출되어 파괴된 상태였다. 그를 제외하고는 거의 대부분 주변 석곽은 전혀 도굴당하지 않은 원래의 모습을 온전히 간직하고 있었다. 이는 전혀 예상하지 못한 일로서 결과적으로 엄청난 성과였다고 하겠다. 정말 모두 함께 기쁘기 그지없는 일로 기념해야 할 일대 사건이었다.

한편 그것은 어쩌면 오직 고고학 전공자 입장에서의 일일 뿐 발굴에 한시적으로 고용당해 마치는 날을 학수고대하던 우리로서는 대단히 난감한 일이었다. 발굴 기간이 며칠씩 한두 차례가 아니라 거듭 연기되고 마침내 언제까지 갈지 모르는 지경이 되고 말았다. 당초 가장 걱정하던 상황이 벌어진 것이었다. 이제는 겨울방학 전체 기간을 현장에서 보내지 않으면 안 되게 되었다. 이는 결과적으로 참가한 학생들을 속인 꼴이 되고 말았다. 윤선생님과 학생들의 중간 지점에 위치한 나로서는 계속 불평불만을 늘어놓는 학생들을 온갖 말로 설득하고 달래느라 정말 애를 먹고 속이 여간 상한 게 아니었다. 여러 차례에 걸쳐 비슷한 상황이 되풀이되자 그들도 마침내 자포자기의 심정으로 발굴의 끝을 보지 않으면 안 되게 되었다. 누구라도 발을 빼면 마치 배신자가 되는 분위기였다. 어느 누구도 미처 상상하지 못한 일이 벌어지고 만 것이었다.

사실 학생들의 입장에서는 윤선생님이나 내가 그들을 속인 것으로 오해하였던 듯하다. 그러나 그것은 사실과는 전혀 달랐다. 나 자신도 저들처럼, 아니 더욱 더 하루 빨리 학교로 돌아가고 싶어하는 입장이었다. 어쩌면 몇 달 동안 내팽개쳐둔 졸업논문이 머리에 떠올라 그들보다 한층 더 초조해 하며 불만스럽고 짜증스러워 하던 중이었다. 당시 전혀 겉으로 표현하지는 않았지만 나의 속은 정말 바짝 타들어가고 있었다. 게다가 때마침 나에게는 설상가상으로 중대 사건이 닥친 상태였다.

우리 사학과에는 내가 윤선생님을 따라 발굴현장에 가는 것을 내심 못마땅해 하는 서양사 전공 교수가 한 분 계셨다. 나는 그때 서양사 강의를 수강하던 중이었다. 학기 초 한 두 시간 할애하여 강의한 것 외에는 사실상 강의가 이루어지고 있지 않았다. 대신 수강생에게는 연구비를 받아서 수행하던 중등학교 역사 교과서 분석 과제와 관련한 자료의 조사 정리가 주어졌다. 더 이상 당시의 복잡한 사정을 세세하게 전부 밝히기는 어렵지만 한 학기 강의를 단지 몇 시간만 진행하고 그만두고서는 나에게 학점을 부과하지 않겠다고 학과 조교를 통해 연락해왔던 것이다. 그래서 다음 날 학교로 찾아가 나로서는 학점을 받지 않을 하등 이유가 없지만 발굴에 참가하였다는 것을 실제적 이유로 굳이 주지 않겠다면 학교를 그만둘 수밖에 없다고 선언하고는 연구실을 나와 버렸다. 사실 당시 심정으로는 학교를 그만두고 떠나야겠다는 생각도 실제로 갖고 있었다. 평소 몇 차례 경험을 통하여 교수들의 세계가 너무도 쩨쩨하다고 느끼고 있었기 때문이다. 생각도 고리타분하고 또 대체로 속이 좁아서 숨을 제대로 쉬기가 어려울 정도로 답답하게 여기고 있었다. 당시 학과에서는 교수들 간 대립과 갈등이 극한으로 치닫고 있는 상황이었다. 그런 틈바구니에 내가 희생양이 되려는 찰나였다. 여하튼 여러 가지 일이 복잡하게 꼬여 내 개인으로서는 큰 위기를 맞고 있었던 셈이다. 어쩌면 그로써 인생의 행로가 크게 바뀔지도 모를 일이었기 때문이다. 고령으로 돌아가면서 이제는 정말 그러리라 굳게 마음먹고 있었다. 그러나 그것도 뜻대로는 되지 않았다. 며칠 지나자 나 자신이 어느 정도 안정을 되찾게 되고 또 주변 여러 사람의 도움과 설득으로 해결점을 찾아나선 것이다.

한바탕 몰아치던 폭풍처럼 홍역을 치른 뒤 마침내 본연의 임무로 다시 돌아와 작업을 계속하려니 벌써 한해가 저물고 새해를 맞은 상태였다. 이제는 시간(時間)의 제약을 받지 않고 끝까지 가보아야겠다는 오기가 생겼다. 차라리 생각을 그 쪽으로 돌리니 한결 마음이 가뿐해졌다. 새해를 맞아 새로운 각오로 오직 주어진 일에만 열중하고 관심을 기울이고 다른 생각을 하지 않기로 다짐하였다. 졸업논문을 작성하는 일은 이제 아예 잊고 지내려 하였다. 그렇게 결심하니 오히려 부담이 한결 덜어져 마음이 편안해지면서 행운이 저절로 뒤따라오는 느낌이었다. 마음을 비우자 하늘이 정말 도왔다고나 할까. 1978년 초 여러 일간지에 충북 단양(丹陽) 적성(赤城)에서 신라고비가 출현하였다는 보도가 대서특필(大書特筆)된 것이었다. 나로서는 정말 오랜 가뭄에 만난 단비와 같았다. 관련 기사를 오려놓고서 매일 시간 날 때마다 그것을 들여다보고는 논문 작성의 실마리를 구체적으로 찾아나섰다. 돌이켜보니 바로 그때를 맞추어 단양신라적성비가 발견되지 않았더라면 석사과정 졸업논문의 향방이 어떠하였을지 속단하기 어려웠을 터이다. 하늘은 스스로 돕는 자를 돕는다는 말은 마치 그 때의 나를 두고 이른 것 같았다.

발굴이 본격화되면서 44호 발굴팀(경북대)과 45호 발굴팀(계명대)이 매일 번갈아가면서 산꼭대기에 지어놓은 막사에서 잠을 잤다. 나는 처음에는 윤선생님과 함께 대구에서 출퇴근하였으나 왔다가는 데에 심신이 지쳤을 뿐만 아니라 주어진 책임 문제 때문에 마침내 현장에서 학생들과 함께 생활하기로 작정하였다. 발굴 기간이 장기화되면 모쪼록 하는 일이 매양 즐거워야 하므로 저녁에는 노름도 함께 하고 술도 먹으면서 지냈다. 처음에는 가능하면 학생들로 하여금 책을 좀 읽도록 유도하였지만 추운 겨울날을 산꼭대기의 음침하고 어두운 곳에서 지내려니 정말 힘든 일이어서 얼마 뒤 포기하고 말았다. 그래서 당분간 일을 마치고 저녁에는 마음대로 하도록 내버려 두었다. 그래야만 낮의 일이 제대로 진행될 수 있었기 때문이다. 15일로 예정된 일은 열흘 단위로 자꾸 늘어나 어느덧 3개월로 달려가고 있었다. 온갖 곡절을 겪으면서 그럭저럭 시간이 흘러 2월 하순경이 되자 학생들은 새 학기의 등록과 함께 수강신청을 하기 위해 일단 현장에서 철수하였다. 나는 혼자 현장에 남아서 나머지 일을 끝까지 마무리한 뒤 3월 5일 무렵 대구로 올라왔던 것으로 기억된다.

돌이켜 보니 그렇게 긴 기간은 아니지만 발굴 현장에서 참으로 많은 것을 보고 경험하였으며, 깨달은 점 또한 많았다. 한편 그만큼 안타깝고 아쉬웠던 점 또한 적지 않았다. 나로서는 한껏 노력한다고 하였으나 발굴 능력과 기술이 미숙하고 미흡하였다. 게다가 그와 같이 복잡한 유구(遺構)는 처음 접하는 일이라 자연히 잘못 대처해 정보를 잃은 부분도 적지 않았을 듯하다. 특히 전체적으로 보아 경비와 시간에 쫓겨 서둘렀던 점이 이제 와서 보니 큰 문제점으로 다가온다. 당시는 물론 하루라도 빨리 현장으로부터 벗어나고 싶다는 생각에서 무조건 조속히 진행되었으면 하는 바람을 갖고 있었지만 지금에 와서 돌이켜보니 너무도 순진한 사고였다. 그처럼 대단한 학술발굴이면서도 제대로 대처하지 못하였던 것 같기 때문이다. 어쩌면 당시 우리 사회의 전반적 수준이 또한 그러하였으니 어쩔 수 없는 일이기도 하였다. 만약 이제 다시 비슷한 일을 하게 된다면 적어도 1년 이상 잡아 느긋하고 치밀하게 처리해야 마땅하다고 생각된다. 당시에도 우리끼리는 이런 정도 규모라면 일본에서는 전국민적(全國民的) 차원에서 관심을 갖고 야단법석을 떨었을 것이라는 말을 서로 주고받았던 일이 아직도 기억에 뚜렷하게 남아 있지만 당시로서는 그것은 오직 희망사항일 뿐이었다.

나로서는 지산동 발굴에의 참가를 끝으로 사실상 고고학과는 결별(訣別)하게 되었다. 그렇지만 이 발굴에서의 참가는 지금껏 고고학 언저리에 맴도는데 직접적 영향을 미치고 있는 것처럼 느껴진다. 아직 가야사의 끈을 놓지 않고 있는 동인(動因)의 하나도 어쩌면 바로 이 발굴과의 인연 때문이 아닌가 싶다. 그런 측면에서 나의 인생살이에서도 지산동 발굴은 정말 뜻 깊은 일대사건임에 틀림없는 일이다.

3. 지산동고분 발굴과 가야사

70년대가 이제 막 시작될 즈음인 1971년 7월 충남 공주(公州)에서 고고학상

제일의 대사건으로 영원히 기록될 만한 사건이 터졌다. 이른바 무령왕릉(武寧王陵)의 발굴이 그것이다. 그때까지 한국 발굴사(發掘史)의 엄청난 기념비적 사건이면서도 가장 짧은 시간을 소요하였다는 점에서 뿐만 아니라 내용상으로 보아 실수를 거듭하면서 치러졌다는 점에서 가장 수치스런 발굴로 기록되고 있다. 유사한 일이 결코 앞으로 되풀이되어서는 안 된다는 점에서 커다란 교훈을 던진 사건이었다. 그에 비교하면 몇 년 뒤에 행해진 지산동 44·45호분의 발굴은 정말 양호하게 진행되었다고 해도 지나치지는 않을 듯하다. 무령왕릉은 사실 무덤이 있으리라고는 전혀 여기지 않았던 곳에서 매장 당시의 원형을 고스란히 간직한 채 그대로 모습을 드러낸 그야말로 처녀분(?)이었다. 매장(埋葬)하던 순서와 절차를 그대로 밝혀내어 복원함으로써 백제사의 귀중한 귀퉁이를 드러내어 보일 수 있는 멋진 기회를 한순간에 빚어진 발굴 실수로 말미암아 잃어버리고 만 것은 발굴사에서 결코 씻을 수 없는 일대실착이었다. 실로 아쉽기 그지없는 일이었다.

무령왕릉의 발굴이 그처럼 중시되는 것은 원형을 꼭 그대로 간직하였을 뿐만 아니라 삼국의 무덤 가운데 주인공을 확실하게 알 수 있었기 때문이다. 지금까지도 삼국시대의 왕릉 가운데 지석(誌石)이나 묘비(墓碑)가 출토되어 주인공을 확정지을 수 있는 사례가 달리 없는 유일한 고분이다. 삼국을 통틀어 이 밖에 주인공을 명백하게 알 수 있는 것은 거의 없다. 고구려와 가야는 물론이며 신라의 경우조차 몇몇에 대해서는 주인공을 추정할 수 있긴 하지만 이는 어디까지나 추정일 뿐 완전히 확정지을 상태는 아니다. 그런 점에서 고고학적으로는 물론이고 역사학적으로도 무령왕릉이 차지하는 비중이 어떠한지를 짐작할 수가 있다. 이 발굴을 계기로 해서 백제사는 물론 백제고고학이란 분야가 출현하고 비약적으로 발전해 갔음은 그를 여실히 증명해 주는 사실이다. 백제 연구의 일단을 대충이나마 훑어보면 무령왕릉이 차지하는 위상이 어떠한지를 가늠하기가 그리 어렵지가 않다.

한편 무령왕릉의 출현에 크게 고무(鼓舞)되어 막 출범한 유신정부(維新政府)

는 경주계발계획을 세워 그 일환으로 먼저 전혀 도굴되지 않은 신라의 왕릉을 발굴하려는 일을 추진하였다. 아마도 원상(原狀)이 아무런 손상을 입지 않아 대량의 유물이 출토될 터이므로 이를 매개로 외국 관광객을 적극 끌어들일 수 있겠다는 판단에서였던 것 같다. 그 바탕에는 아마도 그 쪽으로 국민적 관심을 돌리려는 정치적 계산도 깔려 있었을지 모른다. 새로이 국립경주박물관을 현대식으로 잘 짓고 그 속을 채울 만한 이렇다 할 유물이 출토되기를 잔뜩 기대한 것이었다. 그래서 최종 대상으로 선정된 것이 경주분지에서 가장 규모가 큰 탓에 황남대총(皇南大塚)으로 불리는 98호분이었다. 98호분은 밑변의 장축이 120미터이며 높이가 약 22미터에 달하는 남북의 두 무덤이 결합된 소위 쌍분(雙墳, 瓢形型)이다. 사실 해방 직후 호우총(壺杅塚)이 정식 발굴된 이래 경주분지에 산재한 적석목곽분 가운데 왕릉급의 대형고분을 발굴한 적이 없었으므로 경험이 크게 부족한 상태였다. 그래서 만약의 사태에 대비해 경험을 축적하는 방편으로, 기실 실습의 대상으로 선정된 것이 바로 인근의 155호분이었다. 1973년 이 무덤을 발굴한 결과 말장식의 하나로 천마도(天馬圖)가 그려진 장니(障泥)가 출토되어 국내외의 주목을 크게 끌었다. 이어 1975년에는 최종의 목표인 황남대총의 발굴이 크게 기대를 모으면서 추진되었다. 그 결과 황남대총에서는 엄청난 수량을 자랑하는 유물이 출토되었다. 그 자체만으로 학술적 측면에서는 대단한 주목을 받았다. 그러나 황남대총을 각별히 뇌리에 각인시킬 특징을 보이는 인상적 유물이 출토되지 못한 탓에 일반인들에게는 별로 알려지지 못한 상태이다. 학술적 면에서 황남대총은 여러 가지 문제점을 새로이 제기하여 앞으로도 여전히 이 방면의 논의의 기준으로 작용하리라 여겨졌다.

그렇게 보면 지산동 발굴은 시기적으로 무령왕릉이나 황남대총보다 약간 늦기는 하였으나 묘하게도 백제와 신라에 뒤이어 이루어진 것으로 주목해 볼 만한 사건이다. 이 셋은 합쳐 70년대의 3대 발굴이라 불러도 손색이 없다. 지산동 발굴이 역사적 의미나 내용상으로 미루어 앞의 두 발굴에 비교하여 결코 뒤지지 않기 때문이다. 그것은 바로 여타 고분에서는 전혀 볼 수 없는 대규모의 순장묘(殉葬墓)란 사실이다.

그 전까지 순장에 대해서는 겨우 몇몇 기록상으로만 확인될 뿐이었다. 『삼국지』 동이전 부여조에 의하면 부여에서는 한꺼번에 100명을 순장하였다는 기록이 있고 또 『삼국사기』 신라본기에는 소지왕(炤知王)이 사망할 때까지 남녀 각 5인씩 매장하던 관행이 남아 있었으나 이어 즉위한 지증왕(智證王)은 즉위 2년(502) 순장을 완전히 금지하는 조치를 내렸다. 그처럼 몇몇 기록상으로만 보이던 순장의 실례가 44·45호분을 통하여 가야에서도 성행한 사실이 명백하게 입증되었다. 특히 44호분은 중심 석실을 비롯하여 남(南), 서(西) 석실로 각각 명명된 두 개의 석실과 주변에 배치된 32개에 달하는 석곽이 모두 순장곽임이 밝혀졌다. 주석실에 묻힌 1인의 주인공을 위하여 적어도 35명 이상의 인명이 강제로 죽임을 당한 사실이 드러난 것이었다. 실로 순장의 사례로서는 엄청난 규모라 하지 않을 수 없었다. 중국이나 일본의 경우에도 보기 드문 사례였다. 그 점 하나만으로도 지산동 44·45호 발굴은 감히 괄목할 만한 사건이라고 평가해도 전혀 손색이 없다. 당시 가야사회가 도달한 정치적 문화적 수준이 이로써 그리 만만하게 보아서는 안 되는 상대란 사실이 명확해진 것이었다.

발굴 당시 순장에 대한 우리의 이해도는 지극히 낮은 수준이었다. 일반적으로 순장은 동시성(同時性), 종속성(從屬性), 강제성(强制性)이 확인되어야만 그렇게 평가할 수 있었음에도 그런 기본 사항에 대한 지견과 조사는 불철저하였다. 사실 그런 안목과 인식이 발굴 당시 갖추어져 있을 리 만무하였다. 모두 하나의 봉분 속에 함께 묻혔으니 앞뒤 가리지 않고 그저 순장일 것이라고 진단하였을 따름이다. 혹여 추가장(追加葬)이나 합장(合葬) 등의 형태에까지는 생각이 미치지 못하였다. 사실 어떻게 순장이 이루어진지도 제대로 알지 못하였다. 그래서 우습게도 순장이 무조건 강제(强制)에 의해 죽임을 당하였을 터이니 유체(遺體) 어딘가에 이를 입증해줄 만한 흔적이 뚜렷이 남아 있으리라 추정하고는 출토된 뼈 22개체를 대상으로 찾아보기도 하였다. 그러나 명백하게 그를 밝힐 만한 어떤 근거도 찾지 못하였다. 인간이 저승에 아무리 유토피아적 세계가 있다고 해도 속된 표현으로 '소똥 밭에 굴러도 이승'이라고 당장에는 죽기를 싫어하는 것은 예나 지금이나 마찬가지의 상정(常情)이 아닐까 싶다. 사실 32기의 석곽 가운데 외부적으로는 전혀 손상이 가해지지 않고 완벽한 원형을 갖고 있던 것이 1기 있었다. 그런데 그 뚜껑을 열고 보니 흥미롭게도 거기에는 아무리 뒤져보아도 다른 곳에는 공히 몇 점씩 부장된 토기도 물론이려니와 단 한 점의 파편(破片)조차 발견되지 않았다. 혹시 뼈를 비롯한 썩어버린 유기물질(有機物質)의 잔재(殘滓)라도 있는가 싶어 샅샅이 뒤졌으나 전혀 나오지 않았다. 그래서 당시 잠정적으로 허장(虛葬)이라 불러두었다. 원형을 완전히 보존하고 있음에도 아무것도 부장하지 않았음은 원래 순장이 예정되었으나 어떤 사유로 실행되지 않았음을 의미한다고 풀이되었다. 어쩌면 원래 순장곽으로 사용하기로 예정되었으나 어떤 불가피한 사정으로 그를 시행할 수 없게 된 것으로 추정된 것이었다. 그 석곽을 허장으로 유지한 것은 어쩌면 감시자나 관리자를 속이기 위한 방편이었는지도 모르겠다. 사실 순장이 발달하면 할수록 환각제를 비롯한 약물을 사용하는 등 아무런 별다른 고통을 느끼지 않고 죽이는 기술이 엄청나게 발달했으리라 생각된다. 이승의 삶이 저승에서 그대로 이어진다고 생각한 계세적(繼世的) 사고에서 후장(厚葬)하던 당시 습속에서 인체에 고통을 느낄 정도로 깊은 상처를 가해 가혹하게 죽이지는 않았을 터이다. 이것은 지극히 상식적인 일에 속한다. 신체에 상처를 입힌다면 저승에서의 삶이 제대로 영위된다고 생각하지는 않았을 터이기 때문이다. 그동안 피순장자의 목을 자르거나 신체를 손상시켰을 것이라는 인식은 그들이 대부분 전쟁포로(戰爭捕虜)나 혹은 노비(奴婢)였을 것이리라는 선입견에서 비롯되었다. 그러나 지산동 44·45호분의 순장은 금귀걸이를 한 인물을 비롯하여 무장(武裝)한 인물 등 전쟁포로나 노비로 단정지을 근거를 달리 찾기 어려웠다. 따라서 그들은 대부분 생시에 주인공을 모시고 그들과 함께 생활한 가까운 시종(侍從)이었을 것으로 여겨졌다. 심지어는 모자(母子)로 추정되는 두 사람이 하나의 석곽 속에 매장되기도 하였다. 이들은 전쟁포로나 노비가 결코 아니었던 셈이다. 따라서 44·45호분은 순장 의례에 대한 우리들의 기존 인식을 크게 바꾸도록 한 결정적 자료였다. 여하튼 종래까지 알지 못하고 알려지지 않았던 많은 정보를 44호와 45호는 간직하였고 이것이 이후 가야사 연구를 획기적으로 진전시키는 매개체의 역할을 하였다.

사실 이 두 고분의 발굴은 당시 점차 고조되어 가던 가야사 연구를 한층 더 크게 촉발시켰다. 이를 신호탄으로 하여 가야 지역에서 대소 발굴이 활발히 진행되면서 가야사와 가야문화의 실상이 차츰 드러나기 시작하였다. 지산동 발굴은 바로 그 단초가 된 셈이었다. 70년대 당시 가야사 연구는 정말 극히 초보적인 상태에 머물러 있었다고 하여도 과언이 아니다. 『삼국유사』 소재의 「가락국기(駕洛國記)」나 「오가야(五伽耶)」조의 기사, 『신증동국여지승람』에 인용된 「석순응전(釋順應傳)」 및 「석이정전(釋利貞傳)」의 개국설화, 『삼국사기』에 소재하는 몇몇 단편적 기사를 통하여 장님의 코끼리 만지기식으로 가야사의 윤곽만을 겨우 더듬는 수준에 머물러 있었다. 문헌상으로는 전체적인 흐름을 개괄적으로라도 파악할 만한 사료가 별로 없었고 또 그 위에 소위 일제 식민주의사학(植民主義史學)의 영향을 오래도록 벗어나지 못한 탓에 가야의 정치적·사회적 발전의 수준은 지극히 낮추어 평가되고 있기도 하였다. 게다가 가야인 스스로가 자국의 역사를 정리하지 못한 채 멸망한 까닭으로 피동적인 가야사상이 인식의 밑바탕에 기본적으로 깔려 있는 상태였다.

다만, 임나일본부설의 근거가 된 『일본서기』에는 가야 관련 사료가 적지 않게 남아 있지만 그를 사료로서 활용하기 위해서는 사전 정지작업으로 엄정한 사료 비판이 가해지지 않으면 안 되었기 때문에 쉽사리 접근하기가 어려웠다. 그런데 1991년 초 타계(他界)하신 천관우(千寬宇) 선생이 때마침 이를 정력적으로 추진해 감히 범접하기 힘든 탁월한 업적을 내던 상황이었다. 『일본서기』의 가야 관련 사료의 상당수는 주체를 일본에서 백제로 바꾸면 활용할 수 있다는 결론은 정말 탁견(卓見)이었다. 이로써 『일본서기』를 사료로서 적극 활용할 수 있는 길이 확 열린 것이었다. 이제 『일본서기』를 이용함으로써 가야사를 어느 정도 체계적으로 복원해 내용을 채울 수 있는 실마리를 갖게 되었다. 사실 고고학적으로 보아 가야사에 접근할 수 있는 기념비적 획기(劃期)가 바로 지산동 44·45호분의 발굴이라면 소위 『일본서기』의 주체교체론(主體交替論)은 문헌상 가야사 연구의 한 획을 그었다고 평가할 수 있다. 묘하게도 양자가 거의 비슷한 때에 나왔으므로 이후 저절로 결합하게 되면서 마침내 기존 가야사 연구 수준을 한 단계 끌어 올리는 데 기여한 셈이 되었다.

이처럼 고고학적인 입장에서 지산동 44·45호분이 오래도록 정체(停滯)를 면치 못하던 가야사 연구를 촉발시킨 주요 계기였다면 『일본서기』의 활용도 그와 관련해 절대로 지나칠 수가 없다. 특히 대가야사(大加耶史) 연구를 진전시킨 계기가 되었다는 점에서 그러하다. 이전까지 가야사 연구는 매우 부진한 상황이었는데 그나마 금관가야를 중심으로 이루어지고 있었다. 사실 우리 측의 기록에 대가야보다 금관가야 관련 기록이 훨씬 많이 남아 있던 데서 비롯된 당연한 결과였다. 이를테면 앞서 언급한 「가락국기」가 그러하고 또 『삼국사기』에 보이는 가야 관련 기사는 원래 금관가야를 겨냥한 것이었다. 그렇게 된 주요 이유는 김유신(金庾信)에게 있는 것으로 보인다. 신라의 삼국통일에 결정적인 기여를 하였기에 그가 원훈(元勳)으로 기록되고 나아가 그와 관련한 자료가 많이 남겨지게 된 것이다. 얼마만큼 신뢰성이 담보되는 지를 단정짓기는 어렵지만 금관가야의 왕계(王系)까지 전해지고 있다. 그래서 당시까지 가야사 연구가 거의 금관가야 중심으로만 진행되고 있었다 해도 과언이 아니었다. 그럼에도 고고자료 상으로는 금관가야가 가야의 대표 주자였다는 사실을 밑받침할 만한 근거도 없어서 문헌까지 의심받는 극히 불안한 상황이었다.

그런 형편에서 지산동 발굴이 이루어져 외형적 규모도 물론이려니와 적지 않은 수의 순장(殉葬)이 행해졌다는 사실이 드러나 이제 가야사 연구의 중심은 대가야 쪽으로 옮겨졌다. 이후 금관가야는 대성동(大成洞) 등 몇몇 유적의 발굴로 초기에 번뜩였다는 사실이 입증되기는 하였으나 실제적으로 문헌이나 고고학적으로 가야 전체 역사에서 도달한 정치적·문화적 수준을 제대로 가늠하게 해 주는 것은 사실상 대가야였다. 그럼에도 이후 금관가야가 줄곧 가야의 주축이었던 것처럼 주장·인식되어 온 것은 기실 일종의 왜곡이라고도 할 수 있다.

그 뒤 80년대에 들어와 합천에서 매안리비(梅岸里碑)로 명명된 가야의 비가 알려지고(사실은 가야비가 아닌 듯하다.) 또 대왕(大王)이란 글자가 새겨진 장경호(長頸壺)나 '하부사리리(下部思利利)'란 부명이 새겨진 단경호(短頸壺)가 출현한 것은 대가야사를 한층 새롭게 인식하는 중요한 단서로 기능하였다. 다 아는 바처럼 6세기 초에 쓰인 『남제서(南齊書)』 열전 속에는 중국의 정사(正史)로서는 전무후무하게 가라국전(加羅國傳)이 입전(立傳)되어 있다. 거기에는 가라국왕 하지(荷知)란 인물이 보국장군본국왕(輔國將軍本國王)이라는 작호를 남제로부터 받은 내용이 간략하게 실려 있거니와 이는 가야가 동아시아 국제무대에 처음 독자적으로 등장하였음을 알려 주는 중요한 기록으로서(사실 그 이전에는 백제와 함께 나아갔으나 기록으로 남겨지지 않았고 그런 경험이 당시 국제정세를 활용하여 홀로 남제로 가게 하였을 가능성이 높다.) 이는 5세기에 이르러 가야의 정치적·문화적 수준이 상당히 향상되었음을 충분히 짐작케 하는 대목이다. 여기에 보이는 하지의 인물을 둘러싸고 그 이전에는 논란이 많았으나 지산동의 발굴로 대가야왕이라는 사실이 거의 확정적이게 되었다. 하지의 국제무대 등장은 대가야의 국제성도 짐작케 하는 사실이다. 44호분에서는 백제 계통으로 보이는 청동합(青銅盒)과 왜를 통하여 입수된 듯한 오키나와[琉球] 산(産)으로 추정되는 야광패제국자(夜光貝製鞠子)가 출토된 것은 그런 대가야의 국제화 측면을 뚜렷이 웅변해 준다.

이상과 같은 몇몇 측면만을 두고 보아도 지산동 발굴의 결과가 대가야사의 이해에 새로운 영향을 미친 사실을 충분히 유추(類推)해 낼 수 있겠다. 이로써 이후 사실상 가야사의 알맹이를 약간이라도 채우게 된 것은 바로 대가야사 연구가 크게 진전된 덕분이었다. 대가야를 가야사의 중심에 놓고 그를 주체로 파악하는 것이 가야사 서술에서 정당한 접근 방법임이 드러났다고 하겠다. 대가야의 정치 발전 수준이 중앙집권적 지배체제의 초기적 형태인 부체제 단계를 지나 영역국가(領域國家)로 나아갔다는 주장도 제기되기에 이르렀다. 기왕에 가야사의 발전 정도를 지나치게 낮추어 본 나머지 가야는 줄곧 중앙집권화 되기 이전의 연맹단계 혹은 전야(前夜)의 군장사회(君長社會)에 머물렀다는 주장이 강하였다. 그러고도 여전히 그런 입장의 연장선상에서 삼국과 대등하다고 인식하여 4국시대 운운하는 등 모순된 입장을 보이기도 하였다.

그러나 이는 기존의 인식을 별로 벗어나지 못한 한계를 여실히 드러낸 것이었다. 다른 가야 세력은 몰라도 대가야의 경우는 정치 발전 수준이 중앙집권적 귀족국가의 초입기(初入期)까지 진입하여 백제나 신라와 맞대결을 벌이다가 멸망한 것으로 여겨진다. 따라서 대가야는 중앙과 지방의 관계가 설정되며 내부적으로는 상당한 수준의 관료조직이 갖추어지고 나아가 직접 지방관을 파견하기조차 하였던 흔적이 보인다. 이런 인식에까지 이르게 된 깃발을 처음으로 치켜든 것은 다름 아닌 바로 지산동 44·45호분이었다고 하겠다.

4. 앞으로의 전망과 과제

지산동 발굴 이후 가야 지역 개발이 적지 않게 이루어짐과 함께 가야 유적에 대한 발굴도 각지에서 매우 활발히 진행되었다. 거기에서 출토된 고고자료는 가야사 연구를 활발하게 추동시키는 힘으로 작용하였다. 그 결과 가야사의 연구 수준은 비약적으로 향상되었다고 단정하여도 지나치지 않다. 그 계기가 지산동의 발굴에 있다는 점에 대해서는 별다른 의의가 없는 것 같다. 그런 의미에서 이 발굴은 가야사 연구상 하나의 뚜렷한 기념비적 일대사건으로 영원히 기록될 것이다. 물론 발굴이 시작될 때 까지만 하더라도 그런 결과를 예상하였던 것은 전혀 아니었고 우연하게 그런 엄청난 뜻 깊은 사건으로 발전하게 되었다.

그런데 최근까지 가야사의 연구 동향을 가만히 살펴보면 사료가 없다는 핑계를 대면서 엄밀한 사료비판이라는 기본인 절차를 소홀히 하는 경향이 간취된다. 아무리 사료가 희소하더라도 없는 사실을 있다고 억지로 우기거나 지나치게 과대 포장하는 자세는 곤란하다. 이는 또 다른 의미에서 역사를 왜곡하는 일이나 다름없기 때문이다. 모름지기 작은 사료 하나라도 활용에 신중하고 또 신중을 기하여 음미해야 마땅하다. 또 하나 지적하고 싶은 것은 연구자 일각에서 가야사에 대해서 지나치게 애향심적(愛鄕心的) 접근을 시도하고 있다는 사실이다. 그와 관련하여 자신이 발굴에 참여한 자료를 그 방면 최고로 여기려는 경향이 보이는데 이 또한 문제이다. 이것 자체가 진실에 대한 왜곡일 따름이기 때문이다. 그러한 학문의 수준으로서는 장차 바람직한 가야사상을 정립(定立)하기는 요원한 일이다. 이는 깊이 명심해야 할 사안이다. 아무리 사료가 없다고 하여 가야사를 마치 소설화(小說化)하거나 희화화(戲畵化)시킬 수는 없기 때문이다. 그리고 시세(時勢)나 시류(時流)에 편승해 뚜렷한 근거 없이 사료나 고고 자료를 과도하게 해석하는 것은 철저히 경계해야 할 사안이다. 마치 손바닥으로 하늘을 가리는 것과 같은 행위로서 진정한 가야사상의 확립에는 절대 금물(禁物)일 듯싶다. 가야의 개별 지역사(地域史)에 대한 한층 수준 높은 연구도 장차 진행되어야 할 대상으로 손꼽힌다.

30년이 지난 현 시점에서 당시를 되돌아보니 정말 감개가 무량하게 느껴진다. 흔히 그러하듯이 당시는 어렵고 힘들었다고 하더라도 흘러간 모든 것은 추억으로 남아 아름답게 느껴지기 마련이다. 사실 나 자신으로 하여금 지금 다시 같은 상황으로서 발굴에 참가할지를 묻는다면 물론 당연히 아니라고 대답할지 모르겠지만 그러나 한 번쯤은 시도해 볼 만한 멋진 경험으로 남아 있음은 분명하다. 아마도 평생 고고학이란 학문을 전업(專業)으로 삼으면서조차 그런 정도의 기회를 잡기란 그리 쉽지가 않을 듯하기 때문이다.

4장

황남대총 발굴의 현장 참관을 회상하며

황남대총 남분 봉토제거 광경

때론 인간의 기억이란 참 오묘하다는 생각이 갖는다. 과거에 경험한 적이 있는 여러 일들 가운데 어떤 것들은 아무리 애써 떠올리려 해도 끝내 도저히 되살려내지 못한 것이 있는가 하면 어떤 것은 그냥 스쳐 지났을 뿐인데도 세월이 흘러도 쉽게 지워지지 않는 경우도 있다. 아마 전자가 뇌리에 별로 깊이 각인되지 않아 말끔히 청소되어버렸기 때문이라면, 후자는 그와는 정반대로 깊이 아로새겨져 아무리 지우려 애써도 그렇게 되지가 않는 것이다. 나의 기억 속에서 황남대총(皇南大塚, 98호분)의 발굴 현장 장면은 바로 후자의 전형적 사례에 해당할 듯 싶다. 언뜻 떠올려 보면 당시 각인된 몇몇 특정한 장면은 지금도 방금 본 듯이 눈에 선하게 나타나기 때문이다.

나는 1975년 7월 22일부터 8월 6일에 이르기까지 보름 동안 경북대박물관 주관으로 시작한 황남동 37호분의 발굴 작업에 단원으로 동참하였다. 발굴단원이라고 해야 겨우 단장으로 관장인 고(故) 김영하 선생님과 행정실장, 그리고 나 세 사람이 전부였다. 당시 나는 경북대 문리대 사학과에 재학 중이면서, 내심 장차 한국고고학과 더불어 평생을 살아가야겠다고 굳게 다짐하면서 야무지게 꿈꾸던 차였다. 단출하기 이를 데 없는 발굴단이지만 일원으로 기꺼이 참여한 것도 그 때문이었다. 바로 직전의 5월 무렵 학교 근방의 복현동(伏賢洞)에서 행해진 5~6세기 수혈식석곽분의 발굴 현장에 잠시 자원해 참가한 경험은 있었지만, 정식 발굴 단원으로 인정받은 것은 이번이 처음이었다. 그래서 한껏 기대에 부풀어 있기도 하였다.

되돌아보면 내가 경주의 발굴에 참가하게 된 또 다른 배경으로는 그보다 2년 앞서 1973년 5월까지로 거슬러 올라간다. 그때 한창 발굴이 진행 중이던 155호분(뒷날 天馬圖의 출현으로 흔히 天馬塚이라 불리게 되었지만)과 인근의 현장을 구경한 경험이 알게 모르게 작용한 것 같다. 경주 일대의 답사 도중 우연찮게 발굴 현장에 들렀다가 155호분의 봉토 윗부분을 반쯤 깎아내려가던 장면을 목격한 일이었다. 당시 바로 그 주변 일대에는 조그마한 냇돌을 쌓아서 만든 수많은 석곽들(이들이 바로 지금의 계림로에 위치한 적석목곽분이라는 사실을 제대로 알게 된 것은 먼 훗날의 일이다.)이 노출된 상태여서 그를 관람할 기회를 가졌다. 몇십 기에 달하는 석곽들이 정연하게 널린 모습은 지금 생각해도 무척 인상적이었다. 그때 한창 작업이 진행 중이던 155호분의 내부는 과연 어떤 상태일까를 매우 궁금하게 여기면서 현장을 떠난 기억이 무척 새롭다. 물론 발굴이 완전히 종료된 뒤에는 현재 신라인이 남긴 최고(最古)의 그림인 천마도와 함께 금관을 비롯한 다양한 금속제품이 출토되어 매스컴에서 떠들썩하게 보도한 사실을 알게 되었지만 이후에도 내부의 상태가 실제 어떠하였는지는 궁금하게 여겼다. 아마 그와 같은 호기심이 마침내 37호분 발굴 참가를 망설이지 않고 결정하도록 한 요인으로 작용하지 않았을까 싶다.

황남대총과 155호분이 위치한 현재의 대릉원 바로 동편에는 당시까지 술맛과 운치 때문에 전국적으로 명성을 얻고 있던(당시 경주에 통금이 없었던 것도 쪽샘의 명성을 드높이는데 한몫을 하였다.) 이른바 '쪽샘'으로 불리는 술집(막걸리) 골목이 자리하였는데 바로 그 옆에 조그마한 시장이 붙어있었다. 황오시장이라 불린 것으로 기억된다. 우리의 발굴 현장인 37호분은 시장 바로 안쪽의 어떤 가정집 마당 귀퉁이에 있었다. 원래 37호분도 황남대총과 마찬가지로 봉토가 남북 두 개로 이루어진 소위 쌍분(雙墳, 표형분)이었다. 그런데 남분은 60년대 후반 이미 발굴이 이루어져 아무런 흔적이 없었으며 대신 그 자리에는 가정집이 들어선 상태였고, 이제 북분만 남아 있었다. 북분의 봉토도 윗부분이 상당히 삭평된 탓에 원형을 잃어 어떠하였는지를 뚜렷하게 가늠하기란 어려웠다. 잔존한 상태의 밑변 길이는 대략 십여 미터 남짓이었다고 기억된다. 남북분을 합치면 그리 적지 않았을 규모였다.

발굴이 시작되어 절차상의 하나로 간단히 제사를 치루고 측량을 마친 뒤 봉토를 파고 들어가자 상당히 위쪽에서부터 돌이 무더기로 나오기 시작하였다. 그야말로 전형적인 적석목곽분(積石木槨墳)임이 단번에 확인되었다. 적석용으로 사용된 돌들은 모두 경주 주변을 흐르는 냇가에서 쉽게 구할 수 있는 것들이지만 규모가 비슷하지 않고 상당한 편차가 있었다. 겨우 주먹 정도의 크기부터 장정 두 사람이 함께 들어도 힘겨울 정도의 큰 것에 이르기까지 매우 다양해 그리 균질적이지 않은 점이 특징적이었다. 목곽 자체가 놓인 부분은 적석이 나오기 시작한 곳으로부터 한참 더 내려가 아주 깊은 곳에 있었다. 깊이 정도로 보아 지상식이 아닌 명백한 지하식이었다. 적석목곽분이란 다 알다시피 구덩이를 만들어 목곽을 안치한 뒤 주위를 돌로 메우고 다시 그 위에 냇돌을 얹고 봉토를 덮는 방식이다. 목곽의 주변에는 비교적 작은 돌을 활용한 반면 윗부분에는 대단히 큰 돌을 사용하였다. 목곽이 안치된 바닥에 도달하니 수많은 토기와 함께 마구 등속과 장신구류, 특히 몇 점의 칼과 함께 수식(垂飾)이 달린 금제 귀걸이 한 쌍이 출토되었다. 허리 부분에는 은제의 허리띠를 둘렀으나 이미 전부 녹아버려 보랏빛 흔적만이 존재를 알려줄 뿐이었다. 머리맡 부위에 3점의 큰 쇠솥이 놓인 점은 매우 인상적이었다.

이처럼 다소 장황하게 느껴질지도 모를 37호분의 발굴과 관련된 이야기를 늘어놓는 것은 이후 그와 관련된 기록이 공식적으로 남겨진 적이 없으므로 약간이나마 도움이었으면 하는 바람에서려니와 이제부터 실견한 황남대총(남분)의 실상과 대비해 이해도를 한결 더 높일 수 있으리란 희망 때문이다.

우리의 37호분으로부터 황남대총 발굴 현장은 불과 2~300미터 정도밖에 떨어져 있지 않았다. 그래서 마음만 내키면 당장 달려가 실견할 수 있는 곳이었다. 98호분은 국가에서 추진한 대규모 발굴이었고 매스컴을 통해 널리 알려져 있어서 저들은 어떻게 발굴을 진행할까, 현장은 어떤 모습일까, 현재 상태는 어떤 수준일까, 내부는 어떨까 등등 여러모로 궁금증이 발동하였다. 그래서 몇 차례 쉬는 시간에 잠깐 짬을 내어 현장으로 달려가 먼발치에서나마 바라본 적이 있다. 당시 눈에 확 들어와 각인된 것은 다음의 세 가지였다.

첫째, 발굴 현장의 하늘 위를 전부 뒤덮도록 번듯한 구조물을 세워두고 있었던 사실이다. 구조물은 워낙 커서 겉으로만 얼핏 보기에도 마치 호텔인 듯한 느낌이 들 정도였다. 당시의 발굴 현장치고는 너무도 호사스럽다고 여겨졌다. 구조물이 무엇으로 어떻게 만들어졌는지는 기억에 남지 않았지만 눈비가 오거나 혹은 강한 뙤약볕 아래에서도 중단하지 않고 작업을 계속할 수 있도록 배려한 조치였다. 바로 이웃한 우리의 현장, 아니 당시의 일반적 발굴 현장과는 너무도 대조되는 풍경이었다. 내막을 알고 보니 청와대의 특명으로 황남대총 발굴이 이루어진 탓에 각별한 지원이 있어 그렇게 되었다는 추측성의 이야기가 들렸다. 바로 얼마 전인가 황남대총 발굴에 특별한 관심을 갖고 추진했던 박정희 당시 대통령이 현장을 직접 방문해 격려하고 금일봉을 주었다는 이야기도 있었다. 한여름의 무더위 속에 어렵게 작업을 강행해야만 했던 우리들의 형편과는 너무나 달랐다. 정말 그때의 부럽고 또 서러운 심정이란 말로 다 표현하기 어렵다. 아마도 그때가 7월말쯤이어서 가장 무더웠기 때문에 그런 생각이 더 들었던 것이 아닌가 싶다. 지금도 종종 발굴현장을 들러보면서 황남대총의 발굴현장을 떠올려 보곤 한다. 40년이 지났지만 그에 견줄 만한 현장은 아직껏 본 적이 없다.

둘째, 적석으로 사용된 돌들을 보고 깜짝 놀란 사실이다. 현장을 직접 보았을 시점은 황남대총의 봉토와 중앙부 적석을 완전히 제거하고 이제 막 목곽 부위에까지 나아간 상태였던 것으로 기억된다. 국외자가 밑바닥까지 직접 내려가 볼 수 없었다. 그래서 남겨진 봉토 상부에서 아래를 내려다보는 정도였다. 적석부의 냇돌이 눈에 들어왔는데 거의 비슷한 규모로서 매우 균질적이란 느낌이 강하게 들었다. 무척 놀라운 장면이었다. 앞서 언급하였듯이 같은 적석목곽분이라도 사용된 돌에서 이런 정도로 차이가 났기 때문이다. 당시 황남대총은 단순히 외형만 유별나게 큰 것이 아니라 내용도 특별해 틀림없이 왕릉일 것이라 생각되었다. 그에 비추어 37호분의 주인공은 사용된 적석이 균질적이지 않고 별로 정제된 상태도 아니며 따라서 대단히 거칠게 조영되었다는 느낌이었다. 그래서 당시 우리끼리 아마 피장자는 장군, 혹은 무사적 존재가 아닐까 하는 농담을 주고받았다. 분명히 신분상 차이가 두드러진다는 점은 돌의 모습을 보고 짐작할 수가 있었다.

셋째, 발굴하는 자세에서 대단히 진지함이 엿보였다는 점이다. 현장에서 작업하는 사람들이 누구인지는 전혀 몰랐지만 붓을 들고 유물이 아니라 돌에 묻은 흙을 하나씩 털어내는 장면이 먼발치에서 목격되었다. 현장에서 돌들을 아무렇게나 들어내었던 우리의 입장을 떠올리니 신중하게 임하는 자세가 매우 돋보였다. 대학이 빈약한 발굴 비용을 부담하였기 때문에(당시에는 그렇게 생각하였는데 돌이켜보면 집주인이 부담하였을 수가 있다.) 우리는 부득이 책정된 예산에 맞추어 공정(工程)을 세웠으니 서둘러 작업을 진행할 수밖에 없었다. 그래서 신중함이나 진지함과는 거리가 멀었다. 그에 견주어 황남대총 발굴 현장에서 너무도 여유롭고 느긋하게 작업을 진행하는 장면을 목격하면서 내심 반성하는 부분도 없지 않았다. 굉장한 인력과 자금 지원이 있어야 저런 것이 가능하구나 하는 부러움이었다. 당시 나 개인에게 주어진 하루 일당은 새마을 임금이라 하여 겨우 1,030원이었다. 아마도 그것이 공식적으로 책정된 노동임금이었던 것 같다. 숙소는 발굴 장소 그 집 아래채였지만 식사는 바깥의 맞은 편 큰 길 건너 어느 음식점을 잡았다. 매일 세끼를 김치찌개로 때웠는데 한끼의 가격이 무려 350원이었다. 그래서 식당주인에게 각별히 사정해 모자라는 20원을 깎아 식비를 해결하였다. 평소 가진 돈이 없었으므로 거의 매일 밤 극한 상태의 노동으로 지친 몸을 끌고 혹여 기회가 있을까 하는 기대감에서 쪽샘 골목에 즐비한 술집 앞을 어슬렁거리면 왔다 갔다 하다가 술 냄새만 맡고서 돌아오곤 하였다. 하루하루의 형편이 그러하였으니 언감생심 국가적 사업으로 추진된 황남대총의 사업과는 비할 수가 있었겠는가.

돌이켜 보니 황남대총 발굴을 계기로 경주는 관광지로 크게 개발, 부각되었다. 이때 경주박물관 건물이 현재 위치에 새로이 들어서고 부근의 안압지와 황룡사지 등의 정비 작업이 대대적으로 이루어졌다. 황남대총의 발굴은 사실상 그 출발이었던 셈이다. 그러나 그런 실상에 비교하여 이후 진행된 고고학계의 연구는 정말 초라하기 이를 데 없다. 황남대총에 대해 누구라도 쉽게 접할 수 있는 변변한 단행본 하나 갖고 있지 못한 것이 우리의 현주소이다. 각성하고 분발해야 할 시점이다.